STUDIA
HUMANITATIS
문명텍스트
5

내훈 內訓

소혜왕후 지음 | 이경하 주해

한길사

내훈

지은이 · 소혜왕후
주　해 · 이경하
펴낸이 · 김언호
펴낸곳 · (주)도서출판 한길사

등록 · 1976년 12월 24일 제74호
주소 · 413-756 경기도 파주시 교하읍 문발리 520-11
　　　www.hangilsa.co.kr
　　　E-mail: hangilsa@hangilsa.co.kr
전화 · 031-955-2000~3　팩스 · 031-955-2005

상무이사 · 박관순 | 영업이사 · 곽명호
편집 · 박희진 정회중 이경애 | 전산 · 한향림 박종희
경영기획 · 김관영 | 마케팅 및 제작 · 이경호 박유진
관리 · 이중환 문주상 장비연 김선희

CTP 출력 · 알래스카 커뮤니케이션 | 인쇄 · 네오프린텍(주) | 제본 · 대원바인더리

제1판 제1쇄 2011년 5월 30일

값 25,000원

ISBN 978-89-356-6304-0 04150
ISBN 978-89-356-6308-8 (세트)

● 잘못 만들어진 책은 구입하신 서점에서 바꿔드립니다.

이 도서의 국립중앙도서관 출판시도서목록(CIP)은 e-CIP홈페이지(http://www.nl.go.kr/ecip)와
국가자료공동목록시스템(http://www.nl.go.kr/kolisnet)에서 이용하실 수 있습니다.
(CIP제어번호: CIP2011001920)

이 저서는 2007년 정부(교육과학기술부)의 재원으로
한국연구재단의 지원을 받아 수행된 연구임(NRF-2007-361-AL0016).

15세기 조선 여성의 고전 읽기와 지식의 재구성
■ 해제

이경하 서울대 HK연구교수·국문학

1. 편찬자 소혜왕후 한씨

『내훈』의 편찬자는 조선의 제9대 왕 성종의 어머니 소혜왕후(昭惠王后) 한씨(韓氏)이다. 세조의 맏며느리이며, 폐주 연산군의 할머니이기도 하다. 본관은 청주이고, 1437년(세종 19) 서원부원군 한확(韓確)의 여섯째딸로 태어났다. 수양대군의 맏아들인 도원군 이장(李暲)과 혼인하여 군부인이 되었고, 1455년 세조가 즉위하면서 도원군은 왕세자에, 군부인은 세자빈에 책봉되었다. 처음에는 정빈(貞嬪)이라 불렸는데, 태종비 원경왕후 민씨가 세자빈 당시 정빈이었기 때문에 수빈(粹嬪)으로 고쳐 불렀다.

소혜왕후는 한때 세자빈이었고 아들이 훗날 왕위에 오르지만, 그 자신이 중전의 자리에 오르지는 못했다. 남편인 의경세자가 1457년(세조 3) 9월 20세의 나이로 요절하였기 때문이다. 21세에 청상이 된 수빈은 세자빈의 지위에서 내려와 궁을 나와야 했다. 그러나 세조의 뒤를 이은 예종이 일찍 죽고 성종인 자을산군이 왕위에 오르면서, 다시 대궐에 들어가게 된다.

　수빈은 1470년(성종 1) 인수왕비(仁粹王妃)라는 휘호를 받았고, 1475년(성종 6) 인수왕대비에 봉해졌다. 같은 해 10월 회간왕의 묘호를 덕종으로 올림에 따라 덕종비 또는 회간왕비(懷簡王妃)로 불리기도 하였다. 1504년(연산군 10) 4월 27일 창경궁 경춘전에서 68세로 세상을 떠나며 소혜왕후로 개봉되었다. 성종은 둘째아들이고, 첫째아들은 월산대군 이정(李婷)이다. 딸 명숙공주는 홍상(洪常)에게 시집갔다.

　소혜왕후의 본가인 청주한씨 집안은 고려 조정에서 주요 관직을 지내기도 하였지만 조선의 건국에 적극 동참하면서 명문거족으로 성장하였다고 한다. 또한 수양대군의 왕위 찬탈에 한확과 한명회, 한백륜 등이 적극적으로 가담하였고, 이들은 세조와 인척관계를 형성하면서 세력을 더욱 키웠다. 덕종비 소혜왕후가 한확의 딸이고, 예종의 원비 장순왕후는 한명회의 딸, 계비 안순왕후는 한백륜의 딸, 성종의 원비 공혜왕후 역시 한명회의 딸이었다. 성종이 어린 나이에 맏형을 제치고 왕위에 오를 수 있었던 것도 한명회가 장인이었다는 사실과 무관하지 않다. 그야말로 청주한씨는 세조, 예종, 성종대에 가장 권세 있는 가문이었다고 할 수 있다.[1]

　어린 성종이 즉위하게 되면서 한명회를 비롯한 조정 신료들이 세조비 정희왕후에게 수렴청정을 청하였을 때, 그녀는 오히려 "문자를 알고 사리에 밝다"는 이유로 며느리 수빈을 추천하였다.[2] 약 5개월 후 나라

---

[1] 고려말 조선초 청주한씨 가문과 소혜왕후의 가계 및 존호에 대한 상세한 정보는 한희숙, 「조선초기 소혜왕후의 생애와 『내훈』」, 『한국사상과 문화』 27, 한국사상문화학회, 2005 참조.
[2] 『성종실록』 즉위년 11월 28일(무신)

에 가뭄이 심했을 때도 역시 같은 뜻을 비쳤는데, 수빈이 총명하고 사체(事體)를 아니 큰일을 맡겨도 좋겠다는 것이 그 이유였다.3) 그만큼 며느리에 대한 신임이 컸다고 할 수 있는데, 그것은 시아버지인 세조도 마찬가지였던 것 같다.

 세조가 간경도감을 중심으로 불경 간행 사업에 심혈을 기울였음은 널리 알려진 사실인데, 소혜왕후 역시 이에 적극적으로 동참하고 있었다. 1460년 세조가 지은 『능엄경언해』 발문을 보면, 당시 24세였던 수빈이 『능엄경』을 언해하는 작업에 직접 관여하였음을 확인할 수 있다. 세조가 한문에 구결을 달고 혜각존자 신미가 구결이 현토된 문장을 확인하면, 수빈이 그 문장을 소리내어 읽으면서 교정하는 역할을 맡았다고 했다.4) 그러한 공동 작업에 동참했다는 것은 며느리에 대한 세조의 두터운 신임을 증명할 뿐 아니라, 소혜왕후의 한문 해독 능력이 상당한 수준이었음을 짐작케 한다.

 1471년(성종 2) 간경도감이 폐지된 후에도 소혜왕후는 자신의 주관하에 계속해서 불경 간행에 힘썼고, 이듬해에는 『법화경』을 비롯한 총 29종의 불경을 간행하는 불사를 이룩했다. 그때 함께 간행된 『불조역대통재』 발문을 김수온이 썼는데, 이 발문에는 소혜왕후의 '사홍원'(四弘願)이 인용되어 있다. 이것이 『내훈』 편찬 3년 전의 일이다. 그 이후에도 소혜왕후가 불경 간행 및 불경 언해 사업을 주도한 기록이 많이 발견된다.5)

---

3) 『성종실록』 1년 4월 20일(무진).
4) 『능엄경언해』 권10, 「어제발」(御製跋). 『능엄경』 언해 작업에서 수빈의 역할에 관한 상세한 내용은 이경하, 「15세기 최고의 여성지식인, 인수대비」, 『한국고전여성문학연구』 12, 한국고전여성문학회, 2006, 166~169쪽 참조.

한편 소혜왕후는 숭유억불의 국가정책에 맞선 불교 옹호 발언으로 여러 차례 조정에서 물의를 빚은 일이 있었다. 가장 치열한 대립은 1492년(성종 23) 도첩제 폐지가 결정되자 소혜왕후가 그에 반대하는 한글로 된 의지(懿旨)6)를 내렸을 때였다. 모후(母后)가 정사에 간섭함을 비판하는 유신들의 상소가 연일 계속되면서 "안의 말은 문지방 밖에 나가지 않는다"는 『예기』의 가르침이 인용되고, 심지어 한나라와 당나라의 망조가 들먹여졌다. 그러나 그런 강도 높은 비판들에도 불구하고 소혜왕후는 자기 주장을 굽히지 않았다. 도첩제를 폐지하여 군정을 늘리려는 계산은 한낱 미봉책에 불과하다고 비판하면서 "옳은 말이면 대비의 말이라도 들어야 하지 않는가?" 하고 맞섰다.7)

도첩제 폐지 반대는 절에 시주를 하거나 사경(寫經)을 하는 것과 같은 신앙행위와는 차원이 다른 명백한 정치적 발언이었다. 더구나 아들인 왕을 배후에서 조종하는 방식이 아니라 한글 의지를 내려 자기 주장을 공론화했다. 소혜왕후가 『내훈』 편찬을 통해 유교적 여성윤리를 설파했던 인물이라는 점에서, 왕과 유신들이 결정한 불교 정책에 그처럼 정면으로 반기를 들고 논쟁을 불사한 행동은 다분히 놀라운 것이다. 어쩌면 그 놀라움은 소혜왕후라는 개인과 『내훈』이란 텍스트에 대한 우리의 선입견에 기인한 것일지도 모른다.

---

5) 앞의 논문, 169~171쪽.
6) 의지(懿旨)란 왕후의 전교(傳敎)를 가리키는 말로 자지(慈旨)라고도 한다. 이에 관해서는 이경하, 「15~16세기 왕후의 국문 글쓰기에 관한 문헌적 고찰」, 『한국고전여성문학연구』 7, 한국고전여성문학회, 2003, 398~405쪽 참조.
7) 도첩제 폐지를 반대하는 인수대비의 공식적인 발언과 그에 대한 유신들의 반발에 관해서는 이경하, 「소혜왕후의 불교옹호발언과 젠더권력관계」, 『한국여성학』 20-1, 한국여성학회, 2004, 15~24쪽 참조.

2. 편찬 동기와 배경

소혜왕후가 『내훈』을 편찬한 것은 1475년(성종 6) 2월 선정전에서 왕대비에 책봉된 그 해 겨울의 일이다. 그녀의 나이 39세 때이다. 『내훈』의 서문과 발문에 모두 "성화 을미년 초겨울"이라는 기록이 있어 편찬시기를 알 수 있지만, 1475년 간행본이 현재 전하는 것은 아니다.

현재 전해지는 『내훈』 텍스트는 간기를 기준으로 5종이 있다. 1573년(선조 6) 보주을해자 초인본(初印本)이 가장 오래된 것인데, 권1만 남아 있는 영본(零本)으로 개인이 소장하고 있다. 선본(善本)으로 간주되는 것은 같은 해 보주을해자 후인본(後印本)으로 일본 봉좌문고에 소장되어 있다. 그밖에 1611년(광해군 3) 목활자본, 1656년(효종 7) 목판본, 영조의 소지(小識)가 들어 있는 1736년(영조 12) 금속활자본 등이 전한다.[8]

『내훈』 서문에는 여성교육의 필요성에 대한 소혜왕후의 평소 생각이 담겨 있다. 그녀는 여자들이 길쌈의 굵고 가는 것만 알고 덕행을 가까이 해야 함은 알지 못함이 한스러웠다면서, 여자도 성인의 가르침을 배우지 않으면 안 된다고 했다. 한 나라의 흥하고 망함이 대장부에게 달렸다고들 말하지만, 달기나 포사가 그랬던 것처럼 나라의 흥망은 부인들의 선악과도 깊이 관련이 있기에 여자도 가르쳐야 한다는 것이다. 그것이 『내훈』을 엮는 대외적인 명분이었다.

조상궁이 쓴 발문에 따르면, 소혜왕후는 평소 여가에 궁중의 왕실 여성들을 상대로 『소학』이나 『열녀전』 등을 가르쳤던 모양이다. 그런데 이 책들이 양이 너무 많고 복잡해서 처음 배우는 이들이 어려워했기 때문에, 그 핵심을 간추려서 한 권의 책으로 엮는다고 했다. 즉 중국의 여

---

8) 최연미, 「소혜왕후 한씨 『내훈』 판본고」, 『서지학연구』 22, 서지학회, 2001.

러 고전들에서 여자도 알아야 한다고 판단되는 정수를 뽑고, 이것을 쉬운 한글로 번역하고, 어려운 한자어나 내용에 대한 세주(細註)까지 첨가하여 명실상부한 여성교육용 도서를 엮은 것이다.

중세 유교사회에서 인정되었던 여성교육의 필요성이나 범위가 근대의 여성교육론과 기본 전제부터 다른 것은 분명하다. 그러나 소혜왕후가 '여자도 성인의 가르침을 배워야 한다'고 했던 취지가 단지 훌륭한 내조자 교육에 한정되지는 않는 듯하다. 뒤에서 다시 설명하겠지만, 『내훈』이 전달하는 지식은 유교적 성별지식에 국한하지 않기 때문이다.

부녀자를 가르치기 위한 별도의 책이 필요함을 느껴왔던 소혜왕후가 실제로 『내훈』을 편찬하게 된 것은 당시 왕실의 특별한 상황과도 관련이 있다. 그 당시는 성종의 첫 번째 비인 공혜왕후가 죽어 새로운 중전을 맞아야 하는 시기로, 그 후보라고 할 수 있는 성종의 후궁들이 궁중에 여러 명 있었다. 장차 성종의 세 번째 비가 될 파평윤씨를 비롯하여, 연산군의 생모인 함안윤씨, 정소용과 엄숙의 등이 모두 당시 성종의 후궁들이었다. 소혜왕후가 『내훈』 서문 말미에서 "옥 같은 며느리를 얻고 싶다"는 바람과 함께, "성인의 가르침을 보지 못하고 하루아침에 귀하게 되면 원숭이에게 관을 씌운 것과 같다"는 우려를 피력한 것은 그러한 배경 때문이다.

그런데 그런 우려는 현실이 되었고, 중전의 폐위・사사와 관련하여 소혜왕후는 오늘날 '며느리를 내쫓은 엄한 시어머니'로 세상에 인식되어 있다.[9] 연산군의 생모 윤씨는 1476년 8월 왕비에 책봉되고, 이듬해

---

9) '며느리를 내쫓은 『내훈』의 저자'라는 보수적이고 엄한 이미지에 관해서는 이경하(2006), 153~158쪽 참조.

3월 공식적으로 폐위론이 제기되었으며, 1482년 사사가 결정되었다. 이 문제를 공론화하고 주도한 것은 '삼전'(三殿)으로 통칭되는 세조비 정희왕후, 예종비 안순왕후 그리고 소혜왕후였다. 폐위의 명분은 중전이 투기하며 임금에게 불손했다는 것으로 알려져 있으나, 무엇이 폐비를 죽음에까지 이르게 하였는지는 충분히 해명되지 않고 있다.

『연려실기술』과 같은 야사에서는 폐비 윤씨의 사사에 대한 책임을 소혜왕후에게 돌리고 있거니와, 성종의 생모로서 실제로 그녀가 며느리 문제에 관한 한 가장 발언권이 컸음을 짐작할 수 있다. 또한 그녀는 성품이 워낙 엄격해서 세자빈 시절 시부모가 '폭빈'(暴嬪)이라 놀릴 정도였다고 하니, 이른바 '관을 쓴 원숭이'와 같아 보이는 며느리의 허물을 훨씬 더 엄격하게 다스려 내명부의 기강을 바로 세워야 한다고 여겼을 법도 하다.

3. 중국 고전들과의 관계

『내훈』은 본문 전체가 다른 문헌의 발췌 인용으로 구성된 텍스트이다. 『내훈』 편찬은 새로운 언술의 창작이 아니라 이른바 '술이부작'(述而不作)이다. 즉 『내훈』은 다른 텍스트의 인용으로만 이루어진 상호텍스트성을 극단으로 보여주며, 그 선행 텍스트는 바로 중세 유교 문명권의 중심부에서 전파된 고전들을 가리킨다.

소혜왕후가 쓴 서문을 보면, 『내훈』 편찬과 관련하여 '소학·열녀·여교·명감'이란 4종의 문헌이 특별히 언급되고 있다. 발문에서도 역시 '열녀·여교·명감·소학'을 차례로 언급하였는데, 이 참고문헌 '사서'(四書)의 정체가 분명하게 다 밝혀진 것은 아니다. 『소학』과 『열녀전』은 실체가 비교적 분명하지만, '여교·명감'은 그것이 한 권의 책인지 '여교'와 '명감'인지도 확실하지 않다.

『내훈』 편찬에 이용된 참고문헌 4종 가운데 가장 비중이 높은 것은 『소학』이다. 즉 『내훈』을 구성하는 전체 116조목 가운데 약 7할이 『소학』에서 인용한 것이다. 『소학』은 12세기 후반 주희와 그의 제자 유청지가 편찬한 초학동몽교재로서, 유가의 경전과 각종 역사서와 가훈서 등에서 입교(立敎)·명륜(明倫)·경신(敬身)의 3강령에 적합한 구절들을 뽑아 내외 양편 6권으로 구성한 책이다. 『소학』의 여러 주해서 가운데 소혜왕후가 『내훈』에 인용한 것은 1429년(세종 11)에 간행된 명나라 하사신의 『소학집성』으로 추정된다.

『내훈』 서문과 발문에서 언급한 참고문헌 '열녀'는 정확하게 말하면 유향의 『고열녀전』과 명나라 인효문황후의 『고금열녀전』을 지칭한다. 소혜왕후는 『고열녀전』과 『고금열녀전』을 모두 참고하였으나, 공통 항목이 있는 경우 『고금열녀전』을 인용하고 『고금열녀전』에 없는 항목은 『고열녀전』을 인용한 것으로 추정된다. 『내훈』은 『고금열녀전』과 마찬가지로 군자의 논평, 시, 송 등을 생략한 경우가 대부분이다. 『고열녀전』의 「주애이의」(珠崖二義)와 「초접여처」(楚接輿妻)는 『고금열녀전』에서 누락된 일화들인데, 각각 『내훈』의 「모의장」과 「염검장」에 인용되어 있다.

'여교'는 사고전서에 송대 방징손의 『여교십편』, 원대 허희재의 『여교서』, 명대 왕직의 『여교속편』 등 비슷한 제목의 문헌에 관한 기록이 있지만 현재 전하는 텍스트가 없어 『내훈』과 대조해볼 수 없다. 『내훈』이 출전을 '여교'라고 밝힌 것들 중 5개 조목의 원출전이 반소의 『여계』인 점을 미루어보건대, '여교'는 중국 규훈서의 고전들을 발췌해 엮은 책으로 추정할 수 있을 뿐이다.

'명감'은 『명심보감』을 가리킨다고 일반적으로 알려져 있으나, 그것이 『명심보감』인지 『후비명감』인지 혹은 '여교명감'인지 확실하지 않다. 1472년 성종이 역대 제왕과 후비에 관한 기록을 모아 『제왕명감』과 『후비명감』을 편찬했다고 하나 실체를 확인할 수 없다. 유일하게 텍스트를 비교해볼 수 있는 것이 『명심보감』인데, 1454년 간행된 청주판 『명심보감』과 『내훈』을 비교해보면 일치하는 조목이 여덟 군데 있다. 하지만 8개 조목이 모두 『소학』과도 일치하는 것이어서 의문의 여지가 있다.

『내훈』을 구성하는 전체 7장 116조목은 이 4종의 참고문헌 '소학·열녀·여교·명감'에서 발췌 인용한 것이다. 그런데 『내훈』은 각 조목의 인용 출처로 '소학·열녀·여교·명감' 중 하나를 밝힌 것이 아니라 원출전을 명기하는 방식을 취하고 있다. 그리고 원출전이 바로 앞의 조목과 같을 경우에는 원출전을 따로 언급하지 않고 조목 첫머리에 '○'로써 앞 조목과 원출전이 동일함을 표시하였다.

예를 들어, 「효친장」 조목 제11-1은 『소학』에서 발췌한 것으로 추정되는데 "小學曰"이 아니라 "內則曰"로 시작한다. 『소학』 「명륜」의 조목 제16은 『예기』 「내칙」의 일부를 발췌한 것이니, 『내훈』은 『소학』에 인용된 『예기』를 재인용한 셈이다. 즉 「효친장」 조목 제11-1의 출전은 『소학』이고 원출전은 『예기』가 된다. 그리고 『내훈』 「효친장」 조목 제11-2는 첫머리에 "內則曰"을 다시 쓰지 않고 '○'로 표시하였다.

『내훈』의 이러한 편찬 방식은 『소학』의 그것과 상통한다. 『내훈』은 『소학』을 발췌 인용하였지만, 그 문장들의 원출전은 사실 『예기』 『논어』 『안씨가훈』 『가범』 등의 다양한 고전들이다. 이러한 편찬 방식은 "선현의 책 가운데 가장 절실한 구와 단락을 취한 것일 뿐이니, 바로 『근사록』을 수집하던 방법이며 공자의 술이부작의 뜻"10)이라는 인식에 근거한다. 이것은 한문을 공동문어로 사용했던 중세 유교 문명권에서 통용되는 주요한 텍스트 생성 문법의 하나였다. 『내훈』의 독자는 『내훈』 읽기를 통해 『소학』을 만나고, 또한 『소학』을 통해 『예기』와 『논어』 등의 고전과 만나게 된다. 소혜왕후는 『내훈』을 통해 여성 독자들을 고전의 세계로 안내하고 있는 것이다.11)

4. 여성교육용 어문 교재로서의 특성

『내훈』이 편찬된 15세기 중・후반은 바로 민족어 문자인 한글이 창제되어 시험 단계에 있던 시기였고, 1437년생인 소혜왕후는 그런 의미에서 '훈민정음 1세대'라 부를 만하다. 『내훈』의 전 7장 116조목은 한문과 언해문이 짝을 이루고 있다. 이처럼 한문과 한글이 공존하는 텍스트의 생성은 이제 조선이 공동문어 문자로써만 텍스트를 소비하고 생산하는 단계에서 벗어나 민족어 문자로써 지식을 전파하고 창출하는 단계로 들어섰음을 의미한다.

중세의 어문체계는 공동문어 문자와 민족어 문자가 신분과 성별에 따른 위계구조로 이루어져 있어 개인이 문자를 활용할 수 있는 능력, 즉 문식성(literacy) 자체가 뚜렷한 권력관계의 징표였다. 『내훈』은 그

---

10) 정인홍, 『학기유편』(學記類編) 「서문」(序文), "先生此書, 則一就前賢本書中, 節取最切實者, 一句或一段而已, 卽近思蒐集之律令, 亦述而不作之謂也."
11) 『내훈』의 편찬 방식과 참고문헌 4종에 관한 상세한 논의는 이경하, 「『내훈』과 '소학・열녀・여교・명감'의 관계 재고」, 『한국고전여성문학연구』 17, 한국고전여성문학회, 2008 참조.

러한 이중언어체계의 권력관계 속에서 상층 여성에게 한자와 한글 사용에 대한 접근 가능성을 높여준 대표적인 읽기 교재이다. 15~16세기에 여성을 위한 한문 전적의 번역서가 많지 않고 소설을 비롯한 한글로 된 읽을거리가 아직 풍부하지 않았던 상황을 고려하면, 『내훈』이 가지는 어문 교재로서의 위상은 특별한 것이다. 어떤 의미에서 『내훈』 편찬은 여성어문생활사에 큰 획을 긋는 상징적인 사건이었다.

텍스트 구성 방식에 있어서, 『내훈』은 여성 독자들의 어문 능력 향상에 도움이 되는 방향으로 기획되었다고 말할 수 있다. 내용 구성에 있어서는 중국 고전을 발췌 인용하는 방식을 취함으로써 결과적으로 여성 독자들이 유교 문명의 다양한 핵심 고전들을 맛볼 수 있는 기회를 제공한다. 형식적인 측면에서 보면, 116조목이 각각 한문 원문과 언해문이 짝을 이루는 구성은 한문과 한글에 대한 여성 독자의 문해력을 신장시키는 데 기여한다. 뿐만 아니라 언해문의 세주(細註)를 이용하여 교양 수준이 상대적으로 낮은 여성 독자의 이해를 돕고 있다.

조선시대에 한문으로 된 문헌을 한글로 번역하여 책을 엮을 때, 한문 원문을 제시하는가 하지 않는가, 한자와 한글을 얼마나, 어떻게 섞어 쓰는가 등의 텍스트 구성 방식은 예상 독자의 수준과 시대에 따라 적지 않은 차이가 있었다.[12] 소혜왕후가 『내훈』의 주요 독자층으로 예상했던 왕실 여성들의 수준을 고려하여 어떤 장치를 두고 있는지 살펴보자.

첫째, 『내훈』은 한문 원문에 한글로 구결을 달아 독자의 한문 독해를 돕고 있다. 둘째, 언해문에 한자와 한글을 섞어 쓰되 한자음을 밝혔다.

---

12) 이에 관한 구체적인 사례와 상세한 논의는 이종묵, 「조선시대 여성과 아동의 한시 향유와 이중언어체계(Diaglosia)」, 『진단학보』 104, 진단학회, 2007 참조.

예를 들어 '大땡凡뻠', '靈령', '德득'과 같이 한자음을 한글로 일일이 병기함으로써, 『내훈』을 통해 한자에 대한 독자의 기초적인 읽기 능력이 신장될 수 있도록 하였다. 셋째, 언해문에 여성 독자의 이해를 돕기 위한 세주를 첨가하였다. 언해문의 세주는 한문 원문의 주석을 번역해 옮긴 것이 아니라 편찬자가 독자를 배려하여 새로 첨가한 것이다.

언해문에 첨가된 세주를 층위에 따라 나누어보면, 우선 한자의 뜻을 간단히 풀이해주는 경우가 있다. 예를 들어, '오만'(傲慢)이란 단어 뒤에 "오(傲)는 업신여긴다는 뜻이고 만(慢)은 만만하게 여긴다는 뜻이다"라든가, '범내한'(范內翰)이란 단어 뒤에 "범(范)은 성이고 내한(內翰)은 벼슬 이름이다"라는 설명을 첨가하는 식이다. 내한과 같은 관직명은 여성들에게 낯선 것일 수 있기에 설명이 필요하다고 판단했을 것이다. 세주를 이용한 이러한 보충 설명이 한자에 대한 문해력이 높은 일부 여성 독자에게는 지나치게 친절해 보이겠지만, 언해문을 통해 한문 원문에 다가가야 하는 독자에게는 꼭 필요한 것일 수 있다.

언해문의 세주는 한자어의 뜻을 간단하게 풀이하는 것뿐 아니라 특정 인물이나 사건을 상세하게 설명함으로써 고전에 대한 지식을 제고하는 데도 도움을 준다. 예를 들어, "이 부인이 바로 두 정선생의 어머니이다"라는 문장 뒤에 "두 정선생은 명도선생과 이천선생이다"라는 설명을 붙이는 식이다. 서문에서 "달기의 웃음과 포사의 총애와 여희의 울음과 비연의 참소"를 거론한 대목이나, 「부부장」의 조목 제1-2에서 "「관저」(關雎)의 뜻을 드러내었다"는 구절과 같이, 그 대목을 이해하는 데 필요한 배경지식을 제공하기 위해 매우 긴 세주가 첨가된 경우도 있다. 이처럼 언해문의 세주는 『내훈』이 인도하려는 고전의 세계, 여성 독자가 그 세계를 이해하는 데 필요한 역사와 사상에 대한 기초적인 지식을 제공한다.[13]

5. 유교적 성별지식과 성역할 교육

소혜왕후의 『내훈』은 유교 문명권의 주변부 조선에서 중심부의 '성별지식'을 적극적으로 수용하고 재구성하여 문자화한 최초의 문헌이다. 성별지식이란 '성차(性差)에 관한, 즉 신체적 차이의 의미들을 형성하는 지식'으로서의 젠더를 의미한다.14) 여기서 지식이란 사회와 문화에 의해 생산되는 인간관계에 대한 이해로서, 일련의 관념과 제도, 구조, 의례, 일상생활의 관행 등 사회관계를 구성하는 모든 것을 뜻한다. 지식은 지배와 종속의 관계, 즉 권력관계가 구성되는 수단이라는 점에서, 『내훈』류의 책은 남녀의 권력관계에 기반한 성별지식을 집약해 놓은 텍스트라고 말할 수 있다.

소혜왕후의 『내훈』은 문명권 중심부의 지식을 수용하고 재생산한 텍스트로서 유교적 성별지식의 보편성과 아울러 '15세기 조선'이라는 조건에서 기인한 특수성을 지닌다. 유교 문명권의 성별지식은 한대(漢代)의 『열녀전』과 『여계』 등 규훈서의 전범이 되는 텍스트들을 통해 가시화되는데, 중세로 불리는 오랜 기간 동안 문명권 중심부에서뿐 아니라 주변부로 확산되면서 지속과 변화의 과정을 겪었다. 같은 시대라도 명나라 인효문황후의 『내훈』과 조선 소혜왕후의 『내훈』이 전달하는 지식은 동일하지 않고, 같은 조선이라도 15세기 『내훈』과 17세기 송시열의 『계

---

13) 『내훈』에서 세주의 기능에 관한 보다 상세한 내용은 이경하, 「15세기 상층 여성의 문식성(literacy)과 읽기교재 『내훈』」, 『정신문화연구』 118, 한국학중앙연구원, 2010, 322~332쪽 참조.
14) 젠더를 '성차에 관한 지식'으로 정의한 사람은 역사학자 스콧이다. 젠더 개념을 둘러싼 논쟁에 관해서는 이경하, 「'여성/문학/사'에 관한 이론적 고찰」, 『한국고전여성문학연구』 5, 한국고전여성문학회, 2002, 236~238쪽 참조.

녀서』가 담고 있는 지식 역시 동일하지 않다. 규훈서를 대할 때 성별지식의 보편성에만 주목한다면, 각기 다른 텍스트에 대한 정확한 이해에 도달할 수 없다.

『내훈』에도 물론 중세 유교 문명권의 보편적인 성별지식을 대변하는 언명들이 다수 포함되어 있으며, 이로써 『내훈』이 지향하는 세계가 유교적 가부장적 질서임을 분명하게 표명하고 있다. 양강음유(陽剛陰柔)의 원리에 입각한 남녀유별(男女有別)의 이치를 설파하는 몇 대목을 보자.

음양은 본성이 다르고 남녀는 행적이 다르다. 양은 단단함을 덕으로 삼고 음은 부드러움을 쓰임으로 삼는다. 남자는 강함을 귀하게 여기고 여자는 약함을 아름답게 여긴다. 그러므로 속담에 이르기를, "이리 같은 아들을 낳아도 오히려 약할까 걱정하고, 쥐 같은 딸을 낳아도 오히려 범처럼 사나울까 걱정한다"고 하였다. 여자의 수신은 경(敬)만한 게 없고, 강하게 되지 않으려면 순(順)만한 게 없다. 그래서 경순(敬順)의 도를 부인의 큰 예라고 한다.(「부부장」)

아내는 집안에서 먹고 마시는 것을 주관한다. 오직 술과 밥과 의복 등의 예를 일삼을 뿐 나라의 정사에 참여함이 옳지 않고 집안의 대소사를 맡아서 처리함이 옳지 않다. 그러니 만약 총명하고 재주와 지혜가 있어서 고금의 일을 꿰뚫어 알지라도, 반드시 바르게 군자를 도와 부족한 부분을 권면할지언정, 결코 암탉이 새벽에 울어 화를 불러일으키는 일이 있어서는 안 된다.(「부부장」)

남녀는 한자리에 섞여 앉지 말고, 시렁에 함께 옷을 걸지 말며, 수건과 빗을 함께 사용하지 말고, 물건을 직접 주고받아서도 안 된다. 형수와 시동생은 서로 문답하지 말 것이며, 아버지의 첩에게 아랫도리를 빨게 해서는 안 된다. 바깥 이야기가 문 안에 들어오지 않게 하고, 안의 이야기가 문 밖으로 새어나가지 않도록 해야 한다. 혼인을 한 여자는 큰 변고가 생기지 않는 한 친정에 출입하지 말아야 하고, 이미 혼인한 고모와 손위 누이와 손아래 누이와 딸이 친정에 왔을 경우 형제가 한자리에 앉지 말 것이며 같은 그릇에 먹지 말아야 한다.(「언행장」)

남녀는 타고난 기질이 다르고 직분이 다르며 거처하는 공간이 다른데, 그것은 음양의 이치에 따른 것이라고 했다. 여자는 음의 기질을 타고 났으므로 '경순'(敬順)의 도를 지켜야 한다는 것 여자는 음식과 의복을 주관하는 것이 본분이니 암탉이 울어 재앙을 불러일으켜서는 안 된다는 것, 내외법을 철저히 지켜서 형수는 시동생과, 심지어 시집간 여동생이 친정의 남자형제들과도 내외를 해야 한다고 했다. 이 구절들은 『여계』『안씨가훈』『예기』 등에서 발췌하여 『소학』과 『여교』에 실렸던 것이다. 이밖에 『예기』에 근거하여 유교질서 내에서 아내의 위치를 설명할 때 흔히 동원되는 표현들, 즉 불경이부(不更二夫), 삼종지도(三從之道), 칠거(七去) 등의 명제들도 『내훈』「혼례장」에서 확인할 수 있다.

이처럼 『내훈』에는 유교 문명권에서 보편적인 진리로 받아들였던 성별지식의 대전제들이 포함되어 있다. 그러나 소희왕후가 『소학』을 비롯한 중국의 고전들에서 성별지식을 취사선택할 때 무엇을 취하지 않았는가 하는 점에도 주목할 필요가 있다.

예를 들어, 『내훈』은 『소학』의 보수적인 정절관념을 취하지 않았다. "굶어 죽는 것은 작은 일, 절개를 잃는 것은 큰일"이라고 했던 정이천의 말은 여성에 대한 보수적인 정절관념을 대변하는데, 『내훈』은 이 언명이 실린 『소학』 「가언」의 조목을 채택하지 않았다. 또한 『소학』에는 개가하지 않겠다는 결의를 자해로 표시했던 영녀를 비롯한 유명한 열녀의 고사가 6편 실려 있는데, 『내훈』은 이 가운데 하나도 취하지 않았다. 『소학』은 '부부지별'(夫婦之別)을 설파하기 위해 열녀서사를 비중 있게 다루었지만, 『내훈』은 『소학』의 열녀서사를 모두 배제한 것이다. 『열녀전』에서 발췌한 것으로 추정되는 조목들 가운데에도 이른바 열녀의 서사가 단 한 편도 없는 것을 보면, 열녀서사를 배제한 것은 소혜왕후의 의식적인 선택이었다고 짐작된다.[15]

6. 왕실 여성의 교육을 위한 신분지식

『내훈』은 부녀자를 가르칠 목적으로 편찬되었음에도 불구하고, 텍스트 전체에서 성별지식으로 보기 어려운 내용들이 차지하는 비중이 매우 높다. 특별히 한 성에게만 요구되는 윤리규범을 설파한다기보다는 남녀 모두가 갖추어야 할 올바른 행실에 관한 언설이 116조목의 절반 이상을 차지한다. 이것은 『내훈』이 중국이나 조선후기의 다른 규훈서들과 차별화되는 지점이기도 하다는 점에서 특히 주목할 필요가 있다.

---

15) 『소학』의 성별지식 가운데 『내훈』이 무엇을 선택하고 배제했는가에 관한 상세한 내용은 이경하, 「소혜왕후 『내훈』의 『소학』 수용 양상과 의미」, 『대동문화연구』 70, 성균관대학교 대동문화연구원, 2010, 232~239쪽 참조.

성별지식으로 분류하기 어려운 조목들은 대체로 '상층 신분이 갖추어야 할 덕목과 예의범절'에 관한 것이라고 일반화할 수 있다. 여기에 해당하는 조목을 내용상 나누어본다면, 하나는 일상에서 상류층에게 요구되는 품위 있고 고상한 행동거지와 매너를 구체적으로 기술한 것이고, 또 하나는 유교질서가 이상으로 삼는 '군자'의 인격을 일화 형식으로 보여주는 것이다.

예를 들어, 식사할 때 밥술을 크게 뜨지 말고 밥이 뜨겁다고 후후 불지도 말고 국을 후루룩 들이마시지도 말라 한 것은 일상생활의 세세한 예의범절에 대한 훈육이다. 이런저런 행동을 하지 말라는 데는 물론 나름의 이유가 있다. 뼈를 깨물어 먹지 말라는 것은 그 소리가 아름답지 못하기 때문이고, 생선이나 고기 뼈를 개에게 던져주지 말라는 것은 감히 주인의 물건을 내가 함부로 다루어서는 안 되기 때문이며, 남의 집에 들어갈 때 시선을 돌리지 말라는 것은 혹시 남의 은밀한 행동을 내가 우연히 보게 되어 서로 민망한 상황에 처할 수 있기 때문이다.

이처럼 식사할 때나 남의 집에 출입할 때 행동거지를 조심하도록 가르치는 것을 특별히 여성에 대한 성별화된 교육으로 해석할 수는 없다.[16] 「언행장」에 실린 이 조목들은 『소학』에서 발췌한 것인데, 원출전은 『예기』 「곡례」이다. '곡례'(曲禮)는 일상생활에서 필요한 세세한 예절을 뜻한다. 『내훈』의 출전인 『소학』도 그렇고 『예기』도 그렇고, 해당

---

[16] 『내훈』에서 발견되는 이른바 '조신한 태도'에 대한 가르침을 성별화된 교육으로만 해석하는 것은 선행연구의 일반적인 관점이다. 예를 들면, 조경원, 「유교 여훈서의 교육원리에 관한 철학적 분석」, 『여성학논집』 13, 이화여자대학교 한국여성연구원, 1996, 278쪽 ; 양현아, 「예를 통해 본 '여성'의 규정-여성교육서를 중심으로」, 한국정신문화연구원 편, 『유교의 예와 현대적 해석』, 청계, 2004, 115~116쪽.

조목은 모두 남녀를 불문한 가르침이었다. 성별보다는 신분을 염두에 둔, 상류층의 남녀가 몸에 익혀야 할 소소한 예절인 것이다.

한편 「언행장」에는 임금 앞에서 어떻게 처신해야 하는가를 기술한 것들이 있는데, 이것 역시 상층 신분에게 유용한 지식이라고 볼 수 있다. 임금이 선물을 하사하면 어찌 하라든가, 임금을 모시고 식사할 때는 어찌 하라든가 하는 세세한 범절이 그것이다. 이처럼 일상생활의 일거수일투족에 대한 규율이나, 각별히 예를 갖추어야 할 상황에 대한 매뉴얼 같은 것은 신분제 사회에서 특히 상류층이 숙지하고 몸에 익혀야 할 내용이다.

『내훈』에 포함된 성별지식이라 부르기 어려운 조목들 가운데에는 일상생활의 세세한 예의범절 외에, 덕성을 갖춘 이상적인 인격, 즉 군자(君子)에 관한 예시가 많다. 유가의 전통은 사람은 누구나 성인이 될 수 있다는 믿음 아래 개인의 인격 완성을 공부의 목표로 삼았다. '거경궁리'(居敬窮理)의 공부를 통한 인격 완성의 경지를 표현하는 말이 군자인데, 『내훈』에는 「부부장」과 「모의장」을 제외한 모든 장에서 군자에 대한 일반론이나 각론을 비중 있게 싣고 있다.

군자는 간사한 소리와 어지러운 색을 귀와 눈에 머물게 하지 않고, 음란한 음악과 사특한 예를 마음에 접하지 않으며, 게으르고 사악한 기운을 몸에 두지 않는다. 이로써 귀와 눈과 코와 입과 마음과 지각과 모든 신체로 하여금 순하고 바름을 말미암아 그 의를 행하게 한다.(「언행장」)

유관은 비록 창졸간에도 말을 빨리 하거나 안색을 바꾼 적이 없었다. 부인이 유관의 성냄을 시험하고자 하여, 유관이 조회에 나가기 위하여 의복을 이미 엄정히 갖춘 것을 엿보고, 시비로 하여금 고깃국을 받들어 올리다가 엎어서 조복을 더럽히게 하였다. 시비가 급히 그것을 수습하자, 유관은 안색 하나 변하지 않고 "국에 손을 데지 않았느냐?"라고 천천히 말하였다. 그 성품과 도량이 이와 같았다.(「언행장」)

『내훈』에는 물론 정이천의 어머니 후부인과 같은 이상적인 여성들의 일화도 많이 있지만, 군자의 덕성을 갖춘 남성 인물의 일화도 비중이 적지 않다. 어떤 장에서는 군자라 할 만한 유명한 상층 남성의 일화가 성별지식을 압도한다. 예를 들어 「염검장」의 경우, 전체 10조목 가운데 성별지식으로 볼 수 있는 것은 여성의 내조자로서의 역할을 강조한 마지막 조목, '접여의 처' 고사가 유일하다.[17]

요컨대, 『내훈』은 '성차에 관한 지식'뿐 아니라 '상층 신분에게 유의미한 지식'으로 구성된 텍스트이다. 그것은 소혜왕후가 『내훈』을 통해 교화시키고자 했던 일차적 대상이 장차 자신의 며느리가 될 중전 후보들이었다는 사실과 관련이 있을 것이다. 편찬자가 염두에 둔 교화 대상의 범위는 텍스트의 편목 구성과 개별 조목의 선택에 영향을 미치는 중요한 변수가 되기 때문이다.

예를 들어, 명나라 인효문황후의 『내훈』과 조선 소혜왕후의 『내훈』은 15세기 동시대에 비슷한 신분의 여성 편찬자에 의해 이루어졌다는

---

[17] 『내훈』에서 성별지식으로 보기 어려운 조목들에 관한 보다 상세한 고찰은 이경하(2010), 「소혜왕후 『내훈』의 『소학』 수용 양상과 의미」, 239~245쪽 참조.

공통점을 갖고 있지만, 유교적 성별지식의 핵심을 효과적으로 전달하기 위한 두 텍스트의 기획은 사뭇 달랐다. 명의 『내훈』은 궁중의 여성들을 일차적인 독자로 내세웠지만,18) "황후와 왕비 이하 경대부와 사·서인의 처에 이르기까지"19)와 같은 언급에서 보듯이, 실제 서술에 있어서는 교화 대상의 범위가 여러 계층의 여성을 포괄한다.

그에 비하면, 조선의 『내훈』은 특별히 궁중의 비빈을 교화 대상으로 상정하고 기획된 텍스트이다. 교화 대상을 특정 계층의 여성으로 설정함은 편찬자가 텍스트를 통해 전달하고자 하는 지식의 성격과 내용에도 영향을 미친다. 예를 들어, 명의 『내훈』에 포함된 근면의 윤리와 봉제사 의무에 관한 교설을 조선의 『내훈』에서는 찾아보기 어렵다. 「염검장」에서 상층 신분의 검소하고 청렴한 생활태도를 강조한 데 반해, '여자가 부지런해야 집안이 산다'는 식의 언명은 찾아볼 수 없다. 근면의 윤리가 강조되는 것은 규훈서의 교화 대상이 부엌살림을 비롯한 일상의 노동을 직접 감당해야 하는 계층의 여성들일 때이다. 조선후기에 생산되는 규훈서에서 가모(家母)의 근면함과 치산의 능력이 부덕(婦德)으로 강조된 것은 그 교화 대상이 노동을 직접 감당해야 하는 계층의 여성들이기 때문이다.

소혜왕후는 서문에서 '옥 같은 며느리를 얻고 싶다'는 바람을 피력했던바, 자신의 며느리이자 아들의 아내이며 한 나라의 국모가 될 여성들

---

18) 인효문황후는 『내훈』 서문에서, 시어머니 고황후의 평소 가르침을 모으고 그 뜻을 확충하여 궁실의 교훈서로 쓰기 위해 지었다고 밝혔다.

19) 인효문황후, 『내훈』 「사구고장」(事舅姑章), "故自后妃以下, 至卿大夫及士庶人之妻, 壹是皆以孝事舅姑爲重."; 「체하장」(逮下章)에서도 '황후에서 서인에 이르기까지' 처첩간의 화목은 첩을 대하는 부인의 덕에서 비롯된다고 하였다.

이 단지 길쌈하는 법만 알아서는 안 되고, 덕을 닦고 세상과 소통하기 위해 성인의 가르침을 들어야 한다고 여겼다. 유교적 가부장제의 유지를 위한 성별지식으로 구성되는 규훈서『내훈』에 성별지식과 무관한 남녀 보편의 덕성에 관한 내용이 비중 있게 실린 것은 그런 특별한 편찬의식에 기인한다.

7. 본 주해서의 특징

소혜왕후의『내훈』은 유교윤리에 입각한 조선 최초의 규훈서이며 동시에 중세국어의 실상을 보여주는 중요한 자료라는 점에서 일찍부터 국어학, 교육학, 여성학 등 여러 분야에서 꾸준히 연구되어왔다. 그만큼 번역서와 선행연구도 적지 않았지만, 텍스트를 바라보는 관점의 편향성으로 인해『내훈』이 갖는 가치와 의의가 충분히 드러났다고 보기는 어렵다.

국어학에서는『내훈』의 언해문이 보여주는 중세국어 현상에 주로 관심을 기울였고, 여성학이나 교육학에서는『내훈』이 기반하고 있는 유교윤리의 가부장성을 분석하고 비판하는 데 논의가 집중되어 있었다.[20]『내훈』의 판본 사항이나 중국 고전들과의 관계와 같은, 텍스트 이해에 있어서 기본적인 사항에 관한 논의는 비교적 최근의 성과이다.

---

20) 김진명,「가부장 담론과 여성 억압-내훈서 및 의례서 분석을 중심으로」,『아세아여성연구』33, 숙명여자대학교 아세아여성연구소, 1994 ; 조경원, 앞의 글 ; 조경원,「조선시대 여성교육의 분석」,『여성학논집』12, 이화여자대학교 한국여성연구원, 1995 ; 고은강,「『내훈』연구-유학의 여성윤리」,『태동고전연구』18, 한림대학교 태동고전연구소, 2002 ; 최혜진,『규훈문학 연구』, 역락, 2004 ; 양현아, 앞의 글.

20세기 이후 출간된 『내훈』 번역서로는 10여 종이 있다.[21] 번역서의 구성은 대개 한문 원문과 현대역을 함께 제시하거나 현대역만으로 이루어져 있다. 본 주해서는 『내훈』의 전문을 번역하고 해설한 것으로서, 기존의 번역서와 다른 점은 크게 세 가지이다.

첫째, 한문 원문을 중심으로 번역하되 언해문의 세주도 번역에 포함시켰다. 『내훈』이 15세기 조선의 상층 여성을 예상독자로 상정하고 기획되었다는 점에서, 언해문의 세주는 『내훈』의 텍스트 구성에서 좀 더 주목해야 할 부분이다. 그런 이유로 언해문의 세주를 모두 번역해 실었는데, 본문의 가독성을 해치지 않기 위하여 각주 형식으로 처리하였다.

둘째, 전체 116조목의 출전과 원출전을 고구하여 중국 고전들과의 상호텍스트성을 밝히고자 노력하였다. 이것은 『내훈』 편찬을 중세 유교 문명권에서 지식의 전파와 수용의 과정으로 파악하고, 규훈서라는 특성 외에도 『내훈』 텍스트가 갖는 다각적인 면모를 드러내기 위함이다. 서문에서 밝힌 참고문헌 4종 가운데 텍스트의 실체를 확인할 수 없는 것이 있어서 출전 고구가 완전하지는 않지만, 『내훈』이 얼마나 다양한 고전들과 얽혀 있는가에 대한 조망은 가능할 것이다.

셋째, 각 조목마다 해설란을 두어 출전에 대한 설명 외에도 조목의 내용에 관한 보충설명을 덧붙였다. 『내훈』은 윤리적 언설을 모은 텍스트라는 점에서 그에 대한 이해가 자칫 피상적이기 쉽다. 또한 116조목은

---

[21] 육완정 역주, 『내훈』, 열화당, 1985 ; 김종권 역주, 『내훈・계녀서』, 명문당, 1987 ; 이민수 교주, 『내훈』, 홍신문화사, 1994 ; 구인환 엮음, 『내훈』, 신원문화사, 2004. 이밖에도 여러 종의 번역서가 있지만 학술적 가치를 매기기는 어려워 보인다. 번역이 부정확한 대목들이 많은 점, 그리고 주석이 있어도 다른 번역서들과 대동소이한 점은 기존의 『내훈』 번역서가 공통적으로 안고 있는 문제점이라 할 수 있다.

여러 고전들에서 일부분만 발췌한 것이어서 원출전의 본래 맥락을 알지 못하면 내용에 대한 이해가 쉽지 않을 수 있고, 때로는 그 의미가 여러 텍스트를 거치면서 변하기도 한다. 동일한 문장이라 해도 1~2세기의 『예기』와 12세기의 『소학』과 15세기 조선의 『내훈』에서 갖는 의미는 다를 수 있다. 이런 점들에 유의하면서, 각 조목에 대한 이해를 돕기 위한 여러 측면의 해설을 시도하였다.

　소혜왕후는 15세기 조선의 여성이 도달할 수 있었던 최고의 지성을 대변하는 인물이다. 『내훈』 편찬은 소혜왕후의 적극적인 글읽기의 산물이며, 배움의 기회가 적은 여성들을 고전의 세계로 인도하는 지식의 재생산 과정이었다. 고전에 대한 소양이 없는 사람은 소혜왕후가 서문에서 경고한바 '관을 쓴 원숭이'와 같아서 세상과 소통하지 못하고 스스로를 성찰하지 못한다. 소혜왕후는 고전 읽기의 가치를 그렇게 이해했으며, 여성도 알아야 한다고 여긴 고전의 정수를 도아 『내훈』을 엮었다. 21세기 독자들도 이 『내훈』 주해서를 매개로 중세 유교 문명의 고전에 한 발 더 다가서게 되기를 기대한다.

해제 | 15세기 조선 여성의 고전 읽기와 지식의 재구성 · 5
서문 · 37

1 언행장言行章

입을 조심하라 · 43
식사예절 · 45
남녀유별 · 47
남의 집을 출입할 때 · 49
시선 처리 · 50
공경하지 않음이 없게 하라 · 51
군자를 모시고 식사하는 예절 · 53
몸을 삼가고 또 삼가라 · 54
빈 그릇도 가득 찬 듯이 · 55
임금을 섬기는 예절 · 56
임금을 모시고 식사할 때 · 57
임금이 과일을 주실 때 · 58
임금이 남은 음식을 주시면 · 59
임금이 수레와 말을 하사할 때 · 60
귀와 눈과 마음을 바르게 · 60
말이 많음은 재앙의 시작 · 62
여자의 사덕(四德) · 63
언행일치 · 66
창졸간에 당황하거나 화내지 않기 · 68
말은 믿을 수 있게, 행동은 돈독하게 · 69
말은 때와 장소를 가려서 · 71
사람다움은 예와 의에 있나니 · 72
사람의 도리 오륜 · 73
자신의 허물 듣기를 기뻐하라 · 74
적선지가는 필유여경 · 75
스스로를 성찰하는 열네 가지 항목 · 78

마음을 다스리고 본성을 길러라 · 81
후부인의 몸가짐 · 82
재물에 따른 마음가짐 · 83
내 몸과 집안을 망치는 허물 다섯 가지 · 84
아무리 사소해도 악은 행하지 말라 · 87
타인을 책하는 마음으로 자신을 책하라 · 88
의는 무조건 행하고 이익은 겁쟁이처럼 피하라 · 90
용백고를 본받고 두계량을 본받지 말라 · 91

2 효친장孝親章

문왕이 부친 왕계를 모신 태도 · 95
무왕이 병든 부친 문왕을 모신 태도 · 97
무왕과 주공의 지극한 효도 · 98
증자의 효도 · 99
부모가 사랑한 것을 사랑하라 · 100
어버이를 사랑하지 않고 남을 사랑함은 패덕 · 101
효자의 자격 · 103
시부모를 모시는 며느리의 태도 · 104
부모와 시부모를 모시는 소소한 예절 · 107
부모가 시키면 하기 싫어도 하라 · 108
부모가 병이 났을 때 · 109
부모와 시부모가 병이 났을 때 · 110
부모가 노하였을 때 · 111
부모가 아끼던 사람은 부모 사후에도 공경하라 · 114
부모가 사랑하는 아내가 우선 · 115
큰며느리와 작은며느리의 도리 · 116
부모 사후에도 부모를 생각하고 행동하라 · 118
부모 사후에 생일은 슬픈 날 · 119
부모와 임금과 스승을 섬기는 차이 · 120
부모 상중에 조심하는 태도 · 122

부모 상중에 고기를 먹고 음악을 듣는 폐단 · 124
거상을 바르게 한 안정 · 131
모친상을 입고 죄인을 자처한 하자평 · 132

3 혼례장 昏禮章

혼례의 절차와 태도 · 135
혼례는 예의 근본 · 137
혼례의 의미 · 139
조혼으로 인한 요절 · 142
혼인할 때 재물을 논하지 말라 · 143
조혼과 다첩의 폐해 · 145
부귀를 기준으로 며느리를 구하지 말라 · 146
딸은 친정보다 나은 집으로 시집보내라 · 148
초례 때 부모가 하는 당부의 말 · 149
삼종지도와 칠거지악 · 151

4 부부장 夫婦章

남편은 아내의 하늘 · 155
부부는 인륜의 근본이니 여자도 가르쳐라 · 158
양강음유의 원리와 경순의 도 · 160
남편의 마음을 얻어라 · 162
시부모의 마음을 얻어라 · 164
부인 노릇 하기가 가장 어렵다 · 165
암탉이 울면 집안이 망한다 · 168
후부인의 남편 섬기기 · 170
잠자리에서도 단정하게 · 171
초나라 장왕의 부인 번희 · 172
초나라 소왕의 첩 월희 · 176
후한 명제의 명덕마황후 · 181

후한 화제의 화희등황후 · 197
명나라 태조의 효자고황후 · 209
제나라 숙류녀 · 233
후한 포선의 처 환소군 · 239

5 모의장 母儀章

딸에게 가르쳐야 할 것들 · 243
딸에게 가르쳐야 할 것과 가르치지 말아야 할 것 · 246
아들과 며느리의 잘못을 가르칠 때 · 247
어린 자식의 허물은 어머니의 탓 · 248
문왕의 어머니 태임 · 250
무왕의 어머니 태사 · 253
맹자의 어머니 · 255
어진 부형과 엄한 스승 · 257
제나라의 의로운 계모 · 260
위나라 망씨의 인자한 어머니 · 262
제나라 재상 전직자의 어머니 · 265
당나라 최현위의 어머니 · 266
이천선생의 어머니 후부인 · 268
주애 고을의 의로운 두 여인 · 271

6 돈목장 敦睦章

동서지간의 화목 · 275
효제에도 때가 있다 · 277
형제간의 불화는 아내들의 탓 · 279
형을 부모처럼 모셨던 사마온공 · 280
죽을 쑤다 수염을 태운 이적 · 281
전염병도 피해 간 유곤의 우애 · 283
동생의 큰 실수에도 담담했던 우홍 · 284

범중엄의 자식 경계 · 286
노나라의 의로운 고모 · 288

7 염검장廉儉章

안회의 안빈낙도 · 291
호안국이 존경했던 제갈공명 · 292
양진의 사지(四知) · 295
화려함을 싫어한 사마온공 · 296
사치 풍조를 탄식한 사마온공 · 298
검소함이 위선이란 비웃음에 대하여 · 299
모든 사람은 요순이 될 수 있다 · 301
재상 이문정공의 좁은 청사 · 303
문중자의 검소한 옷차림 · 304
초나라 광인 접여의 처 · 305

발문 · 309

『내훈』 언해문 · 313
『내훈』에 인용된 고전 · 393
참고문헌 · 409
옮긴이의 말 | 조선 여성을 위한 유교 고전의 허브 · 415
찾아보기 · 419

일러두기

저본

『내훈』은 선본으로 간주되는 일본 봉좌문고 소장 1573년(선조 6) 간행본을 저본으로 삼았다. 연세대학교 인문과학연구소에서 1969년에 출간한 영인본이 있다.

체제

1. 이 책은 해제, 본문, 부록으로 구성되어 있다. 해제는 『내훈』 및 소혜왕후에 관하여 이전에 발표한 옮긴이의 논문들에서 발췌하고 일부 수정 보완한 것이다.
2. 본문은 전체 7장 116조목으로 이루어져 있다. 116조목은 『내훈』에 본래 나뉘어 있지만 일련번호는 옮긴이가 부여한 것이다. 2-1, 2-2와 같은 방식으로 번호를 매긴 것은 『내훈』 편찬자가 이어진 조목의 원출전이 같을 때 '○'로써 표시하였음을 고려한 결과이다. 「부부장」에서 길이가 지나치게 긴 조목은 편의상 의미단락을 나누고 (1), (2)와 같이 일련번호를 붙였다.
3. 본문 각 장의 제목은 『내훈』 원문을 따른 것이고, 각 조목의 제목은 독자의 이해를 돕기 위하여 옮긴이가 단 것이다.
4. 본문은 각 조목마다 현대역, 한문 원문, 해설로 구성되어 있다. 현대역은 원전의 한문 및 언해문의 세주(細註)를 완역한 것이다. ●로 시작하는 단락은 해설로, 각 조목의 출전과 원출전을 밝히고 내용의 이해를 돕기 위한 설명을 덧붙였다.
5. 원문 중 한문은 각 조목마다 현대역 뒤에 붙여 쉽게 대조할 수 있게 하였고, 언해문은 책 끝에 전체를 실었다. 한문과 언해문 모두 현대역과 동일하게 단락을 나누고 띄어쓰기를 하였으며 표점을 부가하였다. 언해문의 동국정운식 한자음과 방점은 표기하지 않았다. 언해문의 세주는 【 】로 구분하였고, 세주 안에 있는 세주는 【【 】】로 구분하였다.
6. 『내훈』에 직간접으로 인용된 문헌들, 즉 116조목의 출전과 원출전으로 언급된 문헌들에 대한 해설을 권말에 붙였다.

번역 및 주해

1. 번역은 대학생 이상의 교양인이라면 이해할 수 있도록 평이한 우리말로 옮기는 것을 원칙으로 하되, 원전의 분위기를 전달하기 위하여 지나친 의역은 피했다. 필요한 경우를 제외하고 언해문의 경어법은 반영하지 않았다.

2. 주석에는 옮긴이주와 언해주가 있다. 언해문에 세주가 있는 경우 이를 번역하고 【 】로 구분하였다. 세주 안에 또 세주가 있거나 보충 설명이 필요한 경우 괄호 안에 적고 '언해주' 또는 '옮긴이'로 구분하였다.
3. 한글 전용을 원칙으로 하였고, 필요한 경우 괄호 안에 한자를 병기하였다. 원문에는 없지만 역자가 내용을 보충하기 위하여 한자를 넣은 부분은 [ ]로 표시하였다.
4. 중국의 인명과 지명은 한자의 한국어 발음으로 표기하였다.

서문

무릇 사람은 태어날 때 하늘과 땅의 영험한 기운을 받고 오상의 덕1)을 품어 이치로는 옥과 돌이 다름이 없으되 난초와 쑥이 차이가 있는 것은 어찌 된 일인가. 자신의 몸을 닦는 도리에 있어서 다하고 다하지 못함이 있기 때문이다. 주나라 문왕2)의 교화가 태사3)의 밝은 덕에 의하여 더욱 확대되었고, 초나라 장왕4)이 패주5)가 될 때 번희6)의 힘이 컸으니, 임금

---

1) 【다섯 떳떳한 덕이란, 아버지와 아들이 친하고, 임금과 신하가 의가 있고, 남편과 아내가 분별이 있고, 어른과 아이가 차례가 있고, 벗들 사이에 믿음이 있음을 말한다.】 한문의 '오상지덕'(五常之德)을 언해문에 '다솟 덛덛훈 德'이라고 옮겼다. 오상은 유교에서 말하는 사람의 기본적인 다섯 가지 도리, 즉 인(仁)·의(義)·예(禮)·지(智)·신(信)을 가리킨다.
2) 문왕(文王)은 아들 무왕(武王)과 함께 중국의 고대 주왕실의 기틀을 닦은 성인으로 간주된다. 『내훈』 「효친장」 조목 제1 참조.
3) 태사(太姒)는 문왕의 아내이며 무왕의 어머니이다. 『열녀전』 「모의전·주실삼모」에 자세한 내용이 전한다. 『내훈』 「모의장」 조목 제4 참조.
4) 장왕(莊王)은 춘추시대 초나라 군주이다. 『내훈』 「부부장」 조목 제6 참조.
5) 【패(霸)란 제후 가운데 으뜸이라는 뜻이다.】

을 섬기고 지아비를 섬김에 있어서 누가 이들보다 나을 수 있으리오.

나는 책을 읽다가 달기7)의 웃음과 포사8)의 총애와 여희9)의 울음과 비연10)의 참소에 이르러 일찍이 책을 덮고 마음에 서늘함을 느끼지 않

---

6) 번희(樊姬)는 초(楚) 장왕의 부인으로, 남편을 잘 내조했던 아내로 유명하다. 『열녀전』「현명전·초장번희」에 자세한 일화가 전한다. 『내훈』「부부장」조목 제6 참조.

7) 달기(妲己)는 은(殷)의 마지막 왕인 주왕(紂王)의 비로서, 나라를 망친 여자의 대표적인 예이다. 『열녀전』「얼폐전·은주달기(殷紂妲己)」에 따르면, 달기는 주왕을 주지육림(酒池肉林)의 음란하고 방탕한 생활로 이끌고 결국 무왕이 은왕조를 멸하는 명분을 제공한 여성으로 묘사된다. 비간(比干)이 주에게 간언하자 '성인의 심장에는 구멍이 일곱 개 있다'며 배를 가르도록 부추긴 일화는 '포락형'(炮烙刑)과 함께 달기를 몹시 잔인하고 비인간적인 모습으로 그린다. 「얼폐전」에서 유래한 달기, 포사, 여희 등의 고사는 왕조 교체기에 폭군 뒤에 반드시 그를 미혹한 여자가 있다는 식의 역사인식과, 여성은 재앙의 근원이고 여성의 정치 참여는 금기라는 관념을 강화하고 전파해온 대표적인 예라고 할 수 있다.

8) 포사(褒姒)는 주(周)의 마지막 왕인 유왕(幽王)의 비이다. 역사는 그녀를 '천자의 나라' 주왕조를 멸망시킨 장본인으로 평가한다. 『시경』「대아(大雅)·첨앙(瞻卬)」에 "똑똑한 남자는 성(城)을 이루고 똑똑한 여자는 성을 무너뜨리네. 아아, 그 지혜 많은 여자는 올빼미나 부엉이 같은 짓을 하는구나. … 여자에게는 긴 혀가 있어 환란을 일으키네. 환란은 하늘이 내리는 것이 아니라 여자로부터 생겨난 것이네"라고 한 것은 포사를 두고 한 말이다. 한편 『열녀전』「얼폐전·주유포사(周幽褒姒)」에는 서두에 포사의 신이한 탄생에 관한 전설이 포함되어 있다. 하왕조가 멸망할 때 포나라의 신이 용으로 변했다가 주왕조 여왕(厲王) 말기에 궁녀의 몸을 빌려 포사가 태어났으며, 포사가 장차 주나라를 멸망시키리라는 예언이 있었다는 것이다.

9) 여희(驪姬)는 춘추시대 진(晉)의 헌공(獻公)이 여융국을 정벌했을 때 얻은 희첩이다. 『열녀전』「얼폐전·진헌여희(晉獻驪姬)」에 따르면, 여희는 헌공의 첫 번째 부인 제강이 죽은 후 그 후비가 되었는데, 자기 아들인 해제를 태자로 세우기 위해 음모를 꾸몄다. 여희는 헌공을 설득하여 제강의 아들인 태자 신생을 일단 먼 땅으로 보내놓고, 밤마다 울면서 헌공과 신생의 사이를 이간질하였다. 즉 헌공이 여희에게 홀려 나라를 어지럽힌다는 말을 하고 다닌다면서, 백성을 사랑한다는 명분으로 신생이 주군을 시해할지도 모른다는 것이다. 소혜왕후가 말한 "여희의 울음"이란 이것을 가리킨다.

10) 비연(飛燕)은 한(漢)의 성양후(成陽侯) 조임의 딸이고 성제의 후궁이었던 조의주(趙宜

은 적이 없었다.11) 이로써 보건대, 나라와 집안의 치란흥망(治亂興亡)이

    主)를 가리킨다. 절세미인으로 여동생 합덕(合德)과 함께 성제의 후궁이 되었다. 뒤에
    황태후의 지위에 올랐으나 평제 때 서민으로 내쳐져 자살하였다. 제비처럼 몸이 가벼
    워 비연이라 불렀다. 『속열녀전』에 조비연 자매에 관한 기사가 실려 있다.
11) 【주(紂)가 유소씨(有蘇氏: 나라 이름-언해주)를 치자 유소씨가 달기를 주에게 바쳤다.
    주가 혹하여 달기의 말을 들어주지 않음이 없어, 그녀의 마음에 드는 사람은 귀하게 대
    우하고 싫어하는 사람은 죽였다. 그때 제후 중에 배반한 자가 있었는데, 달기가 말하기
    를 "벌이 가볍고 죽음을 당하는 자가 적으면 위엄이 서지 않을 것입니다" 하며 주를 꾀
    어 무거운 형벌을 내리게 하였다. 인두를 달구어 사람에게 들라 하여 손을 데게 하고,
    구리기둥을 만들어 기름을 발라 숯불 위에 얹고 죄인으로 하여금 기둥에 오르게 하여
    달기를 웃게 하고, 그 형벌의 이름을 '포락형'이라고 하였다. ○ 유왕이 포(褒)를 쳤는데
    포 땅의 사람이 포사를 진상하여 왕이 그에게 혹하였다. 포사가 괵석보와 짜고 신후(申
    后)와 태자 의구를 모함하니, 왕은 그들을 폐하고 포사를 후비로 삼고 그 아들 백복을
    태자로 삼았다. 의구가 신(申) 땅에 내려가자 태사 백양이 말하기를 "재앙이 일어도 어
    찌할 수 없을 것이다" 하였다. 포사는 왕이 여러 가지로 달래도 잘 웃지 않았다. 왕이
    제후들에게 도적이 오면 봉화를 들어 표시할 것이니 병마를 가지고 와서 구하라고 했
    었는데, 왕은 포사를 웃기기 위해 이유 없이 봉화를 들었다. 제후들이 다 모여들었지만
    도적은 없었고, 포사는 이를 보고 크게 웃었다. 또한 포사가 비단 찢는 소리를 좋아하
    자 왕은 비단을 찢어서 그의 뜻에 맞추었다. 신국의 임금(신후의 아버지를 말함-언해
    주)이 견융(犬戎: 견은 나라 이름이고 융은 오랑캐-언해주)과 함께 유왕을 쳤다. 유왕
    이 봉화를 들었으나 병마는 오지 않았고, 그들이 유왕을 죽이고 포사를 잡아갔다. ○
    진나라 헌공이 여융(驪戎)을 치자 여융 사람이 여희를 바쳤다. 여희가 해제를 낳고 자
    기 아들을 태자로 세우고자 했다. 여희가 태자에게 말하기를 "임금께서 꿈에 그대 어머
    니를 보셨으니 빨리 가서 제를 올리시오" 하니 태자가 곡옥(曲沃)에 가서 제를 올리고
    제사고기를 보내왔다. 헌공이 마침 산행을 가고 없었는데, 여희가 제사고기를 대궐에
    엿새 동안 두었다가 공이 오자 약을 넣어 받들어 올렸다. 여희가 공에게 말하기를 "밖
    에서 온 것은 그냥 잡수시면 안 됩니다" 하며 그것을 땅에 놓으니 땅이 부풀어오르고,
    개에게 주니 개가 죽고, 신하에게 주니 신하가 죽었다. 여희가 울면서 말하기를 "도적
    이 태자에게서 나왔습니다" 하니, 헌공이 곡옥에 나가 있던 태자를 죽였다. ○ 한나라
    성제가 양아공주(陽阿公主)의 집을 지나다 비연이 노래와 춤을 잘 하는 것을 보고 대궐
    에 들여 가장 어여쁘게 여겼다. 비연의 동생이 외모가 뛰어나 역시 불러들이니, 좌우에

비록 남편과 군주의 총명함과 우매함에 달려 있으나 부녀자의 착하고 착하지 못함에도 관계된다. 따라서 부녀자도 가르치지 않을 수 없는 것이다.
　무릇 남자는 마음이 호연(浩然)한 가운데 노닐고 뜻을 미묘한 데 두어서 옳고 그름을 스스로 분별하여 자기 몸을 지탱할 수 있으니, 어찌 나의 가르침을 기다린 후에 행하리오. 여자는 그렇지 않아서 한갓 길쌈의 굵고 가는 것에 만족하고 덕행의 높음을 알지 못하니, 이는 내가 날마다 한스럽게 여기는 바이다.
　또한 바탕이 맑고 통달한 사람이라 하더라도 성인의 가르침을 보지 못하고 하루아침에 갑자기 귀하게 되면, 이는 원숭이에게 관을 씌운 격이며12) 담장을 마주하고 서 있는 것과 같다.13) 진실로 세상에 몸을 세우고 남과 이야기하기 어려울 것이니, 성인의 가르치심은 천금으로도 다 갚지 못한다고 말할 수 있다.
　일에는 어려운 것과 쉬운 것이 있으니, 맹자께서 이렇게 말씀하셨다.

　　서 본 사람들이 모두 혀를 차며 그 외모를 칭찬하였다. 형제가 모두 첩여의 벼슬을 하니, 귀하기가 후궁 가운데 으뜸이었다. 그때 이들이 황후와 동렬의 반첩여(班婕妤: 한나라 성제의 총애를 받던 후궁 – 옮긴이)를 모함하기를 "주상을 저주하여 죽이려 합니다"라고 하니, 황제는 그 말을 믿고 황후를 폐하여 소대궁(昭臺宮)으로 보내버렸다.]
12) "원숭이를 목욕시켜 관을 씌우다"[沐猴而冠]는 『사기』(史記) 「항우본기」(項羽本紀)에서 유래한 것으로, 간의대부 한생이 만류해도 한사코 천도를 고집했던 항우를 빗대어 한 말이다. 결국 한생은 이 일로 죽임을 당했고, 천도를 감행한 항우 역시 사면초가 속에 목숨을 끊었다.
13) "담장을 마주하고 선다"[面墻而立]는 『논어』(論語) 「양화」(陽貨)에서 유래한 말이다. 공자는 아들 백어에게 『시경』의 「주남」과 「소남」을 배우지 않으면 "담장을 정면으로 마주하고 서 있는 것과 같다"고 했다. 주자의 해석에 따르면, 이것은 아주 가까운 거리에 있으면서도 하나도 보이는 것이 없고 한 걸음도 나아갈 수 없음을 말한다. 일반적으로 식견이 없음을 비유하는 말로 쓰인다.

"태산을 끼고 북해를 건너는 일을 두고 남에게 '나는 할 수 없다'고 말하면 이는 진실로 할 수 없는 것이지만, 윗사람을 위하여 나뭇가지를 꺾는 일을 두고 남에게 '나는 할 수 없다'고 말하면 이는 하지 않는 것일지언정 할 수 없는 것이 아니다."[14] 윗사람을 위하여 나뭇가지를 꺾는 일은 쉽고 태산을 끼고 북해를 건너는 일은 어렵다. 이로써 보건대 몸을 닦는 도리는 너희들이 어려워할 일이 아니다.

요와 순은 천하의 큰 성인이시나 단주와 상균 같은 아들을 두었으니,[15] 엄한 아버지가 부지런히 가르쳐도 도리어 어질지 못한 자식이 있거늘 더구나 나는 홀어미로 옥 같은 마음을 지닌 며느리를 볼 수 있으랴. 그러므로 '소학·열녀·여교·명감'[16] 등이 매우 적절하고 명백하되 권수가 자못 많아 쉽게 알지 못하므로, 이에 네 권의 책 가운데 중요한 말씀을 취하여 일곱 장(章)으로 엮어 너희들에게 주노라.

아아! 한 몸의 가르침이 여기에 다 갖추어져 있으니, 그 길을 한번 잃으면 비록 후회한들 좇을 수 있겠는가. 너희들은 이를 마음에 새기고 뼈에 새겨 날마다 성인이 되기를 기약하라. 밝은 거울이 맑고 맑으니 어찌 경계하지 않을 수 있으리오.

성화[17] 을미년(1475) 초겨울 어느 날

凡人之生이 稟天地之靈ᄒ며 含五常之德ᄒ야 理無玉石之殊호ᄃᆡ 而有蘭艾

---

14) 『맹자』(孟子) 「양혜왕(梁惠王) 상(上)」에 있는 구절이다.
15) 단주(丹朱)는 요임금의 아들이고 상균(商均)은 순임금의 아들이다. 요와 순은 모두 아들이 있었지만 이들이 천하를 물려줄 재목이 아니라 여겨서 각각 순과 우에게 양위하였다.
16) 『내훈』 편찬에 이용된 '소학·열녀·여교·명감'에 대해서는 이 책의 해제 및 권말 '『내훈』에 인용된 고전'을 참조할 것.
17) 성화(成化)는 중국 명나라 헌종의 연호이다. 1465~87년에 사용되었다.

之異는 何則고. 在於修身之道를 盡與未盡矣니 周文之化ㅣ 益廣於太姒之明ᄒᆞ고 楚莊之霸ㅣ 多在於樊姬之力ᄒᆞ니 事君事夫ㅣ 孰勝於此ㅣ리오.

余ㅣ 讀書而至於妲己之咲와 褒姒之寵과 驪姬之泣과 飛燕之讒ᄒᆞ야 未嘗不廢書寒心ᄒᆞ노라. 由此觀之컨댄 治亂興亡이 雖關夫主之明闇ᄒᆞ나 亦繫婦人之臧否ㅣ라 不可不敎ㅣ니라.

大抵ᄒᆞ디 男子는 游心於浩然ᄒᆞ며 玩志乎衆妙ᄒᆞ야 自別是非ᄒᆞ야 可以持已이니 何待我敎而後에 行也ㅣ리오. 女子는 不然ᄒᆞ야 徒甘紡績之粗細ᄒᆞ고 不知德行之迫雲ᄒᆞᄂᆞ니 是余之日恨也ㅣ라.

且人이 雖素淸通ᄒᆞ야도 不見聖學ᄒᆞ고 而一旦遽貴ᄒᆞ면 則是沐猴而冠이며 面墻而立이라 固難立之於世며 語之於人이니 聖人謨訓이 可謂千金不償矣로다.

且事有難易ᄒᆞ니 孟子ㅣ 曰ᄒᆞ샤ᄃᆡ 挾太山ᄒᆞ야 以超北海를 語人曰호ᄃᆡ 我ㅣ 不能이라 ᄒᆞ면 是는 誠不能也ㅣ어니와 爲長者ᄒᆞ야 折枝를 於人曰호ᄃᆡ 我ㅣ 不能이라 ᄒᆞ면 是는 不爲也ㅣ언뎡 非不能也ㅣ라 ᄒᆞ시니 爲長者ᄒᆞ야 折枝는 易ᄒᆞ고 挾太山ᄒᆞ야 超北海는 難ᄒᆞ니 以此觀之컨댄 修身之道는 非若等의 所難也이라.

堯舜은 天下大聖이샤ᄃᆡ 而子有丹朱商均ᄒᆞ니 嚴父ㅣ 孜訓之前에도 尙有不淑之子ㅣ온 況余는 寡母ㅣ라 能見玉心之婦耶아. 是以로 小學・烈女・女敎・明鑑이 至切且明호ᄃᆡ 而卷秩이 頗多ᄒᆞ야 未易可曉ᄅᆞᆯ식 玆取四書之中에 可要之言ᄒᆞ야 著爲七章ᄒᆞ야 以釐汝等ᄒᆞ노라.

嗚呼ㅣ라. 一身之敎ㅣ 盡在於斯ᄒᆞ니 一失其道ᄒᆞ면 雖悔ᄂᆞᆯ 可追아. 汝等이 銘神刻骨ᄒᆞ야 日期於聖ᄒᆞ라. 明鑑이 昭昭ᄒᆞ니 可不戒歟아.

成化乙未孟冬有日.

1 언행장言行章

1 입을 조심하라

『이씨여계』에 말했다.

마음에 간직하고 있는 것이 뜻이고 입 밖에 내는 것이 말이다. 말이라는 것은 영예와 치욕의 관건이며, 사람과의 관계를 친밀하게도 하고 소원하게도 하는 중요한 조건이다. 또한 능히 굳은 것을 풀게도 하고 서로 다른 것을 합치기도 하며 원한을 부르기도 하고 적대감을 일으키기도 하니, 크게는 나라를 뒤엎고 집안을 망치며 작게는 육친[1]을 이간시키기도 한다.

이런 까닭에 현명한 여자는 입을 조심하니, 부끄러움과 험담을 불러들일까 두려워하기 때문이다. 혹시 윗사람 앞에 있거나 한가하게 있을 때, 조금이라도 말대꾸하거나 아첨하는 말을 하지 않고, 심사숙고하지 않은 말이나 장난하는 말을 하지 않으며, 더러운 일에 간섭하지 않고

---

[1] 【육친(六親)은 아버지와 어머니와 형과 아우와 아내와 자식이다.】

혐의를 받을 곳에 가지 않는다.

李氏女戒예 曰호디

藏心이 爲情이오 出口ㅣ 爲語ㅣ니 言語者는 榮辱之樞機며 親疎之大節也ㅣ니 亦能離堅合異ᄒ며 結怨興讐ᄒᄂ니 大者則覆國亡家ᄒ고 小者도 猶六親을 離間ᄒᄂ니

是以로 賢女ㅣ 謹口는 恐招恥謗이니 或在尊前커나 或居閑處에 未嘗觸應答之語ᄒ며 發諂諛之言ᄒ며 不出無稽之詞ᄒ며 不爲調戲之事ᄒ며 不涉穢濁ᄒ며 不處嫌疑니라.

● 원출전을 『이씨여계』라고 밝혔는데, 독립된 문헌으로 전하지는 않는다.2) 『내훈』은 『이씨여계』가 수록된 규훈서 선집인 『여교』를 인용한 것으로 추정된다. 그런데 이 조목은 송대 유청지3)의 『계자통록』 권8에 실려 있는 이씨의 「계녀서」(戒女書) 세 번째 조목의 문장과 일치한다. 유청지는 어머니 조부인의 기억에 의존하여 기록한 이씨의 「계녀서」를 『계자통록』에 수록하면서, 이씨가 누구인지는 알지 못한다고 했다.

이 조목은 말이란 것이 인간관계에서 얼마나 중요한 부분인가를 역설한 것이다. 말 한 마디로 인해 육친이 멀어질 수도 있고 나라가 망할 수도 있으니 매사에 입을 조심하는 것이 현명한 일이라고 했다. 윗사람 앞에서뿐만 아니라 편한 사람들과 함께하는 자리에서도 말을 조심해야 한다 하고, 부정하거나 의심스런 사안에 관한 대화에는 끼

---

2) 원출전인 각 문헌에 대한 상세한 설명은 권말의 '『내훈』에 인용된 고전'을 참조할 것.
3) 유청지(劉淸之, 1139~1195)는 남송 때 유학자이다. 자가 자징(子澄)이다. 주희(朱熹, 1130~1200)의 『소학』 편찬에 실질적으로 큰 역할을 했던 제자이다. 주희와 유청지가 『소학』 편찬과 관련하여 주고받은 편지가 『주문공문집』(朱文公文集)에 다수 전한다.

지 않는 것이 현명한 여자의 처신이라고 했다.

여성의 '말 많음'[多言]은 칠거지악의 하나로 지목된 것으로,4) 단순히 수다스러움을 뜻한다기보다는 사람들 사이에 시비와 분란을 일으키는 말하기 행위를 가리킨다. 그것은 '긴 혀'[長舌]로도 표현되는데, 『시경』에서는 '똑똑한 여자'[哲婦]가 '긴 혀'를 가지고 환란을 일으킨다 하고,5) 이른바 똑똑한 여자의 말하기가 나라와 집안을 망치는 재앙의 근원일 수 있음을 경계하고 있다. 『열녀전』에서도 유향이 진나라 헌공의 두 번째 부인 여희를 '긴 혀를 가진 똑똑한 여자'로 지목하였듯이,6) '다언'과 '장설'은 여성의 말하기에 대한 유교사회의 부정적 인식을 대변하는 단어이다. 그러나 여성의 유창한 언변은 번희나 숙류녀의 예에서 보듯 사회적으로 긍정되기도 한다는 점에서 재해석의 여지가 있다.7)

2 「곡례」의 가르침

2-1 식사예절

「곡례」에 말했다.

---

4) 『내훈』 「혼례장」 조목 제8 참조.
5) 『시경』 「대아·첨앙」, "哲夫成城, 哲婦傾城, 懿厥哲婦, 爲梟爲鴟, 婦有長舌, 維厲之階, 亂匪降自天, 生自婦人."
6) 『열녀전』 「얼폐전·진헌여희」 말미에 "『시경』에서 '긴 혀를 가진 똑똑한 여자는 환란의 근원이요, 똑똑한 여자는 성을 기울이네'라고 한 것은 이를 두고 한 말이다"라는 논평이 있다.
7) '장설의 철부'에 대한 재해석은 이경하, 「중세의 여성지성과 문자의 관계」, 『여성문학연구』 24, 한국여성문학학회, 2010 참조.

남과 함께 음식을 먹을 때 배부르게 먹으려 하지 말고, 남과 함께 밥을 먹을 때 손으로 먹지 말고, 밥을 뭉치지 말고, 밥술을 크게 뜨지 말며,8) 국물을 끝없이 마시지 말라.9) 소리 내며 먹지 말고, 뼈를 깨물어 먹지 말며,10) 먹다 남은 생선이나 고기를 그릇에 다시 놓지 말고, 개에게 뼈를 던져주지 말며,11) 굳이 더 먹으려고 하지 말라. 밥을 흐트러뜨리지 말고,12) 기장밥을 먹을 때 젓가락을 쓰지 말라. 국의 건더기를 건져 먹지 말고, 국의 간을 맞추지 말며, 이를 쑤시지 말고, 젓국을 마시지 말라.13) 만일 손님이 국에 간을 맞추면 주인은 잘 요리하지 못했음을 사과하고, 손님이 젓국을 마시면 주인은 가난함을 사과해야 한다.14) 젖은 고기는 이로 끊어 먹고, 마른 고기는 이로 끊어 먹지 말며, 구운 고기를 한입에 먹지 말아야 한다.15)

曲禮예 曰호딕
共食애 不飽ᄒ며 共飯애 不澤手ᄒ며 毋搏飯ᄒ며 毋放飯ᄒ며 毋流歠ᄒ며 毋咤食ᄒ며 毋齧骨ᄒ며 毋反魚肉ᄒ며 毋投與狗骨ᄒ며 毋固獲ᄒ며 毋揚飯ᄒ

---

8) 한문에 '방반'(放飯)은 손으로 밥을 먹던 시절 손에 묻은 밥을 그릇에 떨어 버리는 행동으로 해석하기도 한다.
9) 밥술을 크게 뜨거나 국물을 많이 마시는 것은 모두 배부름을 구하는 행동이므로 경계한 것이다.
10) 뼈를 깨물지 말라는 것은 그 소리가 들리는 것을 꺼리기 때문이다.
11) 개에게 뼈를 던져주는 것은 주인이 준비한 음식을 천하게 여기고 함부로 다루는 행동이기 때문에 하지 말라는 것이다.
12) 한문에 '양반'(揚飯)은 밥을 후후 불지 말라는 뜻으로 해석하기도 한다.
13) 국의 간을 맞추거나 젓국을 마시는 것은 음식의 간이 맞지 않음을 드러내는 행위이다. 그것은 주인에 대한 예의가 아니므로 하지 말라는 것이다.
14) 가난함을 사과한다는 것은 싱거운 국을 올렸음을 미안하게 여긴다는 뜻이다.
15) 고기를 한입에 먹는 것 역시 음식을 탐하는 행동이므로 하지 말라는 것이다.

며 飯黍호딕 毋以箸ᄒ며 毋嚃羹ᄒ며 毋絮羹ᄒ며 毋刺齒ᄒ며 毋歠醢니 客이 絮羹이어든 主人이 辭不能烹ᄒ고 客이 歠醢어든 主人이 辭以窶ᄒ며 濡肉을 齒決ᄒ고 乾肉을 不齒決ᄒ며 毋嘬炙이니라.

● 이 조목은 본래 『예기』 「곡례 상」의 일부분이고, 『소학』 「경신」 조목 제41과 일치한다. 『내훈』 「언행장」 조목 제2-1부터 2-5는 모두 『예기』 「곡례」에 있는 문장들이다. 『내훈』은 2-2부터 2-5까지 첫머리에 '○'를 이용하여 이 조목들의 원출전이 2-1과 동일함을 표시하였다.

「곡례」는 『예기』의 대표적인 편목으로, 일상생활에서 필요한 세세한 예절에 관한 내용을 담고 있다. 이 조목에서는 특히 식사할 때 주의해야 할 행동을 구체적으로 지적하고 있다. 밥술을 크게 뜨지 말 것, 국을 후루룩 들이마시지 말 것, 생선이나 고기 뼈를 개에게 던져주지 말 것 등등 이런저런 행동을 하지 말라는 충고가 가득하다. '곡례'라는 편명대로 매우 세세하고 곡진하게 식사예절을 기술하였는데, 요지는 나의 식욕과 미각을 다 채우려 들지 말라는 것, 또한 식사를 대접하는 주인이나 대접을 받는 손님 모두 각자 상대방의 입장을 배려하여 행동하라는 것이다.

2-2 남녀유별

남녀는 한자리에 섞여 앉지 말고, 시렁에 함께 옷을 걸지 말며, 수건과 빗을 함께 사용하지 말고, 물건을 직접 주고받아서도 안 된다. 형수와 시동생은[16] 서로 문답하지 말 것이며, 아버지의 첩에게 아랫도리를

---

16) 【수(嫂)는 형의 아내이고 숙(叔)은 남편의 형제이다.】

빨게 해서는 안 된다.17) 바깥 이야기가 문 안에 들어오지 않게 하고, 안의 이야기가 문 밖으로 새어나가지 않도록 해야 한다. 혼인을 한 여자는 큰 변고가 생기지 않는 한 친정에 출입하지 말아야 하고, 이미 혼인한 고모와 손위 누이와 손아래 누이와 딸이 친정에 왔을 경우 형제가 한자리에 앉지 말 것이며 같은 그릇에 먹지 말아야 한다.

男女ㅣ 不雜坐ᄒᆞ며 不同椸枷ᄒᆞ며 不同巾櫛ᄒᆞ며 不親授ᄒᆞ며 嫂叔이 不通問ᄒᆞ며 諸母를 不漱裳ᄒᆞ며 外言이 不入於梱ᄒᆞ고 內言이 不出於梱이니라. 女子ㅣ 許嫁纓ᄒᆞ야든 非有大故ㅣ어든 不入其門ᄒᆞ며 姑姊妹와 女子子ㅣ 已嫁而反커든 兄弟弗與同席而坐ᄒᆞ며 弗與同器而食이니라.

● 이 조목은 본래 『예기』「곡례 상」의 일부분이다. 사마광의 『가범』 권1 「치가」(治家)의 일부분과 일치하고, 『소학』「명륜」 조목 제65・66이 내용상 유사하나 문장은 전혀 다르다. 『내훈』「언행장」 조목 제2-1, 2-3, 2-4, 2-5가 모두 원출전은 『예기』이고 『소학』에서 발췌한 것인 만큼 이 조목 역시 『소학』에서 인용했을 가능성이 높으나, 『소학집성』 본주에서도 일치하는 문장을 찾을 수 없다.

이 조목은 일상생활에서 남녀유별을 실천하기 위한 세세한 지침에 해당한다. 남녀가 물건을 직접 주고받지 말라는 내용은 『예기』「내칙」에도 언급되어 있다. 평상시는 물론이고 제사나 초상 때라도 남녀 사이에는 광주리 같은 도구를 이용해서 물건을 주고받으라고 했다. 광주리가 없으면 먼저 한 사람이 물건을 땅에 놓고 다른 사람이 그것을

---

17) 『가범』 세주에 따르면, '제모'(諸母)는 '서모'(庶母)를 뜻한다. 서모는 천한 사람이지만 그에게 윗도리를 빨게 할 수는 있어도 아랫도리를 빨게 해서는 안 된다고 했다. "諸母, 庶母也. 漱, 澣也. 庶母賤, 可使漱衣, 不可使漱裳. 裳, 賤尊之者, 亦所以遠別也."

집어야 하니,18) 이렇게 하는 이유는 혹시나 있을 수 있는 신체 접촉을 방지하기 위함이다. 이를 비롯하여 결혼한 여자가 남편의 형제들과 말을 섞지 말라든가, 심지어 친정에 와서도 형제들과 한자리에 앉지 말라 한 것은 성숙한 여성의 섹슈얼리티를 철저히 관리하기 위한 방편이라 할 수 있다.

2-3 남의 집을 출입할 때

성 위에 올라가 손가락으로 가리키지 말고, 성 위에서 소리쳐 부르지 말라. 남의 집에 갔을 때 필요한 것이 있어도 너무 강하게 요구하지 말고, 마루에 오를 때에는 반드시 인기척을 내며,19) 문 밖에 신 두 켤레가 있을 때 말소리가 나면 들어가고 말소리가 들리지 않으면 들어가지 말라. 방으로 들어갈 때 시선은 반드시 아래쪽에 두고, 걸쇠를 받들고 시선을 돌리지 말 것이며,20) 문이 열려 있으면 그대로 열어놓고 문이 닫혀 있었으면 역시 닫아두되, 뒤에 들어올 사람이 있으면 닫더라도 완전히 닫지 말아야 한다.21) 남의 신발을 밟지 말고, 남의 자리를 밟지 말며, 옷자락을 들고

---

18) 『예기』「내칙」, "非祭非喪, 不相授器, 其相授, 則女受以篚, 其無篚, 則皆坐, 奠之而后取之."
19) 마루에 오를 때 인기척을 내는 것은 방 안에 있는 사람에게 누군가 왔음을 알리기 위함이다. 갑작스럽게 방문을 열었을 때 혹시 안에 있는 사람의 불미스런 행동을 내가 보게 될 수 있는데, 그것은 타인에 대한 예가 아니다. 맹자가 인기척 없이 방에 들어갔다가 아내가 웃옷을 벗고 있는 모습을 보고 불쾌하게 여겨 다시 아내를 찾지 않았는데, 이에 대해 맹자 어머니는 도리어 아들의 예 없음을 나무랐다는 일화가 전한다. 자세한 내용은 『열녀전』「모의전・추맹가모(鄒孟軻母)」를 참조할 것.
20) 방 안에 들어갈 때 시선을 아래로 하고 돌리지 않는 것은 방 안에 있는 사람의 사사로운 행동을 보게 될 수도 있기 때문이다.
21) 문을 이전과 같이 닫거나 열어두는 것은 주인의 뜻을 어기지 않는다는 의미로 풀이된다.

모서리를 돌아가야 하며,22) 반드시 응대를 조심스럽게 해야 한다.

登城不指ᄒ며 城上不呼ᄒ며 將適舍홀시 求毋固ᄒ며 將上堂홀시 聲必揚ᄒ며 戶外에 有二屨ㅣ어든 言聞則入ᄒ고 言不聞則不入ᄒ며 將入戶홀시 視必下ᄒ며 入戶홀시 奉扃ᄒ며 視瞻을 毋回ᄒ며 戶開어든 亦開ᄒ고 戶闔이어든 亦闔호딕 有後入者ㅣ어든 闔而勿遂니라. 毋踐屨ᄒ며 毋踖席ᄒ며 摳衣趨隅ᄒ야 必愼唯諾이니라.

● 이 조목은 본래 『예기』 「곡례 상」의 일부분이고, 『소학』 「경신」 조목 제15와 일치한다.

이 조목은 다른 사람의 집을 방문했을 때 지켜야 할 예절에 대한 지침으로서, 조목 제2-1의 식사예절과 마찬가지로 일거수일투족을 세세하게 지적하고 있다. 이처럼 일상생활 속에서 행동거지를 조심하도록 가르치는 것을 여성에 대한 성별화된 교육으로만 해석하기는 어렵다. 『내훈』의 출전인 『소학』도 그렇고 『예기』도 그렇고, 해당 항목들은 남녀를 불문한 가르침이었다. 성별보다는 신분을 염두에 둔, 상류층의 남녀가 몸에 익혀야 할 소소한 예절로 보는 것이 타당하다. 이러한 세세한 규율은 신분제 사회에서 특히 상류층에게 요구된, 개인의 몸에 대한 철저한 훈육이었다.

2-4 시선 처리

무릇 시선을 위로 하여 얼굴에 두면 오만해23) 보이고, 아래로 하여

---

22) 구석자리로 간다거나 모서리를 돌아간다는 것은 방 안에 다른 사람이 있을 때 그 앞을 지나가지 않는다는 뜻이다.

허리띠에 두면 근심스러워 보이며, 너무 기울이면 간사하게 보인다.

凡視를 上於面則敖호고 下於帶則憂호고 傾則姦호니라.

● 이 조목은 본래 『예기』「곡례 하」의 일부분이고, 『소학』「경신」 조목 제20과 일치한다.

다른 사람을 쳐다볼 때 내 시선을 어디에 두는가 하는 것도 예절의 문제였는데, 이 조목에서 제시한 원칙은 오늘날에도 적용되는 면이 있다. 고대 중국에서는 시선 처리에 있어서 신분에 따른 더 세분화된 예법이 있었다. 천자를 바라볼 때는 시선이 깃보다 위로 올라가거나 띠보다 아래로 내려가서는 안 되고, 제후는 얼굴 아래에서 옷깃 위 사이를 보아야 하고, 대부는 정면으로 얼굴을 쳐다볼 수 있고, 사(士)의 경우는 좌우 다섯 보 거리까지 시선을 움직일 수 있다고 했다.[24]

2-5 공경하지 않음이 없게 하라

공경하지 않음이 없게 하여 무엇인가 생각하는 듯 엄숙하게 행동하고 말을 안정되게 한다면, 백성을 편안하게 할 수 있을 것이다. 오만한 마음을 키워서는 안 되고, 욕망을 풀어놓아서는 안 되며, 뜻을 가득 차게 해서는 안 되고, 즐거움을 극한에 이르게 해서는 안 된다.

현자(賢者)는 사람을 대할 때 친하면서도 공경하고 두려워하면서도 사랑하며, 사랑하면서도 나쁜 점을 알고 미워하면서도 좋은 점을 알며, 재물을 모으되 흩어서 사용할 줄 알고, 편안한 곳을 편안히 여기되 필

---

23) 【오(傲)는 업신여긴다는 뜻이고, 만(慢)은 만만하게 여긴다는 뜻이다.】
24) 『예기』「곡례 하」, "天子視, 不上於袷, 不下於帶. 國君綏視, 大夫衡視, 士視五步."

요하다면 능히 옮길 줄 안다.25) 재물을 대함에 구차하게 얻으려 하지 않고, 환란에 임하여 구차하게 모면하려 하지 않으며, 남과 다툼에 있어 이기기를 구하지 않고, 재물을 나눔에 있어 많음을 구하지 않는다. 의심스러운 일이 있어도 따지지 않고 자기 의견을 개진할 뿐 고집하지 않는다.26)

  毋不敬ᄒᆞ야 儼若思ᄒᆞ며 安定辭ᄒᆞ면 安民哉ㄴ뎌. 敖不可長이며 欲不可從이며 志不可滿이며 樂不可極이니라.

  賢者는 狎而敬之ᄒᆞ며 畏而愛之ᄒᆞ며 愛而知其惡ᄒᆞ며 憎而知其善ᄒᆞ며 積而能散ᄒᆞ며 安安而能遷ᄒᆞᄂᆞ니라. 臨財ᄒᆞ야 毋苟得ᄒᆞ며 臨難ᄒᆞ야 毋苟免ᄒᆞ며 狠毋求勝ᄒᆞ며 分毋求多ᄒᆞ며 疑事를 毋質ᄒᆞ야 直而勿有ㅣ니라.

  ● 이 조목은 본래 『예기』「곡례 상」의 일부분이고, 『소학』「경신」조목 제2와 일치한다.

  「곡례」는 일상생활에서 요구되는 세세한 예의범절에 관한 가르침뿐 아니라 예의 기본 정신과 의의에 대한 해설을 담고 있다. 이 조목은 『예기』 전체의 첫 대목인데, '공경하지 않음이 없게 하라'[毋不敬]는 언명은 바로 예에 관한 모든 논의를 관통하는 정신으로 평가된다.27) 여기

---

25) 한문에 '능천'(能遷)은 편안한 곳에 안주하지 않고 의를 위해서라면 몸을 옮길 줄 안다는 뜻이다.
26) 한문에 "疑事毋質, 直而勿有"라 한 것을 언해문에서 "疑心드왼 이롤 마기오디 마라 올ᄒᆞ야도 두 물 마롤 디니라"라고 풀이하였다. "疑事毋質"은 의심나는 일을 따져 물어서 자기가 바로잡으려 들지 말라는 뜻이고, "直而勿有"는 나의 생각을 솔직하게 이야기하되 상대방이 결단하도록 내버려두어야지 강변해서는 안 됨을 말한다.
27) 『논어집주』「위정」(爲政)에 "시 삼백 편을 한 마디로 말하면 '생각에 간사함이 없다'[思無邪]는 것이다"라는 구절이 있다. 이에 대하여 범조우(范祖禹, 1041~1098)가 부연하면

서 '敬'을 '공경'으로 번역하긴 했지만 사실상 현대국어의 '공경'보다 의미의 폭이 훨씬 넓은 개념이다. 군자가 가져야 할 몸가짐과 마음가짐을 한 글자로 요약한다면, 그것이 바로 '경'이라 할 수 있다.

이 조목에서는 군자가 갖추어야 할 '경'의 자세가 어떤 것인지 현자의 행실을 통해 구체화하였다. 첫 구절에서, 군자가 매사에 '경'의 자세로 임하면 언행이 엄숙하고 안정되어 백성을 편안하게 할 수 있다고 했는데, 군자가 '경'으로써 수신하는 효과가 궁극적으로는 백성의 편안함으로 드러난다는 말이다.

3 「소의」의 가르침

3-1 군자를 모시고 식사하는 예절

「소의」에 말했다.

군자28)를 사사로이 모시고 식사할 때에는 밥을 먼저 먹기 시작하고 뒤에 마친다.29) 밥술을 크게 뜨지 말고, 길게 들이마시지 말며, 조금씩 먹고 빨리 삼키며, 씹는 입놀림을 많이 하지 말아야 한다.

少儀이 曰호티

서 『예기』의 정신을 '毋不敬' 세 자로 요약한 바 있다. "范氏曰: 學者必務知要, 知要則能守約, 守約則足以盡博矣. 經禮三百, 曲禮三千, 亦可以一言以蔽之, 曰毋不敬."
28) 여기서 말하는 군자는 '삼달존'(三達尊), 즉 나이나 지위나 학덕이 자신보다 높은 사람을 가리킨다.
29) 먼저 먹기 시작한다는 것은 음식의 맛이 이상하지 않은지, 온도가 적당한지를 시험한다는 뜻이고, 식사를 뒤에 마친다는 것은 상대방에게 더 먹기를 권한다는 뜻이 있다. 한편 '선반'(先飯)을 '먼저 드시게 한다'는 뜻으로 보는 견해도 있다.

侍燕於君子則先飯而後已ᄒ며 毋放飯ᄒ며 毋流歠ᄒ며 小飯而亟之ᄒ며 數
噍ᄒ야 毋爲口容이니라.

● 이 조목은 본래『예기』「소의」(少儀)의 일부분이고, 『소학』「경
신」 조목 제42와 일치한다.

「소의」는 임금과 신하가 만날 때, 손윗사람과 손아랫사람이 만날
때, 주인과 객이 만날 때 등등 상견(相見)의 자질구레한 예절을 담고
있다. 예를 들면, 객이 찾아왔을 때 주인이 객에게 먼저 문 안에 들
어가도록 사양해야 한다든가, 음식의 기호에 대해 어떻게 물어야 한
다든가, 주인이 술잔을 권하면 객은 자기 술잔을 오른쪽에 놓고 권하
는 술잔을 받아서 왼쪽에 놓아야 한다는 등등의 소소한 범절이 많이
들어 있다. 이 조목에서 제시한 윗사람을 모시고 식사할 때의 주의사
항도 여기에 속한다.

3-2 몸을 삼가고 또 삼가라

남의 비밀을 엿보려 하지 말고, 버릇없이 굴지 말며, 남의 지난 잘못
을 말하지 말고, 희롱하는 기색을 띠지 말아야 한다. 갑작스럽게 오지
말고 갑작스럽게 가지 말며,30) 귀신을 모독하지 말고, 잘못된 일을 따

---

30) 오고 감을 빨리 하지 말라는 것은 어떤 일에 혹하여 빨리 빠지는 사람이 그만큼 빨리
마음이 떠나게 됨을 경계한 것이라 할 수 있다. 주자는 이 대목을 "의에 나아가기를 목
마를 때 물을 보고 달려가듯 하면, 의에서 떠나기를 뜨거운 것을 만졌을 때와 같이 한
다"는『맹자』「진심장」의 구절을 인용하여, 나아감이 빠른 자는 물러감 역시 빠르다고
해석하였다.『소학집주』「경신」, "朱子曰: 來往, 只是向背之意, 此兩句文義, 猶云其就義
若渴則其去義若熱, 言人見有箇好事, 火急歡喜去做, 這樣人, 不耐久, 少間, 心懶意闌, 則速

르지 말며, 아직 오지 않은 일을 예측하지 말아야 한다. 또한 남의 의복과 그릇을 헐뜯지 말고, 의심나는 일을 자기가 나서서 따지지 말아야 할 것이다.

不窺密ᄒ며 不旁狎ᄒ며 不道舊故ᄒ며 不戱色ᄒ며 毋拔來ᄒ며 毋報往ᄒ며 毋瀆神ᄒ며 毋循柱ᄒ며 毋測未至ᄒ며 毋訾衣服成器ᄒ며 毋身質言語ㅣ니라.

● 이 조목은 『소학』 「경신」 조목 제18과 일치하는데, 본래 『예기』 「소의」에서 이어지지 않는 세 조목을 합한 것이다.

첫 문장에서 비밀을 엿보거나 버릇없이 굴거나 경솔하게 옛 허물을 말하거나 희롱하는 기색을 띠지 말라 한 것은, 본래 『예기』 「소의」에서는 윗사람을 모실 때의 바른 태도로서 언급된 것이다.

3-3 빈 그릇도 가득 찬 듯이

빈 그릇을 잡되 가득 찬 것을 잡듯 하고, 빈 방에 들어가되 사람이 있는 곳에 들어가듯 한다.

執虛호ᄃᆡ 如執盈ᄒ며 入虛호ᄃᆡ 如有人이니라.

● 이 조목은 본래 『예기』 「소의」의 일부분이고 『소학』 「경신」 조목 제31과 일치한다. 『명심보감』 「준례」(遵禮) 조목 제13과도 일치한다.

이 조목은 본래 『예기』 「소의」에서 상례나 제례 때 유념해야 할 예절을 설명하는 맥락에서 나온 말이다. 「소의」에서 이 조목 바로 앞뒤의 내용은, 제사 때 고기 담는 그릇인 조(俎)를 다룰 때 무릎을 꿇

去之矣, 所謂其進銳者, 其退速也."

지 않는 예절, 그리고 제사 때 실내나 마루 위에서 신을 벗지 않는
예절에 관한 것이다.31) 그런데『소학』「경신」에서는 그러한 맥락이
소거된 채, 평상시에 군자가 취해야 할 '경'의 태도를 가리키는 보편
적인 의미만을 갖게 되었다.

4 『논어』의 가르침

4-1 임금을 섬기는 예절

『논어』에 말했다.

공자께서는32) 임금이 음식을 주시면 반드시 자리를 바로 하여 먼저 맛을 보시고, 임금이 날고기를 주시면 반드시 익혀서 조상께 올리시며, 임금이 살아 있는 것을 주시면 반드시 잘 기르셨다.

論語에 曰호디

君이 賜食이어시든 必正席先嘗之ᄒ시며 君이 賜腥이어시든 必熟而薦之
ᄒ시며 君이 賜生이어시든 必畜之ᄒ더시다.

● 이 조목은 본래『논어』「향당」(鄕黨)의 일부분이고,『소학』「명
륜」조목 제47과 일치한다.

『내훈』「언행장」에는 임금 앞에서 어떻게 처신해야 하는가에 관

---

31) 『예기』「소의」, "取俎進俎, 不坐. 執虛如執盈. 入虛如有人. 凡祭於室中堂上無跣."
32) 조목 제4-1은 본래『논어』의 일부분으로, 공자가 임금을 섬기던 예절을 기록한 것이
다. 그래서 번역문에는『내훈』에 없는 주어를 넣고 경어법을 살렸다. 조목 제4-2도 마
찬가지다.

한 언급들이 이 조목을 비롯하여 여럿 포함되어 있다. 이 조목들은 임금에게 하사품을 받을 때나 임금과 함께 식사할 때와 같이 구체적인 상황별 매뉴얼의 성격을 띤다.

이와 같은 내용이 규훈서에 포함된 것은 중국 규훈서의 전범이 되는 반소33)의 『여계』나 인효문황후34)의 『내훈』 등과 비교할 때 조선의 『내훈』이 갖는 두드러진 특징이다. 양반가의 일반 여성들을 대상으로 한 조선후기 규훈서들에도 그런 내용이 포함되지 않았음은 물론이다. 이것은 소혜왕후가 특별히 궁중 내 특정 신분의 여성들을 대상으로 『내훈』을 기획하였기 때문이라 할 수 있다.

4-2 임금을 모시고 식사할 때

공자께서는 임금을 모시고 식사할 때 임금이 제를 행하면 먼저 음식을 드셨다.

侍食於君ᄒ실시 君祭커시든 先飯ᄒ더시다.

---

33) 반소(班昭, 48~117)는 후한 때 사람으로 반표의 딸이고 조세숙의 처이다. 자는 혜(惠)이고, 일명 반희(班姬)라고 한다. 학문이 넓고 재주가 높아서 조대가(曹大家)로 불렸다. 화제(和帝)의 부름을 받고 궁에 들어가 황후와 귀인의 스승 노릇을 하였고, 중국 규훈서의 전범이 된 『여계』(女誡)를 지었다. 큰오빠인 반고(班固)의 뒤를 이어 『한서』(漢書)를 완성한 것으로도 유명하다.

34) 인효문황후(仁孝文皇后, ?~1405) 서씨는 명나라 제3대 황저 성조(成祖) 영락제(永樂帝)의 황후이다. 서달(徐達)의 장녀로서, 1376년 연왕비에 봉해졌다가 1403년 황후가 되었다. 인효문황후의 청으로 『고금열녀전』이 편찬되었고, 다음해에는 황후가 직접 『내훈』을 편찬하여 1407년에 간행 반포하였다. 인효문황후의 『내훈』은 모두 20장으로 구성되어 있으며, 한대의 『여계』, 당대의 『여논어』(女論語), 청대의 『여범첩록』(女範捷錄)과 함께 『여사서』(女四書)로 묶여서 전한다. 『여사서』는 1736년 영조의 명에 의하여 언해가 이루어질 만큼 조선에서도 중요한 문헌으로 간주되었다.

● 이 조목은 본래 『논어』 「향당」의 일부분이고, 『소학』 「명륜」 조목 제48과 일치한다.

앞 조목과 마찬가지로 공자가 임금을 섬기는 예절을 기록한 것이다. 여기서 제(祭)는 제사의 의미가 아니고, 음식을 내려준 신에게 감사하는 뜻으로 식사 전에 음식을 조금씩 덜어서 그릇에 담아놓는 것을 가리킨다. 『주례』(周禮)에 따르면, 임금이 하루에 한 번 성찬을 들 때 요리사가 제할 음식을 덜고 먼저 맛을 보는데, 이때 함께 식사하는 신하는 따로 제를 할 필요 없이 임금보다 먼저 식사를 시작한다고 했다. 그 이유는 조목 3-1에서 윗사람과 함께 식사할 때 아랫사람이 먼저 먹기 시작하는 것과 같다.[35]

5 「곡례」의 가르침

5-1 임금이 과일을 주실 때

「곡례」에 말했다.

임금 앞에서 과일을 하사받으면, 씨가 있는 것은 그 씨를 품에 간직한다.

曲禮예 日호디

賜果於君前이어시든 其有核者란 懷其核이니라.

● 이 조목은 본래 『예기』 「곡례 상」의 일부분이고, 『소학』 「명륜」

---

[35] 『소학집주』「명륜」, "朱子曰: 周禮, 王日一擧, 膳夫授祭品嘗食, 王乃食. 故侍食者君祭, 則己不祭而先飯, 若爲君嘗食然, 不敢當客禮也."

조목 제45와 일치한다.

과일의 씨를 간직하는 것은 임금에 대한 공경과 감사의 뜻을 표하는 예라 할 수 있다. 「곡례」의 이 대목 앞에는, 어른이 내려주는 것을 젊은 사람이나 신분이 천한 사람이 감히 사양해서는 안 된다는 문장이 있고, 또 그 앞에는 어른이 술을 주실 때 젊은 사람이 어떻게 해야 하는가에 관한 내용이 있다.36)

5-2 임금이 남은 음식을 주시면

임금을 모시고 음식을 먹을 때 임금께서 남은 것을 주시면, 그릇을 씻을 수 있는 것은 음식을 쏟지 않고 그대로 먹고, 그 외에는 모두 다른 그릇에 쏟아놓고 먹는다.37)

御食於君홀식 君이 賜餘ㅣ어시든 器之漑者란 不寫ᄒᆞ고 其餘란 皆寫ㅣ니라.

● 이 조목은 본래『예기』「곡례 상」의 일부분이고,『소학』「명륜」조목 제46과 일치한다.

조목 제5-1과 5-2는 「곡례」에서 이어진 문장이다. 앞 조목에 이어 임금의 하사품을 받을 때 신하 된 자의 처신에 관하여 적은 것으로, 음식을 담은 그릇의 종류에 따라서 예가 다르다고 했다.

---

36) 『예기』「곡례 상」, "侍飮於長者, 酒進則起, 拜受於尊所. 長者辭, 少者反席而飮. 長者擧未釂, 少者不敢飮. 長者賜, 少者賤者不敢辭."
37) 질그릇이나 나무그릇같이 씻을 수 있는 그릇에 담긴 음식은 그대로 먹어도 되지만, 갈대나 대로 짠 것이어서 씻을 수 없는 그릇이라면 남은 음식을 다른 그릇에 옮겨서 먹으라는 말이다. 임금이 쓰는 그릇을 자신의 입으로 더럽히지 않기 위해서이다.

6 임금이 수레와 말을 하사할 때

『예기』에 말했다.

임금께서 수레와 말을 주시면 타고 가서 하사하심에 절하고, 의복을 주시거든 입고 가서 하사하심에 절한다. 임금이 아직 명을 내리지 않았다면 감히 수레에 오르거나 의복을 입어서는 안 된다.

> 禮記예 曰호딕
> 君이 賜車馬ㅣ어시든 乘以拜賜ᄒ며 衣服이어시든 服以拜賜ᄒ며 君이 未有命이어시든 弗敢卽乘服也ㅣ니라.

● 이 조목은 본래 『예기』「옥조」(玉藻)의 일부분이고, 『소학』「명륜」 조목 제44와 일치한다. 『내훈』에서 각 조목의 원출전을 밝힐 때 『예기』의 경우 서명 대신 편명을 쓰는 것이 일반적인데, 이 조목에서 편명 대신 서명을 쓴 것은 『내훈』이 발췌 인용한 『소학』「명륜」 조목 제44에 그렇게 되어 있기 때문인 듯하다.

「옥조」는 주로 예복이나 예장(禮裝)에 관한 규정과 예법을 수록한 『예기』의 편목이다. 예를 들어, 관례 때 쓰는 치포관(緇布冠)이라든지 대부나 사(士)가 각각 아침과 저녁에 입는 현단(玄端)과 심의(深衣) 등에 대한 자세한 설명이 들어 있다. 또한 임금이 신하에게 하사품을 내릴 때나 신하가 임금에게 물건을 바칠 때의 구체적인 예절에 대한 것도 있다.

7 귀와 눈과 마음을 바르게

「악기」에 말했다.

군자는 간사한 소리와 어지러운 색을 귀와 눈에 머물게 하지 않고, 음란한 음악과 사특한38) 예를 마음에 접하지 않으며, 게으르고 사악한 기운을 몸에 두지 않는다. 이로써 귀와 눈과 코와 입과 마음과 지각과 모든 신체로 하여금 순하고 바름을 말미암아 그 의39)를 행하게 한다.

> 樂記예 曰호되
> 君子는 姦聲亂色을 不留聰明호며 淫樂慝禮를 不接心術호며 惰慢邪辟之氣를 不設於身體호야 使耳目鼻口心知百體로 皆由順正호야 以行其義니라.

● 이 조목은 본래 『예기』 「악기」(樂記)의 일부분이고, 『소학』 「경신」 조목 제10과 일치한다. 『명심보감』 「정기」(正己) 조목 제51과도 일치한다.

「악기」는 음악에 대한 중국 고대의 관념과 이론을 담은 『예기』의 편목이다. 악(樂)을 설명하기 위해 예와 비교하는 방식을 많이 취하여, 예의 성격을 이해하는 데도 도움이 된다.

「악기」에 따르면, 금수는 소리를 알아도 음은 모르고, 보통 사람은 음을 알아도 악은 모르며, 악을 이해할 수 있는 것은 오직 군자밖에 없다. 그것은 음이 사람의 마음에서 생겨나고 악이 윤리와 관련되기 때문이다.40) 또한 악은 음을 기본으로 하고, 음은 사람의 마음이 사물에 감응하여 생기는 것이다. 따라서 치세의 음악이 즐겁고 난세의 음악이 원한과 분노로 가득한 것처럼, 음악은 정치와 밀접하게 연

---

38) 【특(慝)은 사악하다는 뜻이다.】
39) 【의(義)는 마땅하다는 뜻이다.】
40) 『예기』 「악기」, "凡音者, 生於人心者也. 樂者, 通倫理者也. 是故知聲而不知音者, 禽獸是也. 知音而不知樂者, 衆庶是也. 唯君子爲能知樂."

결될 수밖에 없다고 했다.41) 사회가 어지러우면 예가 사특해지고 음악이 음란해지는데, 그 음악은 만물의 생기를 해치고 사람의 온화한 덕을 멸하는 속성을 갖는다. 군자가 음란한 음악을 듣지 않는 것은 그 때문이다.42)

8 말이 많음은 재앙의 시작

범노공 질43)이 조카를 가르치는 시를 지어 말했다.

"너에게 경계하노니, 말을 많이 하지 말라. 말이 많음은 여러 사람이 꺼리는 바이다. 진실로 근본을 신중히 하지 않으면 재앙과 액운이 이로부터 비롯되니, 시비를 다투고 헐뜯고 칭찬하는 사이에 몸에 누가 될 뿐이다."

　　范魯公質이 戒從子詩曰호되

　　戒爾이 勿多言ᄒᆞ노니 多言은 衆所忌ᄂᆞ니라. 苟不愼樞機ᄒᆞ면 災厄이 從此始ᄒᆞᄂᆞ니 是非毁譽間애 適足爲身累ᄂᆞ니라.

---

41) 『예기』「악기」, "樂者, 音之所由生也, 其本在人心之感於物也. … 治世之音, 安以樂, 其政和. 亂世之音, 怨以怒, 其政乖. 亡國之音, 哀以思, 其民困. 聲音之道與政通矣."
42) 『예기』「악기」, "世亂則禮慝而樂淫. 是故其聲哀而不莊, 樂而不安, 慢易以犯節, 流湎以忘本, 廣則容姦, 狹則思欲, 感條暢之氣, 而滅平和之德. 是以君子賤之也."
43) 범질(范質)은 중국의 오대(五代) 중 하나인 후주(後周)와, 5대10국을 통일한 북송 때 재상을 지낸 사람이다. 자는 문소(文素)이다. 주나라에서 평장사를 지냈는데, 송나라를 섬겨 태조(재위 960~976) 때 노국공(魯國公)에 봉해졌기 때문에 '범노공'이라고 칭한 것이다. 『성호사설』(星湖僿說) 권22 「경사문(經史文)・범질」에서, 이익(李瀷, 1681~1763)은 범질이 비록 왕조 교체기에 절조를 지키지 못했으나 훌륭한 재상감이었다고 평하였다.

● 이 조목은 『소학』 「가언」 조목 제10의 긴 원문을 대폭 줄인 것이다. 『내훈』이 『소학』이 아닌 다른 문헌에서 인용한 것일 수도 있다. 원출전으로 추정되는 『송사』(宋史) 「범질열전」(范質列傳)에는 이 문장이 없다. 한편 남송 때 『계자통록』, 명·청 때 『오대시화』(五代詩話)와 『송시기사』(宋詩紀事) 등에서 이 문장이 확인된다.

『소학』의 해당 조목을 보면, 이 글은 범노공이 재상이 되었을 때 품계를 올려달라고 청한 조카를 깨우치기 위해 지은 것으로서, 말을 많이 하지 말라는 것 외에도 여러 가지를 경계하였다. 우선 몸을 세움에 효제(孝悌)가 으뜸임을 말하고, '부지런히 배우고 여력이 있으면 벼슬한다'는 격언을 인용하면서, 남이 알아주지 않음을 근심 말고 배움이 지극하지 못함을 걱정하라고 충고하였다. 그밖에도 방탕하게 놀면서 통달했다고 자부하지 말 것, 술을 즐기지 말 것, 치욕을 멀리하고 공손하게 예를 지킬 것 등을 당부하였다.

9 여자의 사덕(四德)

『여교』에 말했다.

여자가 갖추어야 할 네 가지 행실이 있으니, 첫째는 부덕(婦德)이요, 둘째는 부언(婦言)이며, 셋째는 부용(婦容)이요, 넷째는 부공(婦功)이다. 부덕이란 반드시 재주와 총명함이 남보다 뛰어난 것만은 아니고, 부언이란 반드시 말을 잘하여 유창한 것만은 아니며, 부용이란 반드시 얼굴이 아름답고 고운 것만은 아니고, 부공이란 반드시 공교한 솜씨가 남보다 뛰어난 것만을 이름이 아니다.

맑고 여유로우며 정숙하고 고요하여 절개와 가지런함을 지키며 행동함에 부끄러움을 알며 움직이고 멈춤에 법도가 있음이 바로 부덕이다. 말을 가려서 하고 나쁜 말은 하지 않으며 때가 된 후에 말하여 다른 사람이 싫어하지 않게 하는 것을 바로 부언이라 한다. 더러운 때를 씻어서 옷과 치장을 청결하게 하며 때에 맞게 목욕하여 몸을 더럽게 하지 않는 것이 바로 부용이다. 오로지 길쌈에 마음을 두고 놀고 즐기는 것을 좋아하지 않으며 술과 밥을 정결히 마련하여 손님을 극진히 대접하는 것을 바로 부공이라 한다.

이 네 가지는 여인의 큰 덕이므로 폐기할 수 없는 것이다. 그러나 행하기는 매우 쉬우니, 단지 그것을 마음에 두면 되는 것이다. 옛사람이 이르기를, "인(仁)이 멀리 있는가? 내가 인을 하고자 하면 곧 인이 이를 것이다"44) 했으니, 바로 이를 두고 말함이다.

女敎애 云호디

女有四行ᄒ니 一曰婦德이오 二曰婦言이오 三曰婦容이오 四曰婦功이라. 婦德은 不必才明絶異也ㅣ오 婦言은 不必辯口利辭也ㅣ오 婦容은 不必顔色美麗也ㅣ오 婦功은 不必技巧過人也ㅣ라.

淸閑貞靜ᄒ야 守節整齊ᄒ며 行已有恥ᄒ며 動靜有法이 是謂婦德이라. 擇辭而說ᄒ야 不道惡語ᄒ며 時然後에 言ᄒ야 不厭於人이 是謂婦言이라. 盥浣塵穢ᄒ야 服飾이 鮮潔ᄒ며 沐浴以時ᄒ야 身不垢辱이 是謂婦容이라. 專心紡績ᄒ야 不好戱笑ᄒ며 潔齊酒食ᄒ야 以奉賓客이 是謂婦功이라.

此四者ㅣ 女人之大德而不可乏者也ㅣ니 然이나 爲之甚易ᄒ니 唯在存心耳라. 古人이 有言호디 仁遠乎哉아 我欲仁이면 斯仁이 至矣라 ᄒ니 此之謂也ㅣ라.

---

44) 『논어』 「술이」(述而)에 나오는 공자의 말이다.

● 이 조목은 원출전을 『여교』라고 밝혔는데, 본래 반소의 『여계』 「부행」(婦行)에 있는 문장이다. 처음과 끝부분이 약간 다른 것을 제외하면 『명심보감』 「부행」 조목 제2와도 일치한다. 『내훈』에는 『여계』와 일치하는 조목이 모두 다섯 군데 있다.

이 조목은 여자가 갖추어야 할 네 가지 덕[四德]에 관한 기술이다. '부덕·부언·부용·부공'은 본래 『주례』에 나오는 말인데, 후한 때 반소가 이를 재해석하여 여자가 갖추어야 할 네 가지 행실로 규정하였다. 주나라 때 천자는 황후 외에 궁(宮) 여섯, 부인(夫人) 셋, 빈(嬪) 아홉, 세부(世婦) 스물일곱, 어처(御妻) 여든 한 명을 둘 수 있었다.[45] 그 가운데 아홉 빈은 부녀를 가르치는 법을 관장하여 세부와 어처를 가르쳤는데, 가르치는 내용이 바로 부덕·부언·부용·부공이었다.[46] 반소에 따르면, 네 가지 덕의 핵심은 각각 정숙한 몸가짐, 타인을 배려하는 언사, 청결한 몸, 여공(女工)에 부지런함으로 요약된다. 여공이란 길쌈이나 음식 만들기와 같은, 전통적으로 여성의 일로 간주되었던 노동을 가리킨다.

부덕에 대해서는 좀 더 부연 설명이 필요할 듯하다. 반소가 여성의 사덕 중 하나로 지적한 부덕은 정숙하고 단정한 몸가짐을 뜻한다. 그것은 본질적으로 고요하고 부드러운 음의 기질을 바탕으로 하며, 절제와 법도 있는 행동거지를 통해 발현된다. 18세기 조선의 『한씨부훈』[47]

---

45) 『예기』 「혼의」(昏義), "古者, 天子后立六宮, 三夫人, 九嬪, 二十七世婦, 八十一御妻, 以聽天下之內治, 以明章婦順, 故天下內和而家理."
46) 『주례』 「천관(天官)·구빈(九嬪)」, "九嬪, 掌婦學之法, 以敎九御, 婦德婦言婦容婦功."
47) 『한씨부훈』(韓氏婦訓)은 한원진(韓元震, 1682~1751)이 집안 여성들에게 부녀자의 도리를 가르치기 위해 쓴 규훈서이다. 전체 11장으로 되어 있다. 18세기 조선 양반 남성들

에서 부덕을 '정·정·화·순'(貞靜和順)으로 요약한 것도 이와 유사하다. 여기서 정(貞)은 두 지아비를 섬기지 않는 것, 정(靜)은 말이 적고 얌전한 것, 화(和)는 온화함, 순(順)은 유순한 태도를 의미한다.48) 그런데 조선시대에 "부덕을 갖추었다"고 어떤 여성을 칭송할 때 부덕이 가리키는 의미는 단지 정숙한 몸가짐에 한정되지 않고, 반소가 지적한 부덕·부언·부용·부공을 모두 합한 의미였다고 보는 것이 타당하다.

10 언행일치

유충정공49)이 온공50)을 만나 마음을 다하고 몸으로 실천하는 요체로서 종신토록 행할 만한 것이 무엇인가를 물었다. 온공이 대답하기를 "성(誠)입니다" 하였다. 유공이 물었다. "그러면 무엇을 먼저 해야 합니까?"

의 전형적인 성별 관념을 담고 있는 규훈서라고 할 수 있다.
48) 『한씨부훈』 「근부덕장」(謹婦德章), "蓋婦人之德, 莫貴乎貞靜和順也. 貞者, 不更二夫, 不受汚辱, 莊敬自持, 不海淫泆之類是也. 靜者, 言語簡重, 動止安徐, 笑不至矧, 怒不至罵之類是也. 和謂和於接人也. 順謂順於伏人也."
49) 유충정공(劉忠定公)은 북송 때 정치가 유안세(劉安世, 1048~1125)를 가리킨다. 충정은 시호이다. 자는 기지(器之)이고, 세칭 원성선생(元城先生)이라 불렸다. 여공저에 의해 정언으로 천거되었고, 간의대부와 추밀도승지 등을 지냈다. 사마광에게 배웠고, 성품이 강직하여 직간을 잘하고 공정한 일처리로 명성이 높았다. 『진언집』(盡言集)이 남아 있다.
50) 온공(溫公)은 북송의 학자이며 정치가인 사마광(司馬光, 1019~86)을 가리킨다. 자는 군실(君實), 호는 우부(迂夫)·우수(迂叟), 시호는 문정(文正)이다. 흔히 사마온공이라 부른다. 신종 초년 왕안석의 신법에 반대하여 관직에서 물러나 낙양에 머물면서 『자치통감』(資治通鑑)을 주편했다. 철종이 즉위하고 태황태후 고씨가 수렴청정하면서 다시 문하시랑에 올랐고, 조정의 전권을 쥐면서 신법을 폐지했다.

온공이 말했다. "말을 함부로 하지 않는 것으로부터 시작해야 합니다."
유공이 처음에는 이것을 매우 쉽게 여겼는데, 물러나 스스로 날마다의 잘못된 행동과 말을 바로잡으려51) 하니 서로 모순됨이52) 많았고, 7년을 힘써 행한 후에야 이를 이루었다. 이로부터 언행이 일치하여 안과 밖이 상응하니, 어떤 상황이 닥쳐도 마음이 평안하여 항상 여유가 있었다.

劉忠定公이 見溫公ᄒᆞ야 問盡心行己之要ㅣ 可以終身行之者ᄒᆞᆫ대 公이 曰ᄒᆞ샤ᄃᆡ 其誠乎ㅣ뎌. 劉公이 問行之何先이잇고. 公이 曰ᄒᆞ샤ᄃᆡ 自不妄語로 始니라.

劉公이 初甚易之ᄒᆞ더니 及退ᄒᆞ야 而自檃栝日之所行과 與凡所言ᄒᆞ니 自相掣肘矛盾者ㅣ 多矣러니 力行七年以後에ᅀᅡ 成ᄒᆞ야 自此로 言行이 一致라 表裏相應ᄒᆞ니 遇事坦然ᄒᆞ야 常有餘裕ᄒᆞ더라.

● 이 조목은 『소학』 「선행」 조목 제72와 일치한다. 유충정공의 이 일화는 『송명신언행록』 후집 권12 「유안세원성선생」(劉安世元城先生)에도 실려 있는데, 문장은 앞부분이 약간 다르다.
사마광이 평생 동안 힘써야 할 덕목으로 꼽은 것은 '자기가 한 말을 이루는 것'[誠]이었고, 유충정공은 7년을 힘쓴 뒤에야 이를 실천할 수 있었다고 했다. 성실함이란 결국 말과 행동을 일치시키는 것인데, 그것이 그만큼 어렵다는 말이다.

---

51) 【은괄(檃栝)은 나무그릇이 굽은 것을 고친다는 뜻이다.】
52) 【철(掣)은 끄는 것이고 주(肘)는 팔꿈치이니, 철주(掣肘)는 팔을 움직이려 하되 사람이 잡아당기면 움직이지 못하는 것을 말한다. 모(矛)는 굽은 구기이고 순(盾)은 방패다. 창으로 사람을 상하게 하려 하면 방패로 막으니 서로 어긋남을 가리킨다.】

11 창졸간에 당황하거나 화내지 않기

유관53)은 비록 창졸54)간에도 말을 빨리 하거나 안색을 바꾼 적이 없었다. 부인이 유관의 성냄을 시험하고자 하여, 유관이 조회에 나가기 위하여 의복을 이미 엄정히 갖춘 것을 엿보고, 시비로 하여금 고깃국을 받들어 올리다가 엎어서 조복을 더럽히게 하였다. 시비가 급히 그것을 수습하자, 유관은 안색 하나 변하지 않고 "국에 손을 데지 않았느냐?"라고 천천히 말하였다. 그 성품과 도량이 이와 같았다.

劉寬이 雖居倉卒ᄒᆞ야도 未嘗疾言遽色ᄒᆞ더니 夫人이 欲試寬令恚ᄒᆞ야 伺當朝會ᄒᆞ야 裝嚴已訖이어늘 使侍婢로 奉肉羹ᄒᆞ야 翻汚朝服ᄒᆞ고 婢遽收之ᄒᆞ더니 寬이 神色이 不異ᄒᆞ야 乃徐言曰호ᄃᆡ 羹爛汝手乎아 ᄒᆞ니 其性度ㅣ 如此ᄒᆞ더라.

● 이 조목은 본래 『후한서』 권55 「유관전」의 일부분이고, 『소학』 「선행」 조목 제55와 일치한다.

후한 때 광록훈을 지낸 유관의 일화이다. 유관은 165년(연희 8)에 남양태수가 되었는데, 죄 지은 백성을 다스릴 때도 온화하고 어질어서 가혹한 형벌을 가하지는 않았다고 한다. 본래 「유관전」에서는 갑작스러운 일이 생겼을 때 말이 빨라지거나 얼굴빛이 변하는 일이 없었다는 구절과,55) 부인이 유관을 시험한 일화가 서로 연결되어 있지

---

53) 유관(劉寬)은 후한 환제 때 사람이다. 자는 문요(文饒), 시호는 소열(昭烈)이다. 광록훈(光祿勳)을 지냈으며, 황건적의 난을 예견하고 상소하여 녹향후(逯鄉侯)에 봉해졌다.
54) 【창졸(倉卒)은 바쁘다는 뜻이다.】
55) 『후한서』 「유관전」(劉寬傳), "延熹八年, 徵拜尚書, 令遷南陽太守, 典歷三郡, 溫仁多恕, 雖在倉卒, 未嘗疾言遽色, 常以爲齊之, 以刑民免, 而無恥吏人有過, 但用蒲鞭罰之, 示辱而已,

않다.

'말을 빨리 하고 표정이 급변하는'[疾言遽色] 것은 흔히 군자답지 못한 행동으로 간주된다. 평상시에도 그렇지만 특히 예상하지 못한 일이 갑자기 닥쳤을 때에도 말투와 표정에 변화가 없다면, 그것은 평정심을 유지하고 있다는 말이다. 말투와 얼굴빛을 단속하는 것은 군자가 일상 속에서 스스로의 마음을 다스리고 덕성을 기르는 중요한 방편이다.

12 말은 믿을 수 있게, 행동은 돈독하게

공자께서 말씀하셨다.

"말이 충성스럽고[56] 신뢰할 수 있으며 행동이 돈독하고 공경스러우면, 비록 남쪽과 북쪽의 오랑캐[57] 나라에서라도 행세할[58] 수 있다. 그러나 말이 충성스럽거나 신뢰할 수 없고 행동이 돈독하거나 공경스럽지 못하다면, 비록 한 고을과 한 마을에서라도[59] 어찌 행세할 수 있겠는가?"

終不加苦事."
56) 여기서 충(忠)이란 '자기 자신을 다함'[盡己]을 뜻한다. 임금에 대한 신하의 도리에 한정되지 않는다.
57) 【만(蠻)은 남쪽 오랑캐, 맥(貊)은 북쪽 오랑캐이다.】
58) '行'자를 보통 '뜻이 행해지다'로 풀이하는데, 지칭하는 바가 모호하다. 현대국어에서 '행세하다'는 약간 부정적인 의미가 있는 단어이지만, 여기서는 일단 '행세하다'로 번역하였다.
59) 한문에 '주리'(州里)라고 한 것을 언해문에 'ᄀ올 ᄆᆞ술'이라고 했다. 'ᄀ올'은 고을이고 'ᄆᆞ술'은 마을이다. 『논어집주』에 따르면 주(州)는 2,500가(家)를 뜻하고, 『소학집주』에 따르면 리(里)는 25가를 뜻한다. 따라서 고을이 마을보다 훨씬 넓은 범위이다.

1 언행장 69

孔子ㅣ 曰ᄒᆞ샤디

言忠信ᄒᆞ고 行篤敬ᄒᆞ면 雖蠻貊之邦이라도 行矣어니와 言不忠信ᄒᆞ고 行不篤敬ᄒᆞ면 雖州里ㄴ들 行乎哉아.

● 이 조목은 본래『논어』「위령공」(衛靈公)의 일부분이고,『소학』「경신」조목 제6과 일치한다.

『논어』의 이 대목을 보면, 공자의 이 말은 '행'(行)에 대한 자장(子張)의 질문에 대한 답변이다. 그런데 주자의 풀이를 보면, 이 질문은 자장이 앞서 선비의 '달'(達)에 대해 물었던 것과 같은 뜻이라고 되어 있다.60) 자장은 '달'이 집안과 나라에서 명예가 드러나는 것이라고 생각했는데, 공자는 그것은 '문'(聞)이지 '달'이 아니라며 그 차이를 설명한다. 즉 '문'이란 겉으로는 인(仁)을 취하나 행실은 그에 위배되어 실제에 힘쓰지는 않고 오직 명예를 구하는 것이고, '달'이란 정직하고 의를 좋아하며 자기 몸을 낮추어서 실제 자신의 내면을 닦는 데 힘쓸 뿐 남이 알아주기를 구하지 않는 것이다.61) 공자가 말한 '행'은 '달'과 유사한 의미로서, 말을 믿을 수 있게 하고 행실을 돈독하게 하여 실제로 자기 내면을 닦는 데 힘쓴다면 저절로 세상의 인정을 받게 되어 자신의 뜻을 펼칠 수 있음을 가리키는 말이라고 볼 수 있다.

---

60)『논어집주』「위령공」, "猶問達之意也."
61)『논어집주』「안연」, "子張問: 士何如, 斯可謂之達矣? 子曰: 何哉, 爾所謂達者? 子張對曰: 在邦必聞, 在家必聞. 子曰: 是聞也, 非達也. 夫達也者, 質直而好義, 察言而觀色, 慮以下人, 在邦必達, 在家必達. 夫聞也者, 色取仁而行違, 居之不疑. 在邦必聞, 在家必聞."

13 말은 때와 장소를 가려서

『논어』에 말했다.

공자께서는 향당62)에 계실 때 신실히 하여 말을 잘 하지 못하는 것처럼 하셨다. 종묘와 조정에 계실 때는 말을 잘 하시되 다만 삼가셨다. 조정에서 하대부와 말할 때 강직하게 하셨고, 상대부에게 간쟁하되 온화한 태도로 하셨다.63)

論語에 曰호딕

孔子ㅣ 於鄕黨애 恂恂如也ᄒᆞ야 似不能言者ㅣ러시다. 其在宗廟朝廷ᄒᆞ샤는 便便言ᄒᆞ샤딕 唯謹爾러시다. 朝애 與下大夫로 言ᄒᆞ샤딕 侃侃如也ᄒᆞ시며 與上大夫로 言ᄒᆞ샤딕 誾誾如也ㅣ러시다.

● 이 조목은 본래『논어』「향당」의 일부분이고,『소학』「경신」 조목 제21과 일치한다.

이 조목은 때와 장소와 대상에 따라 말하기의 태도가 다를 수 있음을 공자의 예를 통해 보여주고 있다. 공자가 부형과 종족이 모인 곳에서 말을 잘 못하는 듯이 했다는 것은 그만큼 겸손하고 온순하여 남보다 현명하고 지혜로운 체하지 않음을 뜻한다. 종묘에서는 예법이 중요하고 조정은 정사를 논하는 곳인 만큼, 명확하게 자기 의사를 표하면서도 더욱 말을 조심해야 한다. 또한 신료들과 이야기할 때 기본적으로 강직한 태도를 취하면서도 신분에 따라 예의를 갖추었음을

---

62) 【향당(鄕黨)은 부형과 종족이 사는 곳이다.】
63) 한문에 '은은'(誾誾)은 온화한 태도로 간쟁한다는 뜻이다.『논어집주』「안연」, "誾誾, 和悅而諍也."

말한 것이다.

14 사람다움은 예와 의에 있나니

「관의」에 말했다.

무릇 사람이 사람다움은 예와 의가 있기 때문이다. 예와 의의 시작은 용모를 바르게 하고 안색을 가지런히 하며 말하기를 순하게 하는 데 있으니, 용모가 바르고 안색이 가지런하며 말하기가 순하게 된 뒤에야 예와 의가 갖추어질 것이다. 이로써 임금과 신하를 바르게 하고 아버지와 아들을 친하게 하며 어른과 아이를 화목하게 하니, 임금과 신하가 바르게 되고 아버지와 아들이 친하게 되며 어른과 아이가 화목하게 된 뒤에야 예와 의가 확립되는 것이다.

冠義예 曰호디

凡人之所以爲人者는 禮義也ㅣ니 禮義之始는 在於正容體ㅎ며 齊顔色ㅎ며 順辭令이니 容體正ㅎ며 顔色이 齊ㅎ며 辭令이 順而後에사 禮義備ㅎ리라. 以正君臣ㅎ며 親父子ㅎ며 和長幼ㅣ니 君臣이 正ㅎ며 父子ㅣ 親ㅎ며 長幼ㅣ 和而後에사 禮義立ㅎ리라.

● 이 조목은 본래 『예기』 「관의」(冠義)의 첫 대목이고, 『소학』 「경신」 조목 제13과 일치한다. 「관의」는 사(士)의 관례에 대한 내용을 담은 편목이다.

사람다움의 근거가 예와 의를 갖추는 데 있고, 예와 의는 곧 용모와 낯빛과 말하기를 바르게 하는 데 달렸다고 했다. 용모를 바르게 하고 낯빛을 편안하게 하고 말을 순하게 하는 것, 그 세 가지가 바로 일상생활 속에서 내 몸을 닦는 요체이며 예와 의를 세우는 방편이라는 말이다. 「관의」에서는 이러한 전제 아래 관례가 예의 출발임을 강조하고 있다.

15 사람의 도리 오륜

맹자께서 말씀하셨다.

"사람에게는 도리가 있으니, 배불리 먹고 따뜻한 옷을 입고 편안하게 살면서 가르침이 없으면 짐승에 가깝게 된다. 그러므로 성인64)이 이를 근심하여 설65)을 사도66)로 삼아 인륜을 가르치게 하셨으니, 부자간에는 친함이 있고 군신간에는 의리가 있으며 부부 사이에는 분별이 있고 어른과 아이 사이에는 차례가 있으며 친구 사이에는 신의가 있어야 한다."

　孟子ㅣ 曰ᄒᆞ샤ᄃᆡ

　人之有道也나 飽食暖衣ᄒᆞ야 逸居而無敎ᄒᆞ면 則近於禽獸ㅣ 릴ᄉᆡ 聖人이 有憂之ᄒᆞ샤 使契爲司徒ᄒᆞ야 敎以人倫ᄒᆞ시니 父子ㅣ 有親ᄒᆞ며 君臣이 有義ᄒᆞ며 夫婦ㅣ 有別ᄒᆞ며 長幼ㅣ 有序ᄒᆞ며 朋友ㅣ 有信이니라.

● 이 조목은 본래 『맹자』 「등문공 상」의 일부분이고, 『소학』 「입

---

64) 이 대목에서 성인은 요임금을 가리킨다. 『소학집주』 「입교」, "聖人, 謂堯也."
65) 설(契)은 은나라를 세운 상족(商族)의 시조이다. 오제(五帝)의 하나인 제곡(帝嚳)의 아들이라는 설이 있다. 『열녀전』 「모의전·설모간적(契母簡狄)」에 따르면, 어머니 간적이 검은 새의 알을 삼켜 설을 잉태했다고 전한다. 우(禹)와 함께 치수를 맡았고, 사도에 임명되어 백성을 교화한 공로로 상(商) 지역에 봉해졌다.
66) 【사도(司徒)는 벼슬 이름이다.】

교」 조목 제5와 일치한다.

앞 조목에서 사람다움의 근거로 예와 의를 말하였다면, 이 조목에서는 부자유친(父子有親)·군신유의(君臣有義)·부부유별(夫婦有別)·장유유서(長幼有序)·붕우유신(朋友有信)의 오륜을 이야기한 『맹자』의 구절을 인용하였다. '사람에게 도가 있다'는 말은 사람이라면 누구나 바른 본성을 타고남을 뜻한다. 그러나 가르치지 않으면 그 본성에서 멀어질 수 있기 때문에, 인륜의 핵심이라 여겼던 오륜을 가르치게 했다는 말이다.

『맹자』에서 이 구절은 본래 천하를 경영하는 사람이 밭을 가는 사람과 직분이 다름을 논하는 맥락에서 나온 말이다. 밭을 갈고 옷을 짓고 솥을 만드는 모든 일을 한 사람이 다 할 수 없듯이, 천하를 다스리는 사람이 반드시 직접 밭을 갈아야 하는 것은 아니라면서, 요와 순의 예를 들어 설명하였다. 농부는 자기 밭의 농사를 걱정하지만, 요와 순은 적합한 인재를 얻기 위해 고심한다고 했다.67)

16 자신의 허물 듣기를 기뻐하라

염계 주선생68)이 말씀하셨다.

---

67) 『맹자집주』「등문공(滕文公) 상(上)」, "百工之事, 固不可耕且爲也. … 然則治天下獨可耕且爲與？有大人之事, 有小人之事. … 堯以不得舜爲己憂, 舜以不得禹、皐陶爲己憂. 夫以百畝之不易爲己憂者, 農夫也."

68) 염계(濂溪) 주선생(周先生)은 북송의 유학자 주돈이(周敦頤, 1017~1073)이다. 염계는 호이고 자는 무숙(茂叔)이다. 당나라 때의 경전 주석을 통해 유교 철학을 창시함으로써 송학의 시조로 일컬어진다. 저서에 『태극도설』(太極圖說)과 『통서』(通書) 등이 있다.

"중유69)는 자기의 허물에 대하여 듣는 것을 기뻐하여 아름다운 이름이 무궁하였다. 그런데 요즘 사람들은 허물이 있으면 남의 규간함을70) 기뻐하지 않는다. 이는 마치 병이 들었는데도 의원을 꺼려 자기 몸이 죽을 지경이 되어서도 깨닫지 못하는 것과 같으니, 탄식할 일이다."

濂溪周先生이 曰ᄒᆞ샤ᄃᆡ

仲由ᄂᆞᆫ 喜聞過ᄒᆞ야 슈名이 無窮焉ᄒᆞ더니 今人은 有過ㅣ어든 不喜人規ᄒᆞ미 如護疾而忌醫ᄒᆞ야 寧滅其身而無悟也ᄒᆞ니 噫라.

● 이 조목은 주돈이의 『통서』 2, 「과」(過) 제26의 첫 번째 조목이고, 『소학』 「가언」 조목 제62와 일치한다.

주돈이의 이 말은 본래 『맹자』에 "자로는 사람들이 그에게 과실이 있음을 말해주면 기뻐하였다"71)는 구절에 대한 해석이다. 주자는 자로가 그처럼 자신을 수행함에 용감했다는 뜻이라 풀이하였고, 정자는 자로를 백세(百世)의 스승이라 할 만하다고 칭송하였다.72)

17 적선지가(積善之家)는 필유여경(必有餘慶)

강절 소선생73)이 자손에게 경계하여 말했다.

---

69) 중유(仲由)는 춘추시대 노나라 사람이다. 자는 자로(子路)이다. 공자의 제자로 십철(十哲)의 한 사람이다.
70) 【규(規)는 말이 들을 만하다는 뜻이다.】
71) 『맹자집주』 「공손추(公孫丑) 상(上)」, "孟子曰: 子路, 人告之以有過則喜."
72) 『맹자집주』 「공손추 상」, "喜其得聞而改之, 其勇於自修如此. … 程子曰: 子路, 人告之以有過則喜, 亦可謂百世之師矣."

"상품(上品)의 사람은 가르치지 않아도 선하고, 중품(中品)의 사람은 가르친 뒤에 선해지며, 하품(下品)의 사람은 가르쳐도 선하게 되지 않는다.74) 가르치지 않아도 선한 이가 성인이 아니고 무엇이며, 가르친 뒤에 선한 이가 현인이 아니고 무엇이며, 가르쳐도 선하지 않은 이가 어리석은 자가 아니고 무엇이겠는가. 이에 선(善)이라는 것은 길함을 이르고 선하지 않다고 하는 것은 흉함을 이른다는 것을 알 수 있다.

길한 사람은 눈으로는 예가 아닌 색을 보지 않고, 귀로는 예가 아닌 소리를 듣지 않으며, 입으로는 예가 아닌 것을 말하지 않고, 발로는 예가 아닌 곳을 밟지 않는다. 선한 사람이 아니면 사귀지 않고, 의로운 물건이 아니면 취하지 않으며, 어진 사람 가까이하기를 영지75)와 난초에 나아가듯 하며, 악한 사람 피하기를 뱀과 전갈을 두려워하듯 한다. 이와 같다면, '그는 길한 사람이 아니다'라고 말하는 자가 있어도 나는 그 말을 믿지 않을 것이다.

흉한 사람은 말이 어긋나고 간사스러우며, 행동거지가 음험하고, 이익을 좋아하여 비리를 꾸미며, 음란함을 탐하고 재앙을 좋아한다. 선량

---

73) 소강절(邵康節)은 북송 때 학자 소옹(邵雍, 1011~1077)을 가리킨다. 호가 강절 또는 안락(安樂)이고, 자는 요부(堯夫)이다. 평생 벼슬을 하지 않고 학문을 하여 상수론(象數論)을 제창하였고, 만물이 태극으로부터 변화하여 형성된다고 주장하였다. 저서에 『황극경세』(皇極經世)와 『이천격양집』(伊川擊壤集) 등이 있다.
74) 소강절이 말하는 삼품설은 맹자의 성선설이나 순자의 성악설과 달리 인간의 성품을 세 등급으로 나누고, 상품과 하품이 변하지 않는 데 반해 중품은 사람이 하기에 달렸다고 보았다.
75) 영지(靈芝)는 버섯의 일종으로 지초(芝草)라고도 한다. 예로부터 상서로운 것으로 여겼으며, 뛰어난 인물 뒤에 훌륭한 조상이 있다는 뜻으로 "영지와 예천(醴泉)에도 뿌리와 근원이 있다"는 표현을 썼다. 예천은 단물이 나는 샘이다.

한 사람 미워하기를 원수같이 하고, 법 범하기를 물 마시고 밥 먹듯 하여, 작게는 자기 몸을 죽이고 본성을 멸하며, 크게는 종족을 전복시키고 후사를 끊어지게 한다. 이와 같다면, '그는 흉한 사람이 아니다'라고 말하는 자가 있어도 나는 그 말을 믿지 않을 것이다.

전(傳)에 이런 말이 있다. '길한 사람은 선을 행하되 시간을 부족하게 여기며, 흉한 사람은 선하지 않은 일을 행하되 역시 시간을 부족하게 여긴다.'[76) 너희들은 길한 사람이 되길 원하는가, 흉한 사람이 되길 원하는가?"

康節邵先生이 誡子孫曰호딕

上品之人은 不敎而善ᄒ고 中品之人은 敎而後善ᄒ고 下品之人은 敎亦不善ᄒᄂ니 不敎而善이 非聖而何ㅣ며 敎而後善이 非賢而何ㅣ며 敎亦不善이 非愚而何ㅣ리오. 是知善也者ᄂ 吉之謂也ㅣ오 不善也者ᄂ 凶之謂也ㅣ로다.

吉也者ᄂ 目不觀非禮之色ᄒ며 耳不聽非禮之聲ᄒ며 口不道非禮之言ᄒ며 足不踐非禮之地ᄒ며 人非善이어든 不交ᄒ고 物非義어든 不取ᄒ며 親賢호딕 如就芝蘭ᄒ고 避惡호딕 如畏蛇蠍ᄒᄂ니 或曰不謂之吉人이라도 則吾不信也ᄒ리라.

凶也者ᄂ 語言이 詭譎ᄒ고 動止陰險ᄒ며 好利飾非ᄒ고 貪淫樂禍ᄒ며 疾良善호딕 如讐隙ᄒ고 犯刑憲호딕 如飮食ᄒ야 小則隕身滅性ᄒ고 大則覆宗絶嗣ᄒᄂ니 或曰不謂之凶人이라도 則吾不信也ᄒ리라.

傳에 有之ᄒ니 曰호딕 吉人은 爲善호딕 惟日不足이어든 凶人은 爲不善호딕 亦惟日不足이라 ᄒ니 汝等은 欲爲吉人乎아 欲爲凶人乎아.

---

76) 『서전』(書傳) 「주서(周書)·태서(泰誓)」에 나오는 말이다.

● 이 조목은 소옹의 「계자손」(戒子孫)의 전문이고, 『소학』 「가언」 조목 제11과 일치한다. 『명심보감』 「계선」(繼善) 조목 제44와도 일치한다. 소옹의 「계자손」은 여조겸77)의 『송문감』(宋文鑑), 유청지의 『계자통록』 등에도 수록된 유명한 글이다.

북송의 대학자인 소옹은 선과 불선을 길흉과 연결시켜 자손을 경계하였다. 선을 행하는 자는 길인(吉人)이고 불선을 행하는 자는 흉인(凶人)이라 했는데, 이는 선과 악이 근본적으로 길흉화복에 관계됨을 말한 것이다. 이 조목은 "선을 많이 쌓은 집안은 반드시 후손에게 경사가 있고, 불선을 많이 쌓은 집안은 반드시 후손에게 재앙이 있다"78)는 오래된 경구를 연상시킨다. 성인과 현인은 작은 것이 쌓여 큰 것을 이룸을 알기 때문에 악의 조짐을 자라게 하지 않는다. 반면 어리석은 자는 서리를 밟으면 얼음이 얼듯 작은 악이 모여 큰 악에 이름을 깨닫지 못하기에 흉인이라 말한 것이다.79)

18 스스로를 성찰하는 열네 가지 항목

장사숙80)의 좌우명81)에 말했다.

---

77) 여조겸(呂祖謙, 1137~1181)은 남송 때 학자이다. 자는 백공(伯恭)이고 호는 동래(東萊)이다. 주자와 함께 북송 도학자의 어록을 편집하여 『근사록』(近思錄)을 편찬하였다.
78) 『주역』(周易) 「문언전」(文言傳), "積善之家, 必有餘慶, 積不善之家, 必有餘殃."
79) 『주역』 「문언전」의 같은 대목을 보면, 신하가 임금을 시해하고 자식이 아비를 시해하는 사건이 하루아침에 일어난 변고가 아니라 그 근원이 이미 오래 되었다는 말이 있다. 서리가 얼음이 되고 작은 악이 큰 악에 이르는 것은 모두 사세가 순차적으로 자란 것이라고 했다.

"무릇 말은 반드시 충성스럽고 신뢰감이 가게 해야 하고, 행동은 반드시 돈독하고 공경스러워야 하며, 마시고 먹는 것은 반드시 삼가고 절도 있게 해야 하며, 글씨는 반드시 고르고 바르게 써야 하고, 용모는 반드시 단정하게 하며, 의관은 가지런히 해야 하고, 걸음걸이는 조심스러워야 하며, 거처하는 곳은 반드시 바르고도 정숙하게 하고, 일을 할 때는 반드시 먼저 계획을 세워 시작해야 하며, 말을 하는 데 있어서는 반드시 행적을 돌아보아야 한다. 또한 떳떳한 덕은 반드시 굳게 유지하고, 승낙할 때는 반드시 진중하게 응하며, 선을 보았을 때는 마치 내 몸에서 나온 것같이 사랑하고, 악을 보았을 때는 마치 내 몸의 병같이 여겨야 한다. 무릇 이 열네 가지를 내가 모두 깊이 성찰하지 못하였기에, 앉는 자리의 모퉁이에 써놓고 아침저녁으로 보면서 경계하고자 한다."

張思叔의 座右銘에 曰호디

凡語를 必忠信ᄒ며 凡行을 必篤敬ᄒ며 飮食을 必愼節ᄒ며 字畵을 必楷正ᄒ며 容貌를 必端莊ᄒ며 衣冠을 必肅整ᄒ며 步履를 必安詳ᄒ며 居處를 必正靜ᄒ며 作事를 必謀始ᄒ며 出言을 必顧行ᄒ며 常德을 必固持ᄒ며 然諾을 必重應ᄒ며 見善ᄒ고 如己出ᄒ며 見惡ᄒ고 如己病이니 凡此十四者를 我皆未深省ᄒ야 書此當坐隅ᄒ야 朝夕에 視爲警ᄒ노라.

---

80) 장사숙(張思叔)은 북송 때 유학자 장역(張繹)을 가리킨다. 사숙은 자이다. 정이(程頤)의 제자이다. 집안이 미천하여 청년이 되도록 글을 읽지 못했는데, 어느 날 관리의 행차를 보고 부러운 마음에 공부를 시작했다고 한다. 그러나 이후 과거 공부와 불가의 도에 만족하지 못하고 방황하다가, 나이 서른에 정이천에게 배우기 시작하면서 비로소 뜻을 바로 세우고 이름난 선비가 되었다.
81) 【명(銘)은 경계한 말이다.】

● 이 조목은 『소학』 「가언」 조목 제76 및 『명심보감』 「입교」(立教) 조목 제15와 일치한다. 원출전은 미상이다. 청나라 때 주식이 편찬한 『사전삼편』 권5 「명유전·장역」과 일치함을 확인할 수 있다.

장역은 북송 최고의 유학자로 간주되는 이천 정이[82]에게 직접 배운 사람이다. 정이는 "내가 만년에 두 선비를 얻었다"는 말을 한 적이 있는데, 그 중 한 명이 장역이었다. 또한 정이는 장역을 자기 친족의 딸과 혼인시킬 만큼 그를 좋게 평가했다.[83] 학문적으로뿐 아니라 사람 됨됨이를 인정했다는 말인데, 이 조목에서 제시된 장역의 좌우명이 공연한 것이 아님을 짐작케 한다.

오랜 세월을 방황한 장역이 유학으로 뜻을 세우고 자득하게 된 것은 "지사(志士)는 시신이 도랑에 버려질 것을 잊지 않고, 용사(勇士)는 전쟁 중에 머리 잃을 것을 개의치 않는다"는 『맹자』의 두 구절 때문이었다고 한다.[84] 시신이 도랑에 버려질 것을 잊지 않는다는 말은, 죽으면 장례조차 제대로 치르지 못할 만큼 곤궁한 신세라 하더라도 진정한 선비는 지조를 지킨다는 말이다.

---

82) 정이(程頤, 1033~1107)는 북송 때 유학자이다. 자는 정숙(正叔)이고, 이천백(伊川伯)에 봉해졌기 때문에 이천선생이라 불렸다. 염계 주돈이의 제자로서, 형인 명도(明道) 정호(程顥, 1032~1085)와 함께 이정선생(二程先生)이라 불린다. 그들의 철학은 남송 주희로 이어져 정주학(程朱學)이 완성되었다. 왕안석의 신법에 반대했다. 『이정전서』(二程全書)가 전한다.
83) 『사전삼편』(史傳三編) 「명유전(名儒傳)·장역(張繹)」, "繹穎悟疏通, 伊川甚許, 可以族女妻之, 嘗曰: 吾晚得二士, 蓋指繹與尹焞也."
84) 『사전삼편』 「명유전·장역」, "繹讀孟子, 志士不忘在溝壑二句, 有自得." 『맹자』 「등문공 하」에 있는 관련 구절은 다음과 같다. "孟子曰: 昔齊景公田, 招虞人以旌, 不至, 將殺之. 志士不忘在溝壑, 勇士不忘喪其元. 孔子奚取焉? 取非其招不往也, 如不待其招而往, 何哉?"

19 마음을 다스리고 본성을 길러라

여정헌공85)은 젊은 시절부터 학문을 익히되 마음을 다스리며 본성을 기르는 것으로써 근본을 삼았다. 그래서 즐기는 것을 억제하고, 지나치게 맛좋은 음식은 줄이고, 빨리 말하거나 금세 얼굴빛을 바꾸지 않으며, 급히 걷지 않았을 뿐만 아니라 게으른 모습을 보이지 않았다. 또한 조롱하는 웃음과 속되고 상스러운 말을 전혀 입 밖에 내지 않았으며, 세상의 이익과 빛나는 화려함과 소리와 기예와 연회 등에서부터 쌍륙과 바둑과 그림 등에86) 이르기까지 담담하게87) 여기고 그리 좋아하지 않았다.

> 呂正獻公이 自少로 謹學호되 卽以治心養性으로 爲本ᄒᆞ더니 寡嗜慾ᄒᆞ며 薄滋味ᄒᆞ며 無疾言遽色ᄒᆞ며 無窘步ᄒᆞ며 無惰容ᄒᆞ며 凡嬉笑俚近之語를 未嘗出諸口ᄒᆞ며 於世利紛華聲伎游宴으로 以至於博奕奇玩히 淡然無所好ᄒᆞ더라.

● 이 조목은 『소학』「선행」조목 제69와 일치한다. 원출전은 『여씨가전』(呂氏家傳)으로 추정되나 확인할 수 없다. 정헌공 여공저는 북송 때의 명재상이다. 그의 가족에 관한 일화가 『소학』에 여러 차례 등장하는데, 『내훈』에도 여공저 부자에 관한 기사가 많이 인용되어 있다.

여공저가 평생 학문에 힘쓰면서 근본으로 삼은 것은 '마음을 다스

---

85) 여정헌공(呂正獻公)은 북송 때 재상 여공저(呂公著)를 가리킨다. 정헌은 시호이고 자는 회숙(晦叔)이다. 여형공의 아버지이다. 사마광과 동시대 사람이며, 죽은 후에 신국공(申國公)에 봉해졌다.
86) 【박(博)은 쌍륙, 혁(奕)은 바둑, 기완(奇玩)은 그림 등의 재주이다.】
87) 【담(淡)은 엷다는 뜻이다.】

리고 본성을 기르는'[治心養性] 것이라 했다. 즉 '제멋대로 놓인 마음'[放心]을 거두어 덕성을 기르기 위해 노력했다는 말이다.[88] 식욕과 같은 기본적인 욕망을 절제하고 말투와 얼굴 표정과 걸음걸이 같은 일상의 작은 행동들을 스스로 단속하는 것 모두가 마음을 다스리고 타고난 덕성을 기르기 위한 방편인 셈이다.

20 후부인의 몸가짐

이천선생의 어머니 후부인이 칠팔 세 때에, "여자는 밤에 외출하지 말지니, 혹 밤에 외출할 때에는 밝은 등촉을 잡는다"라고 한 옛 시를 읽고, 이로부터 날이 어두워지면 방에서 나가지 않았다. 장성한 후에는 글을 좋아했지만 결코 문장을 짓지 않았고, 여인들이 문장을 짓고 글을 써서 다른 사람에게 전하는 것을 보면 몹시 못마땅하게 여겼다.[89]

伊川先生이 母侯夫人이 七八歲時예 誦古詩曰호디 女子ㅣ 不夜出ᄒᆞᄂᆞ니 夜出秉明燭이라 ᄒᆞ고 自是로 日暮則不復出房閤ᄒᆞ더니 旣長ᄒᆞ야 好文호디 而不爲辭章ᄒᆞ며 見世之婦女ㅣ 以文章筆札로 傳於人者ᄒᆞ고 則深以爲非ᄒᆞ더라.

● 이 조목은 본래 『이천문집』「상곡군군가전」(上谷郡君家傳)의 일부분이다. 정이가 쓴 「상곡군군가전」에 수록된 후부인(侯夫人) 기록

---

88) 『소학집주』「선행」, "治心, 收其放心也, 養性, 養其德性也."
89) '글을 좋아하지만 직접 문장을 짓지는 않았다'고 한 것은 여성의 문학활동에 대한 중세 유교 문명권의 보편적인 인식을 반영하는 공식구에 해당한다. 시를 짓는 것이 창기의 본색이라는 관념, 점잖은 부인은 아무리 총명하고 재주가 있어도 함부로 문과 시를 지어 남에게 보여서는 안 된다는 관념이 유교적 가부장제하에서는 보편적이었다.

은 주희와 여조겸이 편찬한 『근사록』에도 그 일부가 발췌 인용되었는데, 두 기록은 서술 순서가 다르다. 이 조목은 『소학』 본문에는 실리지 않았으나 『소학집성』 「입교」 조목 제2 "女子十年不出" 중 '女子' 아래 본주(本註)에 실려 있다. 후부인 관련 기사는 『여교』에도 수록되었을 가능성이 높으나 확인할 수 없다. 『내훈』에는 「상곡군군가전」에서 인용된 후부인 관련 기사가 모두 세 조목이 있다.

후부인은 중국 북송을 대표하는 유학자 정호·정이 형제의 어머니이다. 유교 문명의 이상적인 여성상을 대표하는 인물로서, 훌륭한 어머니의 전형으로 조선시대 규훈서와 여성 묘지명 등에 자주 거론되었다. 날이 어두워지면 방에서 나가지 않았다든가, 글을 좋아하긴 했어도 직접 문장을 짓지는 않았다고 한 것은, 후부인의 행실이 유교 질서가 요구하는 부덕에 조금도 어긋나지 않았음을 의미한다.

21 재물에 따른 마음가짐

『이씨여계』에 말했다.

가난한 자는 그 가난함을 편히 여기고, 부자는 그 부유함을 경계하여야 한다. 가난하면서 마음이 편하지 못한 자는 가난을 부끄럽게 여겨 널리 재물을 구하게 된다. 구하다가 얻지 못하면 이로부터 원망하는 마음이 생겨나서, 부부가 서로 경멸하여 은혜하는 마음이 소홀해지고 엷어질 것이다. 부유하면서 경계하지 않으면 잘난 체하는 마음이 생기리니, 경멸하는 태도가 드러나면 어찌 안색이 온화하고 부드러울 수 있으리오. 온화하고 부드러운 안색을 버리고 교태를 부린다면, 이것이 바로 경박한 부인이다.

李氏女戒예 曰호딕

貧者는 安其貧ᄒ고 富者는 戒其富ㅣ니 貧不自安者는 恥貧而廣求ᄒᆞ누니 求旣不得ᄒ면 怨由妓生ᄒ야 室家ㅣ 相輕ᄒ야 恩易惰薄ᄒ리라. 富而不戒ᄒ면 則夸勝之心이 生ᄒ리니 凌慢之容이 旣彰ᄒ면 和柔之色이 安在리오. 棄和柔之色ᄒ고 作嬌小之容ᄒ면 是爲輕薄之婦人이니라.

● 송대 유청지의 『계자통록』 권8에 실려 있는 이씨의 「계녀서」 조목 제2와 일치한다. 『내훈』은 『이씨여계』가 수록된 『여교』를 인용한 것으로 추정된다.

이 조목은 사람이 누구나 안분지족하고 스스로를 단속하지 않으면, 가난하든 부유하든 그 가운데서 문제가 발생함을 경계한 것이다. 가난함을 편안히 여기지 못하면 부부가 서로를 원망하여 사랑이 엷어질 수 있고, 부유하다고 스스로 조심하지 않으면 우월감에 빠져 오만하고 경박한 부인이 된다고 경계하였다. 가난으로 인해 부부 사이에 문제가 생길 수 있음을 지적한 대목은 특히 주목할 만하다.

22 내 몸과 집안을 망치는 허물 다섯 가지

유빈[90]이 글을 지어 그 자제들에게 경계하여 말했다.

"이름을 더럽히고 몸을 해치며 조상을 욕되게 하고 집안을 망치는 가장 큰 허물 다섯 가지가 있으니, 반드시 명심하여라. 첫째는 자신의 편

---

90) 유빈(柳玭)은 당나라 때 사람으로, 태보 유공작(柳公綽)의 손자이고 복야 유중영(柳仲郢)의 넷째 아들이다. 소종(昭宗) 때 어사대부를 지냈다. 『유씨가훈』(柳氏家訓)을 지었다.

안함만을 구하고 담박함을[91] 좋게 여기지 아니하며, 조금이라도 자기 몸에 이익이 되면 남의 말을 듣지 않는 것이다. 둘째는 선비의 학문을 모르고 옛 도를 즐겨하지 않는 것이다. 그런 자들은 성인의 경서에 어두워도 부끄러워하지 않으면서 당대의 일을 논할 때는 입이 벌어지고, 자기가 아는 것은 적으면서 학식이 있는 사람을 미워한다. 셋째는 자기보다 뛰어난 사람을 싫어하고 자기에게 아첨하는 자를 기꺼워하며, 오직 농담을 좋아하고 옛 도를 생각하지 않는 것이다. 남의 선행을 들으면 질시하고 남의 악행을 들으면 들추어내어 편벽되고 사악함에 빠져 덕과 의를 깎아 없애니, 비록 의관을 갖추었다 한들 종과 무엇이 다르겠는가. 넷째는 한가롭게 노는 것을 숭상하고 술을 즐기고 좋아하는 것이다. 그래서 술잔 기울이는 것을 높은 경지로 여기고 부지런히 일하는 것을 속된 무리로 여기는데, 몸에 익힌 습관이 이미 거칠어서 비록 깨닫는다 해도 뉘우치지 못한다. 다섯째는 명예와 벼슬에 급급한 것이다. 권세 있는 자를 은밀히 가까이하여 비록 한 품계와 반 등급을 혹시 얻는다 해도 여러 사람이 노하고 시기하리니, 자리를 보존하는 자가 드물다.

내가 이름난 가문과 높은 종족을 살펴보니, 선조의 충심과 효도와 근검으로부터 이루어지지 않은 경우가 없고, 자손의 모질고 경솔하며 사치스럽고 오만한 것으로 인해 전복되고 무너지지 않음이 없었다. 성취하기 어려움은 하늘에 오르는 것과 같고, 무너지기 쉬움은 털을 태우는 것과 같다. 말하려니 마음이 아프다. 마땅히 너희들은 뼈에 새겨 명심해야 할 것이다."

---

91) 【담박(澹泊)은 깊은 연못의 물이 맑은 모습이니, 편안하고 정숙하여 작위적이지 않다는 뜻이다.】

柳玭이 嘗著書ᄒᆞ야 戒其子弟曰호ᄃᆡ

壞名災己ᄒᆞ며 辱先喪家ᄒᆞᄂᆞᆫ 其失이 尤大者ㅣ 五ㅣ니 宜深誌之어다. 其一은 自求安逸ᄒᆞ고 靡甘澹泊ᄒᆞ야 苟利於己어든 不恤人言ᄒᆞᆯ시라. 其二ᄂᆞᆫ 不知儒術ᄒᆞ며 不悅古道ᄒᆞ야 儻前經而不恥ᄒᆞ며 論當世而解頤ᄒᆞ야 身旣寡知ᄒᆞ고 惡人有學ᄒᆞᆯ시라. 其三은 勝己者를 厭之ᄒᆞ고 佞己者를 悅之ᄒᆞ며 唯樂戱談ᄒᆞ고 莫思古道ᄒᆞ야 聞人之善ᄒᆞ고 嫉之ᄒᆞ며 聞人之惡ᄒᆞ고 揚之ᄒᆞ야 浸漬頗僻ᄒᆞ야 銷刻德義ᄒᆞᄂᆞ니 簪裾ㅣ 徒在ᄒᆞᆫᄃᆞᆯ 廝養과 何殊ㅣ리오. 其四ᄂᆞᆫ 崇好優游ᄒᆞ며 耽嗜麴蘖ᄒᆞ야 以銜盃로 爲高致ᄒᆞ고 以勤事로 爲俗流ᄒᆞᄂᆞ니 習之易荒이라 覺已難悔니라. 其五ᄂᆞᆫ 急於名宦ᄒᆞ야 匿近權要ᄒᆞ야 一資半級을 雖或得之라도 衆怒群猜ᄒᆞ야 鮮有存者ᄒᆞ니라.

余見名門右族호니 莫不由祖先의 忠孝勤儉ᄒᆞ야 以成立之ᄒᆞ고 莫不由子孫의 頑率奢傲ᄒᆞ야 以覆墜之ᄒᆞᄂᆞ니 成立之難은 如升天ᄒᆞ고 覆墜之易ᄂᆞᆫ 如燎毛ᄒᆞ니 言之痛心ᄒᆞ니 爾宜刻骨이니라.

●이 조목은 『소학』 「가언」 조목 제9와 일치한다. 원출전은 유빈의 『유씨가훈』으로 추정되나 문헌이 전하지 않는다. 대신 『구당서』 권165 유빈의 조부 유공작의 열전에 "余見名門右族" 이전까지의 문장이 포함되어 있으며, 『신당서』 권163 유빈의 열전에는 "余見名門右族" 이하 대목까지 포함되어 있다.

이 조목은 당나라 때 사람인 유빈이 자제들에게 경계한 말이다. 자기 일신뿐 아니라 가문을 망치는 가장 나쁜 습관으로서 다섯 가지를 꼽았다. 일신의 안일함을 추구하는 것, 옛 도를 즐기지 않는 것, 자기보다 뛰어난 사람을 싫어하는 것, 술 마시고 놀기를 좋아하는 것, 명예와 벼슬에 급급한 것 등이 그것이다.

23 아무리 사소해도 악은 행하지 말라

촉한의 소열92)이 임종하려 할 때 후주93)에게 경계하여 말했다.
"악한 일은 작다는 이유로 해서는 안 되며, 착한 일을 작다는 이유로 안 해서도 안 된다."

漢昭烈이 將終ᄒ실시 勅後主曰ᄒ샤ᄃᆡ

勿以惡小而爲之ᄒ며 勿以善小而不爲ᄒ라.

● 이 조목은 본래 『삼국지』「촉서·선주전」일부분이고, 『소학』「가언」조목 제7과 일치한다. 『명심보감』「계선」(繼善) 조목 제10과도 일치한다.

유비가 임종할 때 태자를 승상 제갈량에게 부탁하고 태자에게 당부한 말이다. 전한 때 학자인 가의94)는 이 구절을 "선은 아무리 작아도 이로움이 없을 수 없고, 악은 아무리 작아도 해로움이 없을 수 없

---

92) 소열(昭烈)은 중국 삼국시대 때 유비(劉備, 161~223)를 가리킨다. 소열은 시호이고 자는 현덕(玄德)이다. 관우·장비와 결의형제하여 군대를 조직하였고, 제갈량의 계책에 따라 손권과 연합하여 적벽대전에서 조조의 군대를 대파하였다. 221년에 스스로 황제라 칭하고 촉한(蜀漢)을 건국했다.

93) 후주(後主)는 유비의 아들 유선(劉禪, 207~271)을 가리킨다. 자는 공사(公嗣)이다. 223년 17세의 나이로 유비의 뒤를 이어 제위에 올랐다. 제갈량이 승상으로서 정치와 군사의 중책을 맡아 유선을 보좌하였으나, 제갈량 사후 촉한은 세력이 점차 약해져 263년 위나라의 침공을 받고 항복하였다.

94) 가의(賈誼)는 전한 문제 때의 정치인이며 문인이다. 제자백가에 정통하고 시문에 뛰어나 황제의 총애를 받아 약관의 나이에 최연소 박사가 되었고, 1년 만에 태중대부(太中大夫)가 되어 전한의 관제 정비를 위해 노력하였다. 고관들의 시기로 좌천되어 지은 「조굴원부」(弔屈原賦)와 진의 멸망 원인을 논한 「과진론」(過秦論)이 유명하다. 『신서』(新書) 10권을 지었다. 33세의 나이로 요절하였다.

다"고 풀이하였다.95) 선행은 작은 것들이 쌓여서 좋은 일이 되고, 악은 아무리 작아도 재앙을 부른다는 뜻이다.96) 조목 제17에서 인용한 소옹의 가르침과 같은 맥락이다.

24 타인을 책하는 마음으로 자신을 책하라

범충선공97)이 자제에게 경계하여 말했다.

"사람이 비록 매우 어리석다 하여도 다른 사람을 책하는 데는 밝고, 사람이 비록 총명하다 하여도 자기를 살피는 데는 어둡다. 너희들이 항상 남을 책하는 마음으로 자기 자신을 책하고 자기 자신을 용서하는 마음으로 남을 용서한다면, 성현의 경지에 이르지 못할까 근심하지 않을 것이다."

范忠宣公이 戒子弟ᄒᆞ야 曰호ᄃᆡ

人雖至愚ㅣ라도 責人則明ᄒᆞ고 雖有聰明이라도 恕己則昏ᄒᆞᄂᆞ니 爾曹ᄂᆞᆫ 但常以責人之心으로 責己ᄒᆞ고 恕己之心으로 恕人ᄒᆞ면 不患不到聖賢地位也ᄒᆞ리라.

---

95) 『삼국지보주』(三國志補注) 「촉서(蜀書)·선주전(先主傳)」, "先主病篤, 託孤于丞相亮. … 賈誼新書審微篇云, 善不可謂小而無益, 不善不可謂小而無傷."

96) 『소학집주』「가언」, "勿以惡小而爲之, 爲禍之所生, 不在大, 勿以善小而不爲, 謂慶之所積, 由於小. 朱子曰: 善必積而後成, 惡雖小而可懼."

97) 범충선공(范忠宣公)은 북송 철종 때 재상을 지낸 범순인(范純仁)을 가리킨다. 충선은 시호이고 자는 요부(堯夫)이다. 문정공 범중엄의 아들이다. 신종 때 왕안석의 신법에 반대하여 실각했으나, 휘종이 즉위하면서 관문전 태학사에 제수되었다.

●이 조목은 『소학』 「가언」 조목 제71과 일치한다. 원출전은 미상이다. 『송명신언행록』 후집 권11 「범순인충선공」에 이 문장이 실려 있다.

범순인은 자신이 평생 배우고 힘쓴 것이 바로 '충서'(忠恕)라고 말한 바 있다.98) 증자가 공자의 도를 충서로써 관통한다고 지적하였듯이,99) 충서는 유자들의 인격 수양에서 중요한 덕목이다. '충'은 자기 마음을 다하는 것이고 '서'는 자기 마음을 미루어 남에게 미치는 것이다. 이 조목에서 말한바, 자신을 용서하는 마음으로 남을 용서하고 남을 책망하는 마음으로 자기 자신을 반성하라 한 것도 충서의 실현을 위한 구체적인 강령이라 할 수 있다.

범순인은 어려운 처지의 친구에게 보리 5백 석을 선뜻 내어준 일화로도 유명하다. 범순인은 보리 5백 석을 배로 운반해 오라는 아버지 범중엄의 명을 수행 중이었다. 단양에 잠시 들렀다가, 세 번의 상사(喪事)를 당하고 경제적으로 어려움에 처한 친구를 보고 보리 실은 배를 모두 주어버린 것이다.100) 친구의 어려운 사정을 진심으로 자기 일처럼 여겼기에 그럴 수 있었을 것이다. 이 역시 충서의 실현이라 할 만하다.

---

98) 『송명신언행록』 「범순인충선공」(范純仁忠宣公), "公嘗曰: 我平生所學, 唯得忠恕二字, 一生用不盡."
99) 『논어집주』 「이인」, "子曰: 參乎, 吾道一以貫之. 曾子曰: 唯. 子出, 門人問曰: 何謂也? 曾子曰: 夫子之道, 忠恕而已矣."
100) 이 일화는 『오륜행실도』(五倫行實圖)의 「붕우도」(朋友圖)에 「순인맥주」(純仁麥舟)라는 제목으로 실려 있다.

25 의는 무조건 행하고 이익은 겁쟁이처럼 피하라

공감101)은 의를 행하는 데 있어서는 좋아하는 일을 하듯 앞뒤를 돌아보지 않았고, 이익과 벼슬에 대해서는 두려워하며 피하기를 겁쟁이처럼 하였다.

孔戡이 於爲義예 若嗜慾ᄒ야 不顧前後ᄒ고 於利與祿애란 則畏避退怯호ᄃᆡ 如懦夫然ᄒ더라.

● 이 조목은 본래 한유102)의 「공사훈묘지명」의 일부분이고, 『소학』 「선행」 조목 제61과 일치한다.

한유가 쓴 묘지명에 따르면, 공감은 소의절도사 노종사(盧從史)를 5~6년간 보필한 막부로서 상관의 잘못을 열심히 간하였는데, 끝내 자신의 뜻이 받아들여지지 않자 사직하였다. 공감은 노종사가 불법을 저질렀을 때 처음에는 은밀히 따졌고, 그래도 뉘우치지 않으면 회의석상에서 심한 말로 비판하여, 노종사가 얼굴이 벌개져서 한 마디도 하지 못했다고 한다. 그러나 갈수록 노종사의 사리에 어긋나는 행동이 심해지자, 공감은 "내가 할 일은 여기까지고 더 이상은 할 수 없다" 하고 병을 핑계로 사직한다. 그래서 당시 사람들이 공감이야말로 천자의 곁에 있어야 할 선비라고 칭송했다는 것이다.103)

---

101) 공감(孔戡)은 당나라 때 사람이다. 자는 군승(君勝) 또는 승시(勝始)이다. 공자의 38세손이라 한다.
102) 한유(韓愈, 768~824)는 당송팔대가에 속하는 당나라 때 문인이자 사상가이다. 자는 퇴지(退之)이고 시호는 문공(文公)이다. 친구 유종원과 함께 고문의 전범을 세웠다.
103) 『당송팔대가문초』(唐宋八大家文鈔) 「창려문초(昌黎文鈔)·공사훈묘지명(孔司勳墓誌銘)」, "從史爲不法, 君陰爭, 不從, 則於會肆言以折之, 從史羞面頸發赤抑首伏氣, 不敢出一語以對

그런데 공감이 의리의 실천을 좋아하고 이익은 겁쟁이처럼 피했다는 평가에 대해 의문을 표한 사람이 있다. 17세기 전반 조선의 정온104)은 공감이 노종사와 같은 불의한 인간의 곁에서 5~6년이나 녹을 먹은 일을 문제 삼았다. 노종사의 됨됨이를 모르고 그 막부로 들어갔다면 지혜롭지 못한 것이고, 그것을 알고도 미련을 가지고 망설였다면 녹을 탐하였거나 용기가 없었다고 밖에 할 수 없다는 것이다.105) 정온은 그 자신이 혼란한 시대에 선비의 출처(出處)를 심각하게 고민했고 스스로 엄격하게 그 원칙을 따랐던 사람이기에 그런 평가가 가능했을 것이다.

26 용백고를 본받고 두계량을 본받지 말라

마원106)의 형의 아들 엄과 돈이 모두 남의 험담을 즐기고 경박한 협

立, … 君泣語其徒曰: 吾所爲止於是, 不能以有加矣. 遂以疾辭去. … 當是時, 天下以爲賢論士之宜, 在天子左右者, 皆曰孔君."
104) 정온(鄭蘊, 1569~1641)은 조선 중기의 문신이다. 본관은 초계(草溪)이고, 자는 휘원(輝遠), 호는 동계(桐溪)이다. 광해군 때 폐모론의 부당함을 주장하다 제주도에 위리안치되어 10년간 유배생활을 하였다. 인조반정 후에 청요직을 역임하였고, 병자호란 때는 이조참판으로서 화의론에 적극 반대하였다. 강화도 함락 후에 자결을 시도하였으나 실패하고, 이후 덕유산에 들어가 자기가 심은 조를 먹고 연명하다 죽었다.
105) 『동계집』(桐溪集) 「서공감묘지후서」(書孔戡墓誌後序), "其人之不可教, 奚待五六年而後知也, 其言之不可聽, 豈必空一府而後決也, 夫不知其人之不可教而就之則不智也, 知其不可教而猶且眷戀則干祿也, 不知其道之不可行而不去則不明也, 知其不可行而猶且遲回則無勇也, 烏在其皆欲於爲義而畏避於利祿也哉."
106) 마원(馬援)은 후한의 무장이자 정치가이다. 자는 문연(文淵)이다. 왕망 때 한중태수의 지위에 올랐고, 광무제인 유수(劉秀)의 휘하에서 강족을 평정하고 교지의 난을 진압하

객들을 사귀었다. 마원이 교지107)에 있을 때 그들에게 글을 보내어 경계하였다.

"나는 너희들이 남의 허물을 들으면 부모의 이름을 들은 것처럼 귀로는 들을지언정 입으로 말하지는 않았으면 한다. 남의 좋고 나쁨에 대하여 논하기를 즐기고 정사(政事)와 법에 대해 함부로 옳다 그르다 하는 것은 내가 크게 미워하는 바이니, 차라리 죽을지언정 자손에게 이런 행적이 있다는 말을 듣고 싶지 않구나.

용백고108)는 품성이 후덕하고 원만하고 조심스러워 입에서 비롯되는 허물이 없으며,109) 겸손하고 간략하며 절조 있고 근검하며 청렴하고 공정하고 위엄이 있어서 내가 애지중지하니, 너희들이 그를 본받기를 바란다. 두계량110)은 호협하고 의를 좋아하여 남의 근심을 함께 근심하고 남의 즐거움을 함께 즐거워하며, 청류에게나 탁류에게나 잃은 바가 없어서111) 아버지가 돌아가시자 여러 고을에서 문상객이 찾아왔다. 그래서 내가 애지중지하지만, 너희들이 그를 본받기는 원하지 않는다.

였으며 흉노를 쳐서 많은 공을 세웠다. 광무제 건무 17년에 복파장군(伏波將軍)이 되고 신식후(新息侯)에 봉해졌다. 작은딸이 후한 제2대 명제의 황후인 명덕마황후이다.
107) 교지(交趾)는 현재 베트남 북부 통킹·하노이 지방의 옛 이름이다. 전한의 무제가 남월(南越)을 멸망시키고 교지군을 설치했다.
108) 용백고(龍伯高)는 후한 때 사람인 용술(龍述)을 가리킨다. 백고는 자이다. 광무제 때 산도현령과 영릉태수를 지냈다.
109) 한문에 "口無擇言"을 언해문에 "이베 굴히욜 마리 업스며"라고 풀이하였으며, 『소학집주』에서는 "口無擇言, 則言無口過矣"라고 했다. 입에 가릴 말이 없다거나 입의 잘못이 없다는 것은 말로 인해 문제를 일으키는 일이 없다는 뜻이다.
110) 두계량(杜季良)은 후한 때 사람인 두보(杜保)를 가리킨다. 계량은 자이다. 광무제 때 월기사마를 지냈다.
111) 청류와 탁류, 즉 좋은 무리와 나쁜 무리를 구별하지 않고 잘 지냈다는 말이다.

백고를 본받으려다가 이루지 못하더라도 조심성 있는 선비는 될 수 있으니, 소위 고니를 새기다가 완성하지 못하더라도 집오리와 비슷하게는 될 수 있다. 그러나 계량을 본받으려다가 못 되면 천하에 경박한 아이가 되리니, 소위 범을 그리려다가 완성하지 못하면 도리어 개를 그린 것과 같다."

馬援이 兄子嚴敦이 並喜譏議ᄒᆞ야 而通輕俠客ᄒᆞ더니 援이 在交趾ᄒᆞ야 還書誡之曰호ᄃᆡ

吾欲汝曹ㅣ 聞人過失호ᄃᆡ 如聞父母之名ᄒᆞ야 耳可得聞이언뎡 口不可得言也ᄒᆞ노라. 好議論人이 長短ᄒᆞ며 妄是非政法이 此ㅣ 吾所大惡也ㅣ니 寧死ㅣ언뎡 不願聞子孫의 有此行也ᄒᆞ노라.

龍伯高ᄂᆞᆫ 敦厚周愼ᄒᆞ야 口無擇言ᄒᆞ며 謙約節儉ᄒᆞ며 廉公有威ᄒᆞ니 吾ㅣ 愛之重之ᄒᆞ야 願汝曹이 效之ᄒᆞ노라. 杜季良은 豪俠好義ᄒᆞ야 憂人之憂ᄒᆞ며 樂人之樂ᄒᆞ야 淸濁애 無所失ᄒᆞ야 父喪애 致客호ᄃᆡ 數郡이 畢至ᄒᆞ니 吾ㅣ 愛之重之ᄏᆞᆫ마ᄅᆞᆫ 不願汝曹이 效也ᄒᆞ노라.

效伯高ᄒᆞ다가 不得이라도 猶爲謹敕之士ᄒᆞ리니 所謂刻鵠不成이라도 尙類鶩者也ㅣ라. 效季良ᄒᆞ다가 不得ᄒᆞ면 陷爲天下輕薄者ᄒᆞ리니 所謂畫虎不成ᄒᆞ면 反類狗者也ㅣ라.

● 이 조목은 본래 『후한서』에 수록된 매우 긴 「마원전」(馬援傳)의 일부분이고, 『소학』「가언」 조목 제6과 일치한다.

이 조목의 내용은 후한 때 무장이었던 마원이 동시대의 두 인물을 들어서 조카들이 어떤 사람이 되었으면 좋겠다는 뜻을 나타낸 것이다. 마원은 조카들에게 용백고를 본받고 두계량을 본받지 말라 하였다. 마원이 보기에 조카들은 시시비비를 가리고 남의 장단점을 말하기 좋아하는 성향이 있었는데, 용백고는 겸손하고 진중하여 입을 잘 못 놀려서 허물을 짓는 종류의 사람이 아니었기 때문이다. 또한 조카들이 경박한 무리와 어울려 다니는 것이 마치 청류와 탁류를 구분하지 않았던 두계량과 같은데, 두계량은 그러면서도 행세하는 사람이 되었지만 그렇게 되기는 쉽지 않으니, 섣불리 두계량을 본받지 말라고 한 것이다.

2 효친장孝親章

1 『예기』의 가르침

1-1 문왕이 부친 왕계를 모신 태도

문왕1)이 세자로 계실 때 왕계2)에게 문안하시되 하루에 세 번 하셨다.3) 닭이 처음 울면 옷을 입고 침실 문 밖에 이르러 내시4)에게 "오늘 편안하신가?" 하고 물었고, 내시가 "편안하십니다"라고 대답하면 기뻐하셨다. 한낮이 되면 또 와서 그렇게 하셨으며, 저녁이 되면 다시 와서

---

1) 문왕(文王)은 왕계와 태임의 아들이고, 태사와 혼인하여 무왕을 낳았다. 은나라 때 서백(西伯)에 봉해졌으며, 농업을 장려하여 주족(周族)의 세력을 키웠다. 무왕이 주나라를 세운 후 그를 추존하여 문왕이라 칭했다.
2) 왕계(王季)는 문왕의 아버지이다.
3) 세자는 하루에 두 번 부모를 뵙는 것이 예이다. 문왕이 하루에 세 번 부모를 찾아뵌 것은 그만큼 효심이 지극함을 뜻한다. 『소학집주』「계고」, "世子朝父母, 惟朝夕二禮, 今文王曰三, 聖人過人之行也."
4) 【내수(內豎)는 곁에서 모시는 신하이다.】

그렇게 하셨다.

만약 왕계의 몸이 편치 않아서 내시가 문왕에게 알리면, 문왕은 안색이 근심으로 가득하여 똑바로 걷지도 못하시다가, 왕계가 수라를 전같이 드신 후에야 예전처럼 하셨다. 음식을 올릴 적에 반드시 찬지 따뜻한지 그 적절함을 살피시며, 상을 물릴 때는 잡수신 것을 여쭈시고, 요리사5)에게 명하기를 "남은 것을 다시 올리지 말라" 하여 요리사가 "그리하겠습니다" 하고 응답한 뒤에야 물러가셨다.

文王之爲世子애 朝於王季ᄒᆞ샤되 日三ᄒᆞ더시니 鷄初鳴而衣服ᄒᆞ샤 至於寢門外ᄒᆞ야 問內竪之御者ᄒᆞ야 曰ᄒᆞ샤되 今日安否ㅣ 何如오. 內竪ㅣ 曰호되 安이라커든 文王이 乃喜ᄒᆞ더시니 及日中ᄒᆞ야 又至ᄒᆞ야 亦如之ᄒᆞ시며 及莫ᄒᆞ야 又至ᄒᆞ야 亦如之ᄒᆞ더시다.

其有不安節이어시든 則內竪ㅣ 以告文王ᄒᆞ야든 文王이 色憂ᄒᆞ샤 行不能正履ᄒᆞ더시니 王季復膳然後에ᅀᅡ 亦復初ᄒᆞ더시다. 食上애 必在視寒暖之節ᄒᆞ시며 食下커시든 問所膳ᄒᆞ시고 命膳宰曰ᄒᆞ샤되 末有原ᄒᆞ라. 應曰호되 諾이이다 然後에ᅀᅡ 退ᄒᆞ더시다.

● 이 조목은 본래 『예기』 「문왕세자」(文王世子)의 일부분으로 『소학』 「계고」 조목 제8과 일치한다.

「효친장」의 첫 번째 조목은 문왕의 예를 통해 일상 속에서 실천해야 할 효가 어떤 것인가를 보이고 있다. 문왕이 수시로 왕계의 안부를 챙기고 왕계가 병들면 진심으로 염려했던 것처럼, 효란 아무나 하

---

5) 한문에 '선재'(膳宰), 언해문에 '섭니'라고 되어 있다. 주나라 때 궁중의 음식을 맡아보는 관리를 가리키는 말이다.

기 어려운 특별한 어떤 것이 아님을 보여준다. 왕계의 병환 소식에 근심으로 다리가 휘청거리는 마음, 부모를 진심으로 위하는 그 마음이 바로 효라는 것이다.

중국의 전범이 되는 규훈서나 조선의 여타 규훈서들과 비교할 때, 『내훈』은 상대적으로 효친에 관한 서술 비중이 높다. 더구나 남녀를 불문하고 자식 된 자가 갖추어야 할 도리를 강조한 것은 『내훈』의 특징으로 볼 수 있다. 이 조목을 비롯하여 『내훈』「효친장」의 23개 조목은 대부분 『소학』에서 발췌한 것들인데, 여기서 인용한 효의 실천 덕목들이 여성에게만 특별히 요구되었던 사항은 아니다.

1-2 무왕이 병든 부친 문왕을 모신 태도

문왕이 병이 있으시면 무왕[6]은 관과 띠를 벗지 않고 봉양하셨다. 문왕이 한 번 밥을 잡수시면 무왕도 한 번 잡수셨으며, 문왕이 두 번 밥을 잡수시면 무왕도 두 번 잡수셨다.

文王이 有疾이어시든 武王이 不說冠帶而養ᄒᆞ더시니 文王이 一飯이어시든 亦一飯ᄒᆞ시며 文王이 再飯이어시든 亦再飯ᄒᆞ더시다.

● 이 조목 역시 『예기』「문왕세자」의 일부분이다. 『소학』「계고」 조목 제9와 일치한다.

『예기』「문왕세자」에는, 『내훈』「효친장」의 첫 번째와 두 번째 조목 사이에 "무왕이 문왕을 본받아 그대로 행하였으니 조금도 여기

---

[6] 무왕(武王)은 은나라 마지막 왕인 주왕을 물리치고 주나라를 세운 인물이다. 문왕과 태사의 아들이다.

에 더한 것이 없다"7)는 구절이 있다. 더도 말고 덜도 말고 문왕만큼만 하면 효자 효녀라 할 수 있는데, 매일 진심으로 안부를 챙기는 일이 실상은 쉽지 않다.

2 무왕과 주공의 지극한 효도

공자께서 말씀하셨다.

"무왕과 주공8)은 세상이 모두 인정하는 효자로다.9) 무릇 효란 것은 어버이의 뜻을 잘 계승하고 그 일을 잘 따라 행하는 것이다. 그 지위를 이어서 그 예를 행하고, 그 음악을 연주하며, 그가 높이시던 바를 공경하고, 그가 가깝게 여기시던 바를 사랑하며, 죽은 사람을 산 사람처럼 섬기고, 곁에 없는 사람을 있는 사람처럼 섬기셨으니, 효도의 지극함이다."

    孔子ㅣ 曰ᄒ샤디

    武王周公은 其達孝矣乎ㅣ신뎌. 夫孝者ᄂᆞᆫ 善繼人之志ᄒ며 善述人之事者也ㅣ니라. 踐其位ᄒ며 行其禮ᄒ며 奏其樂ᄒ며 敬其所尊ᄒ며 愛其所親ᄒ며 事死호디 如事生ᄒ며 事亡호디 如事存ᄒ시니 孝之至也ㅣ라.

● 이 조목은 본래『중용』제19장의 일부분이고, 『소학』「계고」조목 제10과 일치한다.

---

7) 『예기』「문왕세자」, "武王帥而行之, 不敢有加焉."
8) 주공(周公)은 문왕과 태사의 아들이고 무왕의 아우이다.
9) 한문에 '달효'(達孝)라고 되어 있는데, 세상 사람들이 모두 칭찬할 만큼 효성이 지극한 사람이라는 뜻이다.

공자는 어버이의 뜻을 잘 계승하는 것이 효의 핵심이라 하고, 무왕과 주공이 그렇게 했다고 칭송하고 있다. 공자가 "3년 동안 아버지의 도를 고치지 말아야 효라 할 수 있다"고 한 것도 같은 맥락인데,10) 마땅히 고쳐야 할 것이 있어도 고치지 않는 것은 자식 된 마음에 차마 하지 못하기 때문이라 했다.

3 증자의 효도

맹자께서 말씀하셨다.

"증자11)가 증석12)을 봉양하실 적에 반드시 술과 고기가 있었는데, 장차 밥상을 물리려 할 때 반드시 줄 사람이 있는가를 여쭈시며, 남은 것이 있느냐고 아버지가 물으시면 반드시 있다고 답하셨다. 증석이 죽자 증원13)이 증자를 봉양하되 반드시 술과 고기가 있었는데, 장차 밥상을 물리려 할 때 줄 사람이 있는가를 묻지 않았으며, 남은 것이 있느냐고 아버지가 물으시면 없다고 답하였으니, 이는 장차 다시 올리기 위해서였다. 이것이 이른바 입과 몸을 봉양한다는 것이다. 증자와 같이 한다면 부모의 뜻을 봉양한다고 이를 만하니, 부모 섬기기는 증자와 같이 하는 것이 옳다."

孟子 | 曰호샤디

曾子 | 養曾晳호샤디 必有酒肉호더시니 將徹홀썬 必請所與호며 問有餘 |

---

10) 『논어집주』「학이」(學而), "子曰: 父在, 觀其志, 父沒, 觀其行, 三年無改於父之道, 可謂孝矣."
11) 증자(曾子)는 춘추시대 노나라의 사상가이며 공자의 제자이다. 이름은 증삼(曾參), 자는 자여(子輿)이다. 공자의 사상을 자사(子思)에게 전했다.
12) 증석(曾晳)은 증자의 아버지이다.
13) 증원(曾元)은 증자의 아들이다.

어시든 必曰하샤디 有ㅣ라 ᄒᆞ더시다. 曾晳이 死커늘 曾元이 養曾子호디 必有酒肉ᄒᆞ더니 將徹ᄒᆞᆯ씨 不請所與ᄒᆞ며 問有餘ㅣ어시든 曰호디 亡矣라 ᄒᆞ니 將以復進也ㅣ라. 此ᄂᆞᆫ 所謂養口體者也ㅣ니 若曾子則可謂養志也ㅣ니 事親이 若曾子者ᄂᆞᆫ 可也ㅣ니라.

● 이 조목은 본래 『맹자』 「이루 상」의 일부분으로 『소학』 「계고」 조목 제12와 일치한다.

증자는 부모의 마음을 헤아려 받드는 효의 기본 정신을 몸소 실천했던 인물로 유명하다. 증원은 술과 고기를 아껴서 아버지의 몸을 봉양하는 데 그쳤지만, 증자는 아버지가 남은 음식을 누군가에게 주고 싶어하는 마음을 받들었다. 맹자는 증자 부자의 비교를 통해, 효란 단지 좋은 옷과 음식으로 '부모의 몸을 봉양하는'[養口體] 것이 아니라 '부모의 뜻을 잘 받드는'[養志] 것임을 설파하고자 한 것이다.

맹자는 또한 이에 앞서, 부모를 섬기는 것이 가장 큰 섬김이요 자기 자신을 지키는 것이 가장 큰 지킴이라 하고, 자신을 지키지 못하면서 부모를 섬길 수는 없다는 말도 했다.[14] 자기 자신을 지킨다는 것은 자신을 불의에 빠뜨리지 않는 것이다.

4 부모가 사랑한 것을 사랑하라

증자께서 말씀하셨다.

---

[14] 『맹자집주』 「이루(離婁) 상(上)」, "孟子曰: 事孰爲大, 事親爲大, 守孰爲大, 守身爲大, 不失其身而能事其親者, 吾聞之矣. 失其身而能事其親者, 吾未之聞也."

"효자는 늙으신 부모를 봉양함에 그 마음을 즐겁게 해드리고 그 뜻을 어기지 않으며 귀와 눈을 즐겁게 해드리고 잠자리와 거처를 편안하게 해드리며 음식으로 정성껏 봉양한다. 그러므로 부모가 사랑한 것을 역시 사랑하고 부모가 공경한 것을 또한 공경하니, 개와 말에 이르기까지 모두 그러한데15) 하물며 사람에게 있어서랴."

曾子ㅣ 曰ᄒᆞ샤ᄃᆡ

孝子之養老也ᄂᆞᆫ 樂其心ᄒᆞ며 不違其志ᄒᆞ며 樂其耳目ᄒᆞ며 安其寢處ᄒᆞ며 以其飮食ᄋᆞ로 忠養之니 是故로 父母之所愛를 亦愛之ᄒᆞ며 父母之所敬을 亦敬之니 至於犬馬ᄒᆞ야도 盡然이어니 而況於人乎ㅣ ᄯᅡ녀.

● 이 조목은 본래 『예기』 「내칙」(內則)의 일부분이고, 『소학』 「명륜」 조목 제18과 일치한다.

부모가 사랑한 것이라면 개나 말이라도 자식은 그것을 아껴주어야 한다고 했다. 하물며 그 대상이 사람이라면 더 말할 필요가 없다. 부모의 마음을 잘 헤아리고 뜻을 받드는 것이 진정한 효도이기 때문이다.

5 『효경』의 가르침

5-1 어버이를 사랑하지 않고 남을 사랑함은 패덕

공자께서 말씀하셨다.

"부모가 나를 낳아주셨으니 계승함이 이보다 큰 것이 없고, 임금과

---

15) 비록 하찮은 짐승이라도 부모가 사랑한 것이라면 자식도 그 짐승을 아껴주어야 한다는 의미이다.

부모가 나를 굽어보시니 은혜의 두터움이 이보다 중함이 없다. 그러므로 부모를 사랑하지 않고 다른 사람을 사랑하는 것을 덕이 어그러졌다 하고, 부모를 공경하지 않고 다른 사람을 공경하는 것을 예가 어그러졌다 한다."

孔子ㅣ 曰ᄒᆞ샤딘

父母ㅣ 生之ᄒᆞ시니 續莫大焉ᄒᆞ며 君親이 臨之ᄒᆞ시니 厚莫重焉ᄒᆞ니라. 是故로 不愛其親ᄒᆞ고 而愛他人者를 謂之悖德이며 不敬其親ᄒᆞ고 而敬他人者를 謂之悖禮니라.

● 이 조목은 본래 『효경』의 일부분이고, 『소학』 「명륜」 조목 제35와 일치한다. 『금문효경』의 「성치장」(聖治章), 『고문효경』의 「부모생적장」(父母生績章) 및 「효우열장」(孝優劣章)의 일부분과 일치한다.16) 『명심보감』 「효행」 조목 제4에는 "不愛其親" 이하 구절만 있다.

『효경』에는 이 대목 앞에 "부자 사이의 도는 천성이며 군신의 의리와 같다"17)는 구절이 있다. 부자지간의 도리를 군신지간의 의라고 하여 효와 충을 연결시키고, 부모와 군주를 동일시함으로써 부성(父性)에 대한 절대성을 강조하는 논리이다. 이 논리에 따르면, 부모를 경애하지 않는 것은 '덕이 어그러지고'[悖德] '예가 어그러진'[悖禮] 행위로 규정된다.

고대 중국에서 효는 단순히 부자간의 윤리에 그치지 않고 정치권력과의 상호관계 속에서 훨씬 복잡한 의미를 갖고 있었다. 효는 본래

---

16) 『고문효경』(古文孝經)과 『금문효경』(今文孝經)의 차이에 대해서는 권말 '『내훈』에 인용된 고전' 중 『효경』의 해설을 참조할 것.

17) 『효경』(금문) 「성치장」, "父子之道, 天性也, 君臣之義也."

서주(西周) 시대에 종법제도하에서 주왕(周王)을 중심으로 한 종자(宗子)의 정치적 권력을 뒷받침하는 하나의 지배이념이었다. 춘추시대로 오면서 점차 부모에 대한 자식의 복종 윤리로 범위가 축소되기는 하지만, 효는 유가의 사상체계 내에서 줄곧 복종과 지배의 이념으로서 정치권력과 밀접하게 연결되어 있는 관념이었다.[18]

5-2 효자의 자격

"효자는 어버이를 섬김에, 평소 거처할 때 공경함을 극진히 하고, 봉양할 때에는 그 즐거움을[19] 극진히 하며, 병환에는 그 근심함을 극진히 하고, 초상에는 그 슬퍼함을 극진히 하며, 제사에는 그 엄숙함을 극진히 한다. 이 다섯 가지가 갖추어진 뒤에야 어버이를 섬길 수 있는 것이다.

어버이를 섬기는 자는 윗자리에 있을 때는 교만하지 말고, 아랫사람이 되어서는 질서를 어지럽히지 말며, 동료들 사이에서는 다투지 말아야 한다. 윗자리에 있으면서 교만하면 망하고, 아랫사람이 되어서 질서를 어지럽히면 형벌을 받고, 동료들 사이에서 다투면 병기로 몸이 상하게 된다. 이 세 가지를 없애지 않는다면, 비록 날마다 세 가지 짐승으로[20] 봉양한다 해도 오히려 불효가 될 것이다."

---

[18] 김진우, 「중국 고대 '효' 사상의 전개와 국가권력」, 고려대학교 박사학위논문, 2010.
[19] 즐거움[樂]이란 온화한 얼굴빛과 공손한 태도를 가리킨다.
[20] 【삼생(三牲)은 소와 양과 돼지이다.】 고대에 산 제물로 쓰였던 세 짐승을 가리킨다. 『예기』 「곡례 하」에 "천자는 희우로 제사하고, 제후는 살진 소로 제사하며, 대부는 좋은 소를 구해서 제사하고, 사는 양이나 돼지로 제사한다"[天子以犧牛, 諸侯以肥牛, 大夫以索牛, 士以羊豕]는 구절이 있다. 희우(犧牛)는 희생에 쓰기 위해 특별히 사육한 소를 뜻한다.

孝子之事親은 居則致其敬하며 養則致其樂하며 病則致其憂하며 喪則致其哀하며 祭則致其嚴이니 五者ㅣ 備矣然後에사 能事親이니라.

事親者는 居上不驕하며 爲下不亂하며 在醜不爭이니 居上而驕則亡하고 爲下而亂則刑하고 在醜而爭則兵하느니 此三者를 不除하면 雖日用三牲之養하야도 猶爲不孝也ㅣ니라.

● 이 조목은 본래 『효경』 「기효행장」(紀孝行章)21)에 있는 문장으로, 『소학』 「명륜」 조목 제36과 일치한다. 앞 조목과 마찬가지로 공자의 말씀이다.

이 조목에서는 효자의 자격 요건을 말하였다. 크게 두 부분으로 나뉘는데, 첫째는 부모에 대한 자식의 태도가 극진해야 한다는 것이고, 둘째는 자식이 자기 스스로를 잘 관리해야 한다는 것이다. 부모가 살아 계실 때는 부모에 대한 공경과 곁에서 모시는 기쁨과 건강에 대한 염려를 극진히 하고, 부모가 돌아가신 후에는 그 슬픔과 제사의 엄숙함을 극진히 해야 한다. 이른바 이 '다섯 가지 효'[五孝]를 갖추었다 해도, 높은 지위를 믿고 교만하거나 남들과 다투거나 문제를 일으켜 자기 이름을 더럽히고 몸을 상하게 한다면, 그것은 효자라고 할 수 없다고 했다.

6 시부모를 모시는 며느리의 태도
『여교』에 말했다.

---

21) 「기효행장」은 『고문효경』과 『금문효경』이 일치한다.

시부모가 며느리를 얻는 것은 효를 행할 수 있는가에 달렸으니, 진실로 효를 다하지 못한다면 너를 들여 무엇하리오. 며느리 된 사람은 이른 아침부터 밤늦게까지 공경하고 삼가며 터럭만큼이라도 시부모의 뜻에 어긋날까 염려하여야 한다. 시부모의 존귀함은 그 높기가 하늘 같으니, 모름지기 공경하여 자신이 현명하다고 믿지 말 것이요, 혹시 매질이나 꾸지람이 있더라도 기꺼운 마음으로 받아들여라. 이것은 진실로 나를 사랑해서이니 감히 무슨 말을 하겠는가. 이웃에 사는 부인에게는 그렇게 한 적이 없고 모름지기 나의 가까운 사람에게만 이처럼 가르치는 것이다. 말로써 자신을 해명하려 한다면 이는 곧 시부모를 거스르는 것과 같다. 오로지 자신을 굽히고 좇아서 효와 공경에 더욱 힘써야 한다.

혹시 불러서 시키는 일이 있거든 명을 듣는 즉시 행해야 하니, 비록 몹시 힘든 일일지라도 어찌 감히 자신의 편안함을 구하리오. 평상시에는 봉양을 다하여 시부모가 시장하지 않으실까 염려하고, 병이 나시면 극진히 염려하며 옷의 띠를 풀지 말아야 한다. 후손들도 이를 본받아 너와 같이 할 것이다. 몸으로 가르치면 저들도 따를 것이니, 조심하고 또 조심할지어다.

女敎애 云호딕

舅姑ㅣ 娶婦는 在能孝之니 苟不能孝ㅣ면 娶汝何爲리오. 爲之婦者ㅣ 夙夜祗畏ᄒᆞ야 惟恐一毫ㅣ나 稍違其意니라. 舅姑之尊이 其高ㅣ 猶天ᄒᆞ니 必敬必恭ᄒᆞ야 毋倚其賢이오 倘有笞詈라도 悅豫而受ᄒᆞ라. 此實我愛니 言敢出口아. 彼東隣婦에 曾不施之오 必於我親에 乃爾敎之니 出言自解ᄒᆞ면 卽同悖逆이라. 但當曲從ᄒᆞ야 孝敬을 益力이니라.

或有指使ㅣ어든 聞命卽行이니 雖甚勞勩나 豈敢自寧이리오. 安則致養ᄒᆞ야 唯恐其餒ᄒᆞ고 病則致憂ᄒᆞ야 衣不解帶ᄒᆞ라. 後人이 則傚ᄒᆞ야 亦如汝爲ᄒᆞ

리니 *身敎而從*이니 *愼之戒之*어다.

● 이 조목은 원출전을 『여교』라고 밝혔으나 어떤 문헌을 가리키는지 분명하지 않다. 『내훈』에서 원출전을 『여교』라고 밝힌 조목들은 반소의 『여계』와 문장이 일치하는 것이 많은데, 이 조목은 『여계』에 없는 문장이다.

『내훈』 「효친장」에는 남녀를 불문한 효도의 일반적 원리에 대한 서술의 비중이 오히려 높고 정작 성별지식이라 볼 수 있는 조목은 많지 않다. 그런데 이 조목은 특별히 며느리를 향한 발언이란 점에서 주목할 필요가 있다. 며느리를 들이는 이유가 효도를 받기 위함이라고 전제하고, 시부모가 혹시 나무라더라도 그것은 나를 사랑해서이니 기꺼운 마음으로 받아들이라고 했다. 자기가 현명하다고 믿지 말고 모쪼록 몸을 굽혀 시부모의 뜻을 좇는 것이 며느리 된 자의 효라고 했다.

며느리에게 절대적인 순종을 요구하는 이러한 관점은 조선후기 규훈서에서도 그대로 지속된다. 예를 들어, 18세기 조선의 『한씨부훈』에서도 고부지간의 갈등을 모두 며느리의 탓으로 돌리며 무조건적인 순종을 가르친다. 시부모가 책망을 하는 것은 며느리를 자식처럼 사랑하기 때문인데, 며느리가 그 마음을 모르고 원망을 쌓아서 자신뿐 아니라 남편으로 하여금 부모를 거스르게 하고 온 집안을 반목하게 만든다면서, 이 모두가 며느리의 죄이니 시집에서 쫓겨나도 속죄할 수 없다고 했다.22)

---

22) 『한씨부훈』 「사부모구고장」(事父母舅姑章), "且觀世人姑婦之間, 多失其慈孝之心, 此皆爲婦者不識舅姑慈愛之心故也. … 爲婦者旣視其舅姑, 不比於生我之父母, 故以此反度舅姑之心, 疑其敎訓責罰, 不出於慈愛而出於督過, 懷念蓄懟, 愈肆悖逆, 遂使其夫有惑而失其孝, 舅

7 「내칙」의 가르침

7-1 부모와 시부모를 모시는 소소한 예절

「내칙」에 말했다.

부모와 시부모가 계신 곳에서 명이 있으면 빨리 '예' 하고 공손히 대답하고, 나아가고 물러나며 곁에서 오감에 삼가고 엄숙히 하며, 오르고 내리고 나가고 들어옴에 읍하여야 한다. 감히 구역질하고 트림하고 재채기하고 기침하고 하품하고 기지개켜고 한 발로 삐딱하게 기대어 서고 곁눈질하여 보는 행동을 하지 말 것이다. 감히 침을 뱉거나 코를 풀지 말고,[23] 추워도 감히 옷을 껴입지 말고, 가려워도 감히 긁지 말고, 특별한 경우가 아니면[24] 윗옷을 벗어 어깨를 드러내지 말고, 물을 건너는 경우가 아니라면 옷을 걷어올리지 말고, 더러운 옷과 이불은 속을 보이지 말아야 한다. 부모의 침과 콧물을 보이지 않게 하고, 관과 띠에 때가 끼면 잿물에 씻기를 청하고, 옷이 더러워지면 빨기를 청하며, 옷이 터지고 찢어지면 바늘에 실을 꿰어 깁고 꿰매기를 청한다. 젊은이가 어른을 섬기고 천한 사람이 귀한 사람을 섬김에 모두 이 예를 따라야 한다.

內則에 曰호디

在父母舅姑之所ᄒ야 有命之어시든 應唯敬對ᄒ며 進退周旋에 愼齊ᄒ며 升降出入에 揖遊ᄒ며 不敢噦噫嚔咳欠伸跛倚睇視ᄒ며 不敢唾洟ᄒ며 寒不敢襲

姑有激而揖其慈, 一室勃磎, 傷倫賊恩, 此皆婦之罪也. 雖其斥黜, 可勝贖哉."

[23] 어른 앞에서 트림하고 코풀고 하품하는 등의 행동을 하지 말라는 것은 그 소리나 모양이 공손하지 못하기 때문이다.

[24] 한문에 "不有敬事ㅣ어든"이라고 한 것을 언해문에 "고마온 이리 잇디 아니커든"이라고 옮겼다. 어떤 경우를 가리키는지 의미가 분명하지 않은디, '경사'를 '활쏘기를 익히는 것'으로 풀이하기도 한다. 『소학집주』「명륜」, "敬事, 謂習射之類."

ᄒᆞ며 癢不敢搔ᄒᆞ며 不有敬事ㅣ어든 不敢袒裼ᄒᆞ며 不涉이어든 不撅ᄒᆞ며 褻衣衾을 不見裏ᄒᆞ며 父母唾洟를 不見ᄒᆞ며 冠帶垢ㅣ어든 和灰ᄒᆞ야 請漱ᄒᆞ며 衣裳이 垢ㅣ어든 和灰ᄒᆞ야 請澣ᄒᆞ며 衣裳이 綻裂이어든 紉箴ᄒᆞ야 請補綴호리니 少事長ᄒᆞ며 賤事貴호ᄆᆞᆯ 共帥時니라.

●이 조목은 본래『예기』「내칙」의 일부분이고,『소학』「명륜」조목 제4와 일치한다.

이 조목은 아들과 며느리가 평상시 부모와 시부모를 곁에서 모실 때 유념해야 할 소소한 예의범절에 관한 것이다. 기침하고 하품하는 것과 같은 생리적인 현상조차도 공손하지 못한 행동이므로 부모 앞에서는 참아야 하고, 춥다고 옷을 껴입거나 가렵다고 긁는 것도 함부로 할 수 없다. 그처럼 일거수일투족을 조심해야 하는데, 이것은 기본적으로 젊은이가 어른을 모실 때, 신분이 낮은 사람이 높은 사람을 섬길 때도 마찬가지라고 했다.

7-2 부모가 시키면 하기 싫어도 하라

아들과 며느리로서 효도하고 공경하는 자는 부모와 시부모의 명을 거역하거나 태만히 하지 않는다. 만약 음식을 마시고 먹게 하시면 비록 좋아하지 않는 것이라도 반드시 맛을 보고 명을 기다려야 하며, 옷을 입게 하시면 비록 입고 싶지 않더라도 반드시 입고 명을 기다려야 한다.[25] 일을 내게 맡기셨다가 다른 사람으로 하여금 대신하게 하시면, 비록 그렇게 하고 싶지 않더라도 우선 그에게 주어서 하게 한 이후에

---

25) 여기서 명을 기다린다는 것은 음식이나 옷에 대해 부모의 다른 말씀이 있기를 기다린다는 뜻이다.

되돌려야 할 것이다.

    子婦ㅣ 孝者敬者는 父母舅姑之命을 勿逆勿怠니 若飮食之어시든 雖不耆나 必嘗而待ㅎ며 加之衣服이어시든 雖不欲이나 必服而待ㅎ며 加之事ㅣ오 人代之己어시든 雖不欲이나26) 姑與之ㅎ고 而姑使之而後이사 復之호리라.

  ● 이 조목은 본래 『예기』「내칙」의 일부분이고, 『소학』「명륜」조목 제11과 일치한다.
  음식이나 의복이 마음에 들지 않는다고 해서 자식이 거절하면 부모는 서운할 수 있고, 그것은 부모의 정성을 외면하는 행동이 된다. 내가 하던 일을 부모가 다른 사람에게 시키면 싫어도 우선은 그렇게 하라고 한 것 역시 부모의 생각을 존중하라는 의미이다. 이것은 부모가 무엇을 시키면 자신의 의사나 감정과 상관없이 무조건 복종해야 한다기보다는, 우선 부모의 감정과 입장을 충분히 고려하여 순하게 응대하면서 온건한 태도로 자기 생각을 개진하라는 뜻이다.

8 부모가 병이 났을 때

「곡례」에 말했다.
부모가 병환이 있으면, 자식으로서 관을 쓴 자는 머리를 빗지 않고, 활개치고 다니지 않으며, 다른 일에 대해 말하지 않으며,27) 거문고와

---

26) 한문에 "人代之己어시든 雖不欲이나"는 "人代之어시든 己雖不欲이나"로 바로잡는 것이 옳다.
27) 한문에 "言不惰"라고 되어 있는데, "말을 게을리하지 않는다"고 직역하면 의미가 잘 통하지 않는다. 『소학집주』에서는 "不惰, 不及他事也"라고 풀이하였다. 여기서 다른 일에

비파를 타지 않으며, 고기를 먹더라도 입맛이 변할 정도로 많이 먹지 않고, 술을 마시더라도 얼굴빛이 변할 만큼 마시지 않으며, 웃더라도 잇몸이 보이게 웃지 않고, 화가 나더라도 심하게 꾸짖지 않는다. 병이 나으시면, 자식도 예전으로 돌아간다.

曲禮예 曰호딕

父母ㅣ 有疾이어시든 冠者ㅣ 不櫛ᄒ며 行不翔ᄒ며 言不惰ᄒ며 琴瑟을 不御ᄒ며 食肉을 不至變味ᄒ며 飮酒를 不至變貌ᄒ며 笑不至矧ᄒ며 怒不至詈니 疾止커시든 復故ㅣ니라.

● 이 조목은 본래 『예기』 「곡례 상」의 일부분이고, 『소학』 「명륜」 조목 제24와 일치한다.

『내훈』 「효친장」 첫 번째 조목에서, 문왕은 부친의 몸이 편치 않으면 얼굴에 수심이 가득하여 똑바로 걷지도 못했다고 했다. 이 조목은 자식이 문왕처럼 부모의 병환을 진심으로 걱정한다면 자신의 외모에 신경을 쓰거나 다른 용무로 바쁘거나 배불리 먹고 마시며 풍류를 즐길 여유가 없음을 말하고 있다. 부모를 염려하여 심지어 남을 꾸짖을 여유도 없는 것, 그것이 효자의 마음이라는 것이다.

9 부모와 시부모가 병이 났을 때

사마온공이 말했다.

대해 말하지 않는다는 것은 자식이 부모의 병환을 근심하여 다른 일에는 관심이 없을 만큼 정성을 다해야 한다는 뜻으로 이해할 수 있다.

"부모와 시부모가 병환이 있을 때, 아들과 며느리는 다른 이유가 없으면 그 곁을 떠나지 말고 직접 약을 지어 맛을 보고 올린다. 아들과 며느리는 얼굴에 기쁜 기색을 띠지 말고, 시시덕거리지 말고, 잔치를 벌여 놀지 말 것이다. 다른 일은 버려두고 오로지 의원을 청하여 검진하고 처방하여 약을 짓는 데 힘써야 한다. 병이 나으시면, 여전으로 돌아간다."

司馬溫公이 曰호디

父母舅姑ㅣ 有疾이어시든 子婦ㅣ 無故ㅣ어든 不離側ᄒᆞ며 親調嘗藥餌而供之ᄒᆞ고 子婦ㅣ 色不滿容ᄒᆞ며 不戲笑ᄒᆞ며 不宴遊ᄒᆞ며 舍置餘事ᄒᆞ고 專以迎醫檢方合藥으로 爲務니ㅣ 疾已커든 復初ㅣ니라.

● 이 조목의 원출전은 사마광의 『서의』「거가잡의」(居家雜儀)이다. 『소학집성』「명륜」 조목 제24의 본주와 일치하는데, 『소학집주』에서는 빠진 문장이다. 이 문장은 하사신이 편찬한 『소학도서』(小學圖書)의 「명륜」에 「자부상약도」(子婦嘗藥圖)에서도 확인된다.[28]

앞 조목에 이어, 부모나 시부모가 병이 났을 때 자식 된 자들의 바른 태도가 무엇인가를 서술하였다. 웃고 떠들면 안 된다는 것은 부모가 앓아누워 있는 동안 그만큼 자식이 행실을 삼가고 부모의 병을 치료하는 데 온 마음과 힘을 쏟아야 한다는 뜻이다.

10 부모가 노하였을 때

백유[29]에게 잘못이 있어 어머니가 매를 때렸는데, 백유가 울자 어머

---

28) 규장각한국학연구원 소장, 『소학집성』 책1, 『소학도서』 참조.

니가 말했다. "예전에 매를 때릴 때 네가 운 적이 없었는데, 지금 우는 것은 어째서냐?" 백유가 대답했다. "제가 잘못을 하여 매를 맞으면 항상 아팠는데, 지금은 어머니의 힘이 저를 아프게 하지 못합니다. 이런 까닭에 우는 것입니다."

유향30)은 말한다. "부모가 노여워하실 때, 자식이 마음에 담아두지 않고 얼굴빛에 드러내지 아니하며31) 깊이 그 죄를 받아들여 부모로 하여금 가엾게 여기는 마음이 들게 함이 상등이다. 부모가 노여워하실 때, 자식이 마음에 담아두지 않고 얼굴빛에 드러내지 않음이 그 다음이다. 부모가 노여워하실 때, 자식이 마음에 담아두고 얼굴빛에 드러냄이 하등이다."

伯兪ㅣ 有過ㅣ어늘 其母ㅣ 笞之혼대 泣ᄒᆞ더니 其母ㅣ 曰호ᄃᆡ 他日에 笞ᄒᆞ야든 子ㅣ 未嘗泣ᄒᆞ더니 今泣은 何也오. 對曰호ᄃᆡ 兪ㅣ 得罪어든 笞常痛ᄒᆞ더니 今에 母之力이 不能使痛일ᄊᆡ 是以로 泣ᄒᆞ노이다.

故로 曰호ᄃᆡ 父母ㅣ 怒之어시든 不作於意ᄒᆞ며 不見於色ᄒᆞ야 深受其罪ᄒᆞ야 使可哀憐이 上也ㅣ라. 父母ㅣ 怒之어시든 不作於意ᄒᆞ며 不見於色이 其次也ㅣ라. 父母ㅣ 怒之어시든 作於意ᄒᆞ며 見於色이 下也ㅣ라.

---

29) 백유(伯兪)는 전한 때 사람으로 효성이 지극하기로 유명하다. 성은 한(韓)이고 이름은 유(兪)이다. 백(伯)은 장남을 뜻한다. 흔히 한백유라고 한다.
30) 유향(劉向, 기원전 77~6)은 한나라 선제·원제·성제의 통치기 때 아들 유흠과 함께 전한을 대표하는 경학가였다. 한 고조 유방의 동생 유교의 5세손이다. 황실 도서관 소장의 서적들을 정리·분류·해제하는 작업을 통해 『열녀전』, 『열선전』(列仙傳), 『신서』(新序), 『설원』(說苑), 『세설』(世說) 등을 편찬하였다.
31) 마음에 담아두고 얼굴빛에 드러낸다는 것은 자신을 책망하는 부모에게 반발하는 마음을 품고 그 마음을 얼굴에 나타낸다는 의미이다.

● 이 조목의 원출전은 유향의 『설원』에 수록된 「백유유과」(伯兪有過)이다. 『소학』 「계고」 조목 제16과 일치한다.

부모로부터 야단을 듣거나 매를 맞을 때 자식이 우는 것은 흔한 일이다. 매 맞은 자리가 아파서 울 수도 있고, 진정으로 잘못을 뉘우치는 마음에 눈물이 날 수도 있다. 그러나 대개는 자신의 마음을 알아주지 않는 부모를 원망하거나, 부모의 훈계에 진심으로 승복하지 못하기 때문에 억울해하며 운다. 그것이 평범한 자녀가 부모로부터 나무람을 들을 때의 반응이다. 유향의 분류에 따르면 대부분의 사람은 자식으로서 하등이다.

그렇다면 부모가 자녀를 훈계하는 태도에도 상등과 중등과 하등이 있을까? 「모의장」 조목 제2-2에 이와 관련한 부모의 행동지침이 실려 있지만, 기본적으로 윗사람에 대한 아랫사람의 도리를 강조하는 유교의 윤리체계에서는 부모가 자식을 대하는 바른 태도에 대한 심각한 고민을 찾기는 어렵다. 자식을 엄하게 가르치는 것이 이상적인 어머니상으로 흔히 제시되긴 하지만, 풍성한 효 담론에 비하면 바른 육아법에 대한 문제의식은 매우 얕았다고 볼 수 있다.

현대의 많은 육아서는, 부모가 자녀의 허물을 덮어주지 말고 바로잡아야 한다는 것이 대원칙이긴 하지만, 야단맞고 우는 아이들의 복잡한 감정을 헤아리고 우선적으로 공감할 줄 알아야 한다고 충고한다. 오늘날 사람들이 더 이상 효를 말하지 않는 반면, 어떤 것이 자녀에 대한 부모의 바른 태도인가를 고민하는 육아서가 넘쳐나는 것은 매우 대조적인 현상이다.

11 「내칙」의 가르침

11-1 부모가 아끼던 사람은 부모 사후에도 공경하라

「내칙」에 말했다.

부모가 계집종의 자식이나 서자와 서손을[32] 매우 사랑하신다면, 비록 부모가 돌아가셔도 자식은 죽을 때까지 그들을 공경하기를 줄이지 말아야 한다. 아들에게 두 첩이 있는데 부모가 한 사람을 사랑하고 아들은 다른 한 사람을 사랑한다면, 의복과 음식과 일을 처리하는 것에서부터 감히 부모가 사랑하는 사람과 견주려 하지 말고, 비록 부모가 돌아가셔도 이를 그만두지 말아야 한다.

內則에 曰호딕

父母ㅣ 有婢子若庶子庶孫을 甚愛之어시든 雖父母ㅣ 沒ᄒᆞ샤도 沒身敬之ᄒᆞ야 不衰호리라. 子ㅣ 有二妾을 父母ᄂᆞᆫ 愛一人焉ᄒᆞ시고 子ᄂᆞᆫ 愛一人焉이어든 由衣服飮食과 由執事를 毋敢視父母所愛ᄒᆞ야 雖父母ㅣ 沒ᄒᆞ샤도 不衰호리라.

● 이 조목은 본래 『예기』「내칙」의 일부분이고, 『소학』「명륜」 조목 제16과 일치한다.

부모가 사랑한 것을 자식도 사랑하라고 했던 증자의 말을 앞서 인용한 바 있다. 부모가 사랑하는 것이라면 개나 말이라도 아껴주어야 하는데, 그 대상이 사람이라면 당연히 더욱 아껴주어야 한다고 했다. 이 조목에서는 설령 부모가 돌아가신 후에도 그런 태도를 바꾸어서는 안 되고, 지위나 신분을 막론하고 공경하고 잘 대해야 하며, 심지

---

32) 한문에 '비자'(婢子)는 천한 자의 소생이란 뜻이다. '서자'(庶子)와 '서손'(庶孫)은 적장자나 적장손이 아닌 자를 가리킨다. 여기서는 첩의 소생이란 뜻이 아니다.

어 첩에 대한 대우에 있어서도 나의 사랑보다 부모의 사랑이 우선이라고 했다.

11-2 부모가 사랑하는 아내가 우선

아들이 그 아내를 매우 마땅하게 여기더라도 부모가 기뻐하지 않으신다면 그를 내보내야 한다. 아들이 그 아내를 마땅하게 여기지 않더라도 부모가 말씀하기를 "이 아이가 나를 잘 섬긴다" 하시면, 아들은 그와 부부의 예를 행하여 죽을 때까지 쇠하지 말아야 한다.

子ㅣ 甚宜其妻라도 父母ㅣ 不說이어시든 出ᄒᆞ고 子ㅣ 不宜其妻라도 父母ㅣ 曰ᄒᆞ샤ᄃᆡ 是ᄉᆞ 善事我ㅣ 라커시든 子ㅣ 行夫婦之禮焉ᄒᆞ야 沒身不衰호리라.

● 이 조목은 본래 『예기』 「내칙」의 일부분이고, 『소학』 「명륜」 조목 제17과 일치한다.

앞 조목 11-1에 이어서, 혼인 관계를 유지하는 데도 부모의 의사가 당사자인 아들의 의사보다 더 중요한 기준임을 강조하고 있다. 중세에는 혼인을 주관하는 자가 신랑이나 신부가 아닌 그들의 부모였다. 그런 만큼 혼인 관계를 유지하거나 단절하는 문제에서도 부모의 뜻이 가장 중요했다고 볼 수 있다.

『내훈』의 편찬자인 소혜왕후는 실제로 이런 관념이 투철했던 것 같다. 1477년 성종은 인수대비를 비롯한 세 대비의 뜻에 따라 중전을 폐위하고 5년 후에는 폐비 윤씨의 사사를 명했다. 한때 사랑했던 여인이고 제 아들의 어머니이기도 한 중전을 폐위시키고 심지어 사사시킨 결정이, 얼마나 성종 개인의 의사를 반영한 것인지는 미지수이다. 그러나 적어도 성종의 어머니 인수대비의 뜻이 관철된 것임은 분명하다. 사랑하는 아내도 부모가 주장하면 내쳐야 한다는 명제가, 부모의 뜻을 받드는 것이 자식 된 도리요 지극한 효라는 언명을 강조하기 위한 과장법만은 아닌 것이다.

11-3 큰며느리와 작은며느리의 도리

시아버지가 돌아가시고 시어머니가 연로하시면,33) 맏며느리는 제사와 빈객을 접대하는 매사를 반드시 시어머니에게 여쭙고, 작은며느리는 맏며느리에게 여쭈어야 한다. 시부모가 맏며느리에게 일을 시키면, 맏며느리는 일을 게을리하지 말고 잠시라도 작은며느리에게 무례하게 굴지 말아야 한다. 시부모가 만약 작은며느리에게 일을 시키면, 작은 며느리는 잠시라도 맏며느리에게 대등하게 맞서지 말 것이니, 맏며느리와 잠시라도 나란히 걷지 말고 나란히 명령을 받거나 내리지 말며 나란히 앉지 말아야 한다. 모든 며느리들은 자기 방으로 가라는 명을 받지 않으면 잠시라도 물러가지 말 것이다. 며느리들은 어떤 일이 있을 때 크든 작든 반드시 시부모에게 아뢴 후에 행하여야 한다.

舅ㅣ 沒則姑ㅣ 老ᄒᆞᄂᆞ니 冢婦ㅣ 所祭祀賓客每事ᄅᆞᆯ 必請於姑ᄒᆞ고 介婦ᄂᆞᆫ 請於冢婦ㅣ니라. 舅姑ㅣ 使家婦ㅣ어시든 毋怠ᄒᆞ며 不友34)無禮於介婦ㅣ니라. 舅姑ㅣ 若使介婦ㅣ어시든 毋敢敵耦於冢婦ᄒᆞ야 不敢並行ᄒᆞ며 不敢並命ᄒᆞ며 不敢並坐ㅣ니라. 凡婦ㅣ 不命適私室이어시든 不敢退니라. 婦ㅣ 將有事ㅣ어든 大小ᄅᆞᆯ 必請於舅姑ㅣ니라.

---

33) 시어머니가 연로하다는 것은 시어머니가 집안일을 맏며느리에게 물려준다는 뜻이다. 『소학집주』「명륜」, "老, 謂傳家事於長婦也."
34) 『소학집주』에서 '不友'는 '不敢'으로 고쳐야 한다고 했다.

● 이 조목은 『소학』 「명륜」 조목 제19와 일치한다. 『소학』의 이 조목은 『예기』 「내칙」에서 발췌한 것인데 서술 순서는 약간 차이가 있다.[35]

이 조목에서 특히 주목할 것은 '총부'(冢婦) 즉 맏며느리의 역할과 지위에 관한 언급이다. 시어머니의 지위는 당연히 모든 며느리들에 대하여 절대적인 우위에 있지만, 맏며느리도 작은며느리들[介婦]에 대해서는 독점적인 지휘권을 갖는다는 점을 『예기』에서 명시하고 있다.

본래 '장자(長子)의 처'를 뜻하는 총부는 때로 '적부'(嫡婦)라고 칭하기도 하는데, 그 집안이 대종(大宗)이건 소종(小宗)이건 상관없이 한 집안의 맏며느리를 가리킨다. 한편 '종부'(宗婦)는 대종인 집안의 맏며느리에 한정해서 쓰는 말이다. 『예기』와 『의례』에 따르면, 큰아들과 작은아들의 상복에 차등을 두는 것과 마찬가지로 맏며느리의 상복도 작은며느리에 비하여 한 등급 높게 되어 있다.

그런데 맏며느리의 지위와 권한은 중국과 조선에서 적지 않은 차이가 있었다. 중국에서는 맏며느리의 지위가 장남인 남편에게 종속되어서, 남편이 먼저 죽고 아들이 없는 경우라면 더 이상 맏며느리로서의 지위를 유지할 수 없다. 즉 제사권이 다른 아들에게 넘어가면 총부는 더 이상 총부가 아닌 것이다. 그러나 조선에서는 남편이 먼저 죽고 아들이 없는 경우에도 맏며느리가 살아 있는 동안에는 제사를 주관할 수 있는 '총부주사'(冢婦主祀) 또는 '총부주제'(冢婦主祭)의 관습이 오랫동안 유지되었다. 장자가 죽어서 제사를 더 이상 주관할 수

---

35) "맏며느리는 제사와 빈객을 접대하는 매사를 반드시 시어머니에게 여쭙고, 작은며느리는 맏며느리에게 여쭈어야 한다"는 문장과 "시부모가 맏며느리에게 일을 시키면 게을리하지 말고, 잠시라도 작은며느리에게 무례하게 굴지 말아야 한다"는 문장의 순서가 바뀌어 있다.

없을 때 그 장자의 처를 총부로 인정할 것인가 인정하지 않을 것인가를 두고 유학자들 사이에 이견이 있었고, 그 문제로 제사상속분쟁이 실제로 발생하기도 하였지만, 조선중기까지는 총부의 권한을 인정하는 것이 일반적이었다.

제사권은 재산권과 불가분의 관계에 있는 만큼, 총부의 제사권을 인정하는가의 여부는 총부의 입장에서는 현실적으로도 매우 중요한 문제였다. 조선후기에 남편은 죽고 아들도 없는 총부가 후사를 세우는 입후권(立後權)을 행사하게 되는 현상도 '총부주제'의 연장선에서 이해할 수 있다.36)

11-4 부모 사후에도 부모를 생각하고 행동하라

부모가 비록 돌아가셨더라도 장차 선한 일을 행할 적에는 부모에게 아름다운 명예를 끼침을 생각하여 반드시 결행하며, 장차 선하지 않은 일을 하려고 할 때는 부모에게 수치와 욕을 끼침을 생각하여 절대 하지 말아야 한다.

父母ㅣ 雖沒ㅎ시나 將爲善홀시 思貽父母令名ㅎ야 必果ㅎ며 將爲不善홀시 思貽父母羞辱ㅎ야 必不果ㅣ니라.

● 이 조목은 『예기』 「내칙」의 일부분이고, 『소학』 「명륜」 조목 제27과 일치한다.

선한 일을 하든 악한 일을 하든, 그로 인해 부모에게 명예나 치욕

---

36) 이순구, 「조선중기 총부권과 입후(立後)의 강화」, 『고문서연구』 9·10, 한국고문서학회, 1996.

을 끼칠 수 있음을 염두에 두고 행동하라고 했다. 부모가 생존해 계실 때는 물론이고 돌아가신 후에도 마찬가지라 했다.

12 부모 사후에 생일은 슬픈 날

이천선생이 말씀하셨다.

"사람이 부모가 계시지 않으면 생일에 마땅히 갑절로 슬퍼할 것이니, 어찌 차마 술자리를 마련하고 풍악을 벌여 즐거워할 수 있겠는가. 만일 부모가 모두 생존해 계신37) 자라면 괜찮다."

伊川先生이 曰ᄒᆞ샤듸

人이 無父母ㅣ어든 生日에 當倍悲痛이니 更安忍置酒張樂ᄒᆞ야 以爲樂이리오. 若具慶者ᄂᆞᆫ 可矣니라.

● 이 조목은 『소학』「가언」 조목 제28 및 『명심보감』「효행」 조목 제10과 일치한다. 주자가 편찬한 『이정유서』(二程遺書) 권6에 같은 문장이 있으나, 정확한 원출전은 알 수 없다.

나의 생일은 바로 부모가 나를 세상에 있게 한 날이므로, 생일에는 부모의 은혜와 노고를 생각하는 것이 자식 된 도리이다. 때문에 부모가 돌아가시고 안 계시다면 나의 생일은 오히려 슬픈 날일 수 있다. 돌아가신 부모를 그리워하고 슬퍼하는 마음이 조금이라도 있다면, 술을 마시고 풍악을 울리며 잔치를 할 수는 없다는 것이다.

---

37) 한문에 '구경'(具慶)은 양친이 모두 생존해 계셔서 경사스럽다는 뜻이다.

13 부모와 임금과 스승을 섬기는 차이

『예기』에 말했다.

부모를 섬길 때는 은근히 간할 수 있으나 대놓고 간할 수는 없고,[38] 좌우에서 봉양함에 정해진 방향이 없으며,[39] 부모가 돌아가실 때까지 부지런히 일하고, 3년 동안 거상(居喪)을 지극히 한다.[40] 임금을 섬길 때는 직접적으로 간할 수 있으나 은근히 간할 수는 없고, 좌우에서 봉양함에 정해진 방향이 있으며, 임금이 돌아가실 때까지 부지런히 일하고, 거상은 부모의 삼년상과 방불하게 한다.[41] 스승을 섬길 때는 굳이 범할 것도 숨길 것도 없고, 좌우에서 봉양함에 정해진 방향이 없으며, 스승이 돌아가실 때까지 부지런히 일하고, 3년 동안 마음으로 애도한다.[42]

禮記예 曰호딕

事親호딕 有隱而無犯ᄒ며 左右就養호딕 無方ᄒ며 服勤至死ᄒ며 致喪三年이니라. 事君호딕 有犯而無隱ᄒ며 左右就養호딕 有方ᄒ며 服勤至死ᄒ며 方喪三年이니라. 事師호딕 無犯無隱ᄒ며 左右就養호딕 無方ᄒ며 服勤至死ᄒ며 心喪三年이니라.

---

38) 【은(隱)은 그윽이 간한다는 뜻이고, 범(犯)은 심하게 간한다는 뜻이다.】
39) 부모나 스승의 봉양에 일정한 방향이 없다는 것은 관련된 모든 일을 자식이나 제자가 처리함을 말한다. 임금을 섬김에 정해진 방향이 있다는 것은 신하가 임금을 섬김에 각기 맡은 직분이 있음을 뜻한다.
40) 한문에 '치상'(致喪)이라 했는데, 거상을 극진히 하는 것, 즉 모든 슬픔을 다하여 상을 치른다는 뜻이다.
41) 한문에 '방상'(方喪)이라 했는데, '치상에 방불하다'는 뜻이다. 부친의 상과 같은 예로써 임금의 상을 치르는 것을 말한다.
42) 한문에 '심상'(心喪)이라 했는데, 상복을 입지는 않지만 마음으로 깊이 애도함을 뜻한다.

● 이 조목은 본래 『예기』 「단궁 상」에 있는 문장이고, 『소학』 「명륜」 조목 제102와 일치한다. 단궁(檀弓)은 본래 사람 이름인데, 『예기』의 이 편 첫머리에 등장하는 인명을 편명으로 삼은 것이다. 「단궁」에는 상·장례에 관한 기사가 많이 수록되어 있다.

이 조목은 부모를 섬기는 태도가 임금과 스승을 섬기는 것과는 근본적으로 다름을 세 가지 측면에서 비교하였다. 첫째는 부모나 임금이나 스승에게 잘못이 있을 때 어떻게 할 것인가, 둘째는 봉양하는 범위에 한정이 있는가, 셋째는 올바른 거상의 예법은 무엇인가 하는 점이다.

부모에게 허물이 있을 때 자식의 바른 태도를 가리켜 "은함은 있어도 범함은 없다"고 표현했다. 은(隱)이 간접적으로 은근하게 간하는 것이라면, 범(犯)은 정면으로 거스르는 것, 즉 직접적으로 잘못을 간하는 것을 말한다. 『소학집주』에 따르면, 부모와 자식 사이에는 인(仁)이 중요하고, 임금과 신하 사이에는 의(義)가 중요하고, 스승과 제자 사이에는 도(道)가 중요하다. 그에 따라 부모와 임금과 스승에게 잘못이 있을 때 간하는 자세도 달라야 한다. 부모에게는 은미하게 간해야 은혜를 상하지 않지만, 임금에게는 그것이 도리어 아첨이 될 수 있으니 직접적으로 간해야 하고, 스승과의 사이에는 도가 있으니 굳이 범할 것도 숨길 것도 없다는 것이다.

이와 관련하여 『예기』 「내칙」에는 다음과 같은 기록이 있다. "부모에게 과실이 있을 때, 자식은 기운을 낮추고 편안한 안색과 부드러운 목소리로 간한다. 간하여도 들어주지 않으면 더욱 정중하게 부모를 받들어 부모의 기분이 좋아지면 다시 간한다. 가령 부모의 기분을 상하게 할지라도, 부모가 향당에서 죄를 입게 두는 것보다는 되풀이해서 간하는 편이 낫다. 부모가 노하여 회초리로 때려서 피가 흘러도 감히 미워하거나 원망하지 말고 더욱 공손히 받들어야 한다."43)

14『서의』의 가르침

14-1 부모 상중에 조심하는 태도

사마온공이 말씀하셨다.

"부모의 상에는 중문 밖에 소박하고 누추한 집을 가려서 남자의 상차44)를 만들고, 참최복45)을 입고 거적에서 자고 흙덩이를 베며, 머리띠와 허리띠를46) 벗지 않고 남과 함께 앉지 않는다. 부인은 중문 안의 별실에 머물고 휘장과 이불과 요와 화려한 물건을 철거한다. 남자는 특별한 일이 없으면 중문에 들어가지 않으며, 부인은 갑자기 남자의 상차에 이르러서는 안 된다.

진나라 때 사람 진수47)는 아버지 상을 당하여 병이 났는데 계집종에

---

43) 『예기』「내칙」, "父母有過, 下氣怡色, 柔聲以諫. 諫若不入, 起敬起孝, 說則復諫. 不說與其得罪於鄕黨州閭, 寧孰諫. 父母怒, 不說而撻之流血, 不敢疾怨, 起敬起孝."
44) 상차(喪次)란 상주 이하 상제들이 임시로 거처하는 곳이다. 참최복을 입는 사람은 여막에, 자최복을 입는 사람은 악실(堊室)에 머문다. 악실은 벽에 진흙만 바른 방이다.
45) 【참최(斬衰)는 깃을 달지 않은 옷이다.】 아버지나 할아버지가 돌아가셨을 때 아들이 입는 상복으로, 거친 베로 짓는데 아랫단을 꿰매지 않고 접는다. 조선시대에는 오복제(五服制)가 있어서 죽은 사람과의 친소(親疎)에 따라 복의 기간과 상복의 재료를 달리하였다.
46) 【질(絰)은 삼으로 만들어 머리와 허리에 두르는 것이다.】 수질(首絰)은 머리에 두르는 띠이고, 요질(腰絰)은 허리에 두르는 띠이다. 짚에 삼 껍질을 감아서 만든다.
47) 진수(陳壽, 233~297)는 서진(西晉)의 역사가이다. 자는 승조(承祚)이다. 제갈량의 문

게 환약을 짓게 하였다. 객이 갔다가 이를 보고 고을 사람들이 비판하였으니, 그는 이 때문에 죄를 입어 벼슬길이 막혀서 불우하게[48] 일생을 마쳤다. 그러니 혐의를 받을 만한 데서는 삼가지 않으면 안 된다."

司馬溫公이 曰호샤디

父母之喪애 中門外예 擇樸陋之室호야 爲丈夫喪次호고 斬衰호며 寢苫호며 枕塊호며 不脫経帶호며 不與人坐焉이니라. 婦人은 次於中門之內別室호고 撤去帷帳衾褥華麗之物이니라. 男子ㅣ 無故ㅣ어든 不入中門호며 婦人이 不得輒至男子喪次ㅣ니라.

晉人 陳壽ㅣ 遭父喪호야 有疾이어늘 使婢丸藥호더니 客이 往見之호고 鄕黨이 以爲貶議호니 坐是沈滯호야 坎坷終身호니 嫌疑之際옌 不可不愼이니라.

● 이 조목은 『소학』 「가언」 조목 제24와 일치한다. 본래 사마광의 『서의』 권6 「상의(喪儀)·상차(喪次)」 본문과 세주 일부분이다.

『내훈』 「효친장」의 조목 제14 이하는 부모의 상례와 장례를 치를 때 자녀가 어떤 태도를 가져야 하는가에 관한 기술이다. 효친의 차원에서 제례에 대한 언급도 있을 법한데, 유교식 제례와 관련된 조목은 하나도 없다.

부모상을 치를 때 아들 내외는 서로 거처를 다로 하고 특별한 용무 없이 드나들지 말아야 한다고 했다. 모든 예는 남녀의 분별을 중시한다. 그래서 장례 때도 남자는 서향(西向)하그 여자는 동향(東向)하여 묘지의 위치를 정하도록 했다.[49] 상주인 아들이 거적을 깔고

집을 정리하였고, 『삼국지』를 편찬한 것으로 유명하다.
48) 한문에 '감가'(坎坷)는 '불우'(不遇)와 같은 뜻이다. 때를 만나지 못하여 뜻을 이루지 못하고 괴롭게 살아감을 의미한다.

흙덩이를 베개로 쓰는 것은 스스로를 죄인이라 여기기 때문이다. 진나라 때 진수는 부친상 중에 병이 나서 약을 지어 먹었다가 구설에 올라 평생 벼슬길이 막혔다. 그것은 일차적으로 부모를 떠나보낸 죄인이 감히 자기 일신의 건강을 챙겼기 때문이고, 근신해야 할 처지에 있으면서 삼가지 않았기 때문이다.

14-2 부모 상중에 고기를 먹고 음악을 듣는 폐단

"옛날에 부모의 상에는 빈소를 마련한 뒤에 죽을 먹었으며, 자최50)의 상에는 거친 밥과 물을 마시되 채소와 과일은 먹지 않았다. 부모의 상에는 우제51)와 졸곡제52)를 지낸 뒤에야 거친 밥을 먹고 물을 마시되 채소와 과일은 먹지 않았으며, 1주기에 소상을 지내고 채소와 과일을 먹었으며, 다시 1년이 되어 대상을 지내고 식초와 장을 먹었다. 한 달을 건너 담제53)를 지내고 담제를 지내고서 예주(醴酒)를 마시니, 처음 술을 마시는 자는 먼저 예주를 마시고 처음 고기를 먹는 자는 먼저 건육(乾肉)을 먹었다.54) 옛사람은 거상 중에 감히 공공연하게 고기를 먹거나 술을

---

49) 『예기』 「단궁 하」, "國昭子之母死, 問於子張曰: 葬及墓, 男子婦人安位? 子張曰: 司徒敬子之喪, 夫子相, 男子西鄕, 婦人東鄕." 여기서 '鄕'은 '向'의 뜻이다.
50) 【자최(齊衰)는 가장 거친 베로 만들되 깃을 단 옷이다.】 자최는 재최라고도 읽는다. 본래 자최는 모친상에 입는 상복을 말하는데, 여기서는 부모상을 제외한 다른 상복을 입는 경우를 가리킨다.
51) 우제(虞祭)는 장사지낸 직후에 지내는 초우·재우·삼우의 총칭이다. 초우는 장례를 마친 날 한낮에 지낸다. 재우와 삼우는 각기 정해진 간지(干支)에 따라 날을 정한다.
52) 졸곡제(卒哭祭)는 삼우가 지난 뒤 3개월 안에 지내는 제사이다. 졸곡이란 그동안 수시로 했던 곡을 그친다는 뜻이다. 졸곡 이후에는 아침저녁으로 상식할 때만 곡을 한다.
53) 담제(禫祭)는 대상 후 그 다음다음 달에 지내는 제사이다.

마신 자가 없었다.

한나라 창읍왕55)이 소제56)의 초상에 달려갈 적에 가는 도중 소식57)을 하지 않자, 곽광이 그 죄를 나열하여 폐하였다.58)

진나라 완적59)이 재주를 믿고 방탕하여 상중에 있으면서 예가 없었다. 하증이 문제60)가 앉은 자리에서 완적을 대면하여 질정하기를 "경은 풍속을 무너뜨리는 사람이니 길게 가지 못할 것이오" 하였다. 그러고는 문제에게 말하기를 "공61)께서는 지금 효로써 천하를 다스리고 계신데,

---

54) 예(醴)는 술을 한 번 재워 익힌 것으로서, 예주(醴酒)는 맛이 싱겁고 건육(乾肉)은 맛이 떫다. 술을 마시더라도 예주를 마시고 고기를 먹더라도 건육을 먹는다는 것은, 비록 대상이 지났더라도 슬픈 마음이 남아 있기 때문에 갑자기 맛있는 고기나 술은 차마 먹지 못한다는 뜻이다.
55) 창읍왕(昌邑王)은 전한의 제9대 황제인데 폐위되었다. 무제의 아들이고, 이름은 유하(劉賀)이다. 소제가 스무 살에 죽자 형인 창읍왕이 제위에 올랐으나 재위 27일 만에 폐위되었다.
56) 소제(昭帝)는 전한의 제8대 황제이다. 이름은 유불릉(劉弗陵)이다. 무제의 여섯째아들로서 8세에 즉위하였다.
57) 소식(素食)은 고기나 생선을 갖추지 않은 음식, 즉 채식 위주의 소박한 음식이다.
58) 곽광(霍光)은 일찍이 대사마대장군으로서 소제를 보좌하였다. 소제가 죽자 창읍왕을 제위에 올렸으나, 음란하고 법도에 어둡다는 이유로 창읍왕을 폐위시키는 데도 앞장섰다.
59) 완적(阮籍, 210~263)은 삼국시대 위나라 말기의 문인이다. 당시 사마씨의 권세를 보고 염세에 빠져 시와 술로 일생을 보냈다고 한다. 노장의 무위사상을 숭상하여 세상을 등지고 살았던 죽림칠현 중 하나이다.
60) 문제(文帝)는 삼국시대 위나라의 대신 사마소(司馬昭, 211~265)이다. 자는 자상(子上)이다. 형 사마사(司馬師)의 뒤를 이어 대장군이 되어 조정의 권한을 쥐었고, 폐제를 살해하고 조환을 제위에 올렸으며, 263년 촉한을 멸하고 조공(晉公)이라고 자칭하다가 다시 진왕(晉王)이라 칭했다. 그의 아들 사마염(司馬炎)이 무제로 즉위하여 문제라는 존호를 올렸다.
61) 하증(何曾)이 문제에게 공이라고 칭한 것은 이 당시 사마소가 진공이었기 때문이다.

완적이 부모의 상중인데도 공석에서 술을 마시고 고기 먹는 것을 허용하십니다. 마땅히 나라의 변방에62) 물리쳐 중화의 빛나는 땅을63) 오염시키지 말게 하소서" 하였다.64)

송나라 여릉왕 의진이 무제의 상중에 있으면서65) 좌우 사람들로 하여금 생선과 고기와 진귀한 음식을 사오게 하여 재실 안에 따로 주방66)을 만들었다. 마침 장사67) 유담68)이 들어오자 술을 데우고69) 바다조개를 굽도록 명령하였다. 유담이 정색하고 말했다. "공이 지금 이런 것을 베푸심은 마땅치 않습니다." 의진이 말하기를 "아침 날씨가 몹시 차고

---

62) 【사예(四裔)는 사방의 변두리이니, 나라 안에서 먼 땅을 이른다.】
63) 【화하(華夏)는 중화의 빛나는 땅이다.】
64) 완적은 모친의 상중에 있으면서 사마소의 잔치에 참석해 술을 마시고 고기를 먹었다. 하증이 그런 완적을 비난하고 진공에게 그를 내치도록 간하였지만, 사마소는 허약해서 그런 것이니 이해하라며 오히려 완적을 두둔했다고 한다. 『진서』(晉書) 권49 「완적열전」에 따르면, 완적은 바둑을 두다가 모친의 부고를 들었다. 그런데도 승부가 날 때까지 계속 바둑을 두더니 술을 들이켜고는 갑자기 곡을 하고 피를 토했다. 완적은 그렇게 아슬아슬하게 예를 벗어난 행동을 통해 은자연하며 정치적 격변의 시대를 살았던 인물로 유명하다.
65) 여릉왕(廬陵王) 의진(義眞)은 남조 송나라 무제의 아들이다. 남북조 시대의 송나라는 강남에서 건국된 남조의 첫 번째 왕조이다. 초대 황제가 무제 유유(劉裕)이다. 후대의 송나라와 구분하기 위해 남조의 송을 흔히 유송(劉宋)이라고 부른다.
66) 【주(廚)는 음식 만드는 곳이다.】
67) 장사(長史)는 장군부(將軍府)에 소속된 관직명이다. 여릉왕 의진이 거기장군(車騎將軍) 남예주자사였을 때 유담이 장사로 있었다. 거기장군은 전차부대와 기병부대를 총지휘하는 장군이다.
68) 유담(劉湛)은 남조 송나라 때 사람이다. 자는 동인(弘仁)이다. 할아버지 유탐(劉耽)과 아버지 유류(劉柳)가 모두 진(晉)의 광록대부를 지냈다. 백부 유담(劉淡)의 양자로 들어갔다.
69) 『소학집주』에 따르면, 한문 '煬'를 '暖'으로 고쳐야 한다.

장사는 한 집안이나 마찬가지니70) 이상하게 여기지 말기 바라노라" 하였다. 술이 이르자 유담이 일어나며 말했다. "이미 스스로를 예에 두지 못하고, 또 예로써 남을 대하지도 못하십니다."

수나라 양제71)는 태자가 되어 문헌황후72)의 상을 치를 때 매일 아침 두 줌의73) 쌀을 올리게 명하고는, 사사로이 밖으로 살진 고기와 포와 식혜를 취하여 대통 속에 넣어 밀랍으로 통의 입구를 막고 옷보자기로 싸서 들여오게 하였다.

호남의 초왕74) 마희성75)이 그의 아버지 무목왕76)을 장사지내는 날에 오히려 닭국을 먹자 그의 관속 반기가 기롱하여 말했다. "옛날에 완적은 상중에 삶은 돼지고기를 먹었으니, 어느 시대인들 현자가 없겠는

---

70) 여릉왕 의진이 유담과 같은 유씨이기 때문에 그렇게 말한 것이다.
71) 수나라의 제2대 황제 양제(煬帝, 569~618)의 이름은 양광(楊廣)이다. 문제의 둘째아들이다. 재위 14년 동안 만리장성과 대운하를 수축하는 등 대규모 토목공사를 일으켰고, 고구려를 세 차례 침입하였으나 크게 패하였다. 계속되는 전쟁에 수해와 기근이 겹치면서 민란이 일어났고, 양제는 친위대에게 살해되었다.
72) 문헌황후(文獻皇后)는 수나라 제2대 황제인 문제의 황후 독고씨로, 양제의 어머니이다.
73) 일(溢)은 한 손으로 한 줌 움켜쥘 만한 분량이다.
74) 여기서 초(楚)는 중국의 오대십국 가운데 하나이다. 오대십국은 당이 멸망한 907년부터 송이 전 중국을 통일하는 979년까지 약 70년 동안 흥망한 나라와 그 시대를 가리키는 말이다. 그중 5대는 화북의 중심지대를 지배한 양(梁)·당(唐)·진(晉)·한(漢)·주(周)이다. 10국은 화남과 주변지역에서 흥망한 나라들로서 오(吳)·남당(南唐)·오월(吳越)·민(閩)·형남(荊南)·남한(南漢)·전촉(前蜀)·후촉(後蜀)·북한(北漢) 그리고 초를 가리킨다. 초나라가 호남 지역을 지배했기 때문에 본문에서 "호남의 초"라고 한 것이다.
75) 마희성(馬希聲)은 오대십국 때 초나라의 형양왕(衡陽王)이다. 재위기간은 930~932년이다.
76) 무목왕(武穆王)은 형양왕의 아버지이다. 이름은 마은(馬殷)이고, 재위기간은 897~930년이다.

가?"77) 그렇다면 오대78)에는 거상 중에 고기 먹는 것을 사람들이 오히려 이상한 일로 여긴 것이니, 이 시속의 폐단은 그 유래가 매우 최근의 일이다.

지금 사대부들은 거상 중에 고기를 먹고 술 마시기를 평일과 다름없이 하고, 서로 모여 버젓이 잔치하며 부끄러운 줄을 모른다. 그런데 다른 사람들 역시 이를 편안하게 여기고 괴이하게 여기지 않는다. 예의 풍속이 무너짐에 익숙해져서 보통으로 여기니, 슬프다!

비속한 시골 사람에 이르러서는 간혹 초상에 염도 하기 전에 친척과 빈객이 술과 안주를 가지고 가서 위로한다. 그러면 주인 또한 스스로 술과 안주를 갖추고 함께 마셔 연일 술에 취하고 배불리 먹으며, 장례에 이르러서도 이와 같이 한다. 심한 자는 초상에 시신을 즐겁게 한다고 음악을 연주하고, 초빈79)하고 매장할 때 음악으로 이거80)를 인도하게 하고는 울부짖고 따라간다. 또한 상중을 틈타서 시집가고 장가가는 자도 있다. 슬프다! 습속을 변화시키기 어려움과 어리석은 자를 깨우치기 어려움이 여기에 이르렀구나.

무릇 부모의 상중에 있는 자는 모두 대상 이전에 술을 마시거나 고기를 먹어서는 안 된다. 만약 병이 있으면 잠깐 동안 고기를 먹고 술을 마시되, 병이 그치면 마땅히 처음으로 돌아가야 한다. 만일 소식(素食)을

---

77) 죽림칠현인 완적이 상중에도 고기를 먹으며 현자인 체하였음을 빗대어, 상중에 닭국을 먹는 마희성을 반어적으로 비웃는 말이다.
78) 【오대(五代)는 양·당·진·한·주이다.】 전대의 왕조와 구분하기 위해 후양(後梁)·후당(後唐)·후진(後晉)·후한(後漢)·후주(後周)로 칭하기도 한다.
79) 초빈(草殯)은 시체를 입관한 후 장사지낼 때까지 안치하는 것이다.
80) 【이거(輀車)는 송장 수레이다.】

목으로 잘 넘기지 못함이 오래되어 여위고 파리하여 병이 날까 염려되는 자는 고기즙과 포와 젓갈 혹은 고기 약간으로 입맛을 돋울지언정 제멋대로 진수성찬을 먹거나 남과 잔치하며 즐겨서는 안 된다. 이는 비록 상복을 입었다 하더라도 그 실제는 상례를 행하지 않는 것이다. 다만 50세 이상으로서 혈기가 이미 쇠하여 반드시 술과 고기에 의지하여 부양해야 하는 사람이라면 반드시 그렇게 하지 않아도 된다. 거상 중에 음악을 듣거나 시집가고 장가드는81) 자는 나라에 올바른 법이 있으니, 여기서 다시 거론하지 않는다."

古者애 父母之喪앤 旣殯ᄒᆞ고 食粥ᄒᆞ며 齊衰엔 疏食水飮ᄒᆞ고 不食菜果ᄒᆞ며 父母之喪앤 旣虞卒哭ᄒᆞ고 疏食水飮ᄒᆞ고 不食菜果ᄒᆞ며 期而小祥ᄒᆞ고 食菜果ᄒᆞ며 又期而大祥ᄒᆞ고 食醯醬ᄒᆞ며 中月而禫ᄒᆞ고 禫而飮醴酒ᄒᆞ더니 始飮酒者ㅣ 先飮醴酒ᄒᆞ고 始食肉者ㅣ 先食乾肉ᄒᆞ더니 古人이 居喪애 無敢公然食肉飮酒者ᄒᆞ더라.

漢昌邑王이 奔昭帝之喪ᄒᆞᆯ씨 居道上ᄒᆞ야 不素食ᄒᆞ거니 霍光이 數其罪而廢之ᄒᆞ니라.

晉阮籍이 負才放誕ᄒᆞ야 居喪無禮커늘 何曾이 面質籍於文帝坐ᄒᆞ야 曰호ᄃᆡ 卿은 敗俗之人이 不可長也ㅣ라 ᄒᆞ고 因言於帝ᄒᆞ야 曰호ᄃᆡ 公이 方以孝로 治天下ᄒᆞ샤ᄃᆡ 而聽阮籍의 以重哀로 飮酒食肉於公座ᄒᆞ시ᄂᆞ니 宜擯四裔ᄒᆞ야 無令汚染華夏ㅣ니이다.

宋廬陵王義眞이 居武帝憂ᄒᆞ야 使左右로 買魚肉珍羞ᄒᆞ야 於齋內예 別立廚帳ㅣ러니 會長史劉湛이 入커늘 因命臑酒ᄒᆞ고 炙車螯ᄒᆞᆫ대 湛이 正色曰호ᄃᆡ

---

81) 【가(嫁)는 여자가 남자를 배필로 삼는 것이고, 취(娶)는 남자가 여자를 배필로 삼는 것이다.】

公이 當今에 不宜有此設ᄒᆞ니이다. 義眞이 曰호ᄃᆡ 旦이 甚寒ᄒᆞ니 長史ᄂᆞᆫ 事同一家ᄒᆞ니 望不爲異ᄒᆞ노라. 酒ㅣ 至커ᄂᆞᆯ 湛이 起曰호ᄃᆡ 旣不能以禮로 自處ᄒᆞ고 又不能以禮로 處人ᄒᆞᆺ다.

隋煬帝爲太子애 居文獻皇后喪ᄒᆞ야셔 每朝애 令進二溢米ᄒᆞ고 而私令外로 取肥肉脯鮓ᄒᆞ야 置竹筒中ᄒᆞ고 以蠟으로 閉口ᄒᆞ고 衣袱으로 裹而納之ᄒᆞ더라.

湖南楚王馬希聲이 葬其父武穆王之日에 猶食雞臛ᄒᆞ더니 其官屬潘起譏之曰호ᄃᆡ 昔에 阮籍이 喪居ᄒᆞ야셔 食蒸豚ᄒᆞ더니 何代無賢이어뇨 ᄒᆞ니 然則五代之時에 居喪食肉者를 人이 猶以爲異事ᄒᆞ니 是流俗之弊其來甚近也ㅣ로다.

今之士大夫ㅣ 居喪ᄒᆞ야셔 食肉飲酒ㅣ 無異平日ᄒᆞ며 又相從宴集ᄒᆞ야 靦然無愧커든 人亦恬不爲怪ᄒᆞ야 禮俗之壞를 習以爲常ᄒᆞᄂᆞ니 悲夫ㅣ라.

乃至鄙野之人이 或初喪애 未斂이라도 親賓이 則齎酒饌ᄒᆞ야 往勞之어든 主人이 亦自備酒饌ᄒᆞ야 相與飲啜ᄒᆞ야 醉飽連日ᄒᆞ며 及葬ᄒᆞ야도 亦如之ᄒᆞᄂᆞ니라. 甚者ᄂᆞᆫ 初喪애 作樂ᄒᆞ야 以娛尸ᄒᆞ며 及殯葬則以樂으로 導輀車ᄒᆞ고 而號泣隨之ᄒᆞ며 亦有乘喪ᄒᆞ야 卽嫁娶者ᄒᆞ니 噫라. 習俗之難變과 愚夫之難曉ㅣ 乃至此乎ㅣ여.

凡居父母之喪者ᄂᆞᆫ 大祥之前에 皆未可飲酒食肉이니 若有疾ᄒᆞ야 暫須食飲이라도 疾止커든 亦當復初ㅣ니라. 必若素食을 不能下咽ᄒᆞ야 久而羸憊ᄒᆞ야 恐成疾者ᄂᆞᆫ 可以肉汁及脯醢와 或肉少許로 助其滋味언뎡 不可恣食珍羞盛饌ᄒᆞ며 及與人燕樂이니 是則雖被衰麻ᄒᆞ나 其實은 不行喪也ㅣ니라. 唯五十以上애 血氣旣衰ᄒᆞ야 必資酒肉ᄒᆞ야 扶養者ᄂᆞᆫ 則不必然爾니라. 其居喪애 聽樂及嫁娶者ᄂᆞᆫ 國有正法ᄒᆞᆯᄉᆡ 此애 不復論ᄒᆞ노라.

● 이 조목은 『소학』「가언」조목 제23과 일치한다. 본래 『서의』 권6 「상의·음식(飮食)」 세주의 일부분이다.

앞 조목과 마찬가지로, 사마광이 부모 상중의 예법에 대해 서술한 것이다. 특히 상례의 각 단계에 따라 자녀가 어떤 음식을 먹을 수 있고 삼가야 하는지에 대해 말하고 있는데, 먼저 이에 관한 옛 법을 말하고, 사마광 당대의 사대부들이 거상 중에도 고기를 먹고 술을 마시면서 부끄러워할 줄도 모르게 되었음을 비판하였다. 또한 전한의 창읍왕, 삼국시대의 완적, 남조 송나라의 여릉왕, 수나라의 양제, 초나라의 형양왕 등이 상중의 예법을 무시하고 몸을 삼가지 않았던 역사적 사례들을 제시하였다.

15 거상을 바르게 한 안정

안정82)은 거상을 잘하였다. 부모가 돌아가셨을 때 처음에는 갈팡질팡하는 모습이83) 마치 부모를 찾으려 하나 찾지 못하는 듯하였다. 빈소를 차리고 나서는 똑바로 앞만 쳐다보는 모습이84) 마치 부모를 뒤쫓아가려는 듯하였다. 또한 장례를 지낸 후에는 애달파하는 모습이85) 부모를 미처 따라가지 못하고 집에 돌아와 기다리는86) 듯하였다.

顔丁이 善居喪ᄒ더니 始死애 皇皇焉如有求而弗得ᄒ며 旣殯ᄒ야ᄂ 望望焉如有從而弗及ᄒ며 旣葬ᄒ야ᄂ 慨然如不及其反而息ᄒ더라.

---

82) 안정(顔丁)은 춘추시대 노나라 때 사람이다.
83) 【황황(皇皇)은 편안하지 못한 모습이다.】
84) 【망망(望望)은 돌아보지 않고 가는 모습이다.】
85) 【개(慨)는 애달아한다는 뜻이다.】
86) 한문에 '息'은 '待'와 같은 뜻이다.

● 이 조목은 본래 『예기』 「단궁 하」의 일부분이고, 『소학』 「계고」 조목 제20과 일치한다.

안정이 거상을 잘하였다는 것은 부모가 돌아가시고 상례와 장례를 치를 때 각 단계마다 안정의 슬픔이 예에 맞게 표현되었음을 말한다. 부모를 여읜 자식의 슬픔은 클 수밖에 없는데, 그 지극한 슬픔을 단계에 따라 절제하는 것이 바로 예이다.[87] 부모의 상을 당하여 자식은 애통함에 가슴을 치고 발버둥치는데, 그 애통함을 절제하기 위하여 예법에 따라 가슴을 치고 뛰는 횟수를 제한하는 것이다.[88]

16 모친상을 입고 죄인을 자처한 하자평

해우현령 하자평은 모친상을 당하여 관직을 버렸고, 슬퍼하다 몸을 상함이 예를 넘어서 매양 울고 발을 구름에 갑자기 기절했다가 깨어나곤 하였다. 마침 대명[89] 말기 동토[90]에는 흉년이 들고 전쟁이[91] 이어져 8년 동안 장례를 치르지 못하였다. 하자평은 밤낮으로 호곡하며 항상 어깨를 드러내고 머리를 묶는[92] 초상 때와 같이 하였으며, 겨울에는

---

87) 『예기』 「단궁 하」, "品節斯, 斯之謂禮."
88) 『예기』 「단궁 하」, "辟踊, 哀之至也, 有算, 爲之節文也."
89) 대명(大明)은 중국 남조 송나라 효무제(孝武帝)의 두 번째 연호이다. 457~464년에 사용되었다.
90) 동토(東土)는 회계(會稽)를 가리킨다. 하자평이 회계 사람이다.
91) 【여(旅)는 많다는 뜻이다.】 한문에 "繼以師旅흘씨"라 한 것을 언해문에 "軍旅ㅣ 니서실 식"라 풀이하고 세주를 달았다.
92) 【단(袒)은 어깨를 드러낸다는 뜻이고 괄(括)은 머리를 풀어헤친다는 뜻이니, 첫 거상의 예이다.】 『내훈』 언해문의 세주에서는 괄이 머리를 푸는 것이라고 했지만, 괄발(括髮)

솜옷을 입지 않고 여름에는 시원한 곳에 가지 않았다. 하루에 쌀 몇 홉으로 죽을 쑤고 소금과 채소도 먹지 않았다. 거처하는 집이 무너져 바람과 햇빛을 가리지 못하자, 형의 아들 백흥이 그를 위하여 보수하려고 하였다. 하자평은 즐거워하지 않고 이렇게 말했다. "나는 마음속에 있는 일을 아직 다하지 못하였으니[93] 천지간의 한 죄인일 뿐이다. 집을 어찌 보수할 수 있겠느냐?" 채흥종이 회계태수였는데, 이를 매우 불쌍하고 가상히 여겨서 무덤을 마련해주었다.

海虞令何子平이 母喪애 去官ᄒ고 哀毁踰禮ᄒ야 每哭踊애 頓絶方蘇ᄒ더라. 屬大明末애 東土ㅣ 饑荒ᄒ고 繼以師旅ᄒᆯᄊᆡ 八年을 不得營葬ᄒ야 晝夜애 號哭호ᄃᆡ 常如袒括之日ᄒ야 冬不衣絮ᄒ고 夏不就淸凉ᄒ며 一日以米數合으로 爲粥ᄒ고 不進鹽菜ᄒ더라. 所居屋이 敗ᄒ야 不蔽風日이어늘 兄子伯興이 欲爲葺理ᄒ더니 子平이 不肯曰호ᄃᆡ 我ᄂᆞᆫ 情事ᄅᆞᆯ 未申이라 天地一罪人耳이니 屋何宜覆이리오. 蔡興宗이 爲會稽太守ㅣ라 甚加矜賞ᄒ야 爲營塚壙ᄒ니라.

● 이 조목은 『남사』(南史) 권73 「효의열전」(孝義列傳) 중 하자평 기사의 일부분으로, 『소학』 「선행」 조목 제16과 일치한다. 『가범』에도 실려 있다.

중국의 남조 송나라 때 사람인 하자평은 계속되는 전쟁과 흉년으로 8년 동안이나 어머니의 장례를 치르지 못했는데, 그 동안에도 애통함이 줄지 않아 밤낮으로 호곡하며 자신의 몸을 돌보지 않았다. 소금과 채소

은 머리를 묶는 것으로 해석하는 것이 일반적이다. 『주자가례』에 따르면, 부모가 막 임종했을 때 아들은 발을 구르며 곡하고 관과 윗옷을 벗고 머리를 풀며[被髮], 소렴 때 윗옷의 왼쪽 소매를 벗고 풀었던 머리를 삼끈으로 묶는다고 되어 있다.
93) 어버이의 장례를 아직 치르지 못했음을 가리킨다.

도 먹지 않고 겨우 죽으로 연명하며, 더위와 추위를 피하려 하지도 않고, 무너진 집을 고쳐주겠다 해도 죄인이라 자처하며 거절하였다.

이처럼 자식이 부모의 죽음을 몹시 애통해하다 몸이 상하는 지경에 이르는 것을 가리켜 애훼(哀毁)라고 한다. 후대에는 남편의 죽음에 대한 아내의 지극한 슬픔을 나타낼 때도 이 표현을 썼다. 애훼는 죽은 부모에 대한 애도와 그리움이 얼마나 큰가를 증명하는, 자식의 효성을 드러내는 기표로서, 조선시대 양반들의 묘지명이나 행장에서 '애도가 지나쳐 거의 목숨을 잃을 지경이었다'는 다분히 상투적인 표현을 찾기는 어렵지 않다.

그러나 애훼를 지극한 효의 상징으로 간주하는 시선과, 애훼가 지나쳐 예를 넘어서는 안 된다는 논리가 공존하는 것이 유교 사회였다. 과례(過禮)는 곧 비례(非禮)였다. 상중에 배불리 먹어 슬픔을 잊는 것은 예가 아니지만, 또한 견딜 수 없을 만큼 굶는 것도 예가 아니다.94) 공자는 상중에 자식이 병이 날 정도로 자기 몸을 돌보지 않는 것은 군자의 행위가 아니며 자식 된 도리도 아니라고 했다.95) 시력과 청력이 약해지고 뼈가 앙상해질 정도가 되면 거상의 바른 예라고 할 수 없는 것이다.96)

---

94) 『예기』 「잡기 하」, "喪食雖惡, 必充飢, 飢而廢事, 非禮也. 飽而忘哀, 亦非禮也."
95) 『예기』 「잡기 하」, "孔子曰: 身有瘍則浴, 首有創則沐, 病則飮酒食肉. 毁瘠爲病, 君子弗爲也. 毁而死, 君子謂之無子."
96) 『예기』 「곡례」, "居喪之禮, 毁瘠不形, 視聽不衰."

3 혼례장 昏禮章

1 「혼의」의 가르침

1-1 혼례의 절차와 태도

「혼의」에 말했다.

혼례라는 것은 장차 두 성씨(姓氏)의 좋은 것을 합하여 위로 종묘를 섬기고 아래로 후세를 이으려는 것이다. 그러므로 군자가 이것을 중요하게 여긴다. 이런 까닭으로 혼례에서 납채1)와 문명2)과 납길3)과 납

---

1) 【납채(納采)는 기러기를 들여 (남녀를) 분별하는 예법이다.】 신랑집에서 혼인을 위해 예를 갖추어 청하면, 신부집에서 이를 받아들이는 예를 납채라 한다. 이때 양가의 혼주들은 혼서(婚書)를 보내어 상대방에게 혼인 의사를 표하고, 주고받는 혼서는 반드시 사당에 고한다.
2) 【문명(問名)은 신부를 낳은 어머니의 이름을 묻는 것이다.】 이름을 묻는다는 것은 성씨를 묻는 것이니, 신부의 외가를 알기 위한 절차이다.
3) 【납길(納吉)은 좋은 점복을 들이는 것이다.】 납채 후에 신랑집에서는 사당에서 점을 치는데, 길조를 얻으면 사자를 시켜 다시 신부집에 가서 알리고 혼사를 정한다는 뜻이다.

징4)과 청기5)를 행할 때, 모두 주인이 사당에6) 자리를 마련하고 문 밖에서 절하며 사자(使者)를 맞이하고, 들어가서는 읍하여 겸손한 자세로 올라서서 묘에서 명7)을 듣는다. 이는 혼례를 공경하고 삼가며 무겁고 바르게 하기 위함이다.

昏義예 曰호딕

昏禮者는 將合二姓之好ᄒᆞ야 上以事宗廟ᄒᆞ고 而下以繼後世也ㅣ니 故로 君子ㅣ 重之ᄒᆞᄂᆞ니 是以로 昏禮예 納采와 問名과 納吉와 納徵과 請期를 皆主人이 筵几於廟ᄒᆞ고 而拜迎於門外ᄒᆞ야 入ᄒᆞ야 揖讓而升ᄒᆞ야 聽命於廟ᄒᆞᄂᆞ니 所以敬愼重正昏禮也ㅣ라.

●이 조목은 본래『예기』「혼의」(昏義)의 첫 대목이다.『내훈』이 어떤 문헌에서 직접 인용하였는지는 미상이다.『여교』로 추정되나 확인할 수 없다.『소학』본문에 없고『소학집성』본주에서도 찾을 수 없다.

본래『예기』에서 제시한 혼인 절차는 납채·문명·납길·납징·청기에 친영을 더한 육례(六禮)였다. 친영(親迎)은 신랑이 처가에 가서 신부를 맞아오는 의식이다. 주희는『주자가례』에서 그 절차를 줄여 의혼8)·납채·납폐·친영의 사례(四禮)를 모범으로 제시하였다.

---

4) 【납징(納徵)은 폐백을 드려 혼인을 징표하는 것이다.】
5) 【청기(請期)는 혼인할 날을 청하는 것이다.】
6) 【묘(廟)는 사당이다.】
7) 【명(命)은 사위의 집(에서 전하는) 말이다.】 명을 듣는다는 것은 신부집 주혼자가 신랑집에서 보내온 사자의 전달을 듣는다는 뜻이다.
8) 의혼(議昏)은 중매인이 양가의 혼인 의사를 타진하는 절차이다. 신부집에서 구두로 승낙하면 정식으로 혼례 절차를 밟게 된다.

친영까지 모두 마치면, 이튿날 새벽에 신부가 시부모를 뵙는 절차, 신부가 사당에 알현하는 절차, 신랑이 신부의 부모를 찾아가 뵙는 절차를 거친다. 조선의 경우 일반적으로 의혼·납채·연길9)·납폐·초례10)·우귀11)의 여섯 단계로 혼인 절차를 나누었다.12)

1-2 혼례는 예의 근본

공경하고 삼가고 중히 여기고 바르게 한 뒤에 친해지니, 이것이 예의 대체(大體)이다. 이로써 남녀의 분별을 이루어 부부의 의리를 세운다. 남녀가 분별이 있은 후에야 부부가 의리가 있으며, 부부가 의리가 있은 후에야 부자가 친함이 있으며, 부자가 친함이 있은 후에야 군신이 바름이 있다. 그러므로 "혼례는 예의 근본이다"라고 말한 것이다.

> 敬愼重正而后에사 親之ᄒᆞᄂ니 禮之大體니 而所以成男女之別ᄒᆞ야 而立夫婦之義也ㅣ라. 男女ㅣ 有別而后에사 夫婦ㅣ 有義ᄒᆞ고 夫婦ㅣ 有義而后에사 父子ㅣ 有親ᄒᆞ고 父子ㅣ 有親而后에사 君臣이 有正ᄒᆞᄂ니 故로 曰호ᄃᆡ 昏禮者ᄂ 禮之本也ㅣ라.

---

9) 연길(涓吉)은 신부집에서 혼인 날짜를 정하는 절차로, 『예기』의 육례 가운데 청기에 해당한다. 혼인 날짜를 써서 보내는 문서를 연길단자(涓吉單子)라고 한다.
10) 초례(醮禮)는 본래 혼인하는 날 양가 부모가 각각 아들과 딸에게 술을 따라주는 의식을 의미하는데, 조선에서는 혼인식 전체를 뜻하는 말로 쓰였다. 혼인의 절차상 중국의 친영례에 해당한다. 초례에 대한 상세한 내용은 「혼례장」 조목 제7 참조.
11) 우귀(于歸)는 초례 후에 신부가 신랑을 따라 시집으로 가는 것을 말한다. 중국의 예법에 따르면 신랑집에서 초례를 치르지만, 조선에서는 초례를 신부집에서 치르는 관습이 오래도록 지속되었다. 신랑이 신부를 자기 집으로 데려와서 초례를 올리는 친영의 예는 조선에서 뿌리내리기 어려웠다. 좀 더 상세한 내용은 「혼례장」 조목 제2 참조.
12) 국사편찬위원회 편, 『고문서에게 물은 조선시대 사람들의 삶』, 두산동아, 2009, 41쪽.

● 이 조목은 본래 『예기』 「혼의」의 일부분이고, 『내훈』이 어떤 문헌에서 직접 인용하였는지는 미상이다. 『여교』로 추정되나 확인할 수 없다. 『소학』 본문에 없고 『소학집성』 본주에서도 찾을 수 없다.

부부유별은 부자유친·군신유의·장유유서·붕우유신과 함께 오륜의 하나이다. 여기서는 '부부의 의리'[夫婦之義]가 서는 선결조건으로 '남녀의 분별'[男女之別]을 강조하면서, 그것이 더 나아가 부자의 친함과 군신의 바름을 이루게 하는 근간이 된다고 했다. 그만큼 남녀의 분별을 통해 부부의 의리를 세우는 혼례가 중요함을 말한 것이다.

부부유별은 크게 세 가지 의미로 해석할 수 있다. 첫째, 남자와 여자가 각각 정해진 짝이 있어서 다른 사람과 어지럽게 섞이지 않는다는 뜻으로, 조선시대 유학자들은 대개 부부유별의 의미를 이렇게 해석하였다.[13] '부부유별 후에 부자가 친함이 있다'고 한 것은 남녀가 각각 짝이 분명해야 아버지의 존재가 확실해지기 때문이다. 모자의 관계는 생물학적으로 확연하지만 부자의 관계는 그렇지 않기 때문에, 부계제 사회의 존립을 위해서는 남녀유별의 가치를 특별히 강조할 수밖에 없었고, 그것은 곧 여성의 성에 대한 가부장제의 관리와 통제를 의미했다.

둘째, 부부가 내외의 분별을 엄하게 하여 예와 경으로써 대하고

---

[13] 예를 들어, 성호 이익은 "부부유별은 사람마다 각기 정해진 짝이 있어서 다른 사람과 문란하게 섞이지 않음을 말한다. 그렇지 않으면 아비와 자식이 정해지지 않는다. 그러므로 부부에 분별이 있은 이후에 아비와 자식이 친해진다고 말하는 것이다"라고 했다. 『소학질서』 「입교」, "夫婦有別, 謂人各有定配, 無相瀆亂, 不然則父子靡定, 故曰: 夫婦別以後父子親也." 정약용(丁若鏞, 1762~1836) 역시 "부부유별은 각기 배필을 맞이하여 다른 사람과 문란하게 섞이지 않는 것이다"라고 했다. 『소학지언』 「입교」, "夫婦有別者, 各配其匹不相瀆亂也."

서로 친압하지 않는다는 뜻으로 보는 유학자들도 있었는데, 널리 받아들여지지는 않았다.14) 셋째, 부부유별과 남녀유별의 개념을 성윤리의 차원에 한정하지 않고 성역할 분리의 의미로 해석할 수 있다. 남녀가 양강음유(陽剛陰柔)의 서로 다른 기질을 타고난다는 전제에 근거하여, 남자와 여자는 각각 맡은 역할이 다르다는 논리이다.15)

2 혼례의 의미

『예기』에 말했다.

무릇 혼례는 만 세대의 시작이니, 다른 성씨를 취함은16) 소원한 것을 가깝게 하여 분별을 두텁게 하는 방법이다. 폐백은 반드시 정성스럽게 하고 언사(言辭)는 후하지 않음이 없게 하여17) 정직과 신의로써 고하

---

14) 도암 이재(李縡, 1680~1746)는 부부유별을 설명하면서 "부부는 음양이 마땅히 합하여야 하므로 합하는 것이다. 그러나 합하는 중에도 분별하는 이치가 있다"고 하였다. 『소학집주증해』「명륜」, "至於夫婦, 則陰陽之當合, 而合者也. 然合之中, 又有別之之理." 이익은 "분별이 있다는 것이 부부간에 서로 친압하지 않는 것을 갈하는 것이 아님이 분명하다"고 했다. 『소학질서』「명륜」, "有別者, 非謂夫婦之不相昵狎, 明矣."
15) 부부유별의 개념을 비롯한 성리학적 부부관에 대해서는 정정기, 「『소학집주』·『소학집주증해』·『소학질서』 및 『소학지언』을 통해서 분석한 성리학의 부부관」, 서울대학교 석사학위논문, 2000 참조.
16) 다른 성씨를 취한다는 것은 동성(同姓)끼리 혼인하지 않는다는 뜻이다. 부계제 전통이 훨씬 강했던 중국에서는 일찍부터 동성혼(同姓婚)과 근친혼(近親婚)을 법으로 금했다. 『대명률』(大明律)에는 동종(同宗)의 근친, 이성의 근친, 근친이 아닌 동종, 동종이 아닌 동성 등과 혼인한 자에 대한 처벌이 규정되어 있다. 장병인, 『조선전기 혼인제와 성차별』, 일지사, 1997, 158쪽 참조.
17) 여기서 말이란 혼인의 의사를 전하는 말이다.

여야 한다. 신의는 사람을 섬기는 도리이며, 그것이 바로 부덕(婦德)이다.[18] 한번 혼인하면[19] 죽을 때까지 고치지 않으니, 남편이 죽어도 다시 시집가지 않는다. 남자가 친영(親迎)하여 남자가 여자보다 앞서는 것은 강유(剛柔)의 뜻이니, 하늘이 땅에 앞서고 임금이 신하에게 앞서는 것과 같다. 기러기를 잡고[20] 서로 바라보는 이유는 공경하여 분별을 밝히기 위함이다. 남녀가 분별이 있은 뒤에 부자가 친하고, 부자가 친한 뒤에야 의가 생기며, 의가 생긴 뒤에야 예가 일어나고, 예가 일어난 뒤에야 만물이 편안해진다. 분별이 없고 의가 없음은 금수의 도이다.

禮記에 曰호디

夫昏禮는 萬世之始也ㅣ니 取於異姓은 所以附遠厚別也ㅣ니라. 幣必誠ᄒ며 辭無不腆ᄒ야 告之以直信ᄒᄂ니 信은 事人也ᄒ며 信은 婦德也ㅣ니라. 一與之齊ᄒ면 終身不改ᄒᄂ니 故로 夫死ᄒ야도 不嫁ᄒᄂ니라. 男子ㅣ 親迎ᄒ야 男先於女는 剛柔之義也ㅣ니 天先乎地ᄒ며 君先乎臣이 其義一也ㅣ라. 執摯ᄒ야 以相見은 敬章別也ㅣ니라. 男女ㅣ 有別然後에ᅀᅡ 父子ㅣ 親ᄒ며 父子ㅣ

---

18) 사람을 섬길 때 중요한 태도가 신의이고 사람을 섬기는 것이 부인의 일이라는 전제하에, 신의를 지키는 것이 바로 부덕이라고 말한 것이다.
19) 한문에 '일여지제'(一與之齊)라고 했다. 여기서 제(齊)는 제전(齊奠), 즉 희생의 고기를 함께 먹어 존비가 같음을 뜻하거나 술을 따라주는 것[醮]을 의미한다. 모두 혼례를 가리키는 말이다. 윤휴(尹鑴), 『백호전서』(白湖全書) 권43 「잡저」(雜著) 중에서 「독서기(讀書記)・내칙외기(內則外記) 상(上)」 주석 참조.
20) 【지(摯)는 기러기이다.】 기러기를 잡는다는 것은 친영의 한 절차인 전안례(奠雁禮)를 의미한다. 혼례 때 기러기를 사용하는 것은 옛날 경과 대부가 왕을 알현할 때 기러기를 빙물로 가져간 데서 유래한 것이다. 『주자가례』 「혼례」에 따르면, 혼인하는 날 신랑은 기러기를 들고 가서 땅에 내려놓고 신부집 시종이 기러기를 받으면 신부집 주혼자에게 재배한다. 빙물로 쓰는 기러기는 왼쪽 머리에 여러 색깔의 생명주실을 엇갈려 묶는데, 산 기러기가 없으면 나무를 조각해서 쓴다고 되어 있다.

親然後에사 義生ᄒ며 義生然後에사 禮作ᄒ며 禮作然後에사 萬物이 安ᄒᄂ니 無別無義ᄂ 禽獸之道也ㅣ라.

● 이 조목은 본래 『예기』 「교특생」(郊特生)의 일부분이고, 『소학』 「명륜」 조목 제62와 일치한다.

첫 대목에서 언급한 동성불혼(同姓不婚)은 중국에서 일찍부터 혼례의 근간이 되는 대원칙이었다. 중국에서는 동성을 비롯한 근친간의 혼인을 엄격하게 금지해왔지만, 고려의 경우 오랫동안 왕실과 귀족층의 근친혼이 자연스럽게 행해졌고, 11세기 문종 때 처음으로 사촌간에 혼인을 하면 그 자식이 관리가 될 수 없게 하는, 지배층에게만 유효한 간접적인 처벌 규정이 마련되었을 뿐이다. 조선에서도 세종 때 왕실 내에서의 동성금혼 규정을 마련하였으나 동성이본(同姓異本) 사이의 금혼은 왕실에서도 철저히 지켜지지 않았다.[21]

신랑이 자기 집에서 신부를 맞이하는 친영제 역시 15세기 조선의 상황에서 볼 때 아직 낯선 것이었다. 조선은 『주자가례』와 『대명률』에 근거하여 새로운 혼례제를 마련하였지만 정착시키기 어려웠다. 친영제만 해도 세종 때 숙신옹주의 혼례에서 그 모범을 보이기도 했으나 사대부가에서조차 쉽게 받아들여지지 않았다. 친영제는 서류부가혼(壻留婦家婚) 혹은 남귀여가혼(男歸女家婚)으로 불리는 오랜 풍속과 부딪칠 뿐 아니라 거주제와 관련된 경제적 요인들이 얽혀 있는 복잡한 문제였기 때문이다.[22]

---

21) 장병인(1997), 158~169쪽.
22) 장병인(1997), 113~124쪽.

혼인의 상대를 다른 성씨에서 고르고, 음인 여자가 양인 남자를 따라 친영하는 것은 모두 혼인의 예에서 분별을 세우는 방법이라 할 수 있다. 친영 때 기러기를 쓰는 이유도 기러기가 음양을 따르는 새라고 여겼기 때문이다.23) 이 조목은 요컨대, 분별이 없는 것은 사람이라 할 수 없고 혼례는 만 세대의 시작이니, 혼인의 예에서부터 분별을 바로 세워야 함을 말하고 있다.

3 조혼으로 인한 요절

왕길24)이 상소하여 말했다.

"부부는 인륜의 큰 벼리이니, 요절과 장수의 싹이다. 세속에서 시집가고 장가들기를 너무 일찍 하여25) 사람의 부모 된 도리를 알지 못하면서 자식을 둔다. 이 때문에 교화가 밝아지지 않고 백성 중에 요절하는 이가 많다."

　　王吉이 上疏曰ᄒᆞ되

　　夫婦는 人倫大綱이니 夭壽之萌也ㅣ라. 世俗이 嫁娶太蚤ᄒᆞ야 未知爲人父母之道而有子ᄒᆞᄂᆞ니 是以로 敎化ㅣ 不明而民多夭ᄒᆞ니라.

● 이 조목은 본래 『전한서』 권72 「왕공양공포전」26)에 실린 왕길

---

23) 『의례경전통해』(儀禮經傳通解) 권2 「가례(家禮)·사혼례(士昏禮)」, "無問尊卑, 皆用鴈者, 取其木落南翔, 氷泮北徂, 能順陰陽往來, 以明婦人從夫之義也."
24) 왕길(王吉)은 전한 때 사람으로 자는 자양(子陽)이다. 창읍중위, 간대부 등의 벼슬을 지냈다. 『전한서』 왕길의 전에는 그가 소제와 선제 등에게 올린 상소가 여러 편 실려 있다.
25) 혼인 연령에 대해서는 「혼례장」 조목 제4-2 참조.

의 상소 가운데 일부분이고, 『소학』「가언」조도 제39와 일치한다.

『논어』에 '인자(仁者)는 산을 좋아하고 장수한다'는 구절이 있다. 그것은 인자가 의리를 편안하게 여기고 중후한 모습이 마치 산과 같으며 산처럼 쉽게 변하지 않으므로 장수한다는 뜻이다.[27] 왕길은 부모의 도리를 알지 못할 나이에 혼인하여 자식을 두는 사람이 많다는 것과 요절하는 사람이 많다는 사실을 연결시키고 있다. 왕길이 요절을 언급한 것은 생물학적인 요인을 염두에 둔 것일 수도 있지만 윤리적으로 '인자는 장수한다'는 맥락과 닿아 있다고 볼 수 있다. 이 조목의 원출전인 『전한서』 왕길의 전을 보면, 이 언급에 앞서서 왕길은 예제(禮制)를 제대로 갖추어 모든 백성을 '인수지역'(仁壽之域)으로 인도해야 함을 역설하고 있다.

4 『중설』의 가르침

4-1 혼인할 때 재물을 논하지 말라

문중자[28]가 말했다.

---

26) 「왕공양공포전」(王貢兩龔鮑傳)은 전한 때 현자로 일컫는 왕길, 공우(貢禹), 공승(龔勝)과 공사(龔舍), 포선(鮑宣)에 대한 기록이다. 이 글의 찬자인 반고는 그들이 예로써 진퇴를 결정했던 사람들이란 점에서 같다고 썼다.

27) 『논어집주』「옹야」, "子曰: 知者樂水, 仁者樂山, 知者動, 仁者靜, 知者樂, 仁者壽 … 仁者安於義理而厚重不遷, 有似於山, 故樂山. 動靜以體言, 樂壽以效言也. 動而不括故樂, 靜而有常故壽."

28) 문중자(文中子)는 수나라 때 사상가 왕통(王通, 584~617)을 가리킨다. 자가 중엄(仲淹)이며, 문중자는 시호이다. 문제에게 「태평 10책」을 상주하였으나 권신들의 시기로 쓰이지 못했고, 양제로부터는 부름을 받았으나 응하지 않으며 향리에서 강학과 저술에

"혼인할 때 재물을 논함은 오랑캐의 도이니, 군자는 그러한 마을에 들어가지 않는다. 옛날에는 남자와 여자의 집안이 각각 덕이 있는가를 가렸을지언정 재물로써 예를 삼지는 않았다."

文中子ㅣ 曰호디

婚娶而論財는 夷虜之道也ㅣ니 君子ㅣ 不入其鄕ᄒᆞᄂᆞ니라. 古者애 男女之族이 各擇德焉이언뎡 不以財로 爲禮ᄒᆞ더니라.

● 이 조목은 본래 왕통의 『중설』권3 「사군편」(事君篇)의 일부분이고, 『소학』「가언」조목 제40과 일치한다.

재물로써 예를 삼지 말라는 것, 즉 혼인할 때 재물을 논하지 말라는 것은 일차적으로 혼례를 화려하고 사치스럽게 하지 말라는 뜻이다. 그것은 더 근본적으로, 혼인 상대를 구할 때도 집안의 부귀를 기준으로 삼지 말라는 가르침인데, 이에 대해서는 조목 제5에서 다시 강조하였다.

어느 시대에나 화려한 예식과 예단으로 자기 존재를 과시하고 싶어하는 부류는 있게 마련이다. 이덕무의 『사소절』에도 18세기 후반 조선의 화려한 혼인 풍속에 대한 비판이 나온다. 딸이 시집갈 때 풍성하게 음식을 장만하여 시집으로 보내는 것을 '장반'(長盤)이라 일컫고, 제삿날 처가에서 많은 떡과 술을 보내 제상 아래 차려놓는 것을 '가공'(加供)이라 일컬으며, 당시 사람들이 그것을 마련하지 못하면 수치스럽게 여겼다고 했다.29) 그리고 딸 시집보낼 때 혼수를 지나치

힘썼다. 유가에 기초한 유·불·도의 합일을 주창하였다. 『중설』(中說)을 저술하였다.
29) 『사소절』(士小節) 「부의(婦儀)·복식(服食)」, "世俗嫁女, 必具饌極其豊侈, 饋于壻家, 名曰 長盤. 夸耀宗族賓客, 壻家忌日, 必大器峙餅, 大壺實酒, 陳于卓下, 名曰加供. 不備此, 以爲

게 마련하는 것은 집안의 재산을 탕진하는 일일 뿐 아니라 딸에게 사치하는 마음을 길러주는 행동이라고 비판하였다.30)

4-2 조혼과 다첩의 폐해

"어린 나이에 중매하여31) 아내를 맞이함은 사람에게 경박함을 가르치는 것이요, 첩과 잉첩을 무수히 둠은 사람에게 은란함을 가르치는 것이다. 또한 귀천에 따라 차등이 있으니, 한 남편에 한 아내는 서인(庶人)의 본분이다.32)"

> 早婚少聘은 敎人以偸ㅣ오 妾媵無數는 敎人以亂이니 且貴賤이 有等ᄒᆞ니 一夫一婦는 庶人之職也ㅣ라.

● 이 조목은 본래 『중설』 권8 「위상편」(魏相篇)의 일부분이고, 『소학』 「가언」 조목 제41과 일치한다.

전한 때 왕길이 조혼의 폐단을 지적했듯이, 수나라 때 왕통 역시 조혼이 사람을 경박하게 만든다고 지적했다. 조선의 경우 혼인의 때를 놓치거나 조혼하는 것을 방지하기 위한 혼인연령법이 있었다. 몽

羞恥, 凡此二者, 皆浮靡之習也. 壻家當痛禁之, 其忍使之督責之耶."
30) 『사소절』 「부의·복식」, "嫁女, 資裝太侈, 至有敗家傾産, 是溺愛其女, 長其奢心, 脅制家長, 擅自辦備, 盡賣先業, 不奉祭祀, 舉一事而三惡備焉."
31) 【매(媒)는 중매이다.】
32) 『태종실록』 2년 1월 8일 예조의 상소에 이런 대목이 있다. "제후는 한 번 장가들 때 9녀를 얻는다. 한 나라에 장가들면 다른 두 나라에서 잉첩을 보내는데, 모두 조카나 동생으로 따라가게 하였다. 경대부는 1처 2첩을 두고, 사(士)는 1처 1첩을 두었으니, 자손을 넓히고 음란함을 막기 위함이다."

고 간섭기에 공녀제도로 인하여 조혼이 성행했다고 하는데, 급기야 세종 22년에는 조혼을 금지하기 위해 『주자가례』에 의거하여 남녀 각각 16세와 14세가 되어야 혼인할 수 있다고 규정하였다. 그 후 몇 차례 변동이 있다가 『경국대전』에서 남자 15세, 여자 14세로 허혼 연령을 정하게 된다. 한편 남녀 각각 30세와 20세까지 혼인을 하도록 권장하면서, 이유 없이 기한을 넘기면 주혼자를 논죄하게 하는 등 독려책을 쓰기도 하였다.[33]

5 부귀를 기준으로 며느리를 구하지 말라

사마온공이 말했다.

"무릇 혼인을 의논할 때는 마땅히 그 사위와 며느리 될 사람의 성품과 행실, 가법이 어떠한가를 먼저 살펴야지, 구차하게 그의 부귀함을 흠모하지 말아야 한다. 사위가 진실로 어질다면 지금은 비록 빈천해도 이후에 부귀해지지 않을 줄 어찌 알 것이며, 진실로 불초한 자라면 지금은 비록 부유하고 번성해도 이후에 빈천해지지 않을 줄 어찌 알리오.

며느리는 집안이 성하고 쇠하는 이유가 된다. 진실로 한때의 부귀를 흠모하여 맞이하면, 그 부귀함을 믿어서 남편을 가벼이 보고 시부모에게 오만하게 굴지 않는 자가 드물다. 교만하고 투기하는 본성을 기른다면, 훗날 우환이 어찌 끝이 있겠는가. 가령 아내의 재물을 이용하여 부를 이루고 아내의 세력에 의지하여 귀함을 취한다 한들, 진실로 장부의 뜻과 기개를 가진 자라면 부끄러움이 없을 수 있겠는가."

---

[33] 조선시대 혼인 연령의 규제에 대해서는 장병인(1997), 205~216쪽 참조.

司馬溫公이 曰호딕

凡議婚姻호딕 當先察其壻與婦之性行과 及家法이 何如호고 勿苟慕其富貴니라. 壻ㅣ 苟賢矣면 今雖貧賤혼들 安知異時에 不富貴乎ㅣ리오. 苟爲不肖ㅣ면 今雖富盛혼들 安知異時에 不貧賤乎ㅣ리오.

婦者는 家之所由盛衰也ㅣ니 苟慕一時之富貴而娶之호면 彼挾其富貴호야 鮮有不輕其夫而傲其舅姑호니 養成驕妬之性호면 異日爲患이 庸有極乎ㅣ리오. 借使因婦財호야 以致富호며 依婦勢호야 以取貴혼들 苟有丈夫之志氣者ㄴ대 能無愧乎아.

● 이 조목은 사마광의 『서의』 권3 「혼의」(婚儀) 세주의 일부분이고, 『소학』 「가언」 조목 제42와 일치한다. 『명심보감』 「치가」(治家) 조목 제12와도 일치한다.

사마광은 혼인 상대를 구할 때 가장 중요하게 고려해야 할 것이 당사자의 행실과 가풍임을 말하면서, 한때의 부귀에 눈이 멀어 혼인하면 그것이 훗날 우환이 될 수 있다고 경고했다. 그러면서 부귀한 출신 며느리가 오히려 남편과 시부모에게 교만하게 굴기 쉽다고 하였다.

사마광이 살던 북송 때는 이미 신부가 상당한 지참금을 가지고 시집가는 것이 보편화된 시대였다. 현금은 물론이고 금이나 은, 값비싼 옷과 장신구, 토지 등 지참금의 종류는 다양했다. 이전까지는 신부의 지참금보다 신랑이 예물을 마련하는 데 더 많은 돈이 필요했는데, 송나라 초기부터는 신부가 많은 지참금을 준비해야 하는 것이 사회적 분위기였다고 한다. 그래서 지참금을 적게 가져온 며느리를 시부모들이 학대하는 일이 빈번하였고, 지참금 때문에 두 집안이 원수지간이 되고 결국 이혼에 이르기도 했으며, 과도한 지참금 때문에 혼인하지 못하는 여자들이 늘어나고 심지어 갓난 여아 살해까지 유발하게 되었다는 기록이 있다.34)

6 딸은 친정보다 나은 집으로 시집보내라

안정 호선생35)이 말했다.

"딸을 시집보낼 때는 반드시 내 집보다 나은 곳으로 보내야 하니, 시집이 내 집보다 나으면 딸이 사람을 섬김에 필시 공경하고 경계할 것이다. 며느리를 들일 때는 반드시 내 집보다 못한 곳에서 들여야 하니, 친정이 내 집보다 못하면 며느리가 시부모를 섬김에 반드시 며느리의 도리를 지킬 것이다."

安定胡先生이 曰호디

嫁女호디 必須勝吾家者ㅣ니 勝吾家則女之事人이 必欽必戒ᄒ리라. 娶婦호디 必須不若吾家者ㅣ니 不若吾家則婦之事舅姑ㅣ 必執婦道ᄒ리라.

● 이 조목은 『소학』「가언」 조목 제43을 인용한 것으로 추정된다.

---

34) P.B.이브리 저, 배숙희 역, 『송대 중국 여성의 결혼과 생활』, 한국학술정보, 2009, 155~177쪽.
35) 안정(安定) 호선생이란 북송 때 유학자 호원(胡瑗, 993~1059)을 가리킨다. 자는 익지(翼之)이다. 세칭 안정선생이라 불리는데, 안정은 지명이다. 송대 이학(理學)의 발전에 선구적 역할을 했으며, 고례(古禮)를 중시함으로써 정주학파의 예학 연구에 직접적인 영향을 미쳤다. 범중엄, 손복, 석개, 구양수 등과 함께 한·당의 훈고학과 주소학을 비판하고 불교와 도교를 배척하였다. 손복, 석개와 함께 송초의 세 선생으로 불렸다.

『명심보감』「치가」조목 제13과도 일치한다. 원출전은 미상이나, 『송명신언행록』전집 권10 「호원안정선생」(胡瑗安定先生)의 일부분과 일치함을 확인할 수 있다.

    북송 때 유학자 호원은 여자는 친정보다 더 나은 집으로 시집가야 한다고 했다. 여기서 '더 낫다'는 것은 덕이 높음을 말한 것이 아니라 재력이나 권력이 더 높음을 뜻할 것이다. 내 딸을 시집보낼 때나 남의 집 딸을 며느리로 들일 때나 마찬가지인데, 남자의 집이 더 나아야 하는 이유는 며느리 된 자의 교만함을 사전에 막기 위함이다. 부귀한 집안의 딸이 며느리로 들어오면 남편을 가벼이 보고 시부모에게 오만하게 굴기 쉽다고 했던 사마광의 말도 같은 맥락이다.

7 초례 때 부모가 하는 당부의 말

「사혼례」에 말했다.

    아버지가 아들에게 술을 따라주고 명한다.36) "가서 너 도울 사람을37) 맞이하여 우리 종묘 제사의 일을 계승하되, 선비38)의 뒤를 이어 제사를39) 받들도록 힘써 이끌고, 너는 떳떳함을 지녀라." 그러면 아들이 대답한다. "예, 그러겠습니다. 행여 감당하지 못할까 두렵거니와 감히 분부를 잊지 않겠습니다."

---

36) 【초(醮)는 아들이 혼인할 때 술을 따라준다는 뜻이다.】
37) 남편을 돕는 사람, 즉 아내를 가리킨다.
38) 【선비(先妣)는 사당에 든 아내들이다.】 선비는 본래 '돌아가신 어머니'를 가리키는 말인데, 여기서는 집안의 선대 며느리들을 통칭한 것이다.
39) 한문에 '선비지사'(先妣之嗣)는 시어머니가 맡았던 제사를 며느리가 대신함을 의미한다.

아버지가 딸을 보낼 때 명한다. "경계하고 공경하여 새벽부터 밤까지 명을 어김이 없게 하여라." 어머니가 작은 띠와 수건을 매어주며 말한다.40) "힘쓰고 공경하여 새벽부터 밤까지 집안일에 어그러짐이 없게 하여라." 서모41)가 안쪽 문에 이르러 주머니를 매어주고 부모의 분부를 되풀이하며 "네 부모 말씀을 공경하여 듣고 높여서 새벽부터 밤까지 허물이 없게 하여라" 하고 띠와 주머니를 보라고 한다.

士昏禮예 曰호딕

父ㅣ 醮子ᄒᆞ고 命之曰호딕 往迎爾相ᄒᆞ야 承我宗事ᄒᆞ되 勗帥ᄒᆞ야 以敬先妣之嗣ᄒᆞ고 若則有常ᄒᆞ라. 子ㅣ 曰호딕 諾이이다. 惟恐不堪이어니와 不敢忘命호리이다. 父ㅣ 送女홀씨 命之曰호딕 戒之敬之ᄒᆞ야 夙夜無違命ᄒᆞ라. 母ㅣ 施衿結帨ᄒᆞ고 曰호딕 勉之敬之ᄒᆞ야 夙夜無違宮事ᄒᆞ라. 庶母ㅣ 及門內ᄒᆞ야 施鞶ᄒᆞ고 申之以父母之命ᄒᆞ고 命之曰호딕 敬恭聽宗爾父母之言ᄒᆞ야 夙夜無愆ᄒᆞ라 ᄒᆞ고 視諸衿鞶ᄒᆞᄂᆞ니라.

● 이 조목은 본래 『의례』(儀禮) 「사혼례」(士昏禮)의 일부분이고, 『소학』「명륜」조목 제61과 일치한다. 「사혼례」는 선비의 혼례 절차를 기록한 것이다.

초례는 본래 중국에서 친영의 한 절차로서, 신랑과 신부의 부모가

---

40) 어머니가 띠와 수건을 매어준다는 대목이 『주자가례』「혼례」에는 "관을 바로 하고 치마를 추슬러준다"[爲之整冠斂帔]고 되어 있다. 서모가 주머니를 매어준다는 대목 역시 "옷매무새를 정돈해준다"[爲之整裙衫]로 되어 있다.

41) 한문에 '서모'(庶母)라 한 것을 언해문에 '묽어미'라고 옮겼다. 『주자가례』「혼례」에 '서모' 대신 "여러 어머니, 고모, 시누이, 언니"[諸母姑嫂姊]라고 한 것으로 보아, 『의례』의 서모도 아버지의 첩을 의미하는 것은 아닌 듯하다. 여기서 서모는 어머니뻘되는 여성, 즉 백모나 숙모 등을 가리키는 것으로 보인다.

각각 아들과 딸에게 술을 따라주며 당부의 말을 전하는 의식을 가리 킨다. 그러나 조선시대에는 혼례에서 신랑과 신부가 백년해로를 서 약하는 의식 전반을 뜻하는 보다 폭넓은 의미로 사용되었다. 조선 초 기부터 국가 주도하에 친영례를 널리 시행하고자 했으나 사대부들 사이에서도 정착시키지 못했고, 『주자가례』의 '의혼・납채・납폐・ 친영'의 사례 대신 '의혼・납채・연길・납폐・초례・우귀'의 육례를 기본으로 삼게 되었다. 일반적으로 혼례를 치른다고 말할 때는 이 초 례 과정을 뜻하며, 혼례를 치르는 장소를 초례청이라고 한다.

8 삼종지도와 칠거지악

공자께서 말씀하셨다.

"부인은 사람에게 복종하므로 '독단으로 처리하는 의'[42]가 없고 '세 사람을 따르는 도'가 있다. 시집가기 전에는 아버지를 따르고, 시집가서 는 남편을 따르고, 남편이 죽으면 아들을 따르니,[43] 감히 스스로 수행 하는 바가 없다. 가르침과 명령이 규문을 나가지 않으며, 맡은 일은 음 식을 마련하는 사이에 있을 따름이다. 그러므로 여자는 규문 안에서 날

---

[42] 한문에 '전제지의'(專制之義)라고 했다. '전제'란 자기 생각에 따라 독단으로 일을 결정 하고 처리한다는 뜻이다.
[43] 『소학집주증해』에 보면, 어머니는 아들보다 존귀한데 어째서 아들을 따라야 하는가 하 는 질문에 대해, 음이 양을 따르는 것이 이치라고 답한 구절이 있다. 하늘이 아버지의 도이고 땅이 어머니의 도이고 사람이 아들의 도라고 전제하면서, 땅이 사람보다 아래 에 있으니 어머니가 아들을 따르는 것이라고 했다. 『소학집주증해』「명륜」, "問: 母尊 於子, 而曰: 從子, 何也? 曰: 天位乎上, 父之道也, 地位乎下, 母之道也, 人位乎中, 子之道 也, 母雖尊, 位乎下而其道柔順, 子雖卑, 位乎中而其道剛健, 陰而從陽, 理之上也."

을 마치고 백 리를 넘어 초상에 가지 않으며44), 일을 멋대로 함이 없고 행실을 독단으로 이룸이 없으며, 남을 참여시켜 알게 한 뒤에 행동하고 증험할 수 있을 때 말하며, 낮에는 뜰에 나다니지 않고 밤에는 횃불을 들고 다닌다. 이것이 부덕을 바르게 하는 것이다.

여자는 취하지 않는 다섯 가지 경우가 있다. 반역한 집안의 자녀를 취하지 않고, 음란한 집안의 자녀를 취하지 않으며, 대대로 형벌을 받은 사람이 있으면 취하지 않고45), 대대로 나쁜 병이 있으면 취하지 않으며, 아버지를 여읜 맏딸을 취하지 않는다.46)

부인은 내쫓기는 일곱 가지 경우가 있다.47) 부모에게 순종하지 않으

---

44) '백 리를 넘지 않는다'는 것을 '국경을 넘지 않는다'는 뜻으로 풀이하기도 한다. 『소학집주』「명륜」, "不百里, 猶言不越境." 한편 박세채(朴世采, 1631~95)는 여자가 천 리 먼 곳으로 시집갔다고 해서 문상을 가지 않는다는 말은 듣지 못했다면서, 백 리 떨어진 곳으로 문상을 가지 않는다는 것은 부모상이 아닐 때를 가리킨다고 했다. 『소학집주증해』「명륜」, "南溪曰: 女子之嫁於千里者, 未見有不奔喪之義. 雜記曰: 婦人非三年之喪, 不踰封而弔, 然則所謂不百里奔喪者, 指期服以下而言."

45) 대대로 악행을 해서 고칠 수 없는 경우에 취하지 않는다는 것이지 한 대의 잘못을 가리키는 것은 아니다. 윗대에 악행으로 벌을 받았지만 자손이 어진 경우는 그렇지 않다고 했다. 『소학집주』「명륜」, "或問世有刑人不取, 如上世不賢而子孫賢, 則如之何? 朱子曰: 所謂不取者, 是世世爲惡, 不能改者, 非指一世而言也."

46) 만약 아버지가 죽었더라도 어머니가 어질면 그 딸을 법도 있게 가르쳤을 것이니 문제 되지 않는다면서, 선대의 유자들이 이 대목을 의심하였다는 기록이 있다. 『소학집주』「명륜」, "眞氏曰: 喪父長子不取, 先儒以爲疑, 若父雖喪而母賢, 則其敎女必有法, 又非所拘也." 한편 이희조(李喜朝, 1655~1724)는 오불취 중에서 반역한 집안 이외의 것은 일률적으로 논하기 곤란하다면서, 말로 뜻을 해쳐서는 안 됨을 경계하였다. 『소학집주증해』「명륜」, "芝村曰: 此五不取, 逆家者外其餘, 皆難一切論定. … 此皆不可以辭害意處也."

47) 조선의 경우 초기에는 『대명률』에서 칠거와 삼불거를 원칙으로 삼았다면, 후기에 『형법대전』에서는 칠거의 조건 중 '무자'와 '투기'를 빼고, 그밖에 자녀가 있는 경우에도 이혼을 금지하여 '오출(五出)·사불거(四不去)'를 원칙으로 삼았다. 칠거를 이유로 한 이혼

면 쫓겨나고, 아들이 없으면 쫓겨나며, 음란하면 쫓겨나고, 투기하면 쫓겨나며, 나쁜 질병이 있으면 쫓겨나고, 말이 많으면 쫓겨나며, 도둑질하면 쫓겨난다.[48] 그러나 부인을 내쫓지 못하는 세 가지 경우가 있다. 맞이한 곳은 있으나 돌아갈 곳이 없으면 내쫓지 않고, 함께 부모의 삼년상을 지냈으면 내쫓지 않으며, 이전에는 빈천했는데 나중에 부귀해졌다면 내쫓지 않는다. 무릇 이것은 성인이 남녀의 교제를 신중하게 하고 혼인의 시초를 소중하게 여기신 까닭이다."

孔子ㅣ 曰ᄒᆞ샤ᄃᆡ

婦人은 伏於人也ㅣ니 是故로 無專制之義ᄒᆞ고 有三從之道ᄒᆞ니 在家ᄒᆞ야ᄂᆞᆫ 從父ᄒᆞ고 適人ᄒᆞ야ᄂᆞᆫ 從夫ᄒᆞ고 夫死커든 從子ᄒᆞ야 無所敢自遂也ㅣ니라. 教令을 不出閨門ᄒᆞ며 事在饋食之間而已矣니라. 是故로 女ᄂᆞᆫ 及日乎閨門之內ᄒᆞ고 不百里而奔喪ᄒᆞ며 事無擅爲ᄒᆞ며 行無獨成ᄒᆞ며 參知而後에 動ᄒᆞ며 可驗而後에 言ᄒᆞ며 晝不遊庭ᄒᆞ며 夜行以火ㅣ니 所以正婦德也ㅣ니라.

女ㅣ 有五不取ᄒᆞ니 逆家子를 不取ᄒᆞ며 亂家子를 不取ᄒᆞ며 世有刑人이어든 不取ᄒᆞ며 世有惡疾이어든 不取ᄒᆞ며 喪父長子를 不取ㅣ니라.

에 관한 기록을 조선왕조실록에서 검토한 논문이 있어 참고할 수 있다. 김은아, 「조선전기 이혼제도의 특징」, 『원광법학』 23-3, 원광대학교 법학연구소, 2007.

[48] 무자(無子)와 악질(惡疾)의 경우, 아들이 없으면 대가 끊기기 때문에, 나쁜 병이 있으면 제수를 마련할 수 없기 때문에 아내를 내쫓는다는 논리이다. 그러나 이에 대해서는 일찍부터 반론이 있었고 송시열(宋時烈, 1607~89)조차도 반대 했다. 옛날에는 쫓겨난 부인도 재가할 수 있었지만 지금은 그렇지 않으니 부인을 내치는 것이 매우 어렵고, 무자와 악질의 경우는 더욱 차마 할 수 없는 일이 아니냐고 제자가 물었을 때, 송시열도 그렇다고 답하였다. 『소학집주증해』 「명륜」, "問: 七去在今似難盡從, 如無子及有惡疾, 去之尤不忍, 豈古者, 出婦亦有更嫁之道, 不如今世之終身無歸, 故去之亦不甚難否? 尤菴曰: 果如來喩. 先賢已言之."

婦ㅣ 有七去ᄒᆞ니 不順父母커든 去ᄒᆞ며 無子커든 去ᄒᆞ며 淫커든 去ᄒᆞ며 妬커든 去ᄒᆞ며 有惡疾커든 去ᄒᆞ며 多言커든 去ᄒᆞ며 竊盜커든 去ㅣ니라. 有三不去ᄒᆞ니 有所取ㅣ오 無所歸어든 不去ᄒᆞ며 與更三年喪이어든 不去ᄒᆞ며 前貧賤ᄒᆞ고 後富貴어든 不去ㅣ니라. 凡此ᄂᆞᆫ 聖人이 所以順男女之際ᄒᆞ시며 重婚姻之始也ㅣ시니라.

● 이 조목은 본래『대대례기』권13「본명」(本命)의 일부분이고,『소학』「명륜」조목 제67과 일치한다. 사고전서『대대례기』에는 "晝不遊庭" 넉 자가 없다.

이 조목에서 언급한 삼종지도(三從之道), 오불취(五不娶), 칠거(七去)와 삼불거(三不去) 등은 본래『대대례기』에 있는 공자의 말로서 중세 유교 문명권의 가부장적 질서를 대변하는 상징적인 언명들이다. 공자가 말하는 부덕의 내용은 첫째, 무슨 일이든 제 마음대로 하지 말고 아버지나 남편이나 아들에게 물어보고 처리하는 것, 둘째, 집안에서 음식을 만들고 의복을 짓는 여자의 일에 힘쓰는 것, 셋째, 낮에도 함부로 나다니지 말고 밤에는 횃불을 드는 것이다.

'전제의 의가 없음'은 '삼종의 도가 있음'과 대비되어 여성이 남성에게 철저히 종속된 존재임을 뜻하고, 여자의 일을 의식(衣食)에 한정한 것은 남녀의 성역할이 다름을 전제한 것이며, 낮에도 함부로 나다니지 말라는 것은 바른 몸가짐에 대한 요구, 즉 여성의 성에 대한 통제와 감시를 의미한다. 시대의 변천과 지역에 따라 약간씩 변형되긴 하지만, 부덕에 대한 이러한 관념은 거의 2천 년 동안 유교 문명권을 지배한 대전제였다.

4 부부장夫婦章

1 『여교』의 가르침

1-1 남편은 아내의 하늘

『여교』에 말했다.

아내가 비록 남편과 대등하다고 하나[1] 남편은 아내의 하늘이다. 마땅히 예로써 공경하여 섬기되 아버지와 같이 해야 하니, 몸을 낮추고 뜻을 나직이 하여 거짓으로 존대하지 말고, 오로지 순종함을 알아서 감히 그 뜻을 거스르지 않아야 한다. 남편이 가르치고 경계하는 말씀을

---

1) 부부가 평등한 존재임을 가리키는 '제체'(齊體)란 말이 있다. 『사소절』「사전(士典)·인륜(人倫)」을 보면, "부부가 화목하지 못한 까닭은 남편이 하늘은 높고 땅은 낮다는 설을 믿고 스스로 높은 체하여 아내를 억눌러 꼼짝 못하게 하고, 아내가 제체의 의를 지켜 저나 나나 동등한데 무슨 굽힐 일이 있는가 여기기 때문이다"라는 구절이 있다. "夫婦之不和, 只緣夫守天尊地卑之說, 欲自高大而抑彼, 不使之容也. 婦人只持齊體之誼, 以爲吾與彼等也, 有何相屈之事哉."

들을 때는 성인의 글귀를 듣는 것같이 하고 남편의 몸을 구슬이나 옥돌같이 소중하게 여기고 두려워하며 스스로를 지켜야 하니, 감히 마음놓고 제멋대로 하랴. 자신의 몸도 오히려 있지 않은데 무엇을 감히 믿으리오.

남편에게 허물이 있으면 자세하게 간하되, 그 이로움과 해로움을 진술함에 얼굴빛을 온화하게 하고 말을 완곡하게 해야 한다. 만약 남편이 크게 화를 내거든 진정이 된 후에 다시 간해야 하니, 비록 매를 맞는다 해도 어찌 감히 원한을 품으리오. 남편은 소임이 높고 아내는 낮으니, 혹시 때리고 꾸짖는다 해도 분수에 당연한 것이다. 내가 어찌 잠시라도 말대답을 하고 성을 낼 수 있겠는가. 서로 의지하며 함께 늙어가야 하니, 하루만 살고 말 것이 아니다. 사소한 일이라도 반드시 여쭈어야 하니, 어찌 잠시라도 마음대로 할 수 있으리오. 제멋대로 한다면 사람이 아니다.

남편 집안의 허물을 친정 부모에게 말하지 말아야 하니, 이는 단지 부모에게 근심을 끼칠 뿐이다. 이야기한다고 해도 무슨 도움이 되겠는가. 시집가는 것을 '돌아간다'[歸]고 말하니, 죽고 사는 것이 그로써 결정되기 때문이다.2) 만일 이러니저러니 떠든다면 그것은 말이나 소만도 못한 짓이다. 집안을 일으키고자 한다면 온화하고 순종하는 태도를 갖

---

2) 【여자는 남편의 집을 자기 집으로 삼기 때문에 시집가는 것을 '돌아간다'고 말한다.】 한문에 "嫁旣曰歸ᄒᆞ얀 死生以之니"라고 한 구절을 언해문에서는 "남진 어러 ᄒᆞ마 도라간 주그며 사로ᄆᆞ로 뼈 홀디니"라고 풀이하고, 시집가는 것을 '돌아간다'고 말하는 이유를 설명하는 세주를 달았다. 그런데 바로 앞 문장에서 시집의 허물을 친정에 가서 이야기하지 말라고 한 내용을 고려할 때, "死生以之"는 '죽기 살기로 열심히 해야 한다'로 해석하기보다는 '죽고 사는 것이 시집에서 결정된다'로 풀이하는 것이 타당하다고 판단된다.

추어야 하는데, 무엇으로써 여기에 이를 수 있을 것인가? 역시 공경하는 자세에 달려 있다.

  女敎애 云호디

  妻雖云齊나 夫乃婦天이라 禮當敬事호디 如其父焉이니 卑躬下意ᄒ야 毋妄尊大ᄒ며 唯知順從이오 不敢違背니 聽其敎戒호디 如聞聖經ᄒ며 寶其身體호디 若珠與瓊ᄒ야 戰兢自守ㅣ니 敢曰縱肆아. 己尙不有ㅣ어니 何物을 敢恃리오.

  夫苟有過ㅣ어든 委曲諫之호디 陳說利害ᄒ야 和容婉辭ㅣ니 夫若盛怒ㅣ어든 悅則復諫ᄒ야 雖被箠鞭이라도 安敢怨恨이리오. 夫職은 當尊ᄒ고 而妻ᄂᆫ 爲卑라 或毆或罵乃分之宜니 我焉敢訴이며 我焉敢怒ㅣ리오. 藉以偕老ㅣ라 匪一日故ㅣ니라. 纖毫之事를 必當禀聞이니 豈敢自專이리오. 專則非人이니라.

  夫家有失을 勿告父母ㅣ니 徒貽親憂ㅣ라 告亦何補ㅣ리오. 嫁旣曰歸ᄒ얀 死生以之니 若是紛紜이면 馬牛不如ㅣ니라. 欲家之興인댄 曰和與順이니 何以致斯오. 又在乎敬ᄒ니라.

  ● 이 조목은 원출전을 『여교』라고 밝혔으나 어떤 문헌을 가리키는지 분명하지 않다. 『내훈』 「부부장」의 조목 제1-2, 1-3, 1-4, 1-5는 모두 반소의 『여계』와 일치하는데, 이 조목은 『여계』에 없는 문장이다.

  남편은 아내의 하늘이니 아버지처럼 섬기며 예로써 공경하라는 가르침을 「부부장」의 첫 번째 조목으로 삼았다. 아내는 남편에게 순종해야 하는 존재이지만 남편에게 허물이 있을 때는 온화한 얼굴과 완곡한 말로써 그 잘못을 지적할 것, 시집의 허물을 친정에 전하여 공연히 부모에게 걱정을 끼치지 말 것 등을 당부하고 있다. 아내의 덕목을 화(和)와 순(順)이라 하고, 이를 위해 역시 경(敬)의 자세가 가장 중요하다고 했다.

1-2 부부는 인륜의 근본이니 여자도 가르쳐라

부부의 도는 음양의 원리에 부합하고 천지신명과 통하니, 진실로 하늘과 땅의 큰 뜻이고 인륜의 큰 마디이다. 이 때문에 『예기』는 남녀관계를 귀중하게 다루었고 『시경』은 「관저」(關雎)의 뜻을 드러내었다.3) 이로 말미암아 말하자면, 남녀관계는 중히 여기지 않아서는 안 된다. 남편이 현명하지 못하면 부인을 통솔하지 못하고, 부인이 현명하지 못하면 남편을 제대로 섬길 수 없다. 남편이 부인을 통솔하지 못하면 위의4)가 무너지고, 부인이 남편을 잘 섬기지 못하면 의리가 이지러진다.

---

3) 【「관저」는 『모시』(毛詩)의 편명이다. 관(關)은 암수가 서로 조화롭게 우는 소리이고, 저구(雎鳩)는 물새 이름이다. 짝을 한번 정하여 서로 어지럽게 하지 않으며, 둘이 항상 나란히 짝지어 놀되 서로 친압하지 아니하여, 뜻이 지극하되 분별이 있다. 주나라 문왕이 성스러운 덕을 갖추시고 또 성녀 사씨(姒氏)를 얻어서 배필을 삼으셨는데, 사씨가 처음 오실 때 유한정정(幽閑貞靜)한 덕이 있었기 때문에 궁중의 어떤 사람이 이 시를 지어 말하기를 "서로 화락하시며 공경하심이 저구새와 같으시다" 하였다. 유(幽)는 깊다, 한(閑)은 편안하고 고요하다, 정(貞)은 일정하다, 정(靜)은 마음이 깨끗하다는 뜻이다.】 『시경』 「주남·관저」는 시 305편의 첫머리에 수록되어 있다. "구욱구욱 저구새는 황하 섬 속에서 울고, 아리따운 아가씨는 군자의 좋은 짝이로다"[關關雎鳩, 在河之洲, 窈窕淑女, 君子好逑]는 「관저」의 유명한 첫 구절이다. 언해문 세주에서 언급한 사씨는 문왕의 비이자 무왕의 어머니인 태사를 가리킨다. 『모시』는 「관저」편이 후비(后妃)의 덕을 읊은 것이라고 해석하였고, 주희의 『시집전』(詩集傳) 역시 같은 뜻으로 풀이했다. 『모시』와 『시집전』에 대해서는 권말의 '『내훈』에 인용된 고전'을 참조할 것.

4) 【위의(威儀)는 거동이 엄숙하고 본받을 만하다는 뜻이다.】

이 두 가지를 견주어보면 그 쓰임은 같다.

　오늘날 군자들을 보면, 단지 아내를 통솔하지 않을 수 없고 위의를 가지런하게 하지 않을 수 없다는 것만 알아서, 아들을 가르쳐 고서와 경전으로 몸을 검속하게 한다. 그러나 아내가 남편을 섬기지 않을 수 없고 예의를 갖추지 않을 수 없다는 것을 알지 못하여, 단지 아들만 가르치고 딸은 가르치지 않는다. 이것은 남자와 여자가 다르다는 생각에 가려서 그런 것이다. 『예기』에는 남자가 여덟 살이 되면 글을 가르치기 시작하고 열다섯 살이 되면 배움에 뜻을 둔다고 하였는데,5) 유독 여자는 이를 본받지 않는 것이 옳겠는가?

　　夫婦之道는 參配陰陽ᄒ며 通達神明ᄒ니 信天地之弘義며 人倫之大節也ㅣ라. 是以로 禮貴男女之際ᄒ고 詩著關雎之義ᄒ니 由斯言之컨댄 不可不重也ㅣ라. 夫不賢則無以御婦ㅣ오 婦不賢則無以事夫ㅣ며 夫不御婦ᄒ면 則威儀廢壞ᄒ고 婦不事夫ᄒ면 則義理墮闕ᄒ리니 方斯二者컨댄 其用이 一也ㅣ라.

　　察今之君子혼딘 徒知妻婦之不可不御와 威儀之不可不整홀ᄉᆡ 故로 訓其男ᄒ야 檢以書傳ᄒ고 殊不知夫主之不可不事와 禮義之不可不存也ᄒ야 但敎男而不敎女ᄒᄂ니 亦蔽於彼此之數乎ㅣ뎌. 禮예 八歲예 始敎之書ᄒ고 十五而志於學矣ᄂ니 獨不可依此ᄒ야 以爲則哉아.

　● 이 조목은 원출전을 『여교』라고 밝혔는데, 반소의 『여계』「부부」와 두 글자를 제외하고 문장이 일치한다.

　남편과 아내란 존재가 양과 음의 원리에 입각하여 천지와 인륜의 근본이 되는 까닭에 『예기』와 『시경』 같은 경전에서도 남녀관계를

---

5) 『예기』에서 말한 남자의 교육에 관해서는 『내훈』「모의장」 각주 4번 참조.

중요하게 다루었다고 했다. 그처럼 중요한 부부관계가 원만하게 유지되려면 남편과 아내가 모두 현명해야 하고, 이를 위해서는 남자를 가르치듯 여자도 가르쳐야 한다고 했다.

1-3 양강음유(陽剛陰柔)의 원리와 경순(敬順)의 도

음양은 본성이 다르고 남녀는 행적이 다르다. 양은 단단함을[6] 덕으로 삼고 음은 부드러움을 쓰임으로 삼는다. 남자는 강함을 귀하게 여기고 여자는 약함을 아름답게 여긴다. 그러므로 속담에 이르기를 "이리 같은 아들을 낳아도 오히려 약할까 걱정하고, 쥐 같은 딸을 낳아도 오히려 범처럼 사나울까 걱정한다"고 하였다. 여자의 수신은 경(敬)만한 게 없고, 강하게 되지 않으려면 순(順)만한 게 없다. 그래서 경순(敬順)의 도를 부인의 큰 예라고 한다. 무릇 경(敬)이란 다름 아니라 '오랫동안 지속함'을 말하고, 순(順)은 다름 아니라 '넓고 크며 조용함'을 말한다. 오랫동안 지속한다는 것은 '만족하는 데서 그만둘 줄 아는 것'이고, 넓고 크며 조용하다는 것은 '공손하게 아래에 처함을 숭상하는 것'이다.

부부가 서로 좋으면 종신토록 헤어지지 않는데, 방 안에서 함께 기거하다[7] 보면 만만하게 여기는 마음이 생긴다. 만만하게 여기는 마음이 생기면 말이 지나치게 되고, 말이 지나치면 필시 태도가 방자해진다. 태도가 방자해지면 남편을 무시하는 마음이 생기니, 이는 만족하는 데서 그만둘 줄 알지 못함에서 기인한 것이다. 또한 일에는 그릇된 것과

---

6) 【강(剛)은 단단하다는 뜻이다.】
7) 【주선(周旋)은 빙 돈다는 뜻이다.】 한문과 언해문에 모두 '주선'이라 되어 있는데, 흔히 행동거지나 몸가짐의 뜻으로 풀이된다. 여기서는 한 방에서 왔다갔다하는 것, 즉 한 방에서 기거함을 의미한다.

올바른 것이 있고 말에는 옳은 것과 그른 것이 있으니, 올바른 것을 위해 다투지 않을 수 없고 그릇된 것은 따지지 않을 스 없다. 따지고 다투는 일이 생기면 분노할 일이 있게 마련이니, 이는 공손하게 아래에 처함을 숭상하지 않음에서 기인한 것이다.

남편을 무시함이 정도를 넘으면 꾸지람을 듣게 되고 분노가 그치지 않으면 회초리가 뒤따른다. 무릇 부부가 된다는 것은 의리로써 화친하고 은혜로써 화합하는 것이다. 매질이 있게 되면 무슨 의리가 있을 것이며, 비난이 난무하는데 무슨 은혜하는 마음이 있을 수 있겠는가. 은혜하는 마음과 의리가 다 없어지면 부부는 헤어질 수밖에 없다.

陰陽이 殊性ᄒ고 男女ㅣ 異行ᄒ니 陽은 以剛爲德ᄒ고 陰은 以柔爲用ᄒ며 男은 以强爲貴ᄒ고 女는 以弱爲美ᄒᄂ니 故로 鄙諺에 有云호ᄃᆡ 生男如狼이라도 猶恐其尫이오. 生女如鼠ㅣ라도 猶恐其虎ㅣ라 ᄒ니 然則修身이 莫若敬ᄒ고 避强이 莫若順ᄒ니 故로 曰호ᄃᆡ 敬順之道ᄂ 婦人之大禮也ㅣ라. 夫敬은 非他ㅣ라 持久之謂也ㅣ오 夫順은 非他ㅣ라 寬裕之謂也ㅣ니 持久者ᄂ 知止足也ㅣ오 寬裕者ᄂ 尙恭下也ㅣ라.

夫婦之好ㅣ 終身不離ᄒ야 房室에 周旋ᄒ야 遂生媟黷ᄒᄂ니 媟黷이 旣生ᄒ면 語言이 過矣며 語言이 旣過ᄒ면 縱恣ㅣ 必作ᄒ며 縱恣ㅣ 旣作ᄒ면 則侮夫之心이 生矣ᄂ니 此由於不知止足者ㅣ라. 夫事有曲直ᄒ며 言有是非ᄒ니 直者ᄂ 不能不爭이오 曲者ᄂ 不能不訟이니 訟爭을 旣施ᄒ면 則有忿怒之事矣ᄂ니 此ㅣ 由於不尙恭下者也ㅣ라.

侮夫不節ᄒ면 譴呵ㅣ 從之ᄒ고 忿怒不止ᄒ면 楚撻이 從之ᄒᄂ니 夫爲夫婦者ㅣ 義以和親이오 恩以好合이어늘 楚撻이 旣行ᄒ면 何義之有ㅣ며 譴呵ㅣ 旣宣ᄒ면 何恩之有ㅣ리오. 恩義俱廢ᄒ면 夫婦ㅣ 離矣ᄂ니라.

● 이 조목은 원출전을 『여교』라고 밝혔는데, 반소의 『여계』「경순」과 네 글자를 제외하고 문장이 일치한다.

양은 강하고 음은 부드럽듯이 남자와 여자는 타고난 기질이 다르다는 대전제하에, 공경과 순종의 도를 아내가 갖추어야 할 가장 큰 덕으로 제시하였다. 경(敬)의 자세를 '만족하는 데서 그만둘 줄 아는 것', 순(順)의 자세를 '공손하게 아래에 처함을 숭상하는 것'이라고 풀이하고, 부부 사이에 다툼이 일어나는 것이 아내가 경과 순의 덕을 실천하지 못해서라고 보았다. 또한 의리와 사랑이 다한 부부는 헤어질 수밖에 없다고 했다.

1-4 남편의 마음을 얻어라

무릇 남편은 다시 장가간다는 법이 있지만 부인은 두 번 시집간다는 조문이 없다. 그래서 남편은 하늘이라고 하는 것이다. 하늘은 진실로 버리고 도망갈 수 없고 남편은 진실로 떠날 수 없다. 행실이 하늘과 땅의 뜻을 거스르면 하늘이 벌을 내리고, 예와 의를 행함에 허물이 있으면 남편이 박대할 것이다. 그러므로 『여헌』8)에 이르기를 "한 사람의 마음을 얻으면 이른바 영원히 함께하다가 삶을 마치고, 한 사람의 마음을 얻지 못하면 이른바 영원히 관계가 끝난다"9)고 하였다. 이로 말미암아

---

8) 【여헌(女憲)은 여자를 경계하는 글이다.】 『여헌』은 현재 전하지 않는 중국의 규훈서이다. 반소의 『여계』와 인효문황후의 『내훈』에서 『여헌』의 존재를 언급한 바 있다. 권말의 '『내훈』에 인용된 고전'을 참조할 것.

9) 한문에 '영필'(永畢)과 '영흘'(永訖)은 주어를 부부관계로 보는가 여성으로 보는가에 따라 해석에 약간 차이가 있다. 후자로 본다면, 각각 "일생을 잘 마치다"와 "일생을 영원히 그르치다"로 풀이할 수 있다. 이 책에서는 전자로 해석하여 "부부가 영원히 함께하다가

말하건대, 그의 마음을 얻지 못해서는 안 된다.

그러나 마음을 구하는 방법이 아첨하고 아양을 떨면서 구차하게 친해짐을 말한 것은 아니다. 진실로 마음을 올곧게 하고 용모를 단정하게 하는 것, 즉 '전심정색'(專心正色)만한 것이 없다. 예와 의를 함께 갖추어서, 귀는 더러운 말을 듣지 않고 눈은 비뚤어진 것을 보지 않으며, 외출시에 지나치게 치장하지 말고 들어와서 차림을 아무렇게나 하지 말며, 사람을 모아 무리를 짓지 말고 문틈으로 엿보지 말 것이다. 이와 같다면, 마음을 올곧게 하고 용모를 단정하게 한다고 말할 수 있다. 만약 행동이 가볍고 보고 듣는 것이 일정치 않으며, 집에서는 헝클어진 머리에 아무렇게나 하고 있다가 밖에 나갈 때는 요조숙녀와 같은 태도를 지으며, 해서는 안 되는 말을 하고 보아서는 안 되는 것을 본다면, 이것은 마음을 올곧게 하고 용모를 단정하게 하지 못하는 것이라고 말할 수 있다.

夫有再娶之義호고 婦無二適之文호니 故로 曰호딕 夫者는 天也ㅣ니 天固不可逃ㅣ오 夫固不可離也ㅣ라. 行違神祇호면 天則罰之호시고 禮義有愆호면 夫則薄之호리니 故로 女憲에 曰호딕 得意一人이면 是謂永畢이오 失意一人이면 是謂永訖이라 호니 由斯言之컨댄 不可不求其心이니

然이나 所求者ㅣ 亦非謂佞媚苟親也ㅣ라 固莫若專心正色호야 禮義俱縶호야 耳無塗聽호며 目無邪視호며 出無治容호며 入無廢飾호며 無聚會群輩호며 無看視門戶ㅣ니 此則謂專心正色矣라. 若夫動靜이 輕脫호며 視聽이 陝輸호며 入則亂髮壞形호고 出則窈窕作態호며 說所不當道호며 觀所不當視홀씨 此謂不能專心正色矣라.

삶을 마치다"와 "서로의 관계가 영원히 끝나다"로 풀이하였다.

● 이 조목은 원출전을 『여교』라고 밝혔는데, 반소의 『여계』「전심」(專心)의 문장과 거의 일치한다.

  이 조목은 아내가 남편의 마음을 얻어야 할 필요성과 그 방법에 대해 서술한 것이다. 남자는 두 번 장가갈 수 있지만 여자는 두 번 시집갈 수 없다는 것, 즉 불경이부(不更二夫)의 원리를 전제하고, 그렇기 때문에 여자는 남편 한 사람의 마음을 얻어야 한다고 했다. 남편의 마음을 얻는 방법은 구차하게 아양을 떠는 것이 아니라 '전심정색', 즉 마음을 올곧게 하고 용모와 몸가짐을 한결같이 단정하게 하는 것이라고 했다.

1-5 시부모의 마음을 얻어라

  무릇 "한 사람의 마음을 얻으면 영원히 함께하다가 삶을 마치고, 한 사람의 마음을 얻지 못하면 영원히 관계가 끝난다"[10]고 한 것은 사람들이 뜻을 정하고 마음을 전일하게 했으면 하는 바람에서 한 말이다. 어찌 시부모의 마음을 잃을 수 있겠는가. 은혜하는 마음 때문에 스스로 떠날 수도 있고 의리 때문에 저절로 깨질 수도 있는데, 남편이 비록 사랑한다고 해도 시부모가 '잘못되었다'고 말한다면, 이것이 이른바 의리 때문에 저절로 깨지는 경우이다.

  그렇다면 시부모의 마음을 어떻게 해야 할까? 진실로 곡진히 따르는 것보다 더 나은 방법은 없다. 시어머니가 그르다고 여기지 않아 '네가 옳다'고 말해도 진실로 명을 따라야 하고, 시어머니가 '네가 틀렸다'고 말해도 그 명에 순종하여야 한다.[11] 시비를 따지거나 곡직을 분별하지 말아

---

10) 『여헌』에서 인용한 구절이다. 『내훈』바로 앞 조목에도 이 구절이 인용되어 있다.

야 하니, 이것이 이른바 곡진히 따르는 것이다. 그러므로 『여헌』에 이르기를 "부인이 그림자와 메아리 같다면 어찌 칭찬받지 않겠는가" 하였다.

夫得意一人이면 是謂永畢이오 失意一人이면 是謂永訖이라 ᄒᆞ니 欲人이 定志專心之言也ㅣ라. 舅姑之心을 豈當可失哉리오. 物이 有以恩으로 自離者ᄒᆞ며 亦有以義로 自破者也ᄒᆞ니 夫雖云愛나 舅姑ㅣ 云非ᄒᆞ면 此ㅣ 所謂義自破者也ㅣ라.

然則舅姑之心을 奈何오. 固莫尙於曲從矣니라. 姑云디 不爾而是면 固宜從令이오 姑云이 爾而非라도 猶宜順命이니 勿得違戾是非ᄒᆞ며 爭分曲直이니 此則所謂曲從矣라. 故로 女憲에 曰호되 婦ㅣ 如影響이면 焉不可賞이리오 ᄒᆞ니라.

●이 조목은 원출전을 『여교』라고 밝혔는데, 『여계』 「곡종」의 문장과 거의 일치한다.

이 조목에서는 남편의 마음을 얻는 것 못지않게 시부모의 마음을 얻는 것이 중요하다는 점에 대해 서술하고 있다. 남편의 마음을 얻어도 시부모의 마음을 얻지 못하면 부부 사이가 깨질 수 있다면서, 시시비비를 가리지 말고 시부모에게 순종하라고 충고하고 있다.

2 부인 노릇 하기가 가장 어렵다

『방씨여교』에 말했다.

---

11) 이 대목은 언해문의 풀이에 따라 번역하였다. 『내훈』 한문에는 "姑云이 不爾而是면 固宜從令이오 姑云이 爾而非라도"라고 되어 있는데, 이와 달리 "姑云不, 爾而是, 固宜從令, 姑云, 爾而非"라고 띄어 읽기도 한다. 이에 따르면 "시어머니가 아니라고 하는 것을 너는 옳다고 여겨도 마땅히 그 명을 따라야 하고, 시어머니는 맞다고 하는 것을 너는 틀리다고 여겨도 그 명을 따라야 한다"고 풀이한다.

온갖 일이 부인들로부터 비롯되는 것이 많으니, 사납게 투기하고 독을 품고 원망하게 되면 크게는 집안을 허물어뜨리고 작게는 몸을 망치게 된다. 눈을 들어 살펴보면 모두가 도도히 그러하다.12) 오직 관대하고 자비로우며 편파적이지13) 않음을 가리켜 이른바 덕을 지녔다고 하니, 그러면 응당 집안은 저절로 화락해질 것이다.

느리고 빠름을 살펴서 잡고 푸는 것을 이치에 맞게 하고 너무 관대하여 해이하게 해서도 안 될 것이다. 여종과 잉첩에 대해서도 마땅히 인으로 다스려야 하니, 네 딸을 네가 사랑하는 것과 같다. 저들만 유독 사람이 아니겠는가? 자기 자신에 비추어 생각하면 많은 일을 이해할 수 있을 것이니, 사람의 마음을 가진 자라면 능히 마음을 일으키지 않겠는가.14) 배고프고 추운 것을 염려해주고 힘들고 편한 것을 고르게 해주며, 아주 부득이한 경우에만 비로소 나무라는 것이 옳다. 그 밖의 일은 혹 쉬울 수 있지만 부인 노릇 하기가 가장 어렵다. 노력하지 않을 수 있겠는가.

　　方氏女敎애 云호딕

　　百事之生이 多自婦人ᄒᆞᄂᆞ니 旣悍而妬ᄒᆞ고 復毒而嗔ᄒᆞ면 大則破家ᄒᆞ고 小則亡己ᄒᆞ리니 擧目而觀컨댄 滔滔皆是ᄒᆞ니라. 唯寬與慈와 及無偏頗ㅣ 此ㅣ 謂德懷ㅣ니 家當自和ᄒᆞ리라.

　　視其緩急ᄒᆞ야 操縱을 合理ᄒᆞ며 又母太寬ᄒᆞ야 以至懈弛니라. 至於婢媵ᄒᆞ야 當推以仁이니 汝女를 汝愛ᄒᆞᄂᆞ니 彼獨非人가 以己取譬ᄒᆞ면 衆事를 可見이니 有人心者ㅣ 能不興念가. 軫其飢寒ᄒᆞ며 均其勞逸ᄒᆞ야 甚不得已어사 始

---

12) 【도도(滔滔)는 물이 두루 퍼져 있는 모양이다. 사람이 모두 같음을 비유한 것이다.】
13) 【편(偏)은 기울어진다는 뜻이고, 파(頗)는 바르지 않다는 뜻이다.】
14) 부리는 사람이 자기 자신부터 몸가짐을 바르게 하고 대한다면, 종이나 첩들도 사람인 이상 주인의 진심을 알고 잘하려고 노력할 것이라는 말이다.

加訶詰이니라. 他事는 或易커니와 爲婦ㅣ 最難ᄒᆞ니 可不勉斾가.

● 원출전을 『방씨여교』라고 밝혔는데 현재 전하지 않는 문헌이다. 『내훈』은 『방씨여교』가 수록된 규훈서 선집인 『여교』를 인용한 것으로 추정된다.

이 조목에서는 부인의 투기를 경계하고 첩을 대하는 바른 태도에 대해 서술하였다. 온갖 일이 부인들로부터 비롯된다 하고, 부인이 첩을 투기하고 남편을 원망하는 마음을 품으면 결국 자기 자신과 집안을 망치게 되고, 반대로 부인이 관대하고 자비로우면 온 집안이 화락하게 된다고 했다. 그리고 집안의 여종과 첩은 인으로써 다스리되 엄하고 관대함을 적절하게 조절하라고 했다.

이 조목은 투기의 원인을 제공한 남성이 아닌, 투기하는 여성에게 모든 불화의 책임을 전가시킨다는 점에서 전형적인 남성중심적 시각을 반영한다. 그러나 마지막에 "부인 노릇 하기가 가장 어렵다"는 한 마디는, 집안의 화목을 위해 자신의 감정을 누르고 이른바 부덕을 견지해야 하는 여성의 고충을 반영한다는 점에서 의미심장하다.

앞서 「혼례장」 조목 제8에서 칠거(七去)의 조건으로 투기를 언급한 것 외에, 소혜왕후의 『내훈』에서 투기에 대한 경계는 이 조목이 유일하다. 이것은 같은 15세기 명나라의 『내훈』이나 조선후기 규훈서들에서 별도의 장으로 설정하여 '불투기'(不妬忌)를 특별히 강조하는 것과는 대조적이다.

예를 들어, 명나라 『내훈』은 「사군장」(事君章) 외에 「체하장」(逮下章)을 따로 두어 투기하지 말 것을 강조하고 있다. 부부의 도가 제사를 잇는 데 있다고 전제하면서, 옛날의 현명한 후비들이 정숙한 다른 여성을 군자에게 추천한 것은 후손을 번성시키기 위함이라고 합리화하였다.15) 17세기 조선의 송시열도 『계녀서』(戒女書)에서 「남편 섬기는 도리라」와 「투기하지 말라는 도리라」 두 장에 걸쳐 '투기는 부인의 제일가는 악행'임을 강조하고, 남편이 설령 백 명의 첩을 두어도 상관하지 말고 남편을 더욱 공경할 것을 주문하였다.16) 한원진의 『한씨부훈』에도 「사가장장」(事家長章) 외에 「대첩잉장」(待妾媵章)이 있다. 한원진 역시 양 하나에 음이 둘인 것, 즉 한 남자가 여러 여자를 거느림이 천도(天道)와 인사(人事)의 당연한 이치라고 전제하면서, 정처가 첩을 투기함은 자기 자신에게 전혀 득이 되지 않을 뿐 아니라 한 집안을 망하게 하는 결과를 가져온다고 경계하였다.17)

3 암탉이 울면 집안이 망한다

『안씨가훈』에 말했다.

---

15) 인효문황후, 『내훈』 「체하장」, "故夫婦之道, 世祀爲大, 古之哲后賢妃, 皆惟德逮下, 薦達貞淑, 不獨任己, 是以茂衍來裔, 長流慶澤."
16) 『계녀서』 「지아비 셤기는 도리라」, "녀즈マ 지아비 셤기는 즁 투긔 아니홈이 읏듬 힝실이니 일빅 쳡을 두어도 볼만ᄒ고 쳡을 아모리 사랑ᄒ여도 노긔 두지 말고 더욱 공경ᄒ여라. … 투긔ᄒ면 빅가지 아롬다온 힝실이 다 헛것시라. 깁히 경계ᄒ라."; 「투긔ᄒ지 말나는 도리라」, "투긔란 거슨 부인의 졔일 악ᄒ이미 다시 쓰노라. … 늬 몸 바리고 집이 픠ᄒ고 ᄌ손이 다 망ᄒᄂ 거시 투긔로 ᄒ여시니 늙은 아비 말을 허수이 넉이지 말고 경계ᄒ라."
17) 『한씨부훈』 「대첩잉장」, "婦有七去之惡, 妬居其一, 妬者婦人之大惡, 而聖人之至戒也. 是不可萌於心, 而有不戒於此者, 不可容於家也. 況陽一而陰二, 天道之常然者也, 衆女而事一夫, 人事之當然者也."

아내는 집안에서 먹고 마시는 것을 주관한다. 으직 술과 밥과 의복 등의 예를 일삼을 뿐 나라의 정사에 참여함이 옳지 않고 집안의 대소사를 맡아서 처리함이 옳지 않다. 그러니 만약 총명하고 재주와 지혜가 있어서 고금의 일을 꿰뚫어 알지라도, 반드시 바르게 군자를 도와 부족한 부분을 권면할지언정, 결코 암탉이 새벽에 울어 화를 불러일으키는 일이 있어서는 안 된다.18)

　　顔氏家訓에 曰호딕

　　婦는 主中饋라 唯事酒食衣服之禮耳언뎡 國에 不可使預政이며 家에 不可使幹蠱 ㅣ니 如有聰明才智ᄒᆞ야 識達古今이라도 正當輔佐君子ᄒᆞ야 勸其不足이언뎡 必無牝雞晨鳴ᄒᆞ야 以致禍야 ㅣ니라.

● 이 조목은 본래 안지추의 『안씨가훈』 「치가」(治家)의 일부분이고, 『소학』 「가언」 조목 제45와 일치한다.

이 대목은 유교적 가부장제가 기반을 두고 있는 남녀의 성역할 분리주의를 요약적으로 잘 대변하고 있다. 아내의 역할을 집안에서의 먹고 입는 문제에 한정하고, 설령 총명하고 재주가 있어도 여성은 정치와 같은 바깥일에 관여할 수 없으니 그 지혜는 남편을 내조하는 데만 쓰라고 선을 긋고 있다.

---

18) '암탉이 새벽에 울면 화를 부른다'는 것은 중국 고대 주나라를 세운 무왕이 은 왕조 마지막 주왕을 치면서 내걸었던 일종의 선전 구호였다. 『상서』 「주서(周書)·목서편(牧誓篇)」에 보면, 무왕이 전투에 임하면서 했던 첫 마디가 바로 "암탉은 새벽에 울지 않는다. 암탉이 새벽에 울면 집안이 망한다"는 말이었다. 여기서 암탉은 주왕의 비 달기를 빗댄 말이다. 『열녀전』에 따르면, 달기는 주왕에게 간언ᄒᆞ는 비간의 심장을 가르게 하고 주왕을 '주지육림'(酒池肉林)의 향락에 빠지게 한 장본인이다.

4 후부인의 남편 섬기기

정태중[19]의 부인 후씨는 시부모를 섬김에 그 효성과 삼가는 태도로써 칭송을 받았으며, 태중과 더불어 마치 손님처럼 서로를 대하였다. 태중은 그 내조에 힘입어 예의와 공경이 더욱 지극하였고, 부인은 겸손과 순종으로 스스로를 다스려 비록 사소한 일이라도 자기 마음대로 한 적이 없고 반드시 여쭈어본 후에야 행하였다. 이 부인이 바로 두 정선생[20]의 어머니이다.

程太中夫人侯氏ㅣ 事舅姑호디 以孝謹ᄒ로 稱ᄒ며 與太中으로 相待如賓客ᄒ더니 太中이 賴其內助ᄒ야 禮敬이 尤至어든 而夫人이 謙順自牧ᄒ야 雖小事ㅣ라도 未嘗專ᄒ야 必稟而後에사 行ᄒ더라 夫人者ᄂᆫ 二程先生之母也ㅣ라.

● 이 조목은 「언행장」 조목 제20과 마찬가지로 본래 『이천문집』 「상곡군군가전」의 일부분이다. 『내훈』은 『여교』에서 이 구절을 발췌했을 가능성이 있으나 확인할 수 없다.

후부인은 정호와 정이 형제를 훌륭한 유학자로 키워낸 어머니로 유명하다. 이 조목에서는 후부인이 한 남자의 아내로서 보여준 모범적인 행실에 대해 적었다. 후부인과 정태중 부부가 서로를 손님처럼 대했다는 것은 유교 윤리가 내세우는 이상적인 부부관계를 상징하는 말로서, 상대방에게 예의를 갖추고 공경하여 친압하지 않음을 의미한다. 또한 아무리 사소한 일도 남편에게 먼저 물은 후에 처리했다는 것은 '부인은 독단으로 일을 처리할 수 없다'고 했던 공자의 말을 후

---

19) 정태중(程太中)은 정호·정이 형제의 아버지이다.
20) 【두 정선생은 명도선생과 이천선생이다.】

부인이 철저하게 실천했음을 의미한다.

5 잠자리에서도 단정하게

여형공21)의 부인 선원22)이 이런 말을 한 적이 있다. "시강23)과 부부가 되어 60년을 함께 살았는데, 그는 단 하루도 얼굴을 붉힌 적이 없고 젊어서부터 늙어서까지 비록 잠자리에서라도 장난치며 웃은 적이 없다." 형양공24)은 처신이 이와 같았으면서도 늘 범내한25)을 찬탄하며 자신은 그에 미칠 수 없다고 여겼다.

> 呂榮公夫人仙源이 嘗言호딕 與侍講으로 爲夫婦ᄒ야 相處六十年에 未嘗一日도 有面赤ᄒ며 自少로 至老히 雖袵席之上이라도 未嘗戱笑호라 ᄒ니 滎陽公이 處身이 如此호딕 而每歎范內翰ᄒ야 以爲不可及이라 ᄒ더라.

---

21) 여형공(呂滎公)은 북송 때 학자인 여희철(呂希哲)을 가리킨다. 자는 원명(原明)이다. 그의 아버지 정헌공 여공저는 재상이 되어 신국공에 봉해졌다. 어머니 신국부인은 참정을 지낸 노종도(魯宗道)의 둘째딸이다. 이들 가족에 관한 일화가 『소학』 여러 곳에 보인다. 『내훈』에도 이들에 관한 조목이 여럿 있다.
22) 여희철의 아내 선원(仙源)은 장온지(張昷之)의 작은딸이다. 『소학』「선행」 조목 제2에는 선원의 부모가 귀한 신분임에도 자식들에게 얼마나 검소한 생활태도를 가르쳤는가를 보여주는 일화가 실려 있다. 선원의 어머니 장부인과 시어머니 신국부인은 자매간인데, 언니 장부인이 동생 신국부인의 뒤뜰에 냄비가 가득한 것을 보고, 젊은 아이들이 사사로이 음식을 만들어 먹게 내버려두어 가법을 므너뜨림을 나무랐다는 것이다.
23) 시강(侍講)은 임금이나 동궁을 모시고 경전을 강의하는 벼슬이다. 여기서는 여형공을 가리킨다.
24) 여형공이 형양군공(滎陽郡公)에 봉해졌으므로 형양공이라고도 불렀다.
25) 【범(范)은 성이고 내한(內翰)은 벼슬 이름이다.】 범내한은 송대의 학자 범충(范沖)을 가리킨다. 자는 원장(元長)이다. 내한은 한림학사의 별칭이다.

●이 조목은 원출전이 『여씨가전』으로 추정되나 확인할 수 없고, 『여씨가전』을 요약한 『이낙연원록』 권7 「여시강」(呂侍講)의 「유사십조」(遺事十條)에서 같은 문장이 확인된다. 『내훈』이 이 대목을 발췌한 문헌이 어느 것인지는 미상이다. 『소학』「선행」에 여형공에 관한 일화가 여럿 있지만, 이 조목과 일치하는 문장은 찾을 수 없다.

이 조목은 북송 때 학자인 여형공의 인품에 대한 아내 장부인의 진술이다. 요지는 여형공이 아내를 대하는 태도가 60년이 넘도록 한결같이 단정하고 엄숙했다는 것이다. 심지어 젊은 시절 잠자리에서도 웃고 장난치며 흐트러진 모습을 아내에게 보인 적이 없다고 했다. 이 일화의 주인공은 여형공이고 부인 선원이 아니다. 이처럼 『내훈』에는 이상적인 모델로서 여성이 아니라 남성 인물을 제시한 사례가 많다.

6 초나라 장왕의 부인 번희

번희는 초나라 장왕26)의 부인이다. 장왕이 즉위하여 사냥을 즐겼는

---

26) 장왕(莊王)은 춘추시대 초나라의 제23대 왕이다. 재위기간은 기원전 614~591년이다. 춘추시대 5대 강국을 가리키는 춘추오패(春秋五霸)의 하나로, 초나라 역대 군주 중 최고의 명군으로 간주된다. 폭군이었던 아버지 목왕이 죽은 후 어린 나이에 왕위에 올랐으나 섭(燮)의 모반으로 한동안 갇혀 지냈다. 섭이 죽고 수도로 돌아온 장왕은 3년간의 방탕한 생활 끝에 오거(伍擧)와 소종(蘇從)에게 국정을 맡기고 간신들을 척결했다고 한다. 장왕이 겉으로는 방탕하게 지낸 것 같지만 실은 그 기간 동안 신하들의 인물됨을 관찰하고 있었다는 불비불명(不飛不鳴)의 고사가 『사기』「초세가」(楚世家)에 전한다. 오자서의 조부 오거가 '날지도 않고 울지도 않는 새'에 관한 수수께끼를 냈을 때 장왕이 "그 새가 일단 날아오르면 하늘까지 닿아 사람들을 놀라게 할 것이다"라고 대

데 번희가 간하였으나 그만두지 않았다. 번희가 짐승 고기를 먹지 않자 왕이 잘못을 고치고 정사에 힘썼다.

왕이 조회에서 늦게야 돌아오니, 번희가 당하(堂下)로 내려가 맞이하며 말했다. "어찌 이리 늦으셨습니까? 시장하고 피로하지 않으신지요?" 왕이 대답했다. "현자(賢者)와 이야기하니 배고프고 피로한 줄도 모르겠소." 번희가 말했다. "왕께서 말씀하시는 현자란 누구입니까?" "우구자27)요." 왕이 대답하니 번희가 입을 가리고 웃었다. "어째서 웃는 것이오?" 왕이 묻자 번희가 대답했다. "우구자가 어진 사람이기는 합니다만 충성스럽지는 못합니다." 왕이 물었다. "그게 무슨 뜻이오?"

번희가 대답했다. "제가 왕을 모신 지 11년이 되었습니다. 그동안 정나라와 위나라로 사람을 파견하여 미인을 구해서 왕에게 천거하여, 지금 저보다 나은 사람이 두 명이요, 저와 동렬인 사람이 일곱 명 있습니다. 제가 어찌 왕의 총애를 독점하고 싶지 않겠습니까마는, 저는 당상(堂上)에 여자를 여럿 두는 것이 사람의 능력을 관찰하기 위함이라고 들었습니다. 그러니 제가 사사로운 마음으로 공적인 의를 그르칠 수 없고, 왕께서 여러 사람을 보시고 사람의 능력을 제대로 아셨으면 하고 바랐습니다. 지금 우구자가 초나라에서 재상을 한 지 10여 년이 되었는데, 그가 추천한 사람은 자기 자제가 아니면 친척 형제들이었습니다. 현자를 추천했다는 말도, 능력 없는 사람을 내쳤다는 말도 듣지 못했습니다. 이것은 군주의 옳은 판단을 막고 현자의 진로를 폐쇄한 것입니다. 현자인 줄 알면서도 천거하지 않았다면 이는 불충이요, 어떤 사람이 현자인

답했다는 것이다.
27) 우구자(虞丘子)는 춘추시대 초나라 사람으로 10년 동안 영윤(令尹)을 지냈다. 장왕에게 손숙오를 천거하여 자신의 후임으로 삼게 하였다.

가를 알지 못했다면 이는 지혜롭지 못하다는 뜻입니다. 그러니 제가 웃는 것은 당연하지 않습니까?"

왕이 기뻐하며 이튿날 우구자에게 번희가 했던 말을 전하니, 우구자는 대답할 말을 찾지 못하고 자리를 피하였다. 그리고 자신은 물러나고 다른 사람을 시켜 손숙오28)를 맞이하도록 추천하니, 왕이 그를 영윤29)의 자리에 앉혔다. 그렇게 초나라를 다스린 지 3년 만에 장왕은 패왕(覇王)이 되었으니, 초나라 사서(史書)에는 이렇게 쓰여 있다. "장왕이 패업을 이룬 것은 번희의 힘이다."

樊姬는 楚莊王之夫人也ㅣ시니라. 莊王이 卽位ᄒ샤 好狩獵이어시늘 樊姬ㅣ 諫ᄒ시니 不止어시늘 乃不食禽獸之肉ᄒ신대 王이 改過ᄒ샤 勤於政事ᄒ시니라.

王이 嘗聽朝罷晏이어시늘 姬下殿迎曰ᄒ샤디 何罷晏也ㅣ잇고. 得無飢倦乎ㅣ잇가. 王曰ᄒ샤디 與賢者로 語ㅣ라 不知飢倦也호라. 姬曰ᄒ샤디 王之所謂賢者는 何也ㅣ잇고. 曰ᄒ샤디 虞丘子也ㅣ라. 姬掩口而笑ᄒ신대 王曰ᄒ샤디 姬之所笑는 何也오. 曰ᄒ샤디 虞丘子ㅣ 賢則賢矣어니와 未忠也ㅣ니이다. 王曰ᄒ샤디 何謂也오.

對曰ᄒ샤디 妾이 執巾櫛이 十一年이니 遣人之鄭衛ᄒ야 求美人ᄒ야 進於王호니 今에 賢於妾者ㅣ 二人이오 同列者ㅣ 七人이니 妾은 豈不欲擅王之寵愛哉리잇고마는 妾은 聞堂上兼女는 所以觀人能也ㅣ라 호니 妾이 不能以私로 蔽公ᄒ야 欲王ᄋᆞ로 多見ᄒ야 知人能也호이다. 今에 虞丘子ㅣ 相楚ㅣ 十餘年이니 所薦이 非子弟면 則族昆弟오 未聞進賢退不肖ᄒ니 是는 蔽君而塞賢

---

28) 손숙오(孫叔敖)는 춘추시대 초나라 재상을 지낸 인물이다. 『사기』 권119 「순리열전」(循吏列傳)에 등장하는 청빈한 관리 5인 중 한 사람이다.
29) 【영윤(令尹)은 벼슬 이름이다.】

路ㅣ니 知賢不進이면 是는 不忠이오 不知其賢이면 是는 不智也ㅣ니 妾之所笑ㅣ 不亦可乎ㅣ잇가.

王이 悅ᄒᆞ샤 明日에 以姬言으로 告虞丘子ᄒᆞ신대 丘子ㅣ 避席ᄒᆞ야 不知所對ᄒᆞ니라. 於是예 避舍ᄒᆞ고 使人으로 迎孫叔敖而進之ᄒᆞ야늘 王이 以爲令尹ᄒᆞ샤 治楚三年에 而莊王이 以霸ᄒᆞ시니 楚史ㅣ 書曰호대 莊王之霸는 樊姬之力也ㅣ라 ᄒᆞ니라.

● 이 조목은 본래 『고열녀전』 「현명전・초장번희(楚莊樊姬)」의 일부분이고, 『고금열녀전』 권2 「주열국」(周列國)에 다시 실렸다. 『고열녀전』에는 말미에 시와 송, 『고금열녀전』에는 시가 붙어 있다.

초나라 장왕은 춘추오패 중 한 사람으로 알려진 인물이다. 번희는 장왕이 패업을 이룬 것이 그녀의 힘이라고 평가될 만큼 내조를 잘 했던 아내의 전형적인 예로 거론되는 인물이다. 소혜왕후도 『내훈』 서문에서 임금인 지아비를 잘 섬겼던 여성의 예로서 태사와 번희를 들었다. 『열녀전』에서 인용한 이 글에서는 번희의 내조를 보여주는 두 가지 일화를 제시하고 있다. 첫째는 장왕이 정사를 돌보지 않고 사냥에만 빠져 있자 번희가 그 사냥한 고기를 먹지 않았다는 것이고, 둘째는 우구자가 훌륭한 재상감이 못 된다고 간언하여 결국 손숙오와 같은 뛰어난 인재를 기용하게 만들었다는 것이다.

번희가 장왕에게 간언하는 대목은 아내가 어떻게 남편의 허물을 지적하고 바른 길로 인도해야 하는가를 보여주는 대표적인 사례라고 할 수 있다. 특히 두 번째 일화에서, 우구자의 잘못과 장왕의 허점을 논리적으로 따져 말하면서도 부드럽고 완곡하게 지적하는 번희의 유창한 언변은 여성의 말하기에 대한 중세의 또 다른 관념을 반영한다는 점에서 주목할 만하다.

7 초나라 소왕의 첩 월희

월희는 월나라 왕 구천30)의 딸이고 초나라 소왕31)의 첩이다. 소왕이 연회를 베풀어 채희는 왼편에 두고 월희는 오른편에 두었다. 왕은 몸소 네 마리 말이 끄는 수레를 타고 달려서 부사의 대에 올라가 운몽의 동산을 바라보았다.32) 사대부들이 뒤따라오는 것을 보고 즐거워하며 두 첩을 돌아보고 물었다. "즐거운가?" 채희는 "즐겁습니다" 하고 대답했다. 왕이 말했다. "나는 그대와 더불어 생시와 같이 죽어서도 이러하기를 바라노라." 채희가 말했다. "옛날에 저희 폐읍(敝邑)33)의 군주는 백성의 역부(役夫)로서 군왕의 말 발을 섬겼습니다. 그런 까닭에 천한 이 몸을 희첩으로 바쳤는데,34) 제가 지금은 비빈과 나란히 섰으니 살아서 함께 즐기고 한 날에 죽기를 진정 원합니다." 그러자 왕이 사관을 돌아보

---

30) 구천(句踐)은 춘추시대 월나라의 제2대 왕이다. 재위기간은 기원전 496~465년이다. 춘추오패 중 한 사람이다. 오나라 왕 합려(闔閭)를 무찔렀으나, 합려의 아들 부차(夫差)에게 크게 패하고 굴욕적인 화의를 체결하였다. 이후 명신 범려(范蠡)의 보좌를 받아 다시 오나라를 쳐서 부차를 죽이고 치욕을 씻었다. 오왕 부차와 월왕 구천이 각자의 복수를 위해 와신상담(臥薪嘗膽)했던 고사가 『사기』 「월세가」(越世家)에 전한다.
31) 소왕(昭王)은 춘추시대 초나라 제29대 왕이다. 재위기간은 기원전 515~489년이다.
32) 【부사(附社)는 땅 이름이고, 운몽(雲夢)은 못 이름이다.】
33) 【폐(敝)는 약하다는 뜻이고 읍(邑)은 고을이니, 채나라를 가리키는 말이다.】
34) 【포저(苞苴)는 음식을 싸서 남에게 준다는 뜻이고, 완(玩)은 놀린다는 뜻이며, 호(好)는 사랑한다는 뜻이다.】 한문에 "爲苞苴玩好ᄒᆞ아시ᄂᆞᆯ"이라 한 것을 언해문에 "苞苴玩好를 사마시ᄂᆞᆯ"이라 풀이하고 세주를 달았다.

며 말했다. "기록하여라. 채희는 나를 따라 죽겠다고 허락하였다."

왕이 다시 월희를 돌아보고 물으니 월희가 대답하였다. "즐겁기는 즐겁습니다만 오래 계속함은 불가합니다." 왕이 물었다. "나는 그대와 더불어 생시와 같이 죽어서도 이러하기를 바라는데, 그렇게 할 수 없겠는가?" 월희가 대답하였다. "옛날에 우리 선군이신 장왕께서는 향락에 빠져서 3년 동안 정사를 돌보지 않았으나 마침내 잘못을 고치고 천하의 패주가 되셨습니다.35) 첩은 군왕께서 우리 선군을 본받아 장차 이러한 향락을 그만두시고 부지런히 정사를 돌보시리라 여겼습니다. 그런데 지금 그렇지 아니하시고 천첩에게 함께 죽기를 요구하시니, 어찌 그럴 수 있겠습니까? 또 군왕께서 비단과 말을 가지고 천첩을 폐읍36)에서 데려오시고 저희 군주가 태묘에서 그것을 받으실 때 죽음을 기약하지는 않았습니다. 저는 여러 아주머니들에게 부인이 죽음으로써 군주의 선함을 드러내고 군주의 사랑을 더한다는 말은 들었으되, 구차하게 남몰래 따라 죽는 것을 영화로 여긴다는 말은 듣지 못했습니다. 그러므로 저는 감히 군왕의 명을 따를 수 없습니다." 이에 왕이 깨달은 바 있어 월희의 말을 공경하였으나, 그래도 채희를 더 가까이하고 사랑하였다.

25년이 지나 소왕이 진나라37)를 구하러 나갔을 때 두 부인이 따라갔다. 왕이 군중에서 병이 났는데, 붉은 구름이 해를 끼고 있는 것이 마치 나는 새와 같았다. 왕이 주사38)에게 물으니 주사가 대답했다. "왕의 몸

---

35) 초나라 제23대 장왕은 춘추오패 중 한 사람이다. 자세한 내용은 「부부장」 조목 제6번희의 일화 참조.
36) 【폐읍(蔽邑)은 월나라를 가리키는 말이다.】
37) 【진(陳)은 나라 이름이다.】
38) 【주사(周史)는 주나라의 태사(大史)이다.】 주나라 대 임금의 곁에서 일력(日曆)을 맡아

에 해로운 징조입니다. 그러나 장군이나 재상에게 그 운을 옮길 수 있습니다." 장군과 재상이 그 말을 듣고 장차 신에게 기도하여 자기가 대신 그 해를 입겠노라 청하니, 왕이 말하기를 "장군과 재상은 나에게 수족과 같다. 이제 화근을 그들에게 옮긴다 한들 어찌 이 몸에서 떠나겠는가?" 하고 말을 듣지 않았다.

월희가 말했다. "위대합니다, 군왕의 덕이여! 첩은 왕을 따르기를 원하옵니다. 그 옛날 유희는 지나친 향락이었기에 감히 따라 죽기를 허락하지 않았던 것입니다. 그러나 군왕이 예로 돌아오시니 나라 사람들이 장차 모두 군왕을 위해 죽으려 할 터인데, 하물며 첩이겠습니까? 원컨대 제가 먼저 지하에 가서 여우와 삵 몰기를 청하옵니다." 왕이 말하기를 "옛날 놀며 즐길 때 내가 농담을 했을 뿐인데, 만일 반드시 죽는다면 이는 나의 부덕(不德)을 드러내는 것이오" 하니 월희가 말했다. "옛날에 첩이 비록 입으로 말하지 않았지만 마음으로는 이미 허락하였습니다. 신의가 있는 사람은 그 마음을 저버리지 않고 의로운 사람은 그 일을 헛되이 하지 않는다고 들었습니다. 첩은 왕의 의를 위해 죽지, 왕의 즐거움을 위해 죽지는 않습니다." 그리고 마침내 스스로 목숨을 끊었다.

왕이 병세가 악화되어 세 아우에게 왕위를 물려주려 하였으나 모두 듣지 않았다. 왕이 병영에서 세상을 떠났는데, 채희는 결국 따라 죽지 못했다. 왕의 아우 자려가 자서, 자기와 더불어 의논하기를 "어미가 신의 있는 사람이니 그 자식은 반드시 어질 것이다" 하고, 군사를 배치시키고 진문을 닫고39) 월희의 아들 웅장을 맞이하여 왕으로 세웠다. 그

보는 관리, 즉 일관(日官)을 가리킨다.
39) 진문(陣門)을 닫는다는 것은 출입을 통제한다는 뜻이다.

가 바로 혜왕40)이다. 그런 뒤에야 군사를 거두고 들어와 소왕을 장사 지냈다.

　　昭越姬者는 越王句踐之女ㅣ오 楚昭王之姬也ㅣ시니라. 昭王이 燕遊ㅣ러시니 蔡姬는 在左ᄒᆞ고 越姬는 參右ㅣ어시늘 王이 親乘馴ᄒᆞ샤 以馳逐ᄒᆞ시고 遂登附社之臺ᄒᆞ샤 以望雲夢之囿ᄒᆞ샤 觀士大夫ㅣ 逐者ᄒᆞ시고 旣驩ᄒᆞ샤 乃顧二姬曰ᄒᆞ샤ᄃᆡ 樂乎아. 蔡姬對曰호ᄃᆡ 樂ᄒᆞ이다. 王曰ᄒᆞ샤ᄃᆡ 吾ㅣ 願與子로 生若此ᄒᆞ고 死又若此ᄒᆞ노라. 蔡姬曰호ᄃᆡ 昔에 弊邑寡君이 固以其黎民之役으로 事君王之馬足이라. 故로 以婢子之身으로 爲苞苴玩好ᄒᆞ야시늘 今乃比於妃嬪ᄒᆞ시니 固願生俱樂ᄒᆞ고 死同時ᄒᆞ노이다. 王이 顧謂史ᄒᆞ샤 書之ᄒᆞ라. 蔡姬許從孤ᄒᆞ야 死矣로다.

　　乃復謂越姬ᄒᆞ신대 越姬對曰ᄒᆞ샤ᄃᆡ 樂則樂矣어니와 然이나 而不可久也ㅣ니이다. 王曰ᄒᆞ샤ᄃᆡ 吾ㅣ 願與子로 生若此ᄒᆞ고 死若此ᄒᆞ노니 其不可得乎아. 越姬對曰ᄒᆞ샤ᄃᆡ 昔에 吾先君莊王이 淫樂ᄒᆞ샤 三年을 不聽政事ᄒᆞ더시니 終而能改ᄒᆞ샤 卒霸天下ᄒᆞ시니 妾이 以君王이 爲能法吾先君ᄒᆞ샤 將改斯樂而勤於政也ㅣ시리라 ᄒᆞ다니 今則不然ᄒᆞ시고 而要婢子以死ᄒᆞ시ᄂᆞ니 其可得乎ㅣ잇가. 且君王이 以束帛乘馬로 取婢子於敝邑이어시늘 寡君이 受之太廟也ᄒᆞ샤ᄃᆡ 不約死ᄒᆞ시니 妾은 聞之諸姑호니 婦人이 以死로 彰君之善ᄒᆞ며 益君之寵이오 不聞其以苟從其闇死로 爲榮이라 ᄒᆞ니 妾은 不敢聞命이로소이다. 於是예 王이 寤ᄒᆞ샤 敬越姬之言ᄒᆞ샤ᄃᆡ 而猶親嬖蔡姬也ㅣ러시다.

　　居二十五年에 王이 救陳ᄒᆞ실ᄉᆡ 二姬從이러시니 王이 病在軍中이어시늘 有赤雲이 夾日ᄒᆞ야 如飛鳥ㅣ어늘 王이 問周史ᄒᆞ신대 史ㅣ 曰호ᄃᆡ 是害王身이니 然이나 可以移於將相이니이다. 將相이 聞之ᄒᆞ고 將請以身으로 禱於神

---

40) 혜왕(惠王)은 초나라 제30대 왕이다. 재위기간은 기원전 488~432년이다.

이어늘 王曰ᄒᆞ샤딘 將相之於孤에 猶股肱也ᄒᆞ니 今移禍焉이면 庸爲去是身乎아 ᄒᆞ시고 不聽ᄒᆞ야시늘

越姬曰ᄒᆞ샤딘 大哉라 君王之德이여. 以是로 妾이 願從王矣로이다. 昔日之遊는 淫樂也ㅣ라 是以로 不敢許ㅣ라니 及君王이 復於禮ᄒᆞ샨 國人이 皆將爲君王死ㅣ니 而況於妾乎ㅣ여. 請願先驅狐狸於地下ᄒᆞ노이다. 王曰ᄒᆞ샤딘 昔之遊樂애 吾ㅣ 戱耳라니 若將必死ㅣ면 是는 彰孤之不德也ㅣ라. 越姬曰ᄒᆞ샤딘 昔日에 妾이 雖口不言ᄒᆞ나 心旣許之矣로이다. 妾은 聞信者는 不負其心ᄒᆞ며 義者는 不虛設其事ㅣ라 ᄒᆞ니 妾은 死王之義오 不死王之好也ㅣ로이다 ᄒᆞ고 遂自殺ᄒᆞ시니라.

王이 病甚ᄒᆞ샤 讓位於三弟ᄒᆞ신대 三弟不聽ᄒᆞ다. 王이 薨於軍中이어시늘 蔡姬竟不能死ᄒᆞ니라. 王의 弟子閭ㅣ 與子西와 子期로 謀曰호딘 母信者ㅣ 其子ㅣ 必仁이라 ᄒᆞ고 乃伏師閉壁ᄒᆞ고 迎越姬之子熊章ᄒᆞ야 立ᄒᆞ니 是爲惠王이니 然後에ᅀᅡ 罷兵ᄒᆞ야 歸葬昭王ᄒᆞ니라.

● 이 조목은 본래 『고열녀전』 「절의전·초소월희(楚昭越姬)」의 일부분이고, 『고금열녀전』 권2 「주열국」에 다시 실렸다. 『고열녀전』에는 말미에 군자의 논평과 송이, 『고금열녀전』에는 군자의 논평이 붙어 있다.

『내훈』 「부부장」에서 훌륭한 아내의 전형으로 제시한 두 번째 인물은 초나라 소왕의 첩 월희이다. 월희는 월왕 구천의 딸이고, 월나라 출신인 까닭에 그런 이름이 붙었다. 장왕과 번희의 시대로부터 약 100년 후, 즉 오왕 부차와 월왕 구천이 와신상담(臥薪嘗膽)하며 팽팽히 맞서던 시대를 살았다.

번희의 예와 마찬가지로, 월희의 고사 역시 아내의 바른 내조란

어떤 것인가를 보여주는 이야기이다. 젊은 시절 소왕이 연회에서 월희와 채희 두 첩에게 자기와 생사를 함께하겠는가를 물었을 때, 채희는 왕을 따라 죽겠다고 했고 월희는 그럴 수 없다고 대답했다. 25년 후 소왕이 병들자 신하들이 대신 죽겠다고 나섰을 때 소왕이 이를 허락하지 않는 모습을 보고, 월희는 그 덕을 칭송하며 왕의 의를 위해서라면 기꺼이 죽겠다며 자결하였다. 왕의 한때 즐거움을 위해 죽을 수 없다고 당당히 거절한 월희의 소신은, 아내가 남편에게 순종해야 하지만 그 순종이 무조건적인 복종을 뜻하는 것은 아님을 보여준다.

8 후한 명제의 명덕마황후

(1) 후한의 명덕마황후는 복파장군[41] 마원의 작은딸이다. 어렸을 때 아버지를 여의었다. 총명하던 큰오라비 객경이 요절하자 어머니 인부인이 슬퍼하다 병을 얻어 정신이 없었다. 그때 황후의 나이 열 살이었는데 집안일을 주관하여 종들을 다스리니, 안팎의 사람들이 묻고 의논하기를 어른과 같이 하였다. 처음에는 집안사람들 중 그것을 아는 자가 없었는데 나중에 듣고 모두 감탄하고 기특하게 여겼다.

황후가 오랫동안 병을 앓은 적이 있다. 대부인이 점을 쳤는데 점쟁이가 말하기를 "이 따님이 비록 병중에 있으나 반드시 크게 귀히 될 것이니, 그 조짐을[42] 말하지 못하겠습니다" 하였다. 후에 또 관상 보는 사람을 불러서 딸들에 대하여 점치게 하였는데. 그가 황후를 보자 깜짝 놀

---

41) 【복파장군(伏波將軍)은 벼슬이다.】
42) 【조(兆)는 점복의 말이다.】

라며 말했다. "내 반드시 이 따님의 신하라고 일컫겠습니다. 그러나 귀하게 되어도 자식이 적을 것이니, 남의 자식을 기르면 낳은 자식보다 더 힘을 얻을 것입니다."

간택되어 태자궁에 들어간 것이 나이 열세 살 때였다.[43] 음황후[44]를 받들어 섬기며 동렬의 후궁들을 대접하되 예를 갖추었으니, 위아래 사람들이 모두 편안히 여겼다. 특별히 총애를 입어 늘 후당(後堂)에 거처하였는데, 명제[45]가 즉위하여 황후를 귀인[46]으로 삼았다.

그때 황후의 전 어머니 언니의 딸인 가씨[47] 또한 간택되어 들어와서

---

[43] 본래 『후한서』「마황후기」(馬皇后紀)에는 마황후가 입궁하게 된 계기를 길게 서술한 대목이 있었는데, 『고금열녀전』에서는 이 대목이 누락되었고 『내훈』에도 역시 빠져 있다. 『후한서』에 따르면, 마황후의 아버지 마원이 만족의 정벌에서 죽고 두고(竇固)의 참소를 받아 가세가 급격히 기울게 되자, 마황후의 사촌오빠 마엄(馬嚴)이 두씨와의 혼약을 파기하고 황제에게 상소를 올려 마원의 세 딸을 태자와 왕들의 배필감으로 간택해줄 것을 청하였다. 큰딸이 열다섯 살, 둘째딸이 열네 살, 셋째딸이 열세 살이었는데, 셋째인 마황후가 간택되어 태자궁에 들어가게 되었다고 한다.

[44] 음황후(陰皇后)는 후한 제1대 세조(世祖) 광무제(光武帝)의 두 번째 황후인 광렬음황후(光烈陰皇后)를 가리킨다. 『후한서』「음황후기」에 따르면, 음황후의 이름은 음여화(陰麗華)이고, 열아홉 살에 유수(劉秀)에게 시집갔다. 왕망(王莽)에 맞서 반란이 일어났을 때 유수도 봉기하였고, 점점 세력을 넓혀 서기 25년 6월에 후한을 세워 도읍을 낙양에 정하고 연호를 건무(建武)라 하였다. 유수가 황제로 등극하면서 음여화는 귀인이 되었는데, 당시 아들이 있어 황후로 뽑힌 곽씨가 서기 41년(건무 17)에 폐위되면서 음여화가 황후의 지위에 오르게 되었다.

[45] 명제(明帝)는 후한 제2대 황제인 현종(顯宗)이다. 재위기간은 57~75년이다. 광무제의 아들이다. 흔히 광무제·명제·장제 3대를 후한의 전성기로 평가한다.

[46] 귀인(貴人)은 후궁의 품계 중 하나이다.

[47] 명제의 후궁 가귀인(賈貴人)을 가리킨다. 『후한서』「마황후기」에 따르면, 가씨는 명제가 태자였을 때 입궁하였고, 서기 57년(중원 2)에 장차 후한의 제3대 황제인 장제를 낳아 귀인이 되었다. 그러나 명제가 장제를 마황후의 아들로 삼게 하면서, 가귀인과

숙종48)을 낳았는데, 명제가 황후에게 자식이 없으므로 그를 데려다 기르도록 명하며 이렇게 말했다. "사람이 반드시 제 아들을 낳아야 하는 것이 아니니, 오직 사랑하며 기르기를 지극히 하지 못할까 염려할 뿐이오." 이에 황후가 마음까지 어루만져 기르며 수고함이 낳은 자식보다 더하였다. 또한 숙종도 효성이 두텁고 은혜로운 성품을 타고나서 모자가 서로 사랑함에 처음부터 끝까지 조금도 틈이 없었다. 황후는 황제의 자식이 많지 않음을 늘 근심하여 곁에 있는 사람들을 천거하였는데, 마치 충분하지 않을까 염려하는 듯하였다. 후궁 중에 나아가 뵙는 사람이 있으면 늘 위로의 말을 더하고, 만일 자주 황제의 총애를 받는 사람이면 더욱 높게 대접하였다.

　　後漢明德馬皇后는 伏波將軍援之少女이시니라. 少喪父ᄒᆞ시고 母兄客卿이 敏慧러니 早夭커늘 母藺夫人이 悲傷ᄒᆞ야 發疾慌惚이어늘 后ㅣ 時年이 十歲러시니 幹理家事ᄒᆞ샤 勅制僮御ᄒᆞ시니 內外ㅣ 諸稟을 事同成人ᄒᆞ더시니 初에 諸家ㅣ 莫知者ㅣ러니 後에 聞之ᄒᆞ고 咸歎異焉하더라.

　　后ㅣ 嘗久疾이어시늘 大夫人이 令筮之ᄒᆞᆫ대 筮者ㅣ 曰호ᄃᆡ 此女ㅣ 雖有患狀이나 而當大貴ᄒᆞ리니 兆不可言也ㅣ로다. 後에 又呼相者ᄒᆞ야 使占諸女ᄒᆞᆫ대 見后大驚曰호ᄃᆡ 我必爲此女ᄒᆞ야 稱臣ᄒᆞ리로다. 然이나 貴而少子ᄒᆞ리니 若養它子者ㅣ면 得力이 乃當踰於所生이라 ᄒᆞ더니

　　選入太子宮ᄒᆞ시니 時年이 十三이러시니 奉承陰后ᄒᆞ시며 傍接同列ᄒᆞ샤ᄃᆡ 禮則이 修備ᄒᆞ신대 上下ㅣ 安之러니 遂見寵異ᄒᆞ샤 常居後堂ᄒᆞ더시니 明帝

가씨 집안이 특별한 은총을 입지는 못했다.

48) 【숙종(肅宗)은 명제의 아들 효장황제(孝章皇帝)이다.】 후한 제3대 황제인 효장황제 유달(劉炟)을 가리킨다. 재위기간은 78~88년이다. 정식 시호는 효장황제이나 흔히 줄여서 장제라고 한다.

卽位ᄒᆞ샤 以后로 爲貴人ᄒᆞ시니라.

時예 后ㅅ 前母姊女賈氏亦以選入ᄒᆞ야 生肅宗ᄒᆞ대 帝以后ㅣ 無子로 命令養之ᄒᆞ시고 謂曰ᄒᆞ샤ᄃᆡ 人이 未必當自生子ㅣ니 但患愛養이 不至耳니라. 后ㅣ 於是예 盡心撫育ᄒᆞ샤 勞悴ㅣ 過於所生ᄒᆞ더시니 肅宗도 亦孝性이 淳篤ᄒᆞ시며 恩性이 天至ᄒᆞ샤 母子ㅣ 慈愛ᄒᆞ샤 始終無纖介之閒ᄒᆞ시니라. 后ㅣ 常以皇嗣ㅣ 未廣으로 每懷憂歎ᄒᆞ샤 薦達左右ᄒᆞ샤ᄃᆡ 若恐不及ᄒᆞ샤 後宮이 有進見者ㅣ어든 每加慰納ᄒᆞ시며 若數寵引이어든 輒增隆遇ᄒᆞ더시다.

(2) 영평49) 3년(60) 봄에 담당 관리가 장추궁50) 세우는 일을 아뢰었는데, 황제가 아무 말씀이 없자 황태후가 말했다. "마귀인의 덕이 후궁 중에 가장 빼어나니, 바로 적합한 사람이오." 그리하여 마침내 황후가 되었다. 이에 앞서 황후는 작은 날벌레들이 수없이 날아와 몸에 달라붙고 살갗을 파고 들어왔다가 다시 나가는 꿈을 꾸었다고 한다.

황후는 이미 궁중에서의 지위를 바르게 한 뒤에도 더욱 스스로 겸양하고 조심하였다. 키가 일곱 자 두 치였고, 입모습이 방정하며 머릿결이 아름다웠다. 능히 『주역』을 외우고 『춘추』와 『초사』를 즐겨 읽었으며, 특히 「주관」51)과 동중서52)의 글을 잘하였다.53) 항상 굵은 비단을

---

49) 영평(永平)은 중국 후한 명제의 연호이다. 58~75년까지 사용하였다.
50) 【장추궁(長秋宮)은 황후의 궁이다.】
51) 「주관(周官)」은 『서경』의 편명이다. 주나라 때의 제도와 위정자의 도리를 기록하였다.
52) 동중서(董仲舒, 기원전 197~104)는 서한의 경학가이며 사상가이다. 『춘추』의 해석에 밝았고 경제 때 박사가 되었다. 무제 때 제자백가의 사상을 배척하고 유가사상을 근간으로 한 통치를 주도했던 인물이다.
53) 【역(易)과 춘추(春秋)와 초사(楚辭)와 주관(周官)은 글 이름이고, 동중서의 서는 동중서가 지은 글이다.】

입고 치마에 선을 두르지 않았다. 초하루와 보름에 여러 공주들이54) 알현55)할 때 황후의 굵고 거친 옷을 멀리서 보고 비단옷56)이라 여겼다가 가까이 가서 보고는 웃었다. 황후가 말하기를 "이 옷감이 특히 물들이기에 알맞아서 썼을 뿐이다" 하니 육궁57)이 감탄하지 않는 이가 없었다.

황제가 후원의 별궁58)에 행차할 때면 황후는 바람과 사기(邪氣)와 이슬과 안개를 조심하라고 여쭈었는데, 말씀이 정성스럽고 갖추어졌으며 그 가운데 들을 만한 충고가 많았다. 황제가 탁룡59)에 행차하여 여러 재인60)들을 다 부르니, 하비왕61) 이하 모든 사람들이 곁에 있다가 황후를 부르시라 청하였다. 왕이 웃으며 말하기를 "황후는62) 음악을 즐기지 않으니, 비록 온다 해도 즐거워하지 않을 것이다" 하였다. 이런 까닭에 노는 일에 따라가는 일은 드물었다.

영평 15년(72)에 황제가 지도를 보고 장차 황자(皇子)를 봉하려 하되 제국의 반만을 주려고 하였다. 황후가 이를 보고 말하기를 "모든 아들

---

54) 한문에 '희주'(姬主)를 언해문에서 '공주'라고 풀이했다.
55) 한문에 '조청'(朝請)이라고 되어 있다. 황제나 황후를 알현한다는 뜻인데, 봄에는 조(朝)라 하고 가을에는 청(請)이라 한다.
56) 【기(綺)는 비단이고, 곡(縠)은 얇은 비단이다.】
57) 【육궁(六宮)은 하나는 황후(皇后)가 계신 곳이고, 다섯은 부인(夫人) 이하의 사람이 있는 곳이다.】 황후가 거처하는 정침(正寢)과 비빈들이 거처하는 연침(燕寢) 다섯을 의미하는데, 여기서는 그 궁에 거처하는 황후와 비빈을 가리킨다.
58) 【원유(苑囿)는 후원에 짐승을 기르는 땅이고, 이궁(離宮)은 별궁이다.】
59) 【탁룡(濯龍)은 후원의 이름이다.】
60) 【재인(才人)은 후궁의 벼슬이다.】
61) 【하비왕(下邳王)은 명제의 아들이다.】
62) 【가(家)는 황후를 말한다.】 한문과 언해문에서 모두 황제가 황후를 가리켜 '가'(家)라고 했다.

에게 식읍63)을 두어 고을만 주는 것이 법에 너무 적지 않습니까?" 하자 왕이 말했다. "내 아들이 어찌 선황제의 아들과 같겠소. 한 해에 2천만 (二千萬)을 주면 충분할 것이오."

이때 초나라의 옥사64)를 여러 해 동안 마치지 못했는데, 죄인들이 서로 증거를 대며 끌어들여 연루된 사람들이 매우 많았다. 황후가 그 일에 그르침이 많음을 헤아리고, 틈을 얻어 황제에게 이야기하며 슬퍼하였다. 황제가 감동하여 밤에 일어나 방황하며65) 황후가 여쭌 말을 생각하더니, 마침내 많은 사람을 사면하고 죄를 감해주었다. 당시에 여러 장수들이 아뢰는 일과 공경(公卿)들의 의견이 일치되기 어려운 일에 대하여 황제가 자주 황후에게 물었는데, 그때마다 황후는 이치에 따라 가려내어 각각 실정에 맞게 대답하였다. 항상 황제를 곁에서 모실 때 정사(政事)에 대한 이야기가 나오면 보좌하는 바가 컸으며 집안의 사사로운 일로 소청한 적은 없었기에, 황제의 총애와 공경함이 날로 더하여 시종 줄어들지 않았다.

永平三年春에 有司ㅣ 奏立長秋宮이어늘 帝未有所言이러시니 皇太后ㅣ 曰 ᄒᆞ샤되 馬貴人이 德冠後宮ᄒᆞ니 卽其人也ㅣ라 ᄒᆞ야시늘 遂立爲皇后ᄒᆞ시니라. 先是ᄒᆞ야 夢有小飛虫이 無數赴着身ᄒᆞ고 又入皮膚中ᄒᆞ야 而復飛出ᄒᆞ니라.

卽正位宮闈ᄒᆞ야 愈自謙肅ᄒᆞ더시다. 身長이 七尺二寸이시고 方口美髮ᄒᆞ시고 能誦易ᄒᆞ시며 好讀春秋楚辭ᄒᆞ시며 尤善周官과 董仲舒書ᄒᆞ더시다. 常

---

63) 황제가 아들이나 공신에게 하사하여 조세를 거두어 쓸 수 있게 한 땅을 식읍(食邑)이라 한다.
64) 【초나라의 옥사란 초왕 영(英)이 모반하여 신문한 일을 말한다.】 유영(劉英)은 후한 제2대 황제 명제의 형인 초왕을 가리킨다.
65) 【방황(彷徨)은 머뭇거린다는 뜻이다.】

衣大練ᄒ시고 裙不加緣이러시니 朔望애 諸姬主ㅣ 朝請홀ᄉᆡ 望見后布이 疎麤ᄒ고 反以爲綺縠이라 ᄒ다가 就視ᄒ고 乃笑ᄒᆞᆫ대 后ㅣ 辭曰ᄒ샤ᄃᆡ 此繒이 特宜染色故로 用之耳라 ᄒ신대 六宮이 莫不歎息ᄒ니라.

帝嘗幸苑囿離宮이어시든 后ㅣ 輒以風邪露霧로 爲戒ᄒ샤 辭意款備ᄒ샤 多見詳擇ᄒ더시다. 帝幸濯龍中ᄒ샤 並召諸才人ᄒ시니 下邳王已下ㅣ 皆在側이러니 請呼皇后ᄒᆞᆫ대 帝笑曰ᄒ샤ᄃᆡ 是家ㅣ 志不好樂ᄒᄂᆞ니 雖來나 無歡이라 ᄒ시니 是以로 遊娛之事애 希嘗從焉이러시다.

十五年에 帝按地圖ᄒ샤 將封皇子ᄒ샤ᄃᆡ 悉半諸國ᄒ더시니 后ㅣ 見而言曰ᄒ샤ᄃᆡ 諸子ㅣ 裁食數縣이 於制에 不已儉乎ㅣ잇가. 帝曰ᄒ샤ᄃᆡ 我子ᄂᆞᆫ 豈宜與先帝子로 等乎ㅣ리오. 歲給二千萬이 足矣니다.

時예 楚獄이 連年不斷ᄒ야 囚相證引ᄒ야 坐繫者ㅣ 甚衆ᄒ더니 后ㅣ 慮其多濫ᄒ샤 乘閒ᄒ샤 言及愴然ᄒ신대 帝感悟之ᄒ샤 夜起彷徨ᄒ샤 爲思所納ᄒ샤 卒多有所降宥ᄒ시니라. 時예 諸將奏事와 及公卿較議難平者를 帝數以試后ㅣ어시늘 后ㅣ 輒分解趣理ᄒ샤 各得其情ᄒ더시다. 每於侍執之際에 輒言及政事ᄒ샤 多所毗補ᄒ시고 而未嘗以家私로 干欲ᄒ실ᄉᆡ 寵敬日隆ᄒ샤 始終無衰ᄒ시니라.

(3) 황제가 돌아가시고[66] 숙종이 즉위하자 황후를 존대하여 황태후라 하였다. 귀인들이[67] 남궁으로 옮겨갈 때, 태후는 석별을 아쉬워하며 각각 왕의 붉은 인끈[68]을 하사하고 수레와 네 마리 말[69], 흰 베[70] 3천

---

66) 서기 75년(영평 18)의 일이다.
67) 【귀인들은 명제의 후궁이다.】
68) 【적(赤)은 붉다는 뜻이고, 수(綬)는 인끈이다.】
69) 【안거(安車)는 앉아서 타는 수레이고, 사마(駟馬)는 네 마리 말이다.】

필, 여러 가지 비단 2천 필, 황금 10근을 더 주었다. 태후는 손수 현종의 실록71)을 편찬하였는데, 큰오라비 마방이 의약 만드는 데 참여했던 일을 삭제하였으므로 황제가 조심스럽게 물었다. "황문72) 외숙이 조석으로 공양한 지 어언 1년인데, 달리 포상하지 않으시고 도리어 공로를 기록하지 않으시니 너무 지나치지 않습니까?" 태후가 말했다. "후세 사람들로 하여금 선왕께서 후궁의 집을 자주 드나드셨다는 말을 듣게 하고 싶지 않은 까닭에 기록하지 않는 것이오."

건초73) 원년(76)에 숙종이 외숙들을 제후에 봉하고 관작을 주려 했으나 태후가 듣지 않았다. 이듬해 여름 심하게 가뭄이 들었는데, 예언하는 자들이 큰 가뭄이 든 이유가 외척74)을 봉하지 않았기 때문이라고 했다. 담당 관리가 이 일로 인하여 아뢰기를 "옛 법을 따르심이 마땅하리라 생각됩니다" 하였다.

태후가 조서를 내렸다. "무릇 예언하는 자들은 모두 나에게 아첨하여 복을 얻고자 할 따름이다. 옛날에 왕씨의 다섯 형제를 하루에 다 봉하였지만75) 누런 안개만 사방에 가득하고 단비의 응함은 듣지 못하였고,

---

70) 【백월(白越)은 풀로 짠 흰 베이다.】
71) 【기거주(起居注)는 실록이다.】
72) 【황문(黃門)은 벼슬이다.】
73) 건초(建初)는 후한 제3대 숙종 효장황제의 연호이다. 76~83년까지 사용되었다.
74) 【외척(外戚)은 어머니 쪽의 친척이다.】
75) 【성제(成帝) 때 태후의 오라비 다섯을 봉하여 오후(五侯)라고 했다.】 전한의 제11대 황제 성제가 황태후의 다섯 형제를 한꺼번에 관내후로 봉한 사실을 가리킨다. 성제의 재위기간은 기원전 32~7년이다. 이 시기 한나라는 농민 반란이 일어나고 왕씨, 허씨, 조씨 등 외척이 권력을 잡는 등, 황제의 지배체제가 무너지기 시작했다. 특히 왕씨 외척이 고위직을 독점하고 전횡하여 왕망(王莽)의 신왕조 건국을 초래했다. 성제 때 학자

전분과 두영76)이 은총으로 존귀해지자 제멋대로 하다가 기울어지고 엎어지는77) 재앙을 입은 사실이 세상에 전하고 있다. 이런 연유로 선제께서 외숙들을 막아 삼가 중요한 벼슬에78) 있게 하지 않으셨고, 모든 아들을 봉함에 초와 회양79) 같은 나라의 겨우 반을 갈라 맡기시며 항상 말씀하기를 '내 아들은 선제의 아들과 똑같을 수 없다'고 하셨다. 그러하거늘 지금 관리는 어찌하여 마씨를 음씨에 견주려 하는가?

내가 천하의 어머니로서 굵은 비단을 입고 좋은 것 먹기를 구하지 않으며, 좌우의 사람들도 오직 거친 비단과 베를 입고 향내 나는 풀로80) 꾸미지 않는 것은 몸소 아랫사람을 다스리기 위함이다. 외가의 친척들이 보면 틀림없이 슬퍼하여 스스로 경계하리라 여겼는데, 오히려 웃으며 '태후는 본래 소박한 것을 즐기신다'고 말한다. 언젠가 탁룡문을 지날 때 외가의 안부를 묻는 사람을 보니, 수레는 흐르는 물 같고 말은 헤엄치는 용 같으며 노복들이81) 푸른색 홑옷을32) 입었는데 깃과 소매가

인 유향이 『열녀전』을 지은 직접적인 동기가 당시 외척의 횡포를 비판하고 견제하기 위함이라고 알려져 있다.

76) 【전분(田蚡)은 경제(景帝)의 황후의 오라비이고, 두영(竇嬰)은 문제(文帝)의 황후 사촌 오라비의 아들이다.】 경제는 전한의 제6대 황제이고, 문제는 전한의 제5대 황제이다. 전분은 왕황후의 친동생 무안후(武安侯)이고, 두영은 두황후의 친척 위기후(魏其侯)이다. 전분과 두영은 모두 외척으로 승상의 지위까지 올랐으나 결국 황제에게 버림받았다.
77) 【경(傾)은 기운다는 뜻이고, 복(覆)은 엎어진다는 뜻이다.】
78) 한문에 '추기'(樞機)라고 되어 있는데, 황제를 가까이에서 모시는 요직을 뜻한다. 『춘추운두추』(春秋運斗樞)에 "북두칠성의 첫 번째 별을 천추라 하고, 두 번째 별을 선이라 하고, 세 번째 별을 기라 한다"[北斗, 第一天樞, 第二琁, 第三機也]는 구절이 있다.
79) 【초(楚)와 회양(淮陽)은 광무제의 아들을 봉한 나라이다.】
80) 【훈(薰)은 향내 나는 풀이다.】
81) 【창두(倉頭)는 종이다.】

정말 흰빛이었다. 나를 모시고 따르는 자들을 돌아보니 그에 훨씬 못미쳤다. 그렇다고 노하여 견책하지 않고 다만 세용(歲用)을 끊었던 것은 그들이 마음속으로 스스로 부끄럽게 여기기를 바랬기 때문이다. 그런데 아직도 나태하여 나라와 집안을 염려하는 마음이 없다. 신하는 임금이 가장 잘 아는 법이니 하물며 친척임에랴. 내 어찌 위로 선제의 뜻을 저버리고 아래로 선인의 덕을 무너뜨려 서경83)이 패망한 재앙을 다시 좇을 수 있으리오." 그리고 끝내 허락하지 않았다.84)

황제가 조서를 보고 슬퍼하고 탄식하며 다시 아뢰었다. "한나라가 흥함에 외숙을 제후에 봉하는 것은 황자가 왕이 되는 것과 같습니다. 태후께서 진실로 겸양하시나, 어찌 저로 하여금 유독 세 외숙에게 은혜를 베풀지 못하게 하십니까? 위위85)는 나이 많고 두 분 교위86)는 병세가 깊으니, 만일 이러다 돌아가시면 저로 하여금 오랫동안 뼈에 사무치는 한을 품게 하시는 것입니다. 마침 좋은 때를 얻었으니 일을 미룰 수 없습니다."

태후가 대답하였다. "내가 거듭 생각하여 양쪽 모두 좋게 하려 함이니, 어찌 한갓 겸양한다는 이름을 얻기 위해 황제로 하여금 외척에게 은혜를 베풀지87) 않는다는 혐의를 받게 하겠소. 옛날 두태후께서 왕황

---

82) 【구(褠)는 홑옷이다.】『후한서』세주에는 "구(褠)는 토시로 지금의 비구(臂韝)이다. 좌우의 팔을 동여매어 일하기 편하게 한 것이다"[褠, 臂衣, 今之臂韝, 以縛左右手於事便也]라고 되어 있다.
83) 【서경(西京)은 전한(前漢)이다.】
84) 『후한서』에는 이 대목에 "서경의 외척 여록(呂祿), 여산(呂産), 두영, 상관걸(上官桀)과 상관안(上官安) 부자, 곽우(霍禹) 등은 모두 주살되었다"는 세주가 달려 있다.
85) 【위위(衛尉)는 태후의 큰오라비 마요(馬廖)의 벼슬이다.】
86) 【두 교위(校尉)는 방(防)과 광(光)의 벼슬이다.】

후의 큰오라비를 봉하려 할 때,88) 승상 조후89)가 '군공(軍功)이 없거나 유씨(劉氏)가 아닌 자는 후(侯)에 봉하지 말라는 고제(高帝)90)의 언약을 받았습니다' 하였소. 지금 마씨가 나라에 공이 없으니 어찌 음씨나 곽씨와 같이 나라를 일으킨 황후와 같으리오. 부귀한 집안에 녹과 벼슬이 중첩함은 거듭 열매를 맺은 나무가 반드시 그 뿌리가 상하는 것과 같소.91) 또 사람이 후에 봉해지기를 바라는 것은 위로 제사를 받들고 아래로 따뜻하게 입고 배부르게 먹기를 바라기 때문이오. 지금 제사는 사방에서 귀한 것을 받고 의복과 음식은 어부(御府)의 남은 것을 쓰고 있으니, 어찌 그것이 부족하여 구태여 고을 하나를 얻어야 한단 말이오? 내가 심사숙고한 것이니 의심하지 마오.

무릇 지극한 효행은 부모를 편안하게 함이 으뜸이오. 요즘 자주 재변을 만나 곡물 값이 배로 올라 밤낮으로 걱정이 되어 앉으나 누우나 편안하지 못하거늘, 외척을 봉하는 일부터 서둘러 어미의 걱정하는 마음을92) 거스르려 하는 것이오? 내가 본래 성격이 강하고 급하여 가슴에

---

87) 【외시(外施)는 외척에게 은혜를 베푼다는 뜻이다.】 의척을 제후에 봉하는 것을 말한다.
88) 【두태후(竇太后)는 문제의 황후이고, 왕황후(王皇后)는 경제의 황후이다.】 두태후는 전한 문제의 황후이며 경제의 어머니인 효문황후이고, 왕황후는 경제의 두 번째 황후 효경황후(孝景皇后)이다. 왕황후의 오빠는 왕신(王信)으로 나중에 개후(蓋侯)에 봉해졌다.
89) 【승상 조후(條侯)는 전한 때 주아부(周亞夫)의 벼슬이다.】 주아부는 전한 문제 때 흉노의 침입을 물리친 장군이다. 경제 때는 오·초 7국을 쳐서 승상이 되었는데, 만년에는 경제의 의심을 받아 갇혀 있다가 피를 토하고 죽었다.
90) 고제(高帝)는 한 고조 유방을 가리킨다. 묘호가 본래 태조(太祖)인데, 『사기』의 용법에 따라 이후에는 고조(高祖)가 통칭이 되었다.
91) 『문자』(文子)에 "일 년에 두 번 과실을 맺는 나무는 뿌리가 반드시 상하고, 무덤에 묻어 둔 것을 파내는 집안은 나중에 반드시 재앙을 입는다"는 구절이 있다. 문자는 노자의 제자로 알려져 있다.

기운이 있으니, 내 말을 따르지 않으면 안 되오. 음양이 조화를 이루고[93] 변경이 조용해진 후에 황제의 뜻을 행하시오. 나는 오직 엿을 물고 손자의 재롱을 보며 다시 정사에 관여하지 않을 것이오."

　　及帝崩커시늘 肅宗이 卽位ᄒᆞ샤 尊后曰皇太后ㅣ라 ᄒᆞ시다. 諸貴人이 當徙居南宮이어늘 太后ㅣ 感析別之懷ᄒᆞ샤 各賜王赤綬ᄒᆞ시고 加安車駟馬와 白越三千端과 雜帛二千匹와 黃金十斤ᄒᆞ시다. 自撰顯宗起居注ᄒᆞ샤ᄃᆡ 削去兄防의 參醫藥事ㅣ어시늘 帝請曰ᄒᆞ샤ᄃᆡ 黃門舅ㅣ 朝夕供養이 且一年이니 旣無褒異ᄒᆞ시고 又不錄勤勞ᄒᆞ샤미 無乃過乎ㅣ잇가. 太后ㅣ 曰ᄒᆞ샤ᄃᆡ 吾ㅣ 不欲令後世로 聞先帝의 數親後宮之家故로 不著也ᄒᆞ노라.

　　建初元年에 欲封爵諸舅ㅣ어늘 太后ㅣ 不聽ᄒᆞ시다. 明年夏애 太旱이어늘 言事者ㅣ 以爲不封外戚之故ㅣ라 ᄒᆞ더니 有司ㅣ 因此ᄒᆞ야 上奏호ᄃᆡ 宜依舊典이로소이다.

　　太后ㅣ 詔曰ᄒᆞ샤ᄃᆡ 凡言事者ㅣ 皆欲媚朕ᄒᆞ야 以要福耳니라. 昔에 王氏五侯ㅣ 同日俱封이어늘 其時예 黃霧ㅣ 四塞ᄒᆞ고 不聞澍雨之應ᄒᆞ며 又田蚡과 竇嬰이 寵貴橫恣ᄒᆞ야 傾覆之禍ㅣ 爲世所傳ᄒᆞ니 故로 先帝防愼舅氏ᄒᆞ샤 不令在樞機之位ᄒᆞ시고 諸子之封을 裁令半楚淮陽諸國ᄒᆞ샤 常謂我子ᄂᆞᆫ 不當與先帝子로 等이라 ᄒᆞ시니 今에 有司ㅣ 奈何欲以馬氏로 比陰氏乎오.

　　吾ㅣ 爲天下母ㅣ라 而身服大練ᄒᆞ며 食不求甘ᄒᆞ며 左右ㅣ 但着帛布ᄒᆞ고 無香薰之飾者ᄂᆞᆫ 欲身率下也ㅣ라. 以爲外親이 見之ᄒᆞ면 當傷心自勅이라니 但笑言太后ㅣ 素好儉이라 ᄒᆞᄂᆞ다. 前過濯龍門上홀ᄉᆡ 見外家의 問起居者호니 車如流水ᄒᆞ며 馬如游龍ᄒᆞ며 倉頭ㅣ 衣綠褠ᄒᆞ고 領袖ㅣ 正白이어늘 顧視御

---

92) 【권권(拳拳)은 걱정한다는 뜻이다.】
93) 음양이 조화를 이룬다는 것은 극심한 가뭄이 해결된 상태를 의미한다.

者혼딕 不及이 遠矣러라. 故로 不可譴怒ᄒ고 但絶歲用而已ᄂ 冀以默愧其心이어늘 而猶懈怠ᄒ야 無憂國忘家之慮ᄒ니 知臣이 莫若君ᄒ니 況親屬乎ㅣ여. 吾ㅣ 豈可上負先帝之旨ᄒ고 下虧先人之德ᄒ야 重襲西京의 敗亡之禍哉리오 ᄒ시고 固不許ᄒ신대

帝省詔ᄒ시고 悲歎ᄒ샤 復重請曰ᄒ샤딕 漢興에 舅氏之封侯ᄂ 猶皇子之爲王也ㅣ니 太后ㅣ 誠存嫌虛ᄒ시나 奈何令臣으로 獨不加恩三舅乎ㅣ잇고. 且衛尉ᄂ 年尊ᄒ고 兩校尉ᄂ 有大病ᄒ니 如今不諱면 使臣으로 長抱刻骨之恨이니 宜及吉時라 不可稽留ㅣ니이다.

太后ㅣ 報曰ᄒ샤딕 吾反覆念之ᄒ야 思令兩善이니 豈徒欲獲謙讓之名ᄒ야 而使帝로 受不外施之嫌哉리오. 昔에 竇太后ㅣ 欲封王皇后之兄이어늘 承相條侯ㅣ 言호딕 受高帝約호니 無軍功과 非劉氏어든 不侯ㅣ라 ᄒ니 今에 馬氏無功於國ᄒ니 豈得與陰郭中興之后로 等耶ㅣ리오. 嘗觀富貴之家ᄒ니 祿位重疊호미 猶再實之木이 其根이 必傷ᄒ며 且人所以願封侯者ᄂ 欲上奉祭祀ᄒ고 下求溫飽耳니 今에 祭祀則受四方之珍ᄒ고 衣食則蒙御府餘資ᄒᄂ니 斯豈不足ᄒ야 而必當得一縣乎ㅣ리오. 吾ㅣ 計之熟矣로니 勿有疑也ᄒ라.

夫至孝之行은 安親이 爲上이니 今에 數遭變異ᄒ야 穀價ㅣ 數倍ᄒᆯ식 憂惶晝夜ᄒ야 不安坐臥ㅣ어늘 而欲先營外封ᄒ야 違慈母之拳拳乎오. 吾ㅣ 素剛急ᄒ야 有胸中氣라 不可不順也ㅣ니라. 若陰陽이 調和ᄒ며 邊境이 淸靜然後에ᅀᅡ 行子之志ᄒ라. 吾ᄂ 但當含飴弄孫ᄒ고 不能復關政矣로리라.

(4) 그때 신평공주 집에서 일하는 사람이 불을 내어 북쪽 궁궐의 뒤채까지 미치자, 태후는 자기의 죄라 여겨 편안하게 지내지 못했다. 마침 원릉94)에 참배하려 했었는데, 자기가 조심하지 못한 죄라 여겨 능에 참배하기 부끄럽다 하고 마침내 가지 않았다.

애당초 대부인의 장례 때 만든 분묘가 조금 높았는데, 태후가 이에 대해 말하여 큰오라비 마요 등이 즉시 묘를 깎아 낮추었다. 외척 중 겸손하고 검소하며 의로운 행실을 보이는 자가 있으면 온화한 말씀과 재물과 벼슬로 상을 내리시고, 만일 조금이라도 허물이 있으면 먼저 엄한 모습을 보인 후에 꾸짖었으며, 수레와 의복을 아름답게 꾸며 법도를 따르지 않는 자는 즉시 속적[95]에서 끊어 고향으로 보내버렸다. 광평왕과 거록왕과 악성왕이[96] 수레와 말을 검박하게 하여 금은으로 장식하지 않았는데, 황제가 이를 태후에게 아뢰자 태후는 즉시 돈을 각각 5백만씩 내려주었다. 이에 안팎이 교화되어 옷차림이 하나같고, 모든 집안이 두려워하기를 영평 시절보다 더하였다.

태후는 직실[97]을 두어 탁룡문 안에서 누에를 치고 자주 가서 살피며 이것을 낙으로 여겼다. 늘 황제와 더불어 아침저녁으로 정사에 대해 이야기하고, 여러 젊은 왕들을 가르치며 경서에 대하여 토론하였으며, 평생의 일을 술회하며 온종일 화평[98]하였다.

재위 4년[99]에 천하가 부유해지고 사방의 변방이 무사하였다. 황제가 마침내 세 외숙 마요, 마방, 마광을 봉하여 제후로 삼았는데 다들 사양하며 관내후[100]를 희망하니, 태후가 이를 듣고 말했다. "성인의 가르침

---

94) 원릉(原陵)은 중국 후한 광무제의 능이다.
95) 【속적(屬籍)은 친족의 이름을 써넣은 책이다.】
96) 【광평왕(廣平王)과 거록왕(鉅鹿王)과 악성왕(樂成王)은 모두 명제의 아들이다.】
97) 【직실(織室)은 베를 짜는 집이다.】
98) 【옹(雍)은 화평하다는 뜻이다.】
99) 서기 79년(건초 4)을 가리킨다.
100) 【관내후(關內侯)는 벼슬이다.】 외숙들이 관내후를 희망했다는 것은 제후의 봉작을 사양하고 더 낮은 직위를 청했다는 뜻이다.

이 각각 그 법이 있음은 사람의 성정이 같을 수 없음을 알기 때문이다. 나는 젊었을 때 오직 죽백101)을 사랑했을 뿐 운명에는 뜻이 없었다.102) 이제 비록 늙었으나 또한 무언가 얻음을 경계한다.103) 그런 까닭에 밤낮으로 두려워하며 스스로를 낮추고 덜어내고자 하여, 거처에 편안함을 구하지 않고 먹는 것에 배부르기를 생각하지 않는다. 바라건대 이 도로써 돌아가신 황제를 저버리지 않고, 형제들을 인도하여 이 뜻에 동참하게 하여, 눈감는 날 회한이 없게 하고자 하였다. 어찌 늙은이의 뜻을 다시 거역하리라 생각했겠는가? 만년 뒤에 길이 뉘우칠 것이다." 마요 등이 부득이하여 봉작을 받고 벼슬에서 물러나 집으로 돌아갔다.

태후가 그 해에 오랫동안 병을 앓았는데, 무당과 의원을 믿지 않아서 절대로 기도하지 말라고 자주 신칙하였다. 6월에 이르러 돌아가시니 재위 23년이요, 나이는 마흔 남짓이었다.

時예 新平主家御者ㅣ 失火ᄒᆞ야 延及北閤後殿이어늘 太后ㅣ 以爲己過ㅣ라 ᄒᆞ샤 起居를 不歡ᄒᆞ샤 時예 當謁原陵이러시니 自引守蒲不愼ᄒᆞ야 慙見陵園이라 ᄒᆞ시고 遂不行ᄒᆞ시니라.

初애 大夫人葬애 起墳이 微高ㅣ어늘 太后ㅣ 以爲言ᄒᆞ신대 兄廖等이 卽時滅削ᄒᆞ니라. 其外親이 有謙素義行者ㅣ어든 輒假借溫言ᄒᆞ샤 賞以財位ᄒᆞ시고 如有纖介어든 則先見嚴恪之色然後에ᅀᅡ 加譴ᄒᆞ시며 其美車服ᄒᆞ야 不軌法度

---

101) 【옛날에 종이가 없어 대나무와 비단에 글을 썼으므로 죽백(竹帛)이라 한다.】
102) 『후한서』의 이 대목에 "젊었을 때 옛 사람의 서책을 사랑하였을 뿐, 목숨이 길고 짧은 것에는 신경 쓰지 않았음을 말한다"[言少慕古人書名竹帛, 不顧命之長短]라는 세주가 달려 있다.
103) 『논어집주』 「계씨」(季氏)에 "젊었을 때는 색을 경계하고, 늙어서는 얻음을 경계한다"[少之時, 戒之在色, 及其老也, 戒之在得]는 구절이 있다. '얻음'[得]이란 탐욕스럽고 인색함으로 해석된다.

者란 便絶屬籍ᄒᆞ야 遣歸田里ᄒᆞ더시다. 廣平과 鉅鹿과 樂成王괘 車騎朴素ᄒᆞ야 無金銀之飾이어늘 帝以白太后ᄒᆞ신대 太后ㅣ 卽賜錢各五百萬ᄒᆞ시니 於是예 內外從化ᄒᆞ야 被服이 如一ᄒᆞ니 諸家ㅣ 惶恐이 倍於永平時ᄒᆞ더라.

乃置織室ᄒᆞ샤 蠶於濯龍中ᄒᆞ시고 數往觀視ᄒᆞ샤 以爲娛樂ᄒᆞ더시다. 嘗與帝로 旦夕에 言道政事ᄒᆞ시며 及敎授諸小王論語經書ᄒᆞ시며 述敍平生ᄒᆞ샤 雍和終日ᄒᆞ더시다.

四年에 天下ㅣ 豊稔ᄒᆞ고 方垂ㅣ 無事ㅣ어늘 帝遂封三舅廖와 防과 光ᄒᆞ야 爲列侯ᄒᆞ신대 並辭讓ᄒᆞ야 願就關內侯ㅣ어늘 太后ㅣ 聞之曰ᄒᆞ샤ᄃᆡ 聖人說敎ㅣ 各有其方은 知人情性이 莫能齊也ㅣ니 吾ㅣ 少壯時옌 但慕竹帛ᄒᆞ고 志不顧命ᄒᆞ다니 今雖已老ㅣ나 而復戒之在得이라. 故로 日夜애 惕厲ᄒᆞ야 思自降損ᄒᆞ야 居不求安ᄒᆞ며 食不念飽ᄒᆞ야 冀乘此道ᄒᆞ야 不負先帝ᄒᆞ며 所以化導兄弟ᄒᆞ야 共同斯志ᄒᆞ야 欲令瞑目之日에 無所復恨ᄒᆞ다니 何意老志를 復不從哉리오. 萬年之日앤 長恨矣로다. 廖等이 不得已ᄒᆞ야 受封爵ᄒᆞ고 而退位歸第焉ᄒᆞ니라.

太后ㅣ 其年에 寢疾ᄒᆞ샤 不信巫祝小醫ᄒᆞ샤 數勅絶禱祀ᄒᆞ더시니 至六月ᄒᆞ야 崩ᄒᆞ시니 在位二十三年이오 年이 四十餘ㅣ러시다.

●이 조목은『고금열녀전』권1「후한」명덕마황후 기사를 인용한 것이다.『고금열녀전』의 명덕마황후 기사는『후한서』권10상「후기」(后紀)의「마황후기」(馬皇后紀)를 옮긴 것으로, 마황후가 입궁하게 된 계기를 서술한 부분이 생략된 것 외에 거의 동일하다.『고열녀전』「속(續)·명덕마후(明德馬后)」는『고금열녀전』과 서술이 다르고 분량도 절반에 불과하다.『내훈』은『고금열녀전』과 거의 일치한다. 첫머리에 "諱某" 두 자와 말미에 "合葬顯節陵" 다섯 자가 생략되었고 중간에

한두 글자의 차이가 있을 뿐이다.

명덕마황후는 후한 제2대 현종 명제의 황후이다. 마원의 딸인데 어렸을 때 아버지를 여의고 13세에 간택되어 태자궁에 들어갔다. 명제가 즉위하면서 귀인이 되었다가 3년 후 황후의 지위에 올랐다. 아들이 없었는데 장차 제3대 황제가 되는 숙종 장제를 후사로 삼았다. 마황후가 탁룡문에서 외척의 사치를 경계한 유명한 고사가 이 글에도 실려 있다. 또한 명제 사후에 장제가 외숙들을 제후로 봉하려 했을 때, 마황후가 진심으로 그 제안을 거부하고 사양한 일화가 길게 서술되어 있다. 황후나 왕후가 스스로 외척의 권력화를 경계하고 단속해야 한다는 모범을 보인 사례라고 할 수 있다.

9 후한 화제의 화희등황후

(1) 후한의 화희등황후는[104] 태부[105] 등우의 손녀이다. 아버지 등훈은 호강교위[106]이고, 어머니는 음씨로 광렬황후[107] 사촌동생의 딸이다.

등황후가 다섯 살 때 태부의 부인이 황후를 귀여워하여 손수 머리를 깎아주었는데, 부인이 늙어 눈이 어두워서 잘못하여 황후의 이마를 상하게 하였다. 그러나 황후가 아픔을 참고 말하지 않으므로 곁에 있던 사람들이 이상하게 여겨 물으니, 황후가 말했다. "아프지 않은 것은 아

---

104) 『후한서』와 『고금열녀전』에는 모두 "휘가 수(綏)이다"라는 구절이 있는데 『내훈』에서는 생략되었다.
105) 【태부(太傅)는 벼슬이다.】
106) 【호강교위(護羌校尉)는 벼슬이다.】
107) 후한 제1대 광무제의 두 번째 황후인 광렬음황후를 가리킨다.

니지만, 대부인께서 어여삐 여겨 머리를 깎아주시는데 연로한 분의 마음을 상하게 할 수 없어 참았을 뿐입니다."

여섯 살에 사서(史書)108)를 잘하고 열두 살에 『시경』과 『논어』를 통하더니, 항상 오라비들이 글을 읽을 때면 문득 기운이 나서 어려운 것을 물었다. 책에 뜻을 두고 살림살이에 대해서는 묻지 않으니, 어머니가 항상 이를 그르게 여겨 말하였다. "여자의 일을 익혀 옷 짓기는 하지 않고 학문에 힘쓰니, 네가 필시 박사109)가 될 것이냐?" 황후가 어머니의 말씀을 중히 여겼으므로 낮에는 여자의 일을 익히고 밤에는 경전을 외웠다. 집안사람들이 그를 '선비'110)라 불렀고, 아버지 등훈은 기특하게 여겨 큰 일이든 작은 일이든 황후와 더불어 의논하였다.

영원111) 4년(92)에 간택되어 들어갈 것이었는데, 마침 아버지 등훈이 세상을 떠났다. 황후가 밤낮으로 울며 삼년상을 마치도록 소금과 채소를 먹지 않아 몸이 야위어 옛 모습이 없어지니 친한 사람도 알아보지 못할 정도였다.

황후가 예전에 하늘을 만지는 꿈을 꾸었는데, 하늘이 높고112) 매우 푸른데 종유113) 모양 같은 것이 있어 올려다보며 빨아먹었다. 꿈을 점

---

108) 【사서(史書)는 글로 쓴 것이다.】 『후한서』 세주에 따르면, 『사서』는 주나라 선왕 때 태사 추(籒)가 지은 대전(大篆) 열다섯 편을 말한다. 아이들을 가르칠 때 썼다고 한다. "史書, 周宣王太史籒小作, 大篆十五篇也. 前書曰敎學童之書也."
109) 【박사(博士)는 선비의 벼슬이다.】
110) 한문에 '제생'(諸生)이라 한 것을 언해문에 '선비'라고 풀이했다.
111) 영원(永元)은 후한 제4대 목종 효화황제(孝和皇帝)의 첫 번째 연호이다. 89~105년 동안 사용되었다. 효화황제는 흔히 줄여서 화제(和帝)라고 부른다. 화제는 숙종 장제의 넷째아들이다.
112) 【탕탕(蕩蕩)은 넓고 먼 모습이다.】

치는 사람에게 물으니 "요임금이 꿈에 하늘을 잡아 오르시고 탕임금이 꿈에 하늘에 다다라 핥으셨으니, 이것이 모두 성왕(聖王)의 전조라 그 길함을 이루 다 말할 수 없습니다" 하였다. 또 관상을 보는 사람이 황후를 뵙고 놀라며 "이분은 탕임금의114) 골상을 타고 나셨습니다" 하였으니, 집안사람들이 은근히 기뻐하되 감히 드러내 말하지 못했다.

황후의 작은아버지 등해가 말하였다. "예전에 '천 명을 살린 사람은 자손이 제후에 봉해진다'는 말을 들었다. 형님 등훈이 알자115)가 되어서 석구하116)를 닦아 해마다 수천 명을 살렸다. 천도를 믿을 수 있다면 집안이 반드시 복을 입을 것이다." 이전에 태부 등우가 탄식하며 말한 적이 있다. "내가 백만 명을 거느렸으나 한 사람도 멋대로 죽인 적이 없으니, 후세에 반드시 흥하는 자가 있을 것이다."

後漢和喜鄧皇后는 太傅禹之孫也ㅣ시니라. 父訓은 護羌校尉오 母는 陰氏니 光烈皇后ㅅ 從弟女也ㅣ라.

后ㅣ 年이 五歲예 大傅夫人이 愛之ᄒᆞ야 自爲剪髮ᄒᆞ더니 夫人이 年高目冥ᄒᆞ야 誤傷后額ᄒᆞᆫ대 忍痛不言이어시늘 左右ㅣ 惟而問之ᄒᆞᆫ대 后ㅣ 曰ᄒᆞ샤ᄃᆡ 非不痛也ㅣ언마ᄂᆞᆫ 大夫人이 哀憐ᄒᆞ야 爲斷髮ᄒᆞ실ᄉᆡ 難傷老人意故로 忍之耳로라.

六歲예 能史書ᄒᆞ시고 十二예 通詩論語ᄒᆞ더시니 諸兄이 每讀經傳이어든

---

113) 【종유(鍾乳)는 약의 이름이다.】
114) 한문에 '성탕'(成湯)이라 되어 있다. 하나라의 폭군 걸왕을 제거하고 은나라를 건설한 탕왕을 가리킨다. 무탕(武湯)이라고도 불리며, 요·순·우와 함께 고대의 성군으로 일컬어진다.
115) 【알자(謁者)는 벼슬이다.】
116) 【석구하(石臼河)는 물 이름이다.】

輒下意難問ᄒᆞ샤 志在典籍ᄒᆞ시고 不問居家之事ㅣ어시늘 母ㅣ 常非之曰호ᄃᆡ 汝ㅣ 不習女工ᄒᆞ야 以供衣服ᄒᆞ고 乃更務學ᄒᆞ니 寧當擧博士耶아. 后ㅣ 重違母言ᄒᆞ샤 晝修婦業ᄒᆞ시고 暮誦經典ᄒᆞ신대 家人이 號曰諸生이라 ᄒᆞ더니 父訓이 異之ᄒᆞ야 事無大小히 輒與詳議ᄒᆞ더라.

永元四年에 當以選入이러시니 會訓이 卒커늘 后ㅣ 晝夜애 號泣ᄒᆞ시고 終三年토록 不食鹽菜ᄒᆞ샤 憔悴毀容이어시늘 親人이 不識之ᄒᆞ더라.

后ㅣ 嘗夢捫天ᄒᆞ시니 蕩蕩正靑ᄒᆞ고 若有鐘乳狀이어늘 乃仰漱飮之ᄒᆞ시고 以訊諸占夢ᄒᆞ신대 言호ᄃᆡ 堯ㅣ 夢애 攀天而上ᄒᆞ시고 湯이 夢애 及天而咶之ᄒᆞ시니 斯皆聖王之前占이라 吉不可言이로다. 又相者ㅣ 見后ᄒᆞ숩고 驚曰호ᄃᆡ 此ᄂᆞᆫ 成湯之法이로다 ᄒᆞ야늘 家人이 竊喜而不敢宣ᄒᆞ니라.

后ㅅ 叔父陔言호ᄃᆡ 嘗聞活千人者ᄂᆞᆫ 子孫이 有封이라 ᄒᆞ니 兄訓이 爲謁者ㅣ라 使修石曰河ᄒᆞ야 歲活數千人ᄒᆞ니 天道ㅣ 可信인댄 家必蒙福ᄒᆞ리라. 初애 太傅ㅣ 嘆曰호ᄃᆡ 吾ㅣ 將百萬之衆ᄒᆞ야 未嘗妄殺一人호니 其後世예 必有興者ᄒᆞ리라.

(2) 영원 7년(95)에 등황후가 여러 집 자식들과 함께 간택되어 입궁하였다. 황후는 키가 일곱 자 두 치에 얼굴과 자태가 아름다워 무리 중에 가장 특별하였으니, 좌우 사람들이 모두 경탄하였다.

영원 8년(96) 겨울에 궁[117]에 들어가서 귀인이 되었다. 그때 나이 열여섯이었다. 공손하고 엄숙하며 조심하여 일마다 법도가 있었고, 음황후[118]를 섬기되 이른 새벽이나 저문 밤이나 두려워하고 조심하였으며,

---

117) 【액정(掖庭)은 깊은 뜰이니 대궐을 말한다.】
118) 음황후(陰皇后)는 후한 제4대 화제의 첫 번째 황후를 가리킨다. 후한 제1대 광무제의 광렬음황후 역시 음황후라고 불리는데, 다른 사람이다. 『후한서』 「등황후기」에 따르면, 음황후는 92년(영원 4)에 선발되어 태자궁에 들어왔고, 광렬음황후의 가까운 친

동렬의 사람을 대접할 때도 항상 극기하여 몸을 낮추었고, 비록 궁인이나 천한 노비[119]에게도 다 은혜를 베풀었으니, 화제가 매우 아름답게 여겨 지극하게 대하였다.

등황후가 병이 나자 특별히 황후의 어머니와 형제들로 하여금 궁에 들어와 의약 시중을 들게 하였는데, 그 기한을 정하지 말라는 명이 내렸다. 등황후가 황제께 아뢰기를 "대궐의 법도가 지중하거늘 외척들로 하여금 오랫동안 궁 안에 머물게 하여, 위로는 폐하께서 사사로이 어여삐 여기신다는 기롱을 받고, 아래로는 미천한 제가 분수를 모른다는 비방을 얻어, 상하가 서로 손상됨을 진실로 원하지 않나이다" 하였다. 황제가 말했다. "자주 입궁하는 것을 모두들 영광스럽게 여기거늘 귀인은 도리어 그것을 근심하여 스스로를 매우 낮추니, 진실로 남들이 미치기 어렵도다."

매번 잔치가 있을 때면 모든 공주와 귀인들이 경쟁적으로 치장하여 비녀와 귀걸이가[120] 번쩍거리고 의상이 빛났는데, 등황후는 홀로 소박한 옷을 입고 꾸밈이 없었다. 음황후와 같은 색의 옷을 입게 되면 즉시 벗어 바꾸어 입었고, 음황후와 함께 황제를 뵐 때는 감히 바로 앉거나 나란히 서지 않았으며, 다닐 적에는 몸을 굽혀 스스로를 낮추었고, 매번 황제가 묻는 것이 있으면 항상 기다렸다가 나중에 대답하여 감히 음황후보다 먼저 말하지 않았다. 등황후가 노심초사하며 몸을 굽힘을 황제가 알고 찬탄하여 말하기를 "덕을 닦는 수고로움이 이와 같은가!" 하

척인 까닭에 귀인이 되었다. 96년에 황후가 되었는데, 화희등황후가 입궁한 후로 화제의 사랑을 받지 못하게 되자 투기하다가 재위 7년 만에 폐위되었다.

119) 【예역(隸役)은 천인이다.】
120) 【잠(簪)은 비녀이고, 이(珥)는 옥으로 만든 귀걸이다.】

였다. 후에 음황후가 점점 소원해지니, 등황후는 황제를 모시게 될 때면 매번 병을 핑계로 사양하였다.

그 당시 황제가 여러 번 황자를 잃어서 등황후는 후사가 많지 못함을 걱정하여 항상 눈물을 흘리며 한숨짓고, 자주 재인을 가려 추천하여 황제의 뜻을 넓히려 했다. 음황후는 등황후의 덕을 칭송하는 소리가 날로 성함을 보고 어찌할 줄을 모르다가 마침내 그를 저주하며 해치려 하였다.

황제가 전에 병이 나서 심히 위태로웠는데, 음황후가 은밀하게 말하기를 "내가 뜻을 얻으면 등씨의 무리를 남겨두지 않겠다" 하였다. 등황후가 듣고 곁에 있던 사람들에게 눈물을 흘리며 말했다. "내가 정성과 마음을 다하여 황후를 섬겼으나 결국 도움이 되지 못하니 필시 하늘에 죄를 얻겠구나. 비록 부인이 남편을 따라 죽어야 할 의리는 없지만, 주공은 자신의 몸으로 하늘에 무왕의 생명을 청하였고,[121] 월희는 반드시 함께 죽을 것을 마음에 맹세하였다.[122] 그러니 위로는 황제의 은혜를 갚고, 가운데로는 종족이 입을 재앙을 벗기고, 아래로는 음씨로 하여금 인시[123]의 비난을 입지 않게 하겠다.[124]" 그러고는 즉시 약을 마시려

---

[121] 주나라 문왕과 태사 사이에 태어난 열 명의 아들 가운데, 무왕 발(發)이 둘째이고 주공 단(旦)이 셋째이다. 무왕이 병들었을 때, 주공은 자신이 무왕의 몸을 대신하겠노라고 하늘에 빌었다 한다.

[122] 춘추시대 초나라 소왕의 첩 월희는 군왕의 한때 즐거움을 위해서 따라 죽는 것은 거부하였지만, 군왕의 의를 위해서라면 기꺼이 죽겠노라 했던 마음의 맹세를 지켜 스스로 목숨을 끊었다. 자세한 내용은 『내훈』「부부장」 조목 제7 참조.

[123] 【인시(人豕)는 전한의 황후 여씨가 척부인을 시샘하여 손발을 베고 눈을 빼고 귀를 짓이기고 말 못하게 하는 약을 먹여 뒷간에 던져두고 '사람 돼지'라 한 것을 말한다.】 한나라 고조 유방의 비 여후(呂后)는 흔히 여태후(呂太后)라고 불린다. 이름이 치(雉)이고 시호는 고황후(高皇后)이다. 고조가 죽고 혜제가 즉위하면서 황태후가 되었고, 후계자를 둘러싼 정치적 갈등 속에서 초왕을 독살하고, 초왕의 생모인 척부인을 잔혹하게 괴

하였는데, 궁인 조옥이 굳이 말리며 속여 말하기를 "마침 사람이 왔는데, 황제의 병이 벌써 좋아지셨습니다" 하였다. 등황후가 그 말을 믿어 그만두었는데, 이튿날 황제의 상태가 과연 좋아졌다.

七年에 后ㅣ 復與諸家子로 俱選入宮ᄒᆞ시니 后ㅣ 長이 七尺二寸이오 姿顔이 姝麗ᄒᆞ야 絶異於衆ᄒᆞ시니 左右ㅣ 皆驚ᄒᆞ더라.

八年冬애 入掖庭ᄒᆞ샤 爲貴人ᄒᆞ시니 時年이 十六이러시니 恭肅小心ᄒᆞ샤 動有法度ᄒᆞ샤 承事陰后ᄒᆞ샤ᄃᆡ 夙夜戰兢ᄒᆞ시며 接撫同列ᄒᆞ샤ᄃᆡ 常克己以下之ᄒᆞ시며 雖宮人隷役이라도 皆假恩借ᄒᆞ신대 和帝深嘉愛焉ᄒᆞ더시니

及后ㅣ 有疾ᄒᆞ야 特令后의 母와 兄弟로 入侍醫藥ᄒᆞ야 不限日數ㅣ어시ᄂᆞᆯ 后ㅣ 言於帝曰ᄒᆞ샤ᄃᆡ 宮禁이 至重이어늘 而使外舍로 久在內省ᄒᆞ야 上令陛下로 有幸私之譏ᄒᆞ고 下使賤妾으로 獲不知足之謗ᄒᆞ야 上下ㅣ 交損을 誠不願也ᄒᆞ노이다. 帝曰人이 皆以數入으로 爲榮이어늘 貴人은 反以爲憂ᄒᆞ야 深自抑損ᄒᆞ니 誠難及也ㅣ로다.

每有讌會예 諸姬貴人이 競自修整ᄒᆞ야 簪珥光采ᄒᆞ며 袿裳을 鮮明이어늘 而后ㅣ 獨着素ᄒᆞ샤 裝服이 無飾ᄒᆞ시며 其衣有與陰后로 同色者ㅣ어든 卽時解易ᄒᆞ시며 若並時進見이어시든 則不敢正坐離立ᄒᆞ시며 行則僂身自卑ᄒᆞ시며 帝每有所問이어시든 常逡巡後對ᄒᆞ샤 不敢先陰后言ᄒᆞ더시니 帝知后의 勞心曲體ᄒᆞ시고 歎曰ᄒᆞ샤ᄃᆡ 修德之勞ㅣ 乃如是乎아. 後에 陰后ㅣ 漸疎ㅣ어ᄂᆞᆯ 每當御見ᄒᆞ샤 輒辭以疾ᄒᆞ더시다.

로웠다. 혜제가 죽고 소제가 등극하면서 태황태후가 되었고, 자신에게 적대적인 세력을 처형하고 여씨 일족을 제후로 봉했다. 여태후 사후에는 쿠데타가 일어나 여씨 일족이 거의 주살당했다. 『사기』에 「여후본기」가 있다.

124) 여태후가 척부인을 투기하여 인시로 만들었듯이, 음황후가 등황후를 투기하여 그와 같은 잘못을 저지르지 않도록 등황후 자신이 스스로 목숨을 끊겠다는 뜻이다.

時예 帝數失皇子ㅣ어시늘 后ㅣ 憂繼嗣의 不廣ㅎ샤 恒垂涕歎息ㅎ샤 數選進才人ㅎ샤 以博帝意ㅎ더시니 陰后ㅣ 見后의 德稱이 日盛ㅎ고 不知所爲ㅎ야 遂造祝詛ㅎ야 欲以爲害ㅎ더라.

帝嘗寢病危甚이러시니 陰后ㅣ 密言호되 我ㅣ 得意ㅎ면 不令鄧氏로 復有遺類호리라. 后ㅣ 聞ㅎ시고 乃對左右ㅎ야 流涕言曰ㅎ샤되 我ㅣ 竭誠盡心ㅎ야 以事皇后호되 竟不爲所祐호니 而當獲罪於天이로다. 婦人이 雖無從死之義나 然이나 周公이 身請武王之命ㅎ며 越姬心誓必死之分ㅎ니 上以報帝之恩ㅎ며 中以解宗族之禍ㅎ며 下不令陰氏로 有人豕之譏호리라 ㅎ시고 卽欲飮藥이어시늘 宮人趙玉者ㅣ 固禁之ㅎ야 因詐言호되 屬有使來ㅎ니 上疾이 已愈ㅣ로소이다 ㅎ야늘 后ㅣ 信以爲然ㅎ샤 乃止ㅎ시니 明日에 帝果廖ㅎ시니라.

(3) 영원 14년(102) 여름에 음황후가 무고125)의 일로 폐위되었다.126) 등황후가 황제께 청하여 음황후를 구하려 했으나 하지 못하였고, 황제가 마음을 두니 등황후는 더욱 병이 심하다 핑계하고 스스로 깊이 숨었다. 마침 담당 관리가 장추궁 세우는 문제를 아뢰니, 황제가 말했다. "황후는 나와 한 몸으로 종묘를 섬기고 천하의 어머니가 되는 존귀한 사람이니 어찌 쉽겠는가. 오직 등귀인의 덕이 후궁 중에 으뜸이니 능히 감당할 수 있을 것이다." 겨울이 되어 등귀인을 세워 황후를 삼으니, 세

---

125) 【무고(巫蠱)는 무당을 시켜 귀신을 대접하여 사람 해치기를 비는 것이다.】
126) 『후한서』「등황후기」에 따르면, 음황후는 화제의 사랑이 등귀인에게 쏠리자 이를 투기하여 무고를 벌인 죄로 폐위되었다. 외할머니, 외삼촌 둘, 동생 셋이 대역무도한 죄를 입고 옥중에서 죽거나 유배되었으며, 음황후의 아버지 음강은 스스로 목숨을 끊었다. 110년(영초 4)에 등태후가 음씨 일족을 사면하는 조서를 내려, 귀양 갔던 자들이 모두 고향으로 돌아갈 수 있었다.

번 사양한 후에야 즉위하였다. 손수 표문을 써서 은혜에 감사하며 "심히 덕이 적어 소군127)으로 간택되기에 부족합니다"라고 말하였다.

이때 사방의 나라에서 공물을 귀하고 좋은 것으로 바치려고 다투어 구하였는데, 등황후가 즉위한 후로 이를 다 금하고 세시(歲時)에 다만 종이와 먹만 바치도록 하였다. 황제가 등씨에게 벼슬과 작록을 주려 할 때마다 황후가 곧 슬피 간청하여 사양한 까닭에, 큰오라비 등즐은 황제의 시절이 끝나도록 벼슬이 호분중랑장128)을 넘지 못하였다.

十四年夏애 陰后ㅣ 以巫蠱事로 廢어시늘 后ㅣ 請救不能得ᄒ시니 帝便屬意焉ᄒ신대 后ㅣ 愈稱疾篤ᄒ샤 深自閉絶ᄒ더시니 會有司ㅣ 奏建長秋宮흔대 帝曰 ᄒ샤ᄃᆡ 皇后之尊이 與朕同體ᄒ야 承宗廟ᄒ며 母天下ᄒᄂ니 豈易哉리오. 唯鄧貴人이 德冠後庭ᄒ니 乃可當之니라. 至冬ᄒ야 立爲皇后ᄒ신대 辭讓者ㅣ 三然後에ᅀᅡ 卽位ᄒ샤 手書表謝ᄒ샤 深陳德薄ᄒ야 不足以充小君之選이라 ᄒ시다.

是時예 方國貢獻을 競求珍麗之物ᄒ더니 自后ㅣ 卽位로 悉令禁絶ᄒ시고 歲時예 但供紙墨而已러라. 帝每欲官爵鄧氏어시든 后ㅣ 輒哀請謙讓故로 兄騭이 終帝世ᄒᄃᆡ 不過虎賁中郎將ᄒ니라.

(4) 원흥129) 원년(105)에 황제가 돌아가셨다. 맏아들 평원왕은 병이 있었고, 요절한 황자들이 전후에 10여 명이 있었는데 나중에 태어난 아이를 감추어 비밀리에 민간에서 길렀다. 상제130)가 태어난 지 갓 백일

---

127) 【소군(小君)은 임금의 부인이다.】
128) 【호분중랑장(虎賁中郎將)은 벼슬이다.】 천자의 호위를 맡아보는 관리이다.
129) 원흥(元興)은 중국 후한 화제의 두 번째 연호이다. 화제가 105년 4월에서 12월까지 9개월 동안 사용하였고, 12월에 즉위한 상제가 106년에 개원할 때까지 이어서 사용하였다.
130) 상제(殤帝)는 후한 제5대 황제 유융(劉隆) 효상황제(孝殤皇帝)를 가리킨다. 제4대 황제

이었는데, 황후가 그를 맞이하여 황제로 세웠다. 황후를 높여 황태후를 삼고, 태후가 조회를 맡았다.

　　화제를 장사지낸 후에 궁인들이 다 원(園)으로 갈 때, 태후가 주귀인과 풍귀인에게131) 책문을 주어 말하였다. "내가 귀인들과 더불어 후궁에서부터 짝이 되어 함께 친하게 지낸 것이 10여 년이로다. 복을 받지 못하여 선제께서 일찍 세상을 버리시니, 홀로된 마음이 외롭고 외로워132) 우러를 곳이 없어 밤낮으로 그리워하니 서러움이 마음에 일어나는구나. 이제 마땅히 옛 법에 따라 헤어져 후원으로 돌아감에 서러워 한숨지으니, '연연(燕燕)'133)의 시에 어찌 능히 비교하겠는가." 황후는 귀인들에게 왕청개거134)와 아름답게 꾸민 수레, 참마135) 각 네 필, 황금 30근, 각종 비단 3천 필, 흰 베 4천 필을 주라고 하였다. 또한 풍귀인에게는 왕의 붉은 인끈을 하사하고, 보요와 환패136)가 없다고 각기

　　인 화제는 여러 아들을 두었으나 대부분 요절하였고, 외척 등의 모살을 의심하여 아들들을 민간에 위탁하여 양육하였다. 화제가 죽자 등태후가 맏아들 유승(劉勝)이 지병이 있음을 이유로 당시 백일이 갓 지난 유융을 황제로 세우고 섭정하였다. 상제는 즉위한 이듬해에 병으로 역시 요절하였다.

131) 【주(周)와 풍(馮)은 두 귀인의 성씨이다.】
132) 【경경(煢煢)은 혼자 있어 의지할 데 없는 모습이다.】
133) 【연연(燕燕)은 『모시』의 편명이고 연(燕)은 제비이다. 위나라 장공(莊公)의 부인 장강(莊姜)이 자식이 없어 장공의 첩 대위(戴嬀)의 아들을 자기 자식으로 삼았다. 장공이 죽고 그 아들이 즉위하였는데, 사랑하는 첩의 아들이 그 임금을 죽였다. 대위가 자기 나라로 돌아갈 때, 장강이 그를 보내며 슬퍼하여 이 시를 지었다.】『시경』「패풍」(邶風)에 있는 시이다. 첫 구절에 "두 마리 제비가 날고 있네. 오르락내리락 날갯짓하며. 그대 돌아가는 길, 멀리 들에 나와 전송하네. 멀리 바라보아도 보이지 않으니, 눈물이 비오듯 쏟아지네"[燕燕于飛, 差池其羽. 之子于歸, 遠送于野. 瞻望弗及, 泣涕如雨]라고 했다.
134) 【왕청개개(王靑蓋車)는 황자가 왕에 봉해져서 타는 수레이다.】
135) 【참(驂)은 수레에 매는 말이다.】

한 벌씩을 더 주었다.

　이때 새로 큰 상을 당하여 아직 법이 서지 못하였는데, 궁중에서 큰 구슬 한 상자를 잃어버렸다. 태후가 문초하려 했으나 필시 죄 없는 사람이 있음을 생각하여 친히 궁인들을 만나 안색을 살피니, 범인이 바로 자복하였다. 또 화제가 좋게 여기던 길성이란 사람이 있었는데, 그를 따르던 자들이 모두 길성을 무고죄로 헐뜯어 마침니 궁궐 뜰에서 심문하니 말과 증거가 명백하였다. 태후가 "선제의 곁에서 은혜롭게 대접할 때도 평소에 오히려 모진 말이 없었는데, 이제 도리어 이와 같음이 인정에 맞지 않는다" 하고 다시 친히 불러 진상을 조사하니, 과연 따르던 자가 한 일이었다. 이에 탄복하며 성인의 밝으심이라 여기지 않는 사람이 없었다.

　元興元年에 帝崩커시늘 長子平原王이 有疾ᄒ고 而諸皇子夭歿이 前後十數 ㅣ러니 後生者를 輒隱秘ᄒ야 養於民間ᄒ더니 殤帝生이 始百日이러시니 后 ㅣ 乃迎立之ᄒ시다. 尊后ᄒ야 爲皇太后ᄒ시고 太后 ㅣ 臨朝ᄒ시니라.

　和帝葬後에 宮人이 並歸園이러니 太后 ㅣ 賜周馮貴人策曰ᄒ샤ᄃᆡ 朕與貴人으로 託配後庭ᄒ야 共歡等列이 十有餘年이러니 不獲福祐ᄒ야 先帝早棄天下ᄒ시니 孤心煢煢ᄒ야 靡所瞻仰이라 夙夜永懷ᄒ야 感愴이 發中이로다. 今當以舊典으로 分歸外園일ᄉᆡ 慘結增歎호니 燕燕之詩ᄂᆞᆫ 曷能喩焉이리오. 其賜貴人王靑蓋車와 采飾輅와 驂馬各一駟와 黃金三十斤과 雜帛三千匹와 白越四千端ᄒ라 ᄒ시고 又賜馮貴人王赤綬ᄒ시고 以未有步搖環珮 ㅣ라 ᄒ샤 加賜各一具ᄒ시다.

　是時예 新遭大憂ᄒ야 法禁이 未設이러니 宮中이 亡大珠一篋ᄒᆞᆫ대 太后 ㅣ

---

136) 【보요(步搖)는 황후의 머리장식이고, 환패(環珮)는 패옥이다.】

念欲考問ᄒᆞ샤ᄃᆡ 必有不辜ㅣ라 ᄒᆞ샤 乃親閱宮人ᄒᆞ샤 觀察顔色ᄒᆞ시니 卽時예 首服ᄒᆞ니라. 又和帝幸人吉成의 御者ㅣ 共枉吉成以巫蠱事ᄒᆞ야ᄂᆞᆯ 遂下掖庭ᄒᆞ야 考訊ᄒᆞ시니 辭證이 明白ᄒᆞ더니 太后ㅣ 以先帝左右로 對之有恩이라도 平日에 尙無惡言ᄒᆞ더니 今反若此ᄒᆞ니 不合人情이라 ᄒᆞ시고 更自呼見ᄒᆞ샤 實覈ᄒᆞ시니 果御者의 所爲어ᄂᆞᆯ 莫不歎服ᄒᆞ야 以爲聖明이라 ᄒᆞ니라.

● 이 조목은 『고금열녀전』 권1 「후한」 화희등황후 기사를 인용한 것인데, 절반 이상을 생략하고 전반부만 발췌하였다. 첫머리에 "諱綏"를 생략하였고, 인용한 부분은 두세 자를 제외하고 동일하다. 등황후에 관한 기사는 『고열녀전』에는 없고, 『고금열녀전』은 『후한서』 권10 「등황후기」(鄧皇后紀)를 옮긴 것이다.

화희등황후는 후한 제4대 목종 화제의 계후이다. 15세에 간택되어 입궁하고 이듬해 귀인이 되었다. 첫 번째 황후인 음씨가 투기하다가 폐위된 후에 황후의 지위에 올랐다. 화제가 죽고 갓난아기였던 상제가 즉위하면서, 젊은 나이에 태후로서 섭정하였다. 이듬해 어린 상제가 죽자, 제6대 황제로 안제(安帝)를 옹립하고 등태후가 역시 섭정했다. 121년(영녕 2) 3월, 황후에 오른 지 스무 해 만에 마흔한 살의 나이로 죽었다.

『내훈』에 실리지 않은 후반부 기사는 주로 등태후가 상제와 안제 때 섭정한 내용에 관한 것이다. 잘한 일과 잘못한 일을 비교적 고르게 기록하였는데, 『후한서』 말미에 있는 논찬에는 "입으로는 주공의 어진 정치를 말하면서 몸으로는 군주를 밝히는 의로움을 빠뜨렸다" 하여 등황후가 오랫동안 섭정한 것을 비판하는 내용이 들어 있다.

한편 등황후는 어린 시절 여공에 힘쓰기보다 책읽기를 좋아하여 어머니에게 걱정을 들었다고 했는데, 황후와 황태후의 지위에 있을 때도 경전을 읽고 공부하기를 좋아했을 뿐 아니라 궁인들을 가르치기도 했다는 일화들이 생략된 후반부에 나온다. 등황후가 경서와 천문과 산술을 배운 것이 바로 『여계』의 저자 반소이다.

10 명나라 태조의 효자고황후

(1) 명나라 태조[137]의 효자소헌지인문덕승천순성고황후[138] 마씨는 그 조상이 송나라의 태보[139] 마묵 때부터 숙주(宿州) 민자향의 신풍리에 살아 대대로 마을의 호족이었다. 아버지 마공이 성품이 강직하고 남을 사랑하여 베푸는 것을 좋아하니, 급한 사람을 미처 다 돕지 못할까 염려하듯 하였다. 어머니 정씨가 일찍 죽었는데, 그 당시 황후가 어렸다. 아버지가 본래 정원 사람인 곽자흥[140]과 막역한[141] 사이였는데 황후를 그

---

137) 명나라 제1대 태조 고황제의 이름은 주원장(朱元璋, 1328~98)이다. 연호가 홍무(洪武)였으므로 홍무제라고도 불린다. 곽자흥이 이끄는 홍건군에 가담했다가 한림아의 용봉 정권에서 좌부원수를 지냈고, 1367년 한림아를 살해하고 이듬해 명나라를 세웠다. 도읍을 남경에 정하고, 1371년 전국을 통일하였다. 『대명률』을 반포하였다.

138) 명나라 태조비의 처음 시호는 효자황후(孝慈皇后)이다. 1403년(영락 1)에 시호를 더하여 '효자소헌지인문덕승천순성고황후(孝慈昭憲至仁文德承天順聖高皇后)'라 고쳤고, 1538년(가정 17) 다시 '효자정화철순인휘성천육성지덕고황후(孝慈貞化哲順仁徽成天育聖至德高皇后)'로 추존하였다.

139) 【태보(太保)는 벼슬이고 묵(黙)은 이름이다.】 태보는 국군을 보필하는 관직명이다. 서주 때 처음 설치되었고, 춘추시대 후기에 폐지되었다가 한나라 때 다시 설치되어 태부(太傅) 아래에 놓였다.

140) 곽자흥(郭子興)은 원나라 말엽의 장군이다. 1352년 손덕애 등과 함께 군중을 모아 봉기하여 호주를 점령하고 원수에 올랐다. 명나라 태조 주원장을 부장에 임명하고 수양

집에 맡기고 죽으니, 곽자흥이 황후를 자기 딸처럼 길렀다.

황후는 어려서부터 조용하고 단정하고 한결같으며 효성스럽고 공경하고 자애로우며, 총명함이 사람의 생각을 뛰어넘어 시서(詩書)를 더욱 즐겼다. 비녀를 꽂을 나이가 되어 태조 고황제142)의 빈이 되었는데, 정성과 공경함이 감동할 만하여 안팎이 다 칭송하였다.

큰 흉년이 든 해에 황후는 황제를 좇아 군중에 머물며 자신의 배고픔을 참고 마른 밥과 말린 고기를 간직했다가 황제께 바쳤으니, 일찍이 끼니를 거르게 한 적이 없고 긴급하고 어려운 시절에 삼가 부도(婦道)를 좇았다. 황제는 기록할 것이나 서찰이 있을 때마다 바로 황후에게 간수하도록 명하였는데, 황제가 갑자기 가져오라 하면 황후는 즉시 주머니에서 꺼내어 바쳤으니 잠시도 그르친 적이 없었다.

황제가 향을 피우고 하늘에 빌기를 "원컨대 천명을 빨리 맡기시어 천하의 백성을 수고롭게 마소서" 하니, 황후가 황제에게 이렇게 아뢰었다. "바야흐로 호걸이 모두 다투고 있어 비록 천명이 돌아갈 곳을 알지 못하나, 제가 보건대, 사람을 죽이지 않음을 근본으로 삼아 넘어진 사람을 일으키고 위태로운 사람을 구제하여 인심을 모으면, 인심이 돌아가는 곳이 바로 천명이 있는 곳입니다. 멋대로 죽이고 노략143)하여 인심

딸인 마씨를 그와 혼인시켰다. 명조 홍무 연간에 저명왕(滁明王)으로 추봉되었다.
141) 【문경(刎頸)은 목을 베는 것이니, 깊이 사귀어 비록 목을 베어도 아까워하지 않음을 말한다.】 죽음을 함께할 수 있는 막역한 사이를 뜻하는 문경지교(刎頸之交)는 『사기』 「염파인상여전」(廉頗藺相如傳)에서 유래한 말이다. 조나라 혜문왕 때의 명신 인상여와 염파 장군이 한때 불화하였으나, 인상여의 넓은 도량과 염파의 솔직한 사과로 둘도 없는 친교를 맺게 되었다는 고사이다.
142) 『고금열녀전』에 "太祖聖神文武欽明啓運俊德成功統天大孝高皇帝"라 한 것을 줄여서 『내훈』에는 "太祖高皇帝"라고만 썼다.

을 잃는 것은 하늘이 싫어하는 바이니, 그 몸조차도 보존하기 어려울 것입니다"

황제가 말하기를 "그대의 말이 내 뜻에 가장 맞소' 하고, 이튿날 비를 맞으며 돌아와서 황후에게 말했다. "어제 들은 그대의 말을 오고 가며 잊지 않았소. 한 군사가 군령을 어기고 홀연 여자를 데리고 있어 따져 물었더니, 속이지 못하고 사실대로 말하기를 노략하여 얻었다 하였소. 내가 그에게 '오늘날 병마를 쓰는 것은 난을 금하기 위해서인데, 만일 남의 아내를 과부144)로 만들고 남의 자식을 고아145)로 만든다면, 이는 난을 일으키는 것과 같다. 즉시 놓아주지 않으면 내가 반드시 너를 죽이리라' 하였더니, 이 군사가 감동하고 깨달아 즉시 그 여자를 놓아주었소. 이는 그대의 말 덕분이오." 황후가 아뢰기를 "마음을 씀이 이와 같으시니, 어찌 인심이 돌아오지 않을까 근심하겠습니까" 하였다.

황후가 처음에 자식이 없어서 황제의 형님의 아들 이문정과 큰누이의 아들 이문충, 이목영 등 몇 명을 데려다 길렀다. 그들을 자기가 낳은 자식과 같이 사랑하였으며, 태자와 여러 왕자가 태어난 후에도 그 은혜를 그치지 않았다.

황제가 군사를 거느리고 강을 건널 때 황후도 장사(將士)의 처첩을 거느리고 뒤이어 대평(大平)146)에 이르렀다. 건강(健康)에 머물 때 오나라와 한나라가147) 국경이 인접하여 싸움을 하지 않는 날이 없었다. 황후

---

143) 【노(虜)는 사로잡는다는 뜻이고, 략(掠)은 치고 빼앗는다는 뜻이다.】
144) 【과(寡)는 남편이 없는 것이다.】
145) 【고(孤)는 어리고 아버지가 없는 것이다.】
146) 【대평(大平)은 땅 이름이다.】 한문에는 '太平'이라 했고 언해문에는 '大平'이라 되어 있다.
147) 【오(吳)와 한(漢)은 두 나라의 이름이다.】

는 친히 시녀를 거느리고 옷과 신을 기워 고쳐서 장군과 병사들에게 나누어주었다. 밤이 늦도록 잠들지 않았으며, 때때로 곁에서 황제의 계획을 도왔는데 일마다 기틀에 맞게 하였다.

大明太祖孝慈昭憲至仁文德承天順聖高皇后馬氏는 其先이 自宋太保黙으로 家于宿州閔子鄕新豊里ᄒᆞ야 世豪里中ᄒᆞ더니 父馬公이 性이 剛直ᄒᆞ고 愛人喜施ᄒᆞ야 賙人之急호ᄃᆡ 如將不及ᄒᆞ더라. 母鄭氏早卒커늘 后ㅣ 幼ㅣ러시니 父ㅣ 素與定遠人郭子興으로 爲刎頸之交ㅣ러니 遂以后로 託其家ᄒᆞ고 父ㅣ 卒커늘 子興이 育后호ᄃᆡ 同己女ᄒᆞ더라.

后ㅣ 自少로 貞靜端一ᄒᆞ시며 孝敬慈惠ᄒᆞ시며 聰明이 出人意表ᄒᆞ샤 尤好詩書ᄒᆞ더시니 旣笄ᄒᆞ샤 嬪于太祖高皇帝ᄒᆞ샤 誠敬이 感孚ᄒᆞ샤 內外咸譽之ᄒᆞ더라.

値歲大歉ᄒᆞ야 后ㅣ 從帝在軍ᄒᆞ샤 嘗自忍飢ᄒᆞ시고 懷糗餌脯脩ᄒᆞ샤 供帝ᄒᆞ샤 未嘗乏絶ᄒᆞ시며 造次顚沛예 恪遵婦道ᄒᆞ더시니 帝每有識記書札이어든 輒命后藏之ᄒᆞ시고 倉卒取視어시든 后ㅣ 卽於囊中에 出而進之ᄒᆞ샤 未嘗脫誤ᄒᆞ더시다.

帝焚香祝天ᄒᆞ샤ᄃᆡ 願天命이 早有所付ᄒᆞ샤 毋苦天下生民ᄒᆞ쇼셔 ᄒᆞ야시늘 后ㅣ 謂帝曰ᄒᆞ샤ᄃᆡ 方今에 豪傑이 並爭이라 雖未知天命所歸나 以妾觀之컨댄 惟以不殺人으로 爲本ᄒᆞ야 顚者를 扶之ᄒᆞ며 危者를 救之ᄒᆞ야 收集人心ᄒᆞ면 人心所歸卽天命所在ᄒᆞ니 彼縱殺掠ᄒᆞ야 以失人心ᄒᆞ면 天之所惡ㅣ라 雖其身이나 亦難保也ㅣ니이다.

帝曰ᄒᆞ샤ᄃᆡ 爾言이 深合我意다 ᄒᆞ시고 明日에 冒雨歸ᄒᆞ샤 語后曰ᄒᆞ샤ᄃᆡ 昨聞爾言호니 往來方寸閒ᄒᆞ야 不能忘이로다. 有一卒이 違令ᄒᆞ야 忽與婦人으로 俱ㅣ어늘 詰之호니 不能隱ᄒᆞ야 吐實云호ᄃᆡ 掠得之라 ᄒᆞᆯᄉᆡ 我ㅣ 告之曰호ᄃᆡ 今日用兵은 所以禁亂이니 若寡人之妻ᄒᆞ며 孤人之子ᄒᆞ면 適以生亂이

니 不卽舍之ᄒ면 吾必戮爾호리라 ᄒ니 此卒이 感悟ᄒ야 遂卽舍之ᄒ니 由爾
之言也ㅣ라. 后ㅣ 曰ᄒ샤ᄃᆡ 用心이 如此ᄒ시니 何憂人心之不歸乎ㅣ리잇고.

　后ㅣ 初애 未有子ᄒ샤 撫育帝人兄子文正과 姉子李文忠과 及沐英等數人ᄒ
샤ᄃᆡ 愛如己出ᄒ더시니 後에 太子諸王이 生ᄒ야도 恩無替焉ᄒ더시다.

　帝ㅣ 帥師渡江ᄒ실ᄉᆡ 后ㅣ 亦率諸將士이 妻妾ᄒ샤 繼至太平ᄒ시니라. 及
居建康ᄒ샤 時예 吳漢이 接境ᄒ야 戰無虛日이러니 親率妾媵ᄒ샤 完緝衣鞵ᄒ
샤 助給將士ᄒ샤 夜分不寐ᄒ시며 時時예 左右帝規畵ᄒ샤 動合事機ᄒ더시다.

(2) 홍무148) 원년(1368) 봄 정월에 황제가 즉위하여 황후를 책봉하고 신하들에게 일렀다. "옛날 한나라의 광무제가 풍이를 위로하여 말씀하기를 '다급한 때에 무루정 콩죽과 호타하 보리밥의 후한 마음을149) 오랫동안 갚지 못하였다' 하고 임금과 신하 사이를 처음부터 끝까지 보전하였다. 내가 생각하니, 황후는 포의150) 때부터 인생고락을 나와 함께 하였다. 일찍이 나를 따라 군중에 머물며 창졸간에도 자신의 배고픔을 참고 마른 밥을 간직해 나를 대접하였으니, 콩죽과 보리밥에 비하면 그 곤궁함이 더욱 심하였다.

　옛날 당나라 태종151)의 장손황후152)는 은태자의 혐의와 원한을 받던

---

148) 홍무(洪武)는 중국 명나라 태조 고황제의 연호이다. 1368~98년에 사용되었다.
149) 【무루정(蕪蔞亭)은 정자, 호타하(滹沱河)는 강의 이름이다. 광무제가 왕랑(王郞)과 싸울 때 풍이(馮異)가 콩죽과 보리밥을 바쳤다.】 풍이는 후한 광무제 때 여러 차례 전쟁터에 나갔던 장군으로, 『후한서』 권47 「풍이전」에 자세한 생평이 전한다. 전공을 논하는 자리에서 벗어나 홀로 나무 아래에서 전략만 궁리하며 자기 공을 내세우지 않아 대수장군(大樹將軍)이란 별명이 있었다고 한다.
150) 포의(布衣)는 벼슬이나 지위가 없는 사람을 가리킨다. 주원장 부부가 아직 황제와 황후가 되기 이전을 이른다.

때에153) 안으로 능히 효도를 다하고 삼가 모든 비(妃)를 섬겨 의심하고 시기하는 마음을 없게 하였다. 내가 자주 곽씨154)의 의심을 받으면서도 뜻을 바로 하고 걱정하지 않았는데, 장군과 병사들이 입고 쓸 것을 주면 황후가 먼저 곽씨에게 바쳐서 그 마음을 위로하여 기쁘게 하였다. 그가 나를 해하려 함에 이르러서는 황후가 문득 임시로155) 막아 또 마침내 환란을 면하였으니, 그것은 장손황후 때보다 어려운 일이었다. 내가 간혹 의복이나 쓸 것 때문에 작은 허물을 꾸짖고 노하면, 황후는 문득 나에게 '주상께서는 옛날에 가난하고 미천하던 때를 잊으셨습니까?' 하고 말하여 내가 또 놀라곤 한다. 집안의 어진 아내는 나라의 어진 재상과 같으니 어찌 차마 잊겠는가."

황제가 조회를 마치고 황후에게 말씀하니 황후가 아뢰었다. "저는 부부가 서로 보전함은 쉽고 임금과 신하가 서로 보전함은 어렵다고 들었습니다. 폐하께서 이미 빈천할 때의 첩을 잊지 아니하시니, 원컨대 어려운 시절의 신하와 백성을 잊지 마소서. 제가 어찌 감히 장손황후의

---

151) 중국 당나라 제2대 황제 태종의 이름은 이세민(李世民, 599~649)이다. 당 고조 이연과 태목황후 두씨의 차남이다. 이연이 황제의 지위에 오르자, 진왕(秦王)에 봉해졌다가 형제들의 난 속에 황태자에 책봉되고, 곧 이어 황제의 자리에 올랐다. 그가 다스린 시대를 '정관(貞觀)의 치'라 한다.
152) 당태종의 부인 문덕황후 장손씨를 가리킨다.
153) 은태자는 당 고조와 태목황후의 장남 이건성(李建成)을 가리킨다. 고조 때 진왕에 봉해진 이세민의 세력이 커지자 황태자 이건성이 그를 견제하여 형제가 대립하였다. 이건성파인 위징, 왕규, 배적 등이 이세민을 제거하려 하자, 이세민이 장손무기, 이정, 이세적 등과 연합하고 이건성을 죽였다. 이 '현무문(玄武門)의 변' 사흘 뒤에 고조는 이세민을 황태자로 삼고 2개월 뒤 그에게 양위하였다.
154) 효자고황후의 양아버지 곽자흥을 가리킨다.
155) 【미봉(彌縫)은 깁고 보탠다는 뜻이다.】 언해문 세주에 '彌'자가 '綢'자로 되어 있다.

어지심에 비견하겠습니까? 오직 원컨대 폐하께서 요임금과 순임금을 본받으시기를 바랄 뿐입니다."

황후는 중궁전에 바르게 자리한 후 더욱 스스로 부지런히 힘써서, 궁중의 여자들을 살피고 아녀자의 일을 다스리며 일찍 일어나고 밤늦게 잠들어 잠시도 나태하지 않았다. 황제에게 현명한 사람을 가까이하고 학문에 힘쓰기를 권하며 사안에 따라 가만히 간하고, 옛 글을 강론하여 육궁(六宮)에 알려 깨우치기를 게을리하지 않았다.

하루는 청강 땅의 여사(女史) 범씨 유인들을156) 모아 물었다. "한과 당 이래 어느 황후가 가장 어질며 가법은 어느 대가 가장 바른가?" 여사가 대답하였다. "오직 조씨 송나라157)의 여러 황후 중에 어진 이가 많으며 가법이 가장 바릅니다." 이에 황후가 여사에게 명하여 그 가법과 어진 행적을 기록하여 항상 외우게 하여 듣고 말하였다. "내가 지금 본받아야 할 뿐만 아니라 자손과 제왕과 후비들이 모두 마땅히 살펴보아야 할 것이다. 이것이 능히 만세의 법이 될 만하다." 어떤 사람이 송 왕조의 인후(仁厚)함이 지나치다고 말하니 황후가 이르기를 "인후함이 지나친 것이 각박함보다 낫지 않으냐? 내 자손이 진실로 인후함으로 근본을 삼으면 삼대(三代)158)에 이름이 어렵지 않을 것이다. 인후함이 비록 지

---

156) 【여사(女史)는 글을 아는 여자이니, 황후의 예도와 내명부의 정사를 관장하는 벼슬이다. 청강(淸江)은 땅 이름이고, 범(范)은 성씨이다.】 여사(女史)는 그대 중국에서 황후의 행실 중 잘한 것과 잘못한 것을 기록하는 임무를 맡았던 여관(女官)을 가리키는 말로서, 여사(女士)나 여학사(女學士)와는 지칭하는 대상이 다르다. 여사(女士)는 높은 지적 소양과 부덕을 두루 갖춘 여성을 일컫는 보편적인 용어이고, 여학사는 당나라 덕종 때 송약소(宋若昭)처럼 학문이 높은 궁중의 여관을 지칭하던 말이다.

157) 【조(趙)는 송나라의 성씨이다.】

158) 삼대(三代)란 중국에서 왕도정치가 행해졌다고 일컫는 하·은·주 세 왕조를 가리킨다.

나치다 해도 사람 사는 나라에 무엇이 해롭겠느냐?"하였다.

洪武元年春正月에 帝卽位ᄒᆞ샤 冊爲皇后ᄒᆞ시고 因謂侍臣曰ᄒᆞ샤ᄃᆡ 昔에 漢光武ㅣ 勞馮異曰ᄒᆞ샤ᄃᆡ 倉卒애 蕪蔞亭豆粥과 滹沱河麥飯厚意ᄅᆞᆯ 久不報ㅣ라 ᄒᆞ샤 君臣之間이 始終保全ᄒᆞ니 朕이 念皇后ㅣ 起布衣ᄒᆞ야 同甘苦ᄒᆞ며 嘗從朕在軍ᄒᆞ야 倉卒애 自忍飢餓ᄒᆞ고 懷糗餌ᄒᆞ야 食朕ᄒᆞ니 比之豆粥麥飯컨댄 其困이 尤甚ᄒᆞ니라.

昔에 唐太宗ㅅ 長孫皇后ㅣ 當隱太子構隙之際ᄒᆞ야 內能盡孝ᄒᆞ며 謹承諸妃ᄒᆞ야 消釋嫌猜ᄒᆞ니 朕이 數爲郭氏의 所疑ᄒᆞ야 朕이 徑情不恤ᄒᆞ다니 將士ㅣ 或以服用으로 爲獻이어든 后ㅣ 先獻郭氏ᄒᆞ야 慰悅其意ᄒᆞ며 及欲危朕ᄒᆞ얀 后ㅣ 輒爲ᄉ彌縫ᄒᆞ야 卒免於患ᄒᆞ니 殆又難於長孫皇后者ᄒᆞ니라. 朕이 或因服御ᄒᆞ야 詰怒小過이어든 輒謂朕曰호ᄃᆡ 主ㅣ 忘昔日之貧賤耶아 ᄒᆞ야든 朕復愓然ᄒᆞ노라. 家之良妻ㅣ 猶國之良相ᄒᆞ니 豈忍忘之리오 ᄒᆞ시고

罷朝ᄒᆞ샤 因以語后ᄒᆞ신대 后ㅣ 曰ᄒᆞ샤ᄃᆡ 妾은 聞夫婦相保ᄂᆞᆫ 易ᄒᆞ고 君臣相保ᄂᆞᆫ 難이라 ᄒᆞ니 陛下ㅣ 旣不忘妾於貧賤ᄒᆞ시니 願無忘群臣百姓於艱難ᄒᆞ쇼셔. 且妾은 安敢比長孫皇后의 賢이리잇고 但願陛下ㅣ 以堯舜으로 爲法耳로이다.

后ㅣ 旣正位中宮ᄒᆞ샤 益自勤勵ᄒᆞ샤 督宮妾ᄒᆞ샤 治女工ᄒᆞ샤 夙興夜寐ᄒᆞ샤 無時豫怠ᄒᆞ시며 勸帝親賢務學ᄒᆞ시며 隨事幾諫ᄒᆞ시며 講求古訓ᄒᆞ샤 諭告六宮ᄒᆞ샤ᄃᆡ 孜孜不倦ᄒᆞ더시다.

一日에 集女史淸江范孺人等ᄒᆞ샤 問曰ᄒᆞ샤ᄃᆡ 自漢唐以來로 何后ㅣ 最賢이며 家法은 何代最正고. 對曰호ᄃᆡ 惟趙宋諸后ㅣ 多賢ᄒᆞ며 家法이 最正ᄒᆞ니이다. 后ㅣ 於時에 命女史ᄒᆞ샤 錄其家法賢行ᄒᆞ야 每令誦而聽之ᄒᆞ시고 曰ᄒᆞ샤ᄃᆡ 不徒爲吾의 今日法이라 子孫帝王后妃皆當省覽이니 此ㅣ 可以爲萬世法也ㅣ로다. 或曰호ᄃᆡ 宋朝ㅣ 過於仁厚ㅣ라 ᄒᆞᆫ대 后ㅣ 曰ᄒᆞ샤ᄃᆡ 過於仁厚ㅣ

不猶愈於刻薄乎아. 吾子孫이 苟能以仁厚로 爲本이면 至於三代不難矣니라. 仁厚ㅣ 雖過ㅣ나 何害於人之國哉리오.

(3) 황제가 전에 황후에게 말했다. "임금에게 온갖 소임이 모이니, 자기의 소임을 얻지 못한 사람이 하나라도 있으면 그것은 임금의 책임이오." 황후가 즉시 일어나 절하며 아뢰었다. "제가 들으니, 옛 사람은 한 사람이라도 제 소임을 잃는다면 바로 나의 죄이다 하고, 굶주리는 백성이 하나라도 있으면 내가 그를 굶주리게 하였다 하고, 추위에 떠는 백성이 하나라도 있으면 내가 그를 춥게 했다고 말하였다 합니다. 지금 폐하의 말씀이 곧 옛 사람의 마음이십니다. 성심(聖心)에 삼가기를 다하여 곤궁한 백성에게 은혜를 더하신다면, 천하가 그 복을 입으며 저 또한 더불어 영화로움을 누릴 것입니다."

일찍이 황제에게 조용히159) 아뢰었다. "백성의 주인이 비록 밝은 자질을 갖추었다 해도 혼자서 천하를 다스릴 수는 없으니, 반드시 어진 사람을 가려서 다스림을 의논하여야 합니다. 그러나 세대가 더욱 내려갈수록 재주를 다 갖춘 사람은 없습니다. 폐하께서 인재를 쓰심에 본디 각각 그 장점과 단점을 따라 잘하고 계십니다만, 작은 허물은 용서하여 그 사람을 보전하심이 더욱 마땅할 것입니다." 황제가 기뻐하며 좋다고 하였다.

하루는 원나라의 창고를 얻어서 그 재화와 보물을 수도로 들여온다는 소식을 듣고, 황후가 황제에게 물었다. "원나라의 창고에서 무엇을 얻으셨습니까?" 황제가 말했다. "보물과 재화뿐이오." 황후가 아뢰었다.

---

159)【조용[從容]은 모습을 좇는 것이니, 편안한 때를 보아 아룀을 말한다.】

"원씨는 그 보물을 어째서 지키지 못하고 잃었습니까? 재화가 보물이 아닙니다. 제왕에게는 저마다 다른 보배가 있습니다." 황제가 말했다. "황후의 뜻을 내가 알겠소. 오직 어진 사람 얻는 것을 보배로 삼으라는 말이구료."

황후가 즉시 절하고 아뢰었다. "진실로 성인의 말씀과 같으십니다. 제가 늘 보건대, 사람의 집에 살림살이가 넉넉하면 교만함이 이르고 운명이 순조로우면 안일함이 일어납니다. 집과 나라가 같지 않으나 그 이치는 다르지 않으니, 인지상정을 마땅히 깊이 경계해야 할 것입니다. 제가 폐하와 더불어 곤궁한 시절을 함께 보내고 이제 부귀에 이르렀는데, 교만하며 방종함이 사치에서 나오고 위태로움과 멸망함이 작은160) 데에서 일어날까 항상 두렵습니다. 이런 까닭으로 세상에서 '교묘한 놀이가 나라를 망치는 도끼이고, 옥과 구슬이 마음을 방탕하게 하는 짐독161)이다' 하였으니, 이 말이 옳습니다. 오직 어진 인재를 얻어 아침저녁으로 계옥(啓沃)162)하여 천하를 보전함이 큰 보물이며 만세에 이름을 드러냄이 큰 보물입니다. 어찌 보물이 물건에 있겠습니까?" 황제가 옳

---

160) 【홀미(忽微)는 작은 것이다.】
161) 【짐(酖)은 독이 있는 새이니, 그 깃털을 음식에 문질러 먹으면 사람이 죽는다.】 한문 원문에 '鴆'자를 언해문에는 '酖'자로 썼다.
162) 【계(啓)는 연다는 뜻이고, 옥(沃)은 적신다는 뜻이니, 고종이 부열에게 이르시되 '너의 마음을 열어 나의 마음을 적시라' 하셨다.】 부열(傅說)은 중국 은나라 고종 때 이름난 재상이다. 『사기』 「은본기」(殷本紀)에 따르면, 고종 무정(武丁)이 자신을 도와줄 현명한 재상을 찾고 있었는데, 그가 꿈속에서 만난 노인의 형상을 그려 어렵게 찾아낸 사람이 바로 부열이라고 한다. 당시 그는 북해의 부암이란 곳에서 베옷을 입고 무너진 길을 수리하는 죄수였다. 부열의 보좌를 받은 고종의 치세 동안 상 왕조는 전성기를 이루었다고 평가된다.

은 말이라 하였다.

황후가 건청궁에서 황제를 모시고 앉아 있다가 가난한 시절에 대한 이야기가 나왔는데, 황제가 말했다. "내가 그대와 더불어 가난한 시절을 겪으며 온갖 고생을 하였는데, 오늘날 집안을 변화시켜 나라를 다스리게 되었소. 이것은 마음에 얻고자 한 것이 아니니, 위로 천지의 덕과 조상의 은혜에 감사하나, 또한 그대가 내조한 공이오." 황후가 아뢰었다. "폐하께서 일념으로 백성을 구하려 하신 마음이 넓고 큰 하늘에 닿아서 천명이 돌보시고 조상이 도우신 것이지, 첩에게 무슨 힘이 있겠습니까? 오직 원컨대 폐하는 어려웠던 시절을 잊지 마시고 편안한 날에 경계하소서. 저 또한 환난에 서로 따랐던 일을 잊지 않고 밤낮으로 삼가고 조심하겠습니다. 천지와 조상이 다만 오늘을 도울 뿐 아니라 장차 자손의 무궁한 복이 될 것입니다."

帝嘗謂后曰ᄒᆞ샤ᄃᆡ 君者ᄂᆞᆫ 百責所萃ㅣ니 一夫ㅣ 不得其所ㅣ라도 君之責也ㅣ라 ᄒᆞ야시늘 后ㅣ 卽起拜曰ᄒᆞ샤ᄃᆡ 妾은 聞ᄒᆞ니 古人이 有云ᄒᆞ되 一夫失所ㅣ 時予之辜ㅣ라 ᄒᆞ며 一民이 饑커든 曰我ㅣ 饑之라 ᄒᆞ고 一民이 寒커든 曰我ㅣ 寒之라 ᄒᆞ니 今陛下之言이 卽古人之心이로소이가. 致謹於聖心ᄒᆞ샤 加惠於窮民ᄒᆞ시면 天下ㅣ 受其福ᄒᆞ며 妾亦與有榮焉ᄒᆞ리이다.

又嘗從容告帝曰ᄒᆞ샤ᄃᆡ 人主ㅣ 雖有明聖之資ㅣ나 不能獨理天下ㅣ라 必擇賢以圖治ᄒᆞᄂᆞ니 然이나 世代愈降ᄒᆞ야 人無全材ᄒᆞ니 陛下ㅣ 於人材예 固能各隨其短長而用之ᄒᆞ시ᄂᆞ니 然이나 尤宜赦小過ᄒᆞ샤 以全其人이니이다. 帝喜ᄒᆞ샤 稱善ᄒᆞ시다.

一日에 聞得元府庫ᄒᆞ야 輸其貨寶ᄒᆞ야 至京師ᄒᆞ시고 問帝曰ᄒᆞ샤ᄃᆡ 得元府庫何物이잇고. 帝曰ᄒᆞ샤ᄃᆡ 寶貨耳라. 后ㅣ 曰ᄒᆞ샤ᄃᆡ 元氏有此寶ᄒᆞ되 何以不能守而失之잇고. 盖貨財ㅣ 非可寶ㅣ라 抑帝王이 自有寶也ㅣ니이다. 帝曰ᄒᆞ

샤디 皇后之意롤 朕이 知之矣와라. 但謂以得賢으로 爲寶耳로다.

　　后ㅣ 卽拜謝曰호샤디 誠如聖言호시니이다. 妾이 每見人家ㅣ 産業이 厚則驕至호고 時命이 順則逸生호느니 家國이 不同호나 其理는 無二호니 人之常情이 所當深戒니이다. 妾이 與陛下로 同處窮約이라가 今에 富貴至此호니 恒恐驕縱이 生於奢侈호며 危亡이 起於忽微호노이다. 故로 世傳호디 技巧ㅣ 爲喪國斧斤이오 珠玉이 爲蕩心鴆毒이라 호니 誠哉라 是言이여. 但得賢才호야 朝夕啓沃호야 共保天下호미 卽大寶也ㅣ며 顯名萬世호미 卽大寶也ㅣ니 而豈在於物乎ㅣ리잇고. 帝曰善호다.

　　嘗侍坐乾淸宮호샤 語及窮約時事ㅣ러시니 帝曰호샤디 吾與爾로 跋涉艱難호야 備嘗辛苦호니 今日에 化家爲國은 無心所得이라 上感天地之德과 祖宗之恩호노니 然이나 亦爾의 內助之功也ㅣ라. 后ㅣ 曰호샤디 陛下人 一念救民之心이 格于皇天호샤 天命이 眷之호시며 祖宗이 祐之호시니 妾은 何力之有ㅣ리잇고. 但願陛下ㅣ 不忘於窮約之時호샤 而警戒於治安之日호쇼셔. 妾亦不忘相從於患難호야 而謹飾於朝夕호리이다. 則天地祖宗이 非惟庇祐於今日이라 將爲子孫無窮之福耳니이다.

(4) 황후는 황제의 모든 음식을 반드시 친히 살폈다. 궁인이 청하기를 "궁중에 사람이 많으니 옥체를 수고롭게 마소서" 하니 황후가 말했다. "궁중에 사람이 있음을 나도 잘 알고 있다. 다만 아내가 지아비를 섬김에 삼가지 않을 수 없고, 진상하는 음식은 깨끗하지 않으면 안 된다. 만약 지극하지 못함이 있어서 너희가 죄를 입으면 내 마음이 어찌 편안하겠느냐? 내가 이렇게 하는 것은 한편으로는 웃전을 공경하여 감히 소홀히 하지 못함이요, 한편으로는 너희를 보호하여 책임을 면하게 하려 함이다. 어찌 사람이 없어서이겠느냐?" 궁인들이 이 말을 듣고 감

동하여 기뻐하지 않는 자가 없었다.

　서한의 두태후163)가 황제와 노자를164) 좋아했던 것에 대해 여사가 논의하는 것을 듣고, 황후가 돌아보며 물었다. "황제와 노자는 어떠하냐?" "청정(淸淨)과 무위(無爲)를 으뜸으로 삼으니, 인(仁)을 끊고 의(義)를 버려 백성이 효도와 자애함에 돌아가게 한다는 주장입니다"라고 여사가 대답하자 황후가 말하였다. "그렇지 않다. 효도하며 자애함이 곧 인의(仁義)의 일이니, 어찌 인의를 끊어 효도하며 자애할 수 있느냐? 인의는 다스림의 근본이거늘 그것을 끊어버리라 하니, 이치에 맞지 않다."

　황후가 『소학』을 외우게 하고 주의하여 듣다가, 이윽고 황제에게 주청하였다. "『소학』은 말씀이 이해하기 쉽고 일이 실천하기 쉽습니다. 사람의 도리를 갖추지 않은 것이 없으니 진실로 성인의 가르치신 법입니다. 어찌 드러내어 알리지 않으십니까?" 황제가 말하기를 "옳소. 내 이미 친왕165)과 부마와 태학생들로 하여금 모두 강론하고 읽게 하였소"

---

163) 두태후(竇太后)는 전한 제5대 황제 문제의 황후이며 제6대 경제의 어머니인 효문황후(孝文皇后) 두씨이다. 기원전 157년 문제가 죽고 경제가 즉위하면서 황태후가 되었고, 기원전 141년 경제가 죽고 무제가 즉위하면서 다시 태황태후가 되었다. 사상적으로 볼 때 문제는 도가를, 경제는 법가를, 무제는 유가를 중시하였고, 두태후는 『노자』를 읽고 숭상하여 경제와 두씨 자제들에게도 '황노지술'(黃老之術)을 받들게 하였다. 이 때문에 두태후는 유학자를 우대했던 손자 무제와 충돌하는 일이 많았다고 한다. 『사기』 「외척세가」(外戚世家)에 두태후 기사가 있다.

164) 【황로(黃老)는 황제(黃帝)와 노자(老子)이다.】 노자와 고대 중국의 통치자인 황제를 신봉한다고 하여, 도가 혹은 도교를 황로사상 또는 황로교라고 한다. 황제는 신화전설상의 성천자(聖天子)로 전국시대 중기 이후 이상적인 제왕으로 받들어졌고, 황로학이 전한 초기 지배계급 사이에서 널리 성행하였다. 근간이 되는 서책은 황제와 신하들의 언행을 수록한 『십대경』(十大經)과 『노자』이다.

165) 친왕(親王)은 황제의 형제와 왕자들을 가리킨다.

라고 하였다.

원나라 세조166)의 후비가 낡은 활시위를 삶았던 이야기를 듣고, 황후가 또한 활시위를 가져다 삶도록 명하였다. 그것으로 이불을 짜서 외롭고 늙은 사람에게 주었으며, 옷과 치마를 재단할 때마다 남은 천을 이어서 수건과 요를 만들며 말했다. "몸이 부귀해지면 마땅히 천지를 위하여 물건을 아껴야 하니, 옛 사람들은 하늘이 내신 물건을 함부로 버리는 것을 대단히 경계하였다." 베 짜는 사람이 실을 다룰 때 거칠어서 버리는 토막이 있으면, 그것도 이어서 짜게 하여 여러 왕비와 공주에게 주며 말했다. "부귀한 곳에서 나고 자랐으나 모름지기 누에치기가 쉽지 않음을 알아야 할 것이다. 비록 거칠어서 버리는 실토막이지만 민간에서는 그나마 얻기가 어려운 것이다. 그래서 천을 짜 너희에게 보여주는 것이니, 이를 몰라서는 안 된다."

황후는 평소에 깨끗이 빤 옷을 입되 사치하며 화려한 것은 즐기지 않았다. 이불이 비록 낡아도 차마 바꾸지 않으니 어떤 사람이 물었다. "천하에 지극한 부귀를 누리시는데, 어찌 이를 아끼십니까?" 황후가 대답했다. "내 들으니, 옛날에 후비들은 모두 부유하지만 검소하고 존귀한 자리에 있어도 부지런하여 이로써 책에 실려 칭송되었다. 사치하는 마음은 쉽게 싹트고 높은 지위에 있기는 어려운 법이니, 잊어서는 안 되는 것이 근검함이요 믿어서는 안 되는 것이 부귀함이다. 근검한 마음이

---

166) 원나라 세조(世祖)는 몽고 제국의 제5대 쿠빌라이 칸(1215~94)이다. 남송을 멸망시키고 중국을 통일하여 국호를 원(元)으로 고치고, 현재의 북경인 대도(大都)를 도읍으로 정하였다. 중앙아시아인을 중용하고 서역에서 오는 문화를 중시하였으며, 티베트에서 라마교를 받아들이고 파스파 문자를 만들기도 했다. 넓은 영토를 배경으로 대제국을 완성하여 원의 전성시대를 이루었다.

한번 옮아가면 재앙과 복록이 메아리처럼 응답하니, 늘 이를 유념하고 감히 소홀히 여기는 마음을 가져서는 안 된다."

帝凡御膳을 后ㅣ 必躬自省視ᄒᆞ더시니 宮人이 請曰호ᄃᆡ 宮中人衆ᄒᆞ니 無煩聖體ᄒᆞ쇼셔. 后ㅣ 曰ᄒᆞ샤ᄃᆡ 吾ㅣ 固知宮中에 有人이어니와 但婦之事夫ᄂᆞᆫ 不可不謹이며 膳羞上進은 不可不蠲潔이니 脫有不至ᄒᆞ야 汝輩受責ᄒᆞ면 吾心이 豈安이리오. 吾所以爲此者ᄂᆞᆫ 一以敬上而不敢忽이오 一以保汝輩ᄒᆞ야 免於責也ㅣ니 豈爲無人耶ㅣ리오 ᄒᆞ시니 宮人이 聞之ᄒᆞ고 莫不感悅ᄒᆞ더라.

后ㅣ 聞女史이 論西漢竇太后ㅣ 好黃老ᄒᆞ시고 顧而問曰ᄒᆞ샤ᄃᆡ 黃老ᄂᆞᆫ 如何오. 女史ㅣ 答曰호ᄃᆡ 淸淨無爲로 爲本ᄒᆞ니 若絶仁棄義ᄒᆞ야 民復孝慈ㅣ 是也ㅣ니이다. 后ㅣ 曰ᄒᆞ샤ᄃᆡ 不然ᄒᆞ다. 孝慈ㅣ 卽仁義事也ㅣ니 詎有絶仁義而爲孝慈哉리오. 仁義ᄂᆞᆫ 乃爲治之本이어늘 乃曰絶之棄之라 ᄒᆞ니 非理也ㅣ로다.

后ㅣ 令誦小學書ᄒᆞ시고 注意聽之러시니 旣而오 奏曰ᄒᆞ샤ᄃᆡ 小學書ᄂᆞᆫ 言易曉ᄒᆞ고 事易行이라 於人道애 無所不備ᄒᆞ니 眞聖人之敎法이로소니 盍表章之리잇고. 帝曰然ᄒᆞ다. 吾已令親王과 駙馬와 大學生으로 咸講讀之矣로라.

后ㅣ 嘗聞元世祖后의 煮故弓絃事ᄒᆞ시고 亦命取練之ᄒᆞ샤 織爲衾裯ᄒᆞ샤 以惠孤老ᄒᆞ시며 每製衣裳ᄒᆞ시고 餘帛을 緝爲巾褥曰ᄒᆞ샤ᄃᆡ 身處富貴ᄒᆞ야 當爲天地惜物이니 暴殄天物은 故人의 深戒也ㅣ라. 織工이 治絲ᄒᆞᆯᄉᆡ 有荒類棄遺者ㅣ어든 亦俾緝而織之ᄒᆞ샤 以賜諸王妃와 公主ᄒᆞ시고 謂曰ᄒᆞ샤ᄃᆡ 生長富貴ᄒᆞ얀 當知蠶桑之不易니 此雖荒類棄遺ㅣ나 在民閒ᄒᆞ얀 猶爲難得이니 故로 織以示汝ᄒᆞ노니 不可不知也ㅣ라 ᄒᆞ더시다.

平居에 服澣濯之衣ᄒᆞ시고 不喜侈麗ᄒᆞ시며 衾裯ㅣ 雖弊나 不忍易ᄒᆞ더시니 有言於后曰호ᄃᆡ 享天下至貴至富ᄒᆞ시니 何庸惜此ㅣ잇고. 后ㅣ 曰ᄒᆞ샤ᄃᆡ 吾聞古之后妃皆以富而能儉ᄒᆞ며 貴而能勤으로 見稱於載籍ᄒᆞ니 盖奢侈之心은

易萌ᄒ고 崇高之位難處ㅣ라 不可忘者ㅣ 勤儉이오 不可恃者ㅣ 富貴也ㅣ니 勤儉之心이 一移ᄒ면 禍福之應이 響至ᄒᄂ니 每念及此ᄒ고 自不敢有忽易之 心耳로라.

(5) 궁인에게 잘못이 있어 황제가 노하면, 황후가 또한 노하여 그를 잡아 궁정사167)에 맡겨 죄를 논하라고 좌우에 명하였다. 황제가 노여움을 풀고 황후에게 물었다. "그대가 친히 문책하여 벌하지 않고 궁정사에 맡김은 어째서요?" 황후가 아뢰었다. "저는 상과 벌이 공정하여야 사람을 항복하게 한다고 들었습니다. 따라서 기쁘다고 상을 내리거나 노엽다고 형벌을 내리지 않습니다. 기쁘거나 노여울 때 상벌을 행하면 반드시 편중됨이 있어 남들이 그 사사로움에 대해 논할 것이요, 궁정사에 맡기면 마땅히 그 경중을 따질 것입니다. 또한 천하를 다스리는 사람이 어찌 사람 하나하나에게 친히 상벌을 줄 수 있겠습니까? 담당 관리가 논의할 뿐입니다." 황제가 묻기를 "그대 역시 노여워함은 어째서요?" 하자 황후가 아뢰었다. "폐하께서 노하셨을 때 갑자기 친히 벌을 내리신다면, 한갓 궁인이 무거운 죄를 입을 뿐 아니라 폐하 또한 중화(中和)의 기운을 손상하실 것입니다. 그러니 폐하의 노여움을 풀기 위해 저도 화를 낸 것입니다." 그러자 황제가 기뻐하였다.

황후는 시부모를 미처 섬기지 못한 것을 한으로 여겼고, 황제가 부모를 그리워하여 슬퍼하는 모습을 보면 그를 위하여 눈물을 흘렸다. 아침저녁에 위적168)을 입고 황제를 좇아 봉선전에 배알하였으며, 매번 제사

---

167)【궁정사(宮正司)는 궁중을 담당하는 관청이다.】
168)【위적(褘翟)은 황후가 선왕의 제사를 지낼 때 입는 옷이다.】

때마다 친히 음식을 만들어 공경과 정성을 다하도록 힘썼다. 비빈 이하를 은혜로써 대접하고, 황제의 총애를 얻어 자식을 둔 사람은 더욱 후하게 대접하였다.

황후가 여러 왕비와 공주에게 말했다. "하는 일 없이 복을 받음은 조물주가 싫어하는 바이다. 내가 너희들과 함께 금실로 수놓은 비단을 입고 좋은 음식을 먹으며 하루 종일 하는 일이 없으니, 마땅히 아녀자의 일을 부지런히 하여 하늘에 보답해야 할 것이다." 비록 태자와 왕들을 매우 사랑하지만 학문에 힘쓰도록 명하고 간절히 타일렀으니, 일찍이 이런 말을 했다. "너희 아버님이 만국에 지존으로서 몸에 태평함을 이루신 것 또한 학문을 통해 이룬 것이다. 너희 자식들은 마땅히 이를 계승하여 부모를 욕되게 하지 말아야 할 것이다."

또 말하였다. "내가 여사의 말을 들으니, 등우[169]가 장군이 되어 함부로 사람을 죽이지 않았던 까닭에 그 손녀가 황후가 되었다 한다. 우리 가문이 대대로 충후(忠厚)하며, 우리 아버님에 이르러 비록 등우의 공은 없으시지만 평생에 의를 행함을 우선으로 여기셨으니, 오늘날 내가 황후가 된 것은 우연이 아니다. 너희들은 훗날 백성과 사직을 맡을 것이니, 더욱 모름지기 충후함을 쌓아야 자손이 오래 갈 것이다. 제 자신을 믿고 덕을 힘쓰지 않으면서 일이 우연히 이루어질 것이라 여겨서는 절대로 안 된다. 너희들은 잠시도 이 점을 잊지 말아라."

왕들이 간혹 의복이나 기물을 서로 숭상하면 황후는 말하였다. "당(唐)의 요임금과 우(虞)의 순임금은 풀로 지붕을 잇고 흙으로 계단을 만드셨으며, 하(夏)의 우임금과 문왕은 거칠고 비루한 옷을 입으셨다. 너

---

[169] 등우(鄧禹)는 후한 제4대 목종 화제의 계후 화희등황후의 조부이다.

희 아버님은 검박하시어 사치하고 화려한 것을 더욱 싫어하시고 밤낮으로 근심하며 천하를 다스리기에 부지런하시다. 너희는 아무런 공도 없이 좋은 옷과 좋은 음식을 누리면서 오히려 의복과 기구를 서로 경쟁하니, 어찌 뜻과 기운이 아버님과 이토록 다른 것이냐? 마땅히 스승을 가까이하고 벗을 사귀어 성현의 학문을 강론하고 마음과 뜻을 밝게 하여야 이러한 기질과 버릇이 자연히 없어질 것이다."

宮人이 有過ᄒ야 帝怒之어시든 后ㅣ 亦怒ᄒ샤 命左右ᄒ샤 執付宮正司ᄒ야 議罪ᄒ더시니 帝怒解ᄒ샤 問后曰ᄒ샤ᄃᆡ 爾不自責罰ᄒ고 付之宮正司ᄂᆞᆫ 何也오. 后ㅣ 曰ᄒ샤ᄃᆡ 妾은 聞賞罰이 有公이라ᅀᅡ 足以服人이라 ᄒ니 故로 不以喜而加賞ᄒ며 不以怒而加刑이니 喜怒之際예 而行賞罰ᄒ면 必有偏重ᄒ야 人議其私ㅣ어니와 付之宮正司ㅣ면 則當勘酌其輕重矣리이다. 治天下者ㅣ 亦豈能人人을 自賞罰哉리잇고. 有司ㅣ 論之耳니이다. 帝曰ᄒ샤ᄃᆡ 爾亦怒之ᄂᆞᆫ 何也오. 后ㅣ 曰ᄒ샤ᄃᆡ 當陛下怒時ᄒ야 遽自罰之ᄒ면 非惟宮人이 得重責이라 陛下ㅣ 亦損中和之氣ᄒ시리니 故로 妾之怒者ᄂᆞᆫ 所以解陛下之怒也ㅣ니이다. 帝喜ᄒ시다.

后ㅣ 以不逮舅姑로 爲恨ᄒ샤 見帝의 追慕悲傷ᄒ시고 亦爲之流涕ᄒ시며 晨夕에 褘翟ᄋᆞ로 從帝ᄒ샤 拜謁奉先殿ᄒ시며 每當祭ᄒ야 躬治膳羞ᄒ샤 務盡誠敬ᄒ시며 接妃嬪以下有恩ᄒ시며 被寵顧有子者란 待之加厚ᄒ더시다.

語諸王妃와 公主曰ᄒ샤ᄃᆡ 無功受福이 造物의 所惡ㅣ니 吾與若屬으로 被金繡ᄒ며 美飮食ᄒ고 終日無所爲니 當勤女工ᄒ야 以報造物者ㅣ라 ᄒ시며 太子와 諸王을 雖愛之甚篤ᄒ시나 勉令務學ᄒ샤 諄切懇至ᄒ더시니 嘗曰ᄒ샤ᄃᆡ 汝父ㅣ 尊臨萬國ᄒ샤 身致太平은 亦由學以聚之니 爾小子ᄂᆞᆫ 當思繼繼繩繩ᄒ야 以不辱所生이니라.

又曰ᄒ샤ᄃᆡ 吾聞女史ㅣ 言호니 鄧禹ㅣ 爲將ᄒ야 不妄殺人故로 其女ㅣ 爲

后ㅣ라 ᄒᆞᄂᆞ니 吾ㅣ 家世忠厚ᄒᆞ며 至吾父ᄒᆞ야 雖無禹之功ᄒᆞ나 然平生애 急於義ᄒᆞ더니 今日爲后ㅣ 不偶然也ㅣ라. 汝輩ᄂᆞᆫ 異日에 有人民社稷之寄ᄒᆞ니 尤必積累忠厚ㅣ라ᄉᆞ 乃可長셰니 切不可自恃而不務德ᄒᆞ고 謂事有偶然也ㅣ니 汝ㅣ 切識之ᄒᆞ라.

諸王이 或以衣服器皿으로 相尙者ㅣ어든 后ㅣ 曰ᄒᆞ샤ᄃᆡ 唐堯虞舜이 茅茨土階ᄒᆞ시며 夏禹文王이 惡衣卑服ᄒᆞ시니 汝父ㅣ 儉朴ᄒᆞ샤 尤惡奢麗ᄒᆞ시고 日夜憂勤ᄒᆞ샤 以治天下ᄒᆞ시니 汝輩無功호ᄃᆡ 錦衣玉食ᄒᆞ고 猶欲以服御로 相加ᄒᆞᄂᆞ니 何志氣不同이 如是乎오. 惟當親師取友ᄒᆞ야 講論聖賢之學ᄒᆞ야 開明心志라ᄉᆞ 自無此氣習也ᄒᆞ리라.

(6) 황후가 자애로써 아랫사람을 대접하니 친척과 공신의 집안에서 환심을 얻지 못함이 없었다. 외명부가 들어와 뵈면, 황후는 스스로 존귀한 지위로써 그들을 대하지 않고 집안사람170)의 예법과 같이 대접하였다.

수해와 가뭄과 흉년이 들면 음식을 진상할 때 반드시 보리밥과 산나물을 함께 차리라 하였다. 황제가 그로 인하여 진휼할 일을 고하니 황후가 아뢰었다. "수해와 가뭄이 없는 시절이 없었다고 들었습니다. 진휼하는 것이 저축하여 먼저 대비함만 못합니다. 마침내 불행하여 9년간 수해와 7년간 가뭄이 든다면 장차 무슨 법으로 진휼하시겠습니까?" 황제가 이 말을 매우 옳게 여겼다.

일찍이 황제에게 이렇게 아뢰었다. "은혜를 베풀 때는 널리 두루 펴야 하지만, 또한 차등이 있어야 합니다. 많은 사람에게 날마다 주는 것

---

170) 【가인(家人)은 보통 집안사람을 말한다.】

은 진실로 어렵습니다. 게다가 집이 수도에 있는 백관(百官)은 고향의 멀고 가까움이 다르고 집의 가난하고 부유함이 역시 다른데 녹봉은 제한이 있습니다. 어쩌다 주지 않으면 필시 고생스러움이 심하여 더위와 비와 심한 추위를 만나 한탄하지 않을까 염려됩니다." 황제가 그 뜻에 감동하여 늘 사람을 보내어 형편을 묻고 두루 베풀었다.

가까운 신하와 공사(公事)를 여쭙는 모든 관원들이 조회를 마치고 궁전 뜰에 모여 식사를 하였다. 황후가 내관에게 명하여 그 음식을 가져다가 친히 맛보았는데 맛이 나쁘니, 황제에게 아뢰었다. "조정은 하늘의 녹을 써서 천하의 어진 사람을 기르니, 스스로의 봉양은 박하게 하고 어진 사람의 봉양은 풍족하게 합니다. 그런데 지금 음식을 담당한 사람이 그 아랫사람을 가르치지 못하여, 오직 진상하는 음식은 맛나고 여러 신하들의 음식은 다 맛이 없습니다. 이것이 어찌 폐하께서 어진 사람을 기르는 뜻이겠습니까?"

황제가 말했다. "음식의 일은 내 마음에 두지 않아 신하들이 모두 맛난 것을 먹는다고만 여겼소. 어찌 담당자가 후하고 박함을 달리 하리라 생각하였겠소. 여러 신하들이 말하고 싶어도 아마 입을 열기 어려웠을 것이오. 비록 작은 일이지만 관계된 바는 지대하니, 황후가 오늘 말해주지 않았다면 내가 어찌 이런 줄 알았겠소?" 그러고는 급히 광록경171) 서흥조 등을 불러 잘못을 지적하니, 그들이 모두 부끄러워하며 사죄하였다.

황제가 태학에 행차하여 선사(先師) 공자께 제사하고 돌아오니 황후가 물었다. "태학생이 얼마나 됩니까?" 황제가 답하기를 "수천이오" 하

---

171) 【광록경(光祿卿)은 벼슬 이름이다.】 궁중에서 음식을 관장하던 벼슬이다.

니 황후가 또 물었다. "다 집이 있습니까?" 황제가 말하기를 "많이 있소" 하니 황후가 아뢰었다. "천하를 잘 다스리는 사람은 어진 인재를 으뜸으로 삼는데, 지금 인재가 많다는 것은 매우 기쁜 일입니다. 다만 생원은 태학에서 밥을 먹는데 처자는 기댈 곳이 없으니, 저들이 어찌 마음에 얽매임이 없겠습니까?" 황제가 즉시 명하여 달마다 양식을 내려주어 그 집안 형편을 넉넉하게 해주는 것을 통상적인 법으로 삼았다.

일찍이 황후가 황제에게 아뢰기를 "사기(事機)[172]를 얻고 잃음은 군주의 마음이 바르고 사특함에 달렸고, 천하가 편안하고 위태로움은 백성의 마음이 즐겁고 괴로움에 달렸습니다" 하고, 또 이렇게 아뢰었다. "법을 자주 고치면 반드시 폐단이 있습니다. 법에 폐단이 있으면 간사함이 일어납니다. 백성을 자주 어지럽게 하면 반드시 곤궁해집니다. 백성이 곤궁하면 난이 일어납니다." 황제가 여사에게 명하여 이를 다 기록하라 하였다.

后ㅣ 慈以接下ᄒᆞ샤 親戚勳舊之家를 無不得其懽心ᄒᆞ시며 命婦ㅣ 入朝ㅣ어든 不以尊貴로 臨之ᄒᆞ샤 延接을 如家人禮ᄒᆞ더시다.

遇水旱歲凶ᄒᆞ샤 進食에 必閒設麥飯野蔬ᄒᆞ더시니 帝因告以賑恤之事ㅣ어시늘 后ㅣ 曰ᄒᆞ샤ᄃᆡ 妾은 聞水旱이 無時無之라 ᄒᆞ니 賑恤之有方이 不如蓄積之先備ᄒᆞ니 卒不幸ᄒᆞ야 有九年之水와 七年之旱ᄒᆞ면 將何法以賑之리잇고 ᄒᆞ신대 帝ㅣ 深以爲然ᄒᆞ시다.

嘗爲帝言ᄒᆞ샤ᄃᆡ 施恩은 欲溥徧이나 然亦有等差ᄒᆞ니 衆庶ᄂᆞᆫ 日給이 固有艱難이어니와 百官家在京者ㅣ 其鄕里遠近이 不同ᄒᆞ며 家貧富ㅣ 亦異호ᄃᆡ

---

172) 사기(事機)는 일이 되어가는 중요한 기틀이란 뜻이다. 한문에는 '機'가 '幾'로 되어 있다. 언해문에서는 '사기를 얻고 잃음'을 '일의 옳고 그름'이라고 풀이했다.

而俸入은 有限ᄒᆞ니 慮或不給ᄒᆞ면 艱難이 必甚ᄒᆞ야 遇暑雨祁寒ᄒᆞ얀 輒形於嗟歎ᄒᆞ노이다. 帝感其意ᄒᆞ샤 每遣存問ᄒᆞ샤 周給之ᄒᆞ더시다.

近臣及諸奏事官이 朝罷ᄒᆞ고 會食庭中이어늘 后ㅣ 命中官ᄒᆞ샤 取其飮食ᄒᆞ샤 親嘗之ᄒᆞ시니 滋味凉薄不旨어늘 奏帝曰ᄒᆞ샤ᄃᆡ 朝廷이 用天祿ᄒᆞ야 以養天下之賢ᄒᆞᄂᆞ니 故로 自奉은 欲其薄이오 養賢은 欲其豊이니 今之典大烹者ㅣ 不能輯其下人ᄒᆞ야 惟奉上者ᄂᆞᆫ 甘旨오 群臣飮食이 皆不得其味ᄒᆞ니 豈陛下의 養賢之意乎ㅣ리잇고.

上曰ᄒᆞ샤ᄃᆡ 飮食之事ᄂᆞᆫ 朕이 不經心ᄒᆞ야 將爲群臣이 皆得甘旨라니 豈意所司ㅣ 自分厚薄이리오. 想群臣이 欲言ᄒᆞ고 又難於啓齒로다. 事雖甚微나 所係亦大ᄒᆞ니 皇后ㅣ 今日에 不言이면 朕이 豈知其如此ㅣ리오 ᄒᆞ시고 亟召光祿卿徐興祖等ᄒᆞ샤 切責之ᄒᆞ시니 興祖等이 皆慚服ᄒᆞ니라.

帝嘗臨大學ᄒᆞ샤 祀先師孔子ᄒᆞ시고 還커시ᄂᆞᆯ 后ㅣ 問曰ᄒᆞ샤ᄃᆡ 大學生이 幾何ㅣ잇고. 帝曰ᄒᆞ샤ᄃᆡ 數千이라. 又問ᄒᆞ샤ᄃᆡ 悉有家乎ㅣ잇가. 曰ᄒᆞ샤ᄃᆡ 亦多有之ᄒᆞ니라. 后ㅣ 曰ᄒᆞ샤ᄃᆡ 善理天下者ᄂᆞᆫ 以賢才로 爲本ᄒᆞᄂᆞ니 今에 人才衆多ᄒᆞ니 深足爲喜로소이다. 但生員이 廩食於大學ᄒᆞ고 而妻子ᄂᆞᆫ 無所仰給ᄒᆞ니 彼寧無所累於心乎ㅣ리잇가. 帝卽命月賜糧ᄒᆞ야 給其家호ᄆᆞᆯ 以爲常ᄒᆞ시다.

嘗謂帝曰ᄒᆞ샤ᄃᆡ 事幾得失은 本君心之邪正ᄒᆞ고 天下安危ᄂᆞᆫ 係民情之苦樂ᄒᆞ니이다. 又曰ᄒᆞ샤ᄃᆡ 法을 屢更ᄒᆞ면 必弊ᄒᆞᄂᆞ니 法弊則姦生ᄒᆞ고 民數擾ᄒᆞ면 必困ᄒᆞᄂᆞ니 民困則亂生ᄒᆞᄂᆞ니이다. 帝皆命女史ᄒᆞ샤 書之ᄒᆞ시다.

(7) 황후가 병이 들자 황제가 침식을 편안히 못하고 신하들에게 이야기하니, 신하들이 산천에 기도하고 명의를 널리 구하기를 청하였다. 황후가 이를 듣고 황제에게 아뢰었다. "제가 평생에 병이 없었는데 하루 아침에 이같이 병을 얻으니, 이제 일어나지 못할 듯합니다. 죽고 사는

것은 운명입니다. 기도하고 의원을 구한들 무슨 소용이 있겠습니까?"

병이 악화되자 황제가 물었다. "그대 사후에 부탁할 일이 있소?" 황후가 아뢰었다. "폐하께서 저와 함께 포의에서 일어나시어, 오늘날 폐하는 억조창생의173) 주인이 되시고 저는 억조창생의 어머니가 되었습니다. 존귀하며 영화로움이 지극하니 더 무슨 말을 하겠습니까? 오직 천지와 조상께 감사하시고 포의 시절을 잊지 마시기를 바랄 따름입니다."

황제가 다시 물으니 황후가 아뢰었다. "폐하께서는 마땅히 현명한 사람을 구하고 간언을 들어 정사와 교화를 밝게 하여 태평을 이루시고, 모든 아들을 가르쳐 덕에 나아가고 업을 닦게 하셔야 합니다." 황제가 이르기를 "내 이미 알고 있소. 다만 늙은 몸이 어찌 뜻대로만 하겠소?" 하니 황후가 또 아뢰었다. "죽고 사는 것은 천명입니다. 원컨대 폐하께서 처음처럼 마지막을 삼가시어 자손이 다 어질고 신하와 백성이 제 소임을 얻게 하신다면, 저는 비록 죽어도 살아 있는 것과 같습니다." 그리고 마침내 돌아가시니, 나이 쉰하나였다. 홍무 임술년(1382) 8월 병술일이다. 황제가 슬피 곡하고 죽을 때까지 다시 황후를 세우지 않았다.

황제가 조회를 마치자 내관과 여사들이 거듭 나아와 일을 여쭙기를 그치지 않았다. 황제가 처연히 내켜하지 않으며 말했다. "황후가 있었으면 내 어찌 이런 번거로운 말을 듣겠는가?" 황후가 생전에 내정(內政)으로 인하여 한번도 번거롭게 하지 않아서 매우 편안하였던 까닭에, 황제가 더욱 서러움을 이기지 못하였다.

后ㅣ 得疾이어시놀 帝寢食不安ᄒᆞ샤 以語群臣ᄒᆞ신대 群臣이 請禱祀山川ᄒᆞ며 徧求名醫어늘 后ㅣ 聞ᄒᆞ시고 謂帝曰ᄒᆞ샤ᄃᆡ 妾이 平生애 無疾ᄒᆞ다니 今

---

173) 【억조(億兆)는 백성을 이른다.】

一旦애 得疾如此홀식 自度不能起ᄒ노이다. 死生이 有命ᄒ니 禱祀求醫ᄒᆞᆯ 何益之有ㅣ리잇고.

及疾亟ᄒᆞ샤 帝問曰ᄒᆞ샤되 爾有身後之屬乎아. 后ㅣ 曰ᄒᆞ샤되 陛下ㅣ 與妾으로 起布衣ᄒᆞ샤 今日에 陛下ㅣ 爲億兆主ᄒ시고 妾이 爲億兆母ᄒ오니 尊榮이 至矣니 尙何言이리잇고. 惟感天地祖宗ᄒᆞ야 無忘布衣而已니이다.

帝復問之ᄒ신대 后ㅣ 曰ᄒᆞ샤되 陛下ㅣ 當求賢納諫ᄒ시며 明政敎ᄒᆞ샤 以致雍喜ᄒ시며 敎育諸子ᄒᆞ샤 使進德修業이니이다. 帝曰ᄒᆞ샤되 吾已知之와라 但老身이 何以爲懷오. 后ㅣ 復曰ᄒᆞ샤되 死生은 命也ㅣ니 願陛下ㅣ 愼終如始ᄒᆞ샤 使子孫이 皆賢ᄒ며 臣民이 得所ᄒ시면 妾이 雖死ㅣ나 如生也ㅣ니이다 ᄒ시고 遂崩ᄒ시니 年이 五十一이러시니 洪武壬戌八月丙戌也ㅣ라. 帝慟哭ᄒ시고 終身不復立后ᄒ시니라.

帝嘗罷朝커시늘 內臣과 女史왜 更進ᄒᆞ야 奏事不已ᄒᆞᆫ대 帝悽然不懌曰ᄒᆞ샤되 皇后ㅣ 在면 吾豈有此煩聒哉리오 ᄒ시다. 后ㅣ 在時예 內政을 一不以煩帝ᄒᆞ샤 帝從容甚適故로 不勝哀悼焉ᄒ시니라.

● 이 조목은 『고금열녀전』 권1 「명」(明) 효자고황후 기사를 인용한 것이다. 기사 말미에, 효릉에 장사지냈으며 시호를 고친 일에 관한 기록은 생략되었다. 『명사』 권113 「후비열전」에 실린 효자고황후 기사는 『고금열녀전』과 문장이 다르다.

효자고황후 마씨(1331~82)는 곽자흥의 수양딸이고 명나라 태조의 비이며 제3대 성조 영락제의 어머니이다. 『고금열녀전』의 편찬을 주도했던 인효문황후의 시어머니이기도 하다. 5남 2녀를 낳았다. 야사에서는 이름이 마수영(馬秀英)이고 여걸이었으며 전족을 하지 않아 발이 크다 하여 대각마황후(大脚馬皇后)로 불렸다고 한다.

효자고황후는 주원장의 명나라 개국에 공이 컸다고 알려져 있다. 이 글에서도 마씨가 황후의 지위에 오르기 전에 태조의 건국을 어떻게 물심양면으로 도왔는가를 여러 일화를 통해 제시하고, 태조가 마씨를 황후로 책봉하면서 신하들에게 황후의 공을 크게 치하한 말을 길게 옮겼다. 황후의 지위에 오른 뒤에도 황제에게 옛날 어려웠던 시절을 잊지 않도록 늘 경계하고, 어진 인재를 얻는 것이 가장 큰 보배임을 잊지 말고 관원들의 어려움을 꼼꼼히 살피도록 조언하였다. 이런 일화들을 통해 황제에 대한 황후의 내조가 어떤 것이어야 하는가를 보였다. 또한 황제에게 올리는 음식을 친히 살피고, 시부모의 제사를 정성으로 받들며, 자손들을 엄하게 가르치고, 일상생활 속에서 검소함을 실천하며, 궁인들을 다스림에 상벌이 편중되지 않게 하는 등, 흔히 부덕을 갖춘 여성들의 언행을 표상하는 항목별로 효자고황후의 언행을 기록하였다.

11 제나라 숙류녀

숙류녀는 제나라 동곽[174]의 뽕 따는 여자로 민왕[175]의 후비이다. 목에 큰 혹이 있는 까닭에 이름을 '숙류'(宿瘤)[176]라 하였다.

처음에 민왕이 유람하다가 동곽에 이르렀을 때 백성들이 다 구경하는데, 숙류는 예전같이 뽕 따는 일을 계속하니 왕이 이상하게 여겨서

---

174) 【동곽(東郭)은 땅 이름이다.】
175) 전국시대 제나라 군주 민왕(閔王)은 선왕의 아들로, 재위기간은 기원전 323~284년이다.
176) 【숙(宿)은 오래되었다는 뜻이다.】

그를 불러 물었다. "과인이 유람함에 수레와 말이 매우 많아서 백성들이 아이 어른 할 것 없이 다들 일을 버려두고 구경을 하는데, 어찌하여 너는 길가에서 뽕을 따면서 한 번도 쳐다보지 않는 것이냐?" 숙류가 대답했다. "저는 부모님께 뽕을 따라는 가르침을 받았을 뿐, 대왕을 뵈라는 가르침은 듣지 못했습니다."

왕이 말했다. "기이한 여자로다. 혹이 안타깝구나!" 숙류가 아뢰었다. "저의 소임은 맡기면 두 마음을 갖지 않고 주면 잊지 않는 것이니, 속마음이 어떠한가가 문제지 이 혹이 무슨 상관이겠습니까?" 왕이 매우 기뻐하며 "현명한 여인이로다" 하고, 뒤에 있는 수레에 숙류를 태우라고 명했다. 숙류가 아뢰었다. "대왕의 힘에 따른다지만 부모가 안에 계십니다. 저로 하여금 부모의 명을 듣지 않고 대왕을 따르게 한다면, 이는 곧 분녀(奔女)177)입니다. 대왕은 이런 여인을 무엇에 쓰시겠습니까?" 왕이 매우 부끄러워하며 말했다. "과인이 잘못하였다." 숙류가 또 아뢰었다. "정녀(貞女)는 예가 하나라도 갖추어지지 않으면 비록 죽어도 따르지 않는 법입니다."

이에 왕이 숙류를 돌려보내고 사자(使者)로 하여금 금 일백 일178)을 가지고 가서 맞이하게 하였다. 부모가 놀라고 당황하여 숙류를 씻기고 옷을 갈아입히려고 했더니 숙류가 말했다. "그렇게 하고 왕을 뵈면 모습이 다르고 옷이 바뀌어서 알아보지 못하실 것입니다. 그렇게는 죽어도 가지 않겠습니다." 그리하여 예전 같은 모습으로 사자를 따라갔다.

민왕이 돌아가서 여러 부인을 보고 이야기했다. "오늘 유람을 나갔다

---

177) 【분녀(奔女)는 중매 없이 스스로 시집가는 것이다.】
178) 【일(鎰)은 스물넉 냥이다.】

가 한 성녀(聖女)를 얻었는데, 이제 그 사람이 올 테니 너희는 내쫓을 것이다." 부인들이 다 이상하게 여기며 옷을 차려입고 왕을 모시고 서서 그가 오기를 기다렸다. 숙류는 부인들을 보고 놀랐고, 궁중의 부인들은 모두 입을 가리고 웃었다. 좌우의 사람들이 체신을 잃고 웃음을 그치지 못하자 왕이 매우 부끄러워하며 말했다. "웃지 말라. 꾸미지 않았을 뿐이다. 꾸민 것과 꾸미지 않은 것은 실로 십 보와 백 보의 차이이다." 숙류가 아뢰었다. "꾸미고 꾸미지 않음은 그 차이가 천과 만이라 해도 오히려 부족한데, 어찌 다만 십과 백일 따름이겠습니까?"

"어째서 그렇게 말하느냐?" 하고 왕이 물으니 숙류가 대답하였다. "사람의 본성은 서로 가깝지만 습관으로 인해 서로 멀어지는 법입니다. 옛날에 요·순과 걸·주는 모두 천자였습니다. 요임금과 순임금은 스스로 인의로써 꾸며 비록 천자가 되어서도 검박함을 편안히 여겨서 지붕을 풀로 잇고 자르지 않았고 떡갈나무 서까래[179]를 깎지 않았으며, 후궁은 두 가지 빛깔의 옷을 입지 않았고 두 가지 맛의 음식을 먹지 않았습니다. 그래서 지금 수천 년에 이르기까지 천하의 모든 사람들이 요임금과 순임금을 어질다 합니다. 걸과 주는 스스로 인의로써 꾸미지 않고 자잘한 꾸밈을 익혀서 높은 누대와 깊은 못을 만들고, 후궁은 비단을 밟고 주옥을 희롱하게 하면서도 마음에 만족하게 여기는 때가 없었습니다. 결국 몸이 죽고 나라가 망하여 천하의 웃음거리가 되었으니, 지금 수천 년에 이르기까지 천하의 모든 사람들이 걸과 주를 모질다 합니다.[180] 이것으로 보건대, 꾸미고 꾸미지 않는 차이는 천과 만이라도

---

179) 【채(采)는 떡갈나무이고, 연(椽)은 서까래이다.】
180) 걸(桀)과 주(紂)는 각각 중국의 고대 하왕조와 은왕조의 마지막 왕을 가리킨다. 폭군의 대명사이다.

오히려 부족하니, 어찌 다만 십과 백에 불과하겠습니까?" 그제야 부인들이 모두 크게 부끄러워하였다.

민왕이 매우 감동하여 숙류를 왕후로 삼고, 집을 낮게 짓고 못을 메우고 음식을 덜고 음악을 줄이고 후궁이 두 가지 빛깔의 옷을 입지 못하게 하도록 명령을 내렸다. 그렇게 하기를 한 해 만에 교화가 이웃나라에 퍼져서 제후들이 와서 조회하였다. 삼진(三晉)181)을 침노하고 진나라와 초나라를 두렵게 만들어 황제의 이름을 세웠으니, 민왕이 여기에 이른 것은 숙류의 공이었다.

숙류가 죽은 후에 연182)나라가 제나라를 쳤는데, 민왕이 도망하였다가 교외에서 시해183)당하였다. 군자가 말한다. "숙류는 사리에 통달하고 예를 갖추었다. 『모시』에 이르기를 '무성한 쑥이여!184) 저 기슭에 있구나. 이미 군자를 보노니 즐겁고도 위의가 있다' 하니 이것을 말하는구나."

宿瘤女者는 齊人 東郭採桑之女ㅣ시니 閔王之后也ㅣ시니라. 項有大瘤故로 號曰宿瘤ㅣ라 ᄒᆞ더라. 初애 閔王이 出遊ᄒᆞ샤 至東郭ᄒᆞ시니 百姓이 盡觀호ᄃᆡ 宿瘤ㅣ 採桑을 如故ㅣ어ᄂᆞᆯ 王이 怪之ᄒᆞ샤 召問曰ᄒᆞ샤ᄃᆡ 寡人이 出遊에 車騎甚衆홀ᄉᆡ 百姓이 無少長히 皆棄事來觀이어ᄂᆞᆯ 汝ㅣ 採桑道傍호ᄃᆡ 曾不一視ᄂᆞᆫ 何也오. 對曰호ᄃᆡ 妾이 受父母敎ᄒᆞ야 採桑이오 不受敎觀大王호이다.

---

181) 【진나라를 셋으로 나누어 위(魏)・조(趙)・한(韓)을 만들었기 때문에 삼진(三晉)이라고 한다.】 춘추시대 말기 진나라가 3국으로 분할되었고, 이후 역사서에서 전국시대의 이 3국을 진의 후계자로 보고 삼진이라고 칭했다.
182) 【연(燕)은 나라 이름이다.】
183) 【시(弑)는 신하가 임금을 죽이는 것이다.】
184) 【청청(菁菁)은 무성한 것이고, 아(莪)는 풀 이름이다.】

王曰 此ㅣ 奇女也ㅣ로다 惜哉宿瘤ㅣ여. 女ㅣ 曰호디 婢妾之職은 屬之不二ᄒᆞ며 予之不忘이니 中心謂何ㅣ언뎡 宿瘤ㅣ 何傷이리잇고. 王이 大悅之曰ᄒᆞ샤디 此ㅣ 賢女也ㅣ라. 命後乘載之ᄒᆞ신대 女ㅣ 曰호디 賴大王之力ᄒᆞ야 父母ㅣ 在內ᄒᆞ니 使妾으로 不受父母之敎而隨大王ᄒᆞ면 是ᄂᆞᆫ 奔女也ㅣ니 大王은 又安用之리잇고. 王이 大慙曰ᄒᆞ샤디 寡人이 失之호롸. 又曰ᄒᆞ샤디 貞女ㅣ 一禮不備어든 雖死ㅣ나 不從ᄒᆞᄂᆞ니이다.

於是에 王이 遣歸ᄒᆞ시고 使使者ᄒᆞ샤 加金百鎰ᄒᆞ샤 往聘迎之ᄒᆞ신대 父母ㅣ 驚惶ᄒᆞ야 欲洗沐加衣裳ᄒᆞ더니 女ㅣ 曰호디 如是見王則變容更服이라 不見識也ᄒᆞ시리니 請死不往호리라. 於是예 如故ᄒᆞ야 隨使者ᄒᆞ니라.

閔王이 歸ᄒᆞ샤 見諸夫人ᄒᆞ샤 告曰ᄒᆞ샤디 今日에 出遊ᄒᆞ야 得一聖女호니 今至ᄒᆞᄂᆞ니 斥汝屬矣호리라. 諸夫人이 皆怪之ᄒᆞ야 盛服而衛ᄒᆞ야 遲其至也ᄒᆞ더니 宿瘤ㅣ 骸ᄒᆞᆫ대 宮中諸夫人이 皆掩口而笑ᄒᆞ야 左右ㅣ 失貌ᄒᆞ야 不能自止어늘 王이 大慙曰ᄒᆞ샤디 且無笑ᄒᆞ라. 不飾耳니라. 夫飾與不飾에 固相去ㅣ 十百也ㅣ라. 女ㅣ 曰호디 夫飾은 相去ㅣ 千萬이라도 尙不足言이니 何獨十百也ㅣ리잇고.

王曰 何以言之오. 對曰호디 性相近也ㅣ나 習相遠也ㅣ니 昔者애 堯舜傑紂ᄂᆞᆫ 俱天子也ㅣ라. 堯舜은 自飾以仁義ᄒᆞ샤 雖爲天子ㅣ라도 安於節儉ᄒᆞ샤 茅茨를 不剪ᄒᆞ시며 采椽을 不斲ᄒᆞ시며 後宮이 衣不重采ᄒᆞ며 食不重味ᄒᆞ니 至今數千歲예 天下ㅣ 歸善焉ᄒᆞᄂᆞ니이다. 傑紂ᄂᆞᆫ 不自飾以仁義ᄒᆞ고 習爲苛文ᄒᆞ며 造爲高臺深池ᄒᆞ며 後宮이 蹈綺縠ᄒᆞ며 弄珠玉ᄒᆞ야 意非有饜時也ㅣ라 身死國亡ᄒᆞ야 爲天下笑ᄒᆞ니 至今千餘歲예 天下ㅣ 歸惡焉ᄒᆞᄂᆞ니 由是로 觀之컨댄 飾與不飾이 相去ㅣ 千萬이라도 尙不足言이니 何獨十百也ㅣ리잇고. 於是예 諸夫人이 皆大慙ᄒᆞ니라.

閔王이 大感瘤女ᄒᆞ샤 以爲后ᄒᆞ시고 出令ᄒᆞ샤 卑宮室ᄒᆞ시며 塡池澤ᄒᆞ시

며 損膳ᄒ시며 減樂ᄒ시며 後宮이 不得重采ᄒ니 期月之間애 化行隣國ᄒ야 諸侯ㅣ 朝之어늘 侵三晉ᄒ며 懼秦楚ᄒ며 一立帝號ᄒ니 閔王이 至於此也ᄂᆞᆫ 宿瘤女ㅣ 有力焉이니라.

及女死之後에 燕이 遂屠齊커늘 閔王이 逃亡ᄒ샤 而弑死於外ᄒ시니라. 君子ㅣ 謂宿瘤女ㅣ 通而有禮ᄒ니 詩云호ᄃᆡ 菁菁者莪여 在彼中阿ㅣ로다. 旣見君子호니 樂且有儀라 ᄒ니 此之謂也ㅣ로다.

● 이 조목은 본래 『고열녀전』 「변통전・제숙류녀(齊宿瘤女)」의 일부분이고, 『고금열녀전』 권2 「주열국」에 다시 실렸다. 『내훈』이 『열녀전』을 인용할 때 대개는 글 말미에 있는 군자의 논평이나 송을 생략하는 경우가 많은데, 이 조목은 군자의 논평까지 인용에 포함시켰다.

'혹부리 여자'를 뜻하는 숙류녀는 제나라 민왕이 순행하던 중 길가에서 우연히 만났고 그녀의 현명함에 감복하여 왕후로 삼은 여성이다.[185] 숙류녀는 무엇이 옳은 것인가에 대한 소신이 뚜렷하고 왕 앞에서도 자신의 소신을 당당하게 말할 줄 아는 여성으로 그려진다. 민왕이 숙류녀의 목에 달린 혹을 측은하게 여기자 오히려 "혹이 뭐 어떻다는 것입니까?" 하고 되묻는가 하면, 민왕이 그녀를 수레에 태워 데려가려 하자 부모의 허락 없이는 갈 수 없다고 단호하게 거절하였으며, '꾸밈과 꾸미지 않음'에 대한 민왕의 관점이 틀렸음을 논리 정연한 말로써 지적하기도 하였다.

---

185) 유향의 『열녀전』에는 숙류녀와 같이 용모는 추하나 덕을 갖춘 여성으로 입전된 사례들이 있다. 이에 관한 논의는 김영미, 「그녀는 추하기가 짝이 없었다 그리고 왕비가 되었다」, 이화중국여성문학연구회 편, 『동아시아 여성의 기원』, 이화여자대학교출판부, 2002, 143~178쪽 참조.

이 조목의 출전인 『열녀전』 「변통전」에 소개된 여성 인물들은 숙류녀처럼 사물의 이치에 통달하고 언변이 뛰어난 경우가 많아 주목된다. 말하기의 내용이 유교적 지배질서가 인정하는 도리의 범위를 벗어나지 않고 인의와 예와 충과 같은 공적 가치들로 채워진다면, 여성의 유창한 언변도 유교사회에서 긍정될 수 있었다. 반면, 역사는 포사나 여희 같은 「얼폐전」의 주인공들이 자신의 지모와 언변을 사적 이익만을 위해 악용한 것으로 그리며 그들의 '긴 혀'를 긍정하지 않는다.[186]

12 후한 포선의 처 환소군

한나라 포선[187]의 아내 환씨의 자[188]는 소군이다. 포선이 전에 소군의 아버지에게 배웠는데, 소군의 아버지는 그가 청렴하고 노력함을 기특하게 여겨서 자신의 딸을 아내로 삼게 하였다. 소군이 가져온 혼수와 재물이 매우 많았는데 포선이 기뻐하지 않으며 아내에게 말했다. "소군은 부유한 집에서 태어나 아름답게 치장하는 데 익숙하지만, 나는 실로 빈천하여 예를 감당할 수가 없소."

아내가 말했다. "대인께서는 선생이[189] 덕을 닦고 검소함을 견지하

---

[186] 포사와 같은 「얼폐전」의 주인공들에 대한 재해석은 송진영, 「칼을 차고 장부의 마음을 품다-동아시아의 악녀」, 위의 책, 300~337쪽 참조.
[187] 포선(鮑宣)은 전한 때 사람이다. 『전한서』 권72 「왕공양공포전」(王貢兩龔鮑傳)에 포선의 전이 있다.
[188] 【자(字)는 덕을 드러내는 이름이다.】
[189] 【대인(大人)은 소군의 아버지를 가리키고, 선생(先生)은 포선을 가리킨다.】

기에 소첩으로 하여금 수건과 빗을 받들게 하셨습니다. 이미 군자를 모시게 되었으니 오직 명을 따르겠습니다." 포선이 웃으며 말했다. "능히 이와 같다면 이것이 내 뜻이오." 아내는 따라온 사람과 의복과 장식을 다 돌려보내고, 짧은 베치마를 입고 포선과 함께 수레를 끌고 마을로 돌아가서 시어머니께 절하는 예를 마치고, 항아리를 들고 나가서 물을 길었다. 그렇게 부도를 닦으니 고을과 나라에서 그를 칭송하였다.

漢鮑宣의 妻 桓氏字ᄂᆞᆫ 少君이러라. 宣이 嘗就少君父ᄒᆞ야 學ᄒᆞ더니 父ㅣ 奇其淸苦ᄒᆞ야 故로 以女로 妻之ᄒᆞ니라. 裝送資賄甚盛ᄒᆞ더니 宣이 不悅ᄒᆞ야 謂妻曰호ᄃᆡ 少君은 生富驕ᄒᆞ야 習美飾이어늘 而吾ᄂᆞᆫ 實貧賤ᄒᆞ야 不敢當禮ᄒᆞ노라.

妻曰호ᄃᆡ 大人이 以先生이 修德守約故로 使賤妾으로 侍巾櫛ᄒᆞ시니 旣奉承君子ᄒᆞ란ᄃᆡ 唯命을 是從호리이다. 宣이 咲曰호ᄃᆡ 能如是ᄒᆞ면 是吾志也라 ᄒᆞ야ᄂᆞᆯ 妻乃悉歸侍御服飾ᄒᆞ고 更著短布裳ᄒᆞ야 與宣으로 共挽鹿車ᄒᆞ야 歸鄕里ᄒᆞ야 拜姑禮畢ᄒᆞ고 提甕出汲ᄒᆞ야 修行婦道ᄒᆞ니 鄕邦이 稱之ᄒᆞ더라.

● 이 조목은 본래 『후한서』 권114 「열녀전・포선처(鮑宣妻)」의 일부분이다. 『소학』 「선행」 조목 제28과 일치하고, 『고금열녀전』 권3 「후한」에 실린 포선의 처 조목과도 일치한다. 포선의 처에 관한 이 기사는 『가범』 권7에도 실렸다.

후한 때 사람인 포선의 처 환소군(桓小君)은 가난하지만 지조 있는 남편의 뜻을 잘 받들었던 아내의 전형으로 유명하다. 포선이 풍성한 예단을 가지고 시집온 소군을 거부하자, 소군은 즉시 하인과 화려한 물건들을 돌려보내고 포선과 함께 작은 수레를 끌고 고향으로 돌아가서 시어머니를 봉양했다고 한다. 짧은 베치마를 입고 항아리를 들고 나가 물을 길었다는 것은, 부귀한 집에서 자랐지만 가난한 집으로 시집온 후에는 육체노동을 기꺼이 감수했음을 의미한다. 남편의 뜻을 받드는 아내의 내조가 어떤 것인가를 보여주는 전형적인 일화라고 할 수 있다.

5 모의장母儀章

1 딸에게 가르쳐야 할 것들

「내칙」에 말했다.

무릇 자식을 낳으면 여러 유모 중에 마땅한 사람을 선택하되, 모름지기 너그럽고 조용하며 자혜롭고 온화하며 공경하고 삼가며 말이 적은 사람을 구하여 자식의 스승으로 삼아야 한다. 자식이 혼자 밥을 먹을 수 있는 나이가 되면 오른손을 쓰도록 가르치고, 말을 할 나이가 되면 남자아이는 빨리 대답하고[1] 여자아이는 조용조용 대답하도록[2] 가르친다. 남자아이의 띠는 가죽으로 하고 여자아이의 띠는 실로 만든다.[3] 여섯 살이 되면 숫자와 방위의 이름을 가르친다. 일곱 살이 되면 남자와

---

1) 【유(唯)는 응대함이 빠른 것이다.】
2) 【유(兪)는 응대함이 조용조용한 것이다.】
3) 남자아이의 띠를 가죽으로, 여자아이의 띠를 천으로 만드는 것은 남녀가 각기 굳센 양(陽)과 부드러운 음(陰)의 서로 다른 기질을 타고나기 때문이다.

여자는 한 자리에 앉거나 밥을 함께 먹지 않는다. 여덟 살이 되면 문을 드나들거나 자리에 나아가 음식을 먹을 때 모름지기 어른보다 뒤에 하게 하여 사양함을 가르친다.[4]

열 살이면 바깥에 나가지 않고 스승의 가르침을 온순하게 듣고 따르며, 삼과 모시로 베를 짜고 실과 누에를 길러 실을 뽑아 비단과 명주를 짜고, 이렇듯 여자의 일을 배워 옷을 짓는다. 또한 제사 때 술과 음료, 대나무 그릇과 나무 그릇[5], 김치와 젓갈을 마련하는 것을 보고 예법에 따라 제사 준비를 도와야 한다. 열다섯 살이 되면 비녀를 꽂고,[6] 스무 살이 되면 혼인을 하되 연고가 있으면[7] 스물셋에 혼인한다. 예를 갖추

---

[4] 『예기』와 『소학』에는 이 구절 뒤에, 아홉 살에 날짜 세는 법을 가르친다는 것과 열 살 이후 남자의 교육에 대한 서술이 이어진다. 남자는 열 살이 되면 바깥에 나가 스승에게 육서(六書)와 셈을 배우고, 열세 살이 되면 음악과 시와 문무(文舞)를 배우고, 열다섯 살이 되면 무무(武舞)와 활쏘기와 말타기를 배우고, 스물 살이 되면 관례를 하고, 서른 살이 되면 아내를 맞이하고, 마흔 살에 벼슬에 나아가고, 쉰 살에 대부가 되어 정무를 보고, 일흔 살에는 벼슬에서 물러난다고 했다. 『내훈』에서는 이 대목이 생략되었다.

[5] 한문에 '변두'(籩豆)는 제사 때 쓰는 그릇을 가리킨다. 변은 대나무 그릇으로 과일이나 건육을 담는 것이고, 두는 나무 그릇으로 김치나 젓갈을 담는 것이다.

[6] 비녀를 꽂는다는 것은 여자의 성인식에 해당하는 계례(筓禮)를 가리킨다. 『주자가례』「관례」(冠禮)에 따르면, 남자는 열다섯 살에서 스무 살 사이에 상투를 틀고 관을 쓰는 관례를 올리고, 여자는 혼사가 정해졌거나 열다섯 살이 되면 계례를 한다. 흔히 '비녀 꽂을 나이'[及筓]라고 하면 열다섯 살을 가리킨다. 조선에서 계례가 실제로 얼마나 시행되었는지는 의문이다. 남자의 관례만 해도 관혼상제 가운데 조선에 가장 늦게 정착되고 가장 먼저 쇠퇴한 예식이라 한다. 조선의 관례에 대해서는 이혜순 외, 『조선중기 예학사상과 일상문화』, 이화여자대학교출판부, 2008, 135~175쪽 참조.

[7] 연고가 있다는 것은 부모가 옥에 갇혀 있거나 부모의 상중일 때를 가리킨다. 『주자가례』에 따르면, 혼인하는 당사자와 혼사를 주관하는 사람에게 기년 이상의 상이 없어야 혼인할 수 있다.

어 혼인하면 처가 되고, 예를 갖추지 않으면 첩이 된다.8)

　　內則에 曰ᄒᆞ딕

　　凡生子ᄒᆞ야 擇於諸母와 與可者호딕 必求其寬裕慈惠溫良恭敬愼而寡言者ᄒᆞ야 使爲子師호리라. 子ㅣ 能食食이어든 敎以右手ᄒᆞ며 能言이어든 男唯女兪ᄒᆞ며 男鞶은 革이오 女鞶은 絲ㅣ니라. 六年이어든 敎之數與方名이니라. 七年이어든 男女ㅣ 不同席ᄒᆞ며 不共食이니라. 八年이어든 出入門戶와 及卽席飮食에 必後長者ᄒᆞ야 始敎之讓이니라.

　　十年이어든 不出ᄒᆞ며 姆敎를 婉娩聽從ᄒᆞ며 執麻枲ᄒᆞ며 治絲繭하며 織紝組紃ᄒᆞ야 學女事ᄒᆞ야 以共衣服이니라. 觀於祭祀ᄒᆞ야 納酒漿籩豆菹醢ᄒᆞ며 禮相助奠이니라. 十有五年而笄ᄒᆞ며 二十而嫁ㅣ니 有故ㅣ어든 二十三而嫁ㅣ니라. 聘則爲妻오 奔則爲妾이니라.

● 이 조목은 본래 『예기』「내칙」의 일부분이다. 『내훈』이 발췌 인용한 문헌이 『소학』인지 『여교』인지는 미상이다. 『소학』「입교」조목 제2가 『예기』「내칙」의 여러 조목을 합한 것인데, 그 가운데 아홉 살에 날짜 세는 법을 가르칠 것, 열 살부터 남자가 배워야 할 것에 관한 내용이 『내훈』에서는 생략되었다. 「내칙」에서 딸의 교육에 관한 부분만 발췌한 것이란 점에서 출전이 『여교』일 가능성이 커 보인다.

　『예기』에 따르면, 남자와 여자가 한 자리에 앉지 않게 하여 남녀의 분별을 가르치기 시작하는 것이 일곱 살부터라고 했지만, 아들과 딸에 대한 교육의 내용이 확연히 달라지기 시작하는 것은 열 살부터이다. 열 살이 되면 남자는 정식으로 스승을 모시고 글씨와 셈을 배

---

8) 【빙(聘)은 예로써 묻는 것이고, 분(奔)은 여자가 스스로 가는 것이다.】

우기 시작하고, 여자는 누에 치고 베 짜고 제수 마련을 돕는 등 여자의 일을 배우기 시작한다고 했다.「내칙」에 있는 '절할 때 남자는 왼손을 위로 하고 여자는 오른손을 위로 한다'는 언급이 『소학』과 『내훈』에서는 생략되었다.

2 사마온공의 말씀

2-1 딸에게 가르쳐야 할 것과 가르치지 말아야 할 것

사마온공이 말했다.

"여자는 여섯 살에 소소한 여자의 일을 배우기 시작하고, 일곱 살에 『효경』과 『논어』를 외우고, 아홉 살에 『논어』와 『효경』과 『여계』 등의 글을 강론하여 큰 뜻을 대략 알게 해야 할 것이다. 요즘 간혹 딸에게 노래와 시를 짓고 세속의 음악을 연주하는 것을 가르치는 사람들이 있는데 마땅치 않다."

司馬溫公이 曰호디

女子ㅣ 六歲예 始習女工之小者ᄒᆞ고 七歲예 誦孝經論語ᄒᆞ고 九歲예 講解論語孝經及女戒之類ᄒᆞ야 略曉大意니 今人이 或敎女子以作歌詩ᄒᆞ며 執俗樂ᄒᆞᄂᆞ니 殊非所宜也ㅣ 니라.

● 원출전은 미상이다. 사마광의 글로 추정되지만 『가범』이나 『서의』에는 없는 문장이다. 『소학집성』「입교」 조목 제2 본주의 일부분과 일치하는데, 생략된 부분이 있다. "講解孝經論語及女戒之類"가 『소학집성』 본주에는 "講解孝經論語及列女傳女戒之類"라고 되어 있고, "略

曉大意"와 "今人或敎女子" 사이에 "註曰, 古之賢女, 無不觀圖史, 以自鑑, 如曹大家之徒, 皆精通經術論議明正"이란 문장이 더 있다.

사마광은 딸들에게도 『논어』와 『효경』과 『여계』 등을 읽혀야 한다고 했는데, 그것은 상층 신분으로서 갖추어야 할 최소한의 교양과 부덕을 가르치기 위함이다. 또한 시와 음악은 점잖은 부인의 할 일이 아니라고 여겼다. 여성의 지적·예술적 활동에 대한 사마광의 이러한 관념은 중세 유교 문명권에서 오랫동안 견지된 기본 전제에 해당한다. 18세기 후반 조선에서도 "부인은 경서와 사서, 『논어』, 『시경』, 『소학』 그리고 『여사서』를 대강 읽어 그 뜻을 통하고, 여러 집안의 성씨와 조상의 계보, 역대 나라 이름과 성현의 이름자 등을 알아둘 뿐이요, 함부로 시사(詩詞)를 지어 외간에 퍼뜨려서는 안 된다"[9]는 것이 통념이었다.

2-2 아들과 며느리의 잘못을 가르칠 때

"무릇 아들과 며느리가 공경하지 않고 효도하지 않으면 급작스럽게 미워하지 말고 좀 더 가르쳐야 한다. 가르칠 수 없는 지경이 되었을 때 노하고, 화를 내도 소용이 없을 때 매를 쳐야 한다. 자주 매를 들어도 끝내 고치지 않는다면 아들과 며느리를 내친다. 그러나 그 잘못을 드러내어 말하지는 말 것이다."

凡子婦ㅣ 未敬未孝ㅣ어든 不可遽有憎疾이오 姑敎之호디 若不可敎然後에사 怒之오 若不可怒然後에사 笞之니 屢笞而終不改어든 子放婦出이니 然이나

---

[9] 『사소절』 「부의·사물(事物)」, "婦人當略讀書史論語·毛詩·小學書·女四書, 通其義, 識百家姓, 先世譜系, 歷代國號, 聖賢名字而已, 不可浪作詩詞, 傳播外間."

亦不明言其犯禮也ㅣ니라.

● 이 조목은 사마광의 『서의』 권4 「혼의 하·거가잡의」에 있는 구절과 일치한다. 본래 『예기』 「내칙」 조목 제12에서 "子婦未孝未敬, 勿庸疾怨, 姑敎之, 若不可敎, 而後怒之, 不可怒, 子放婦出, 而不表禮焉"이라 했던 구절을 사마광이 표현을 달리해서 「거가잡의」에 실었고, 주희는 『가례』에 「거가잡의」의 이 문장을 그대로 인용하였다. 한편 사마광의 『가범』에는 『예기』의 문장이 그대로 실려 있으며, 『소학』 본문에서는 이 구절이 빠졌다. 『내훈』은 『여교』에서 발췌한 것으로 추정되나 확인할 수 없다.

이 조목은 자식이 잘못을 저지를 때 부모의 바른 태도가 무엇인가에 대한 지침이라 할 수 있다. 처음부터 화내지 말고 좋은 말로 훈계할 것, 그래도 안 되면 무섭게 야단칠 것, 그래도 안 되면 매를 들 것, 그래도 고칠 수 없다면 내칠 것. 도저히 용납할 수 없는 잘못이 어떤 것인지 밝히지 않았지만, 마지막에는 자식을 내쫓고 절연을 할 수도 있다고 했다.

3 어린 자식의 허물은 어머니의 탓

『방씨여교』에 말했다.

자식을 기르며 부지런히 애쓰고 그가 성장하기를 바라는 것은, 조상과 가문을 이으며 죽은 사람을 보내고 산 사람을 봉양하는 그 소임이 지극히 중하고 맡은 일이 쉽지 않기 때문이다. 만약 자식을 가르치지 않는다면 어찌 집안의 몰락을 면할 수 있겠는가? 부유한 사람이 금을 산처럼 쌓아놓다가도 하루아침에 망함이 손바닥 뒤집는 사이와 같음을 내가 보았으며, 이름난 사람이 공덕이 빛나다가도 하루아침에 그것을 훼손하여 사람들의 비웃음거리가 되는 것 또한 보았다. 애당초 일을 도모할 때는 낮이나 밤이나 쉴 틈 없이 자식을 위하여 깊이 생각하고 오래 염려하였을 터인데, 어찌 오늘날 갑자기 그 지경에 이를 줄 알았겠는가. 황천10)에서도 앎이 있다면 두 눈에 눈물이 줄줄 흐를 것이다.

이것은 다름 아니라 사랑에서 비롯된 것이니, 사랑하면서도 가르치지 않으면 자식이 자라서 어질지 못하게 된다. 자식의 뜻을 따르지 말고, 조금이라도 방종하면 곧 조심하도록 시키며, 자식의 악함을 두둔하지 말고 한 번 악을 행하면 곧 매를 쳐야 할 것이다. 어린아이의 잘못은 모두 어미가 기른 것이니, 자라서 성인이 되면 그때는 뉘우쳐도 이미 늦다. 자식의 불초함은 진실로 어머니에게 달려 있다. 어머니여, 어머니여, 잠깐이라도 그 잘못을 다른 데 미루겠는가.

方氏女敎애 云호딕

育子辛勤ᄒ야 欲望其成은 嗣先續門ᄒ며 送死養生ᄒ야 其任이 至重ᄒ고 負荷ㅣ 不易ᄒ니 若非敎之면 寧免隕墜리오. 我見富人이 積金如山ᄒ다가 一旦敗之若反掌閒ᄒ며 又見名流ㅣ 功德이 晃耀ᄒ다가 一旦애 壞之ᄒ야 貽人訕誚ᄒ노니 厥初經營에 晝夜弗遑ᄒ야 凡爲子故로 謀深慮長ᄒ더니 豈知今日에 遽至於此ㅣ리오. 黃泉에 有知ㅣ댄 雙淚傾水니라.

此ㅣ 蓋無他ㅣ라 愛爲之根이니라. 有愛無敎ᄒ면 長遂不仁ᄒᄂ니 毋徇其意ᄒ야 稍縱이어든 輒束ᄒ며 毋護其惡ᄒ야 一起예 輒撲이니라. 嬰孩有過ㅣ 皆母養之니 養之至成이면 雖悔나 已遲니라. 子之不肖ㅣ 實係於母ᄒ니 母哉

---

10) 【황천(黃泉)은 죽어서 가는 깊은 땅속을 말한다.】

母哉敢辭闕咎아.

● 원출전을 『방씨여교』라고 밝혔는데 현재 전하지 않는 문헌이다. 『내훈』은 『방씨여교』가 수록된 규훈서 선집인 『여교』를 인용한 것으로 추정된다.

자식이 바르지 못한 사람이 되는 것은 어머니의 책임이 가장 크고, 그것은 어머니가 자식을 예뻐하기만 하고 가르치지 않았기 때문이라고 했다. 어린 자식이 잘못을 저지르면 매를 들어서라도 바로잡아야 하니, 아이의 뜻을 다 받아주거나 잘못을 보고도 그대로 두는 것은 악을 두둔하는 것과 같다고 했다.

자녀교육에서 어머니의 역할을 중시하는 관점은 현대와 다르지 않은데, 자식을 잘 가르쳐야 할 이유로 가문의 유지를 먼저 앞세운 것은 현대와 다른 점이라 할 수 있다. 『방씨여교』의 저자는 부모를 봉양하고 조상의 제사를 받드는 소임이 막중한 만큼, 자식을 잘 가르치지 않으면 하루아침에 집안이 망할 수도 있다고 경고하면서 어머니의 책임을 강조하고 있다.

4 문왕의 어머니 태임

주나라 태임은 문왕의 어머니로 지나라 임씨의 가운데딸이다. 왕계가 그녀를 아내로 맞아 비를 삼았는데, 태임은 성품이 단정하고 한결같고 성실하고 엄숙하여 오직 덕을 행하였다. 임신을 하게 되자 눈으로 나쁜 빛을 보지 않고 귀로 음란한 소리를 듣지 않으며 입으로 오만한 말을 내지 않았다. 문왕이 태어났는데 총명하고 통달하여 태임이 하나를 가르치면 백 가지를 알았으니, 군자가 이르기를 태임이 능히 태중에서 가르쳤다고 하였다.

옛날에 여인들은 자식을 잉태하면 기울어진 자세로 잠자지 않고, 가장자리에 앉지 않으며, 한 발을 기울어지게 서지 않으며, 맛이 이상한 음식을 먹지 않으며, 모양이 반듯하지 않은 것을 먹지 않으며, 자리가 바르지 않으면 앉지 않으며, 눈으로 나쁜 빛을 보지 않으며, 귀로 음란한 소리를 듣지 않으며, 밤이면 소경에게 『모시』를 외우게 하며 바른 일을 이야기하게 하였다. 이와 같이 하면 낳은 자식이 모습이 단정하고 재주와 덕이 반드시 남보다 뛰어날 것이다.

그러므로 자식을 배었을 때는 반드시 감응[11]하는 바를 조심해야 할 것이니, 선에 감응하면 선해지고 악에 감응하면 악해지게 된다. 사람이 태어남에 만물을 닮게 되는 것은[12] 모두 그 어머니가 사물에 감응하였기 때문에 모습과 소리를 닮게 되는 것이니, 문왕의 어머니는 이처럼 자식이 어머니를 닮는다는 것을 알았다고 말할 수 있다.

周太任者는 文王之母ㅣ시니 摯任氏中女也ㅣ러시다. 王季娶爲妃ᄒᆞ시니 太任之性이 端一誠莊ᄒᆞ샤 惟德之行이러시니 及其有娠ᄒᆞ샤 目不視惡色ᄒᆞ시며 耳不聽淫聲ᄒᆞ시며 口不出敖言ᄒᆞ더시니 生文王而明聖ᄒᆞ샤 太任이 敎之以一而識百ᄒᆞ시니 君子ㅣ 謂太任이 爲能胎敎ㅣ라 ᄒᆞ니라.

古者애 婦人이 妊子ᄒᆞ야 寢不側ᄒᆞ며 坐不邊ᄒᆞ며 立不蹕ᄒᆞ며 不食邪味ᄒᆞ며 割不正커든 不食ᄒᆞ며 席不正커든 不坐ᄒᆞ며 目不視邪色ᄒᆞ며 耳不聽淫聲ᄒᆞ며 夜則令瞽誦詩ᄒᆞ며 道正事ᄒᆞ더니 如此ᄒᆞ면 則生子ㅣ 形容이 端正ᄒᆞ야 才

---

11) 【감(感)은 마음이 움직이는 것이다.】
12) 『고열녀전』에는 "肖萬物者"가 "肖父母者"라고 되어 있다.

德이 必過人矣리라.

故로 姙之時예 必愼所感이니 感於善則은 善ㅎ고 感於惡則은 惡ㅎ느니 人生而肖萬物者ㅣ 皆其母ㅣ 感於物故로 形音이 肖之니 文王母는 可謂知肖化矣로다.

●이 조목은 『고금열녀전』 권1 「주」(周)에 실린 태임에 관한 기사를 인용한 것으로 보인다. 본래 『고열녀전』 「모의전・주실삼모(周室三母)」의 일부분인데, 여기서 "측간에서 소변을 보고 문왕을 낳았다" [溲於豕牢, 而生文王]는 대목은 『소학』과 『고금열녀전』과 『내훈』에 모두 빠져 있다. 『소학』에 실린 태임 관련 기사는 「계고」 조목 제1과 「입교」 조목 제1에 나뉘어져 있으며, 『열녀전』과 『내훈』에 있는 "故로 姙之時예" 이하 문장이 『소학』에는 없다.

태임은 주나라 왕실의 기틀을 닦은 문왕의 어머니이다. 태교를 잘 하여 문왕과 같은 훌륭한 아들을 낳은 것으로 칭송된다. 18세기말 조선의 이사주당13)이 쓴 『태교신기』는 최초의 본격적인 태교론이라고 할 수 있다. 이사주당은 태교의 범위를 임신 열 달에 한정하지 않고 아버지가 평소에 몸과 마음을 바르게 갖는 것부터 태교가 시작된다고 보았다. 스승의 10년 가르침보다 어머니의 열 달 가르침이 중요하고, 그보다 더 중요한 것이 아버지가 하룻밤 합궁에 마음을 바르게 하는 것이라는 주장은 태교에 대한 새로운 해석이라 할 수 있다.14)

---

13) 이사주당(李師朱堂, 1739~1821)은 이창식(李昌植)의 딸이고 유한규(柳漢奎)의 아내이다. 사주당은 『태교신기』(胎敎新記) 서문에서, 일찍부터 태교의 중요성이 알려졌음에도 태교에 관한 상세한 법을 전하는 문헌이 없음이 안타까워 자신의 경험을 바탕으로 이 책을 쓰게 되었다고 했다. 사주당이 한문으로 쓴 것을 아들 유희(柳僖)가 한글로 옮겼다.

5 무왕의 어머니 태사

주나라 태사는 무왕의 어머니로 우(禹)의 후손 유신 사씨의 딸이다. 인자하고 도가 밝았는데, 문왕이 그를 아름답게 여겨 친히 위수(渭水)에서 맞이할 때 배를 만들어 다리로 삼았다. 궁에 들어가서는 태사가 태강[15]과 태임께 사랑을 받았으며 아침저녁으로 힘써서 부도(婦道)에 나아갔다. 태사는 '문모'(文母)라고 불렸으니, 문왕이 밖을 다스리고 문모는 안을 다스렸다.

태사는 열 명의 아들을 낳았다. 맏아들이 백읍 고(考)이고, 다음이 무왕 발(發)이고, 다음이 주공 단(旦)이고, 다음이 관숙 선(鮮)이고, 다음이 채숙 도(度)이고, 다음이 조숙 진탁(振鐸)이고, 다음이 곽숙 무(武)이고, 다음이 성숙 처(處)이고, 다음이 강숙 봉(封)이고, 다음은 담계 재(載)이다.[16] 태사는 열 아들을 가르치되, 그들이 어릴 때부터 성장할 때까지 잠깐도 사특하고 편벽된 일을 보인 적이 없었다.

> 周太姒者는 武王之母ㅣ시니 禹後有莘姒氏之女ㅣ시니라. 仁而明道ᄒᆞ더시니 文王이 嘉之ᄒᆞ샤 親迎于渭ᄒᆞ실ᄉᆡ 造舟爲梁ᄒᆞ시ᄂᆞ라. 及入ᄒᆞ샤는 太姒ㅣ 思媚太姜과 太任ᄒᆞ샤 旦夕에 勤勞ᄒᆞ샤 以進婦道ᄒᆞ시니라. 太姒ㅣ 號曰文母ㅣ시니 文王은 治外ᄒᆞ시고 文母는 治內ᄒᆞ시니라.
>
> 太姒ㅣ 生十男ᄒᆞ시니 長은 伯邑 考ㅣ오 次는 武王 發이오 次는 周公 旦이

---

14) 이사주당이 전통적인 태교론을 어떻게 확대하여 재해석하였는가에 대해서는 이혜순, 『조선조 후기 여성지성사』, 이화여자대학교출판부, 2007, 147~190쪽 참조.
15) 태강(太姜)은 주왕실의 기틀을 세운 세 여성 중 하나로 칭송된다. 고공단보의 아내이고 문왕의 할머니이며 무왕의 증조할머니이다.
16) 관숙(管叔)은 관 땅의 제후, 채숙(蔡叔)은 채 땅의 제후, 곽숙(霍叔)은 곽 땅의 제후를 뜻한다.

오 次는 管叔 鮮이오 次는 蔡叔 度ㅣ오 次는 曹叔 振鐸이오 次는 霍叔 武ㅣ오 次는 成叔 處ㅣ오 次는 康叔 封이오 次는 聃季 載니 太姒ㅣ 敎誨十子ᄒᆞ샤ᄃᆡ 自少及長히 未嘗見邪僻之事ㅣ러시다.

● 이 조목은 본래 『고열녀전』 「모의전·주실삼모」의 일부분으로, 『고금열녀전』 권1 「주」에 다시 실렸다. 『열녀전』 말미에 "아들들이 장성하여서는 문왕이 이어서 자식들을 가르쳤고, 마침내 무왕과 주공이 그 덕을 이루었다"라는 구절과 이에 이어지는 군자의 논평 및 송이 『내훈』에서는 생략되었다.

『열녀전』에서 태강, 태임, 태사는 주왕실의 기틀을 세운 세 여성으로 소개된다. 태강은 고공단보의 아내로 왕계를 낳았고, 태임은 왕계의 아내로 문왕을 낳았으며, 태사는 문왕의 아내로 무왕을 낳았다. 『열녀전』 말미의 송에서는 태강과 태임과 태사를 두고 "문왕과 무왕이 나라를 일으킨 데는 모두 이분들의 공이 있었네"라고 칭송하였다.

태임이 태교를 잘하여 문왕과 같은 아들을 두었다고 칭송받는다면, 태사는 아들을 열이나 낳았을 뿐 아니라 다첩의 존재를 너그럽게 수용하여 자손이 번창하게 했다고 칭송된다. 18세기 조선의 임윤지당[17]은 태임과 태사처럼 되겠다고 다짐하지 않는 여자는 스스로를 포기하는 것과 같다고 말한 바 있으며, 오빠인 임성주가 지어준 '윤지당'이라는 당호에도 태임을 본받는다는 뜻이 있다.[18]

---

17) 임윤지당(任允摯堂, 1721~93)은 유학자 임적(任適)의 딸이고 신광유(申光裕)의 아내이다. 도학자인 임성주(任聖周)와 임정주(任靖周)의 누이로서, 조선의 유일한 여성 성리학자로 평가된다. 논(論) 11편, 설(說) 6편 등 37편의 산문이 수록된 『윤지당유고』(允摯堂遺稿)가 전한다.

6 맹자의 어머니

맹가의 어머니는 집이 무덤에서 가까웠다. 맹자가 어렸을 때 무덤가에서 하는 일로 놀이를 삼아 펄쩍펄쩍 뛰고 달구질하며 묻는 흉내를 내자, 맹자 어머니는 "여기는 아들이 살 곳이 못 된다" 하고 그곳을 떠나 시장에 가서 집을 정하였다. 맹자가 흥정하여 물건 파는 일로 놀이를 삼자, 맹자 어머니가 "여기도 아들이 살 곳이 못 된다" 하고 이사하여 학교 곁에 집을 정했다. 맹자가 제기(祭器)를 벌여놓고 절하고 사양하며 나아가고 물러가는 일로 놀이를 삼으니, 맹자 어머니는 "여기가 아들이 살 만한 곳이다" 하고 마침내 그곳에서 살았다.

맹자가 어렸을 때 "동쪽 집에서 왜 돼지를 잡아요?" 하고 물었는데, 어머니는 "너에게 먹이려고 한다"고 대답하고는 이내 후회하였다. "옛날에는 뱃속에 있을 때도 가르쳤다고 하거늘, 지금 점차 지각이 자라는 아이를 속인다면 이는 아이에게 불신을 가르치는 것이다"[19] 하고 돼지고기를 사서 먹였다. 맹자는 장차 자라서 배움에 나아가 마침내 큰 선비가 되었다.

孟軻之母ㅣ 其舍ㅣ 近墓ㅎ더니 孟子之少也애 嬉戱를 爲墓間之事ㅎ야 踊躍築埋ㅎ신대 孟母ㅣ 曰ㅎ샤디 此ㅣ 非所以居子也ㅣ라 ㅎ시고 乃去ㅎ야 舍市ㅎ야시늘 其嬉戱를 爲賈衒ㅎ신대 孟母ㅣ 曰ㅎ샤디 此ㅣ 非所以居子也ㅣ라 ㅎ시고 乃徙ㅎ야 舍學宮之旁ㅎ야시늘 其嬉戱를 乃設俎豆ㅎ고 揖讓進退

---

18) '윤지당'(允摯堂)에서 '지'는 바로 태임의 친정인 지나라[摯]에서 취한 글자이다. 『윤지당유고』 「유사」(遺事), "允摯堂, 卽孺人少時, 我仲氏所命也. 蓋取朱子允莘摯之語, 而其意, 則實兼摯仲之摯也. 若曰篤信摯任云爾."
19) 부모가 어린 자식을 거짓말로 속여서는 안 된다는 구절이 『예기』에 있다. 『예기』 「곡례 상」, "幼子, 常視毋誑."

ㅎ신대 孟母ㅣ 曰ㅎ샤디 此ㅣ 眞可以居子矣라 ㅎ고 遂居之ㅎ시니라.

孟子ㅣ 幼時예 問東家殺猪는 何爲오. 母ㅣ 曰ㅎ샤디 欲啖汝ㅣ니라. 旣而悔曰ㅎ샤디 吾聞호니 古有胎敎ㅣ어늘 今適有知而欺之ㅎ면 是는 敎之不信이라 ㅎ시고 乃買猪肉ㅎ야 以食之ㅎ시니 旣長就學ㅎ야 遂成大儒ㅎ시니라.

● 이 조목은 『소학』「계고」조목 제2를 인용한 것이다. 본래 『고열녀전』「모의전 · 추맹가모(鄒孟軻母)」에 맹모에 관한 일화 네 편이 실려 있고, 이것이 『고금열녀전』권3 「주열국」에도 다시 실렸다. 그런데 『소학』과 『내훈』에 실린 맹모 일화는 『열녀전』의 내용과 다르다. 『내훈』은 『소학』을 인용하였고, 『소학』은 사마광의 『가범』권3 「부모」의 「모」(母)를 인용한 것으로 보인다.

본래 『열녀전』의 맹모 기사는 네 가지 일화로 구성되어 있다. 첫째, 맹모삼천(孟母三遷) 일화, 둘째, 맹모단기(孟母斷機) 일화, 셋째, 아들에게 예가 무엇인가를 가르치며 처를 내쫓지 않도록 설득한 일화, 넷째, 제나라에 도가 행해지지 않아 떠나고 싶지만 어머니를 걱정해서 갈등하는 아들에게 용기를 준 일화가 그것이다. 반면에 『소학』과 『내훈』의 맹모 기사에는 맹모삼천 일화와 아들에게 돼지고기를 사다 먹인 일화만 들어 있다.[20]

---

20) 사마광의 『가범』에는 돼지고기 일화의 주인공이 증자로 설정되어 있다. 증자의 아내가 외출하려는데 어린 아들이 울며 따라가려 하자, 아내가 우는 아이를 달래기 위해 "돌아와서 돼지를 잡아 주마" 하고 약속했다. 돌아온 아내에게 그 말을 들은 증자가 "자식을 가르치면서 속여서는 안 된다" 하고 곧바로 돼지를 잡아 아들을 먹였다는 이야기이다.

7 어진 부형과 엄한 스승

여형공의 이름은 희철이고 자는 원명이며 신국 정헌공의 맏아들이다. 정헌공은 집에서 생활할 때 간략하고 진중하며 과묵하여 세속의 일이나 물건을 마음에 두지 않았고, 신국부인은 성품이 엄하고 법도가 있어서 비록 여형공을 깊이 사랑하였지만 매사에 법도를 좇아 행하도록 가르쳤다.

여형공은 갓 열 살 때 심한 추위와 더위와 빗속에서 어른을 모시고 하루 종일 서 있어도 앉으라는 명이 없으면 감히 앉지 않았다. 날마다 반드시 갓과 띠를 하고 어른을 뵈었고, 평상시 생활할 때 비록 날이 매우 더워도 부모와 어른의 곁에서 두건과 버선과 행전을 벗지 않고 옷 입는 것을 조심하였다. 찻집과 술집에는 드나들지 않았고, 저자와 거리의 속된 말과 정나라와 위나라의 음란한 음악은 한순간도 귀를 지나쳐 가게 하지 않았으며, 바르지 않은 글과 예가 아닌 모습은 잠깐도 눈에 접하지 않았다.

정헌공이 영주의 통판21)이었는데, 구양공22)이 마침 지주사23)였다. 초선생 천지 백강24)이 문충공25)의 집에 손님으로 있었는데 엄숙하고

---

21) 통판(通判)은 송태조가 지방의 권력을 통제하기 위해 각 주에 파견한 관직이다. 지위는 주부(州府)의 부장관으로서 주부의 관원을 감찰하였다.
22) 구양공(歐陽公)은 송나라 때 문인이자 정치가였던 구양수(歐陽修, 1007~72)를 가리킨다. 자는 영숙(永叔), 호는 취옹(醉翁), 시호는 문충(文忠)이다. 신종 때 왕안석의 신법에 반대하여 관직에서 물러났다. 당송팔대가의 한 사람이다.
23) 지주사(知州事) 또는 지주(知州)는 송대 조정에서 지방의 각 주에 파견한 1급 관리이다. 해당 주의 군대 업무를 관장하고 행정에 관한 권한도 갖고 있었다.
24) 초선생은 송나라 때 학자인 초천지(焦千之)를 가리킨다. 백강(伯强)은 자이다. 구양수의 문인이다.

굳세며 단정하였으므로, 정헌공이 그를 초빙하여 여러 아들을 가르치게 하였다. 이들에게 조금이라도 잘못이 있으면, 초선생은 단정히 앉아서 그들을 불러다가 대면하여 날이 저물도록 말을 하지 않았다. 그들이 두려워 항복한 뒤에야 선생은 말과 낯빛을 조금 누그러뜨렸다.

그때 여형공이 바야흐로 여남은 살이었는데, 안으로는 정헌공과 신국부인의 가르침이 저처럼 엄하고 밖으로는 초선생의 인도함이 이처럼 두터웠기에, 덕성과 기량을 성취함이 보통 사람들과 크게 달랐던 것이다. 여형공이 이런 말을 했었다. "사람이 살아가는 데 안으로 어진 아버지와 형이 없고 밖으로 엄한 스승과 벗이 없으면, 성취할 수 있는 사람이 적다."

  呂榮公의 名은 希哲이오 字눈 原明이러니 申國正獻公之長子ㅣ러라. 正獻公이 居家호딕 簡重寡黙ᄒᆞ야 不以事物로 經心ᄒᆞ며 而申國夫人이 性이 嚴ᄒᆞ야 有法ᄒᆞ야 雖甚愛公ᄒᆞ나 然이나 敎公호딕 事事를 循蹈規矩ᄒᆞ더니

  甫十歲라 祁寒暑雨에 侍立終日호딕 不命之坐ㅣ어든 不敢坐也ᄒᆞ더라. 日必冠帶ᄒᆞ야 以見長者ᄒᆞ며 平居에 雖甚熱ᄒᆞ나 在父母長者之側ᄒᆞ야셔 不得去巾襪縛袴ᄒᆞ야 衣服을 唯謹ᄒᆞ며 行步出入에 無得入茶肆酒肆ᄒᆞ며 市井里巷之語와 鄭衛之音을 未嘗一經於耳ᄒᆞ며 不正之書와 非禮之色을 未嘗一接於目ᄒᆞ더라.

  正獻公이 通判潁州ㅣ어늘 歐陽公이 適知州事ㅣ러니 焦先生千之伯强이 客文忠公所ㅣ러니 嚴毅方正ᄒᆞᆯ시 正獻公이 招延之ᄒᆞ야 使敎諸子ᄒᆞ니 諸生이 小有過差ㅣ어든 先生이 端坐ᄒᆞ야 召與相對ᄒᆞ야 終日竟夕ᄒᆞ도록 不與之語ᄒᆞ더니 諸生이 恐懼畏伏이어ᅀᅡ 先生이 方略降辭色ᄒᆞ더라.

---

25) 문충공은 구양수를 가리킨다.

時예 公이 方十餘歲러니 內則正獻公과 與申國夫人敎訓이 如此之嚴ᄒᆞ고 外則焦先生化導ㅣ 如此之篤ᄒᆞᆯ시 故로 公이 德器成就ᄒᆞ야 大異衆人ᄒᆞ니라. 公이 嘗言호ᄃᆡ 人生애 內無賢父兄ᄒᆞ고 外無嚴師友ᄒᆞ견 而能成者ㅣ 少矣라 ᄒᆞ더라.

●이 조목은 『소학』 「선행」 조목 제1과 일치한다. 원출전은 『여씨가전』으로 추정되나 확인할 수 없다. 『여씨가전』을 요약해서 실었다는 『이낙연원록』 권7 「여시강」의 일부분과 일치한다. 북송 때 학자인 여희철과 그의 가족들에 관한 일화가 『소학』에 많이 나오는데, 그 가운데 『내훈』에 발췌 인용된 기사가 여럿이다.

이 조목에서는 여형공의 사례를 통해 자녀를 훌륭하게 키우기 위해서 부모와 스승의 엄한 교육이 필요함을 말하고 있다. 여기서 강조하는 교육의 내용이란 지식교육이 아니라 이른바 인성교육이다. 어렸을 때부터 법도에 맞는 단정한 행실을 몸에 익히도록 하는 것이다. 여형공은 늘 옷매무새를 단정히 하고 속된 말과 현란한 음악, 찻집이나 술집 같은 것은 가까이하지 않았다고 했는데, 그처럼 일상생활 속에서 예를 실천하도록 아들을 가르친 것은 어머니 신국부인이었다. 엄부자모(嚴父慈母)라는 말이 있지만, 아들을 훌륭하게 키워낸 어머니들은 엄모(嚴母)의 형상으로 재현되는 예가 많다. 아버지 정헌공은 아들을 세세하게 가르치는 임무를 신국부인과 초선생에게 일임하고, 자신은 집안 전체를 통솔하는 가장으로서 한 발 뒤로 물러나 있는 듯 보인다.

8 제나라의 의로운 계모

제나라의 의로운 계모는 두 아들의 어머니였다. 선왕[26]의 시절 길에서 싸우다가 죽은 사람이 있었는데 두 아들이 그 곁에 서 있었다. 관리가[27] 물으니, 형은 "내가 죽였다" 하고 아우는 "형이 아니라 내가 죽였다" 하였다. 1년 동안 결론을 내리지 못하여 왕께 아뢰자 말했다. "그들의 어미에게 물어라. 어미는 능히 자식의 선악을 알 터이니, 그가 누구를 죽이고 누구를 살리려 하는지를 들어보아라."

그 어머니가 울며 대답했다. "어린 쪽을 죽이십시오." 관리가 다시 물었다. "사람은 누구나 어린 자식을 예뻐하게 마련인데, 지금 그를 죽이라 함은 어째서인가?" 그 어머니가 대답했다. "어린 놈은 제 아들이고 큰 녀석은 전처의 아들입니다. 그 아비가 병들어 죽을 때 제게 아이를 부탁하며 잘 기르고 보살피라 하였고, 제가 그렇게 하겠다고 하였습니다. 이미 사람의 부탁을 받아 그렇게 하겠노라 해놓고서, 이제 와서 어찌 그 부탁을 잊어버리고 그 승낙을 미덥지 않게 하겠습니까? 또 형을 죽이고 아우를 살린다면 이는 사사로운 사랑으로 공적인 의를 버리는 것이고, 말을 배반하고 신의를 잊으면 이는 죽은 사람을 속이는 것입니다. 자기가 한 말을 지키지 못하고 이미 그리 하겠다고 한 일을 분명하게 하지 않으면, 어떻게 세상에서 살 수 있겠습니까? 아들이 비록 애통하나 반드시 그래야만 한다면 어쩌겠습니까." 그러고는 눈물이 흘러 옷

---

26) 선왕(宣王)은 전국시대 제나라의 제4대 왕이다. 재위기간은 기원전 319~301년이다. 동부 지역의 여러 나라 중 최강국이었고, 학술과 문화의 융성에 힘썼던 아버지 위왕(威王)의 뒤를 이어 많은 사상가들을 보호하고 학문을 권장하였다. '직하(稷下)의 학사'라 불린 학자들이 수천 명에 달했으며, 수도인 임치는 가장 부유한 문화의 중심지였다.

27) 【이(吏)는 관청의 차사(差使)이다.】

깃이 젖었다. 왕이 그 의를 아름답게 여기고 행적을 높이 사서 아들은 모두 사면하고 그 어머니를 존대하여 '의로운 어머니'[義母]라고 불렀다.

齊義繼母者는 齊二子之母也ㅣ러니 當宣王時예 有人이 鬪死於道者ㅣ어늘 二子ㅣ 立其傍ᄒᆞ얫다가 吏問之커늘 兄曰호ᄃᆡ 我ㅣ 殺之호라. 弟曰호ᄃᆡ 非兄也ㅣ라 乃我ㅣ 殺之호라. 期年을 不能決ᄒᆞ야 言之於王ᄒᆞᆫ대 王曰ᄒᆞ샤ᄃᆡ 試問其母ᄒᆞ라. 能知子의 善惡ᄒᆞᄂᆞ니 聽其所欲殺活者ᄒᆞ라.

其母ㅣ 泣而對曰호ᄃᆡ 殺少者ᄒᆞ쇼셔. 又問호ᄃᆡ 夫少子者는 人之所愛也ㅣ어늘 今欲殺之는 何也오. 其母ㅣ 對曰호ᄃᆡ 少者는 妾之子也ㅣ오 長者는 前妻之子也니 其父ㅣ 疾且死之時예 屬之於妾曰호ᄃᆡ 善養視之ᄒᆞ라 ᄒᆞ야ᄂᆞᆯ 妾曰諾이라 ᄒᆞ니 今에 旣受人之託ᄒᆞ야 許人以諾ᄒᆞ고 豈可忘人之託ᄒᆞ야 而不信其諾邪ㅣ리잇고. 且殺兄活弟ᄒᆞ면 是는 以私愛로 廢公義也ㅣ오 背言忘信ᄒᆞ면 是는 欺死者也ㅣ니 夫言不約束ᄒᆞ며 已諾이 不分이면 何以居於世哉리잇고. 子ㅣ 雖痛乎ㅣ나 獨謂行애 何오 ᄒᆞ고 泣下沾襟ᄒᆞᆫ대 王이 美其義ᄒᆞ며 高其行ᄒᆞ샤 皆赦ᄒᆞ시고 而尊其母ᄒᆞ야 號曰義母ㅣ라 ᄒᆞ시니라.

● 이 조목은 본래 『고열녀전』 「절의전·제의계모(齊義繼母)」의 일부분이고, 『고금열녀전』 권3 「주열국」에 다시 실렸다. 『고열녀전』에는 군자의 논평과 송이, 『고금열녀전』에는 군자의 논평이 붙어 있다. 그밖에도 중간에 생략된 문장들이 많이 있어 출전이 다른 것일 가능성도 있다. 『가범』에는 실렸고 『소학』에는 실리지 않았다.

이 조목은 전처 아들을 살리기 위해 친아들을 포기한 어머니의 일화이다. 살인죄로 처형당할 위기에 처한 두 아들 중 하나를 선택하라고 명한 선왕도 잔인하지만, 전처소생을 위해 자기가 낳은 자식을 죽이라고 말하는 어머니의 결단도 잔인해 보인다. 『열녀전』의 군자 논평과 송에서 이 어머니를 칭송한 이유는 '신의에 따라 의를 행했다'는 점이다.28) 이 어머니에게는 진짜 살인범이 누구인가는 중요하지 않아 보인다. 친자식과 전처 자식을 '사사로운 사랑'과 '공적인 의'로 대비시키고, 전처 자식을 지키는 것이 죽은 남편에 대한 신의를 지키는 것이라는 믿음에 따라, 둘 중 하나가 죽어야 한다면 친자식을 죽이라고 말한 것이다. 후처가 전처소생을 잘 길러야 할 의무가 있음을 매우 극단적인 상황 설정을 통해 강조하고 있다.

9 위나라 망씨의 인자한 어머니

위나라 망씨의 '인자한 어머니'[慈母]는 위나라 맹양씨의 딸로서 망묘의 후처였다. 세 아들을 두었는데, 전처의 아들 다섯이 모두 계모를 사랑하지 않았다. 자모가 매우 각별히 대접하였지만 그래도 그들은 사랑하지 않았고, 자모가 자신의 세 아들로 하여금 전처의 아들들과 의복이나 음식을 똑같이 못하게 하였지만 그래도 그들은 사랑하지 않았다.

그때 전처의 가운데아들이 위나라 왕의 법을 어겨서 죽게 되었다. 자모는 걱정과 슬픔으로 허리띠가 한 자나 줄었고, 밤낮으로 바쁘게 다니며 그를 구하려 하였다. 사람들이 자모에게 말하기를 "그가 어머니를 사랑하지 않음이 아주 심했는데, 어째서 그렇게 애쓰고 걱정하고 두려워하는가?" 하자 자모가 대답했다. "만약 내 친자식이 비록 나를 사랑하

---

28) 『고열녀전』「절의전・제의계모」, "君子謂: 義母信而好義, 絜而有讓. 詩曰: 愷悌君子, 四方爲則. 此之謂也. 頌曰: 義繼信誠, 公正知禮, 親假有罪, 相讓不已, 吏不能決, 王以問母, 據信行義, 卒免二子."

지 않는다 해도 그가 화를 입을까 두려워하고 그 해를 없애려 할 것인데, 유독 의붓자식에게는 그렇게 하지 않는다면 어찌 보통의 어미와 다르겠는가. 그 아비가 어미 없는 자식을 위하여 나를 계모로 삼았고, 계모는 친어미와 같다. 남의 어미가 되어서 그 자식을 사랑하지 않는다면 자애롭다고 말할 수 있겠는가? 친자식은 가깝게 대하고 의붓자식에게는 그렇게 하지 않는다면 의롭다고 말할 수 있겠는가? 자애롭지 못하고 또한 의롭지 못하다면 어떻게 세상에 설 수 있겠는가. 저들이 비록 나를 사랑하지 않지만 내가 어떻게 의로움을 잊을 수 있겠는가." 그러고는 관청에 호소하였다.

위나라 안리왕29)이 이를 듣고 그의 의로움을 높이 사서 "자모가 이와 같으니 그 아들을 용서하지 않을 수 있으랴?" 하고 그 아들을 사면하고 그 집을 복호30)하였다. 이로부터 다섯 아들이 자모를 가깝게 대하여 화목함이 하나와 같았다.31) 자모가 예의로써 여덟 아들을 잘 인도하여 그들 모두 위나라의 대부와 경(卿)과 사(士)가 되어 각각 예와 의를 성취하였다.

魏芒慈母者는 魏孟陽氏之女ㅣ니 芒卯之後妻也ㅣ러니 有三子ᄒᆞ더니 前妻之子ㅣ 有五人호ᄃᆡ 皆不愛어늘 慈母ㅣ 遇之甚異호ᄃᆡ 猶不愛어늘 慈母ㅣ 乃令三子로 不得與前妻子로 齊衣服飮食호ᄃᆡ 猶不愛러니

於是예 前妻中子ㅣ 犯魏王令ᄒᆞ야 當死ㅣ어늘 慈母ㅣ 憂戚悲哀ᄒᆞ야 帶圍

---

29) 안리왕(安釐王)은 전국시대 위나라의 제7대 왕이다. 재위기간은 기원전 276~243년이다. 진나라가 셋으로 나뉘어 위나라·한나라·조나라가 되었고, 위나라는 기원전 225년에 진나라의 공격으로 멸망했다.
30) 복호(復戶)란 충신, 효자, 열녀 등에게 부역이나 조세를 면제하여 주는 것을 말한다.
31) 한배에서 나온 자식들처럼 의붓어미와 다섯 아들의 사이가 화목했다는 뜻이다.

減尺ᄒᆞ야 朝夕에 勤勞ᄒᆞ야 以救其罪어늘 人有謂慈母曰호ᄃᆡ 人不愛母ㅣ 至甚也ㅣ어늘 何爲勤勞憂懼ㅣ 如此오. 慈母ㅣ 曰호ᄃᆡ 如妾親子ㅣ 雖不愛妾이라도 猶懼其禍而除其害ᄂᆞᆫ 獨於假子而不爲ᄒᆞ면 何以異於凡母ㅣ리오. 其父ㅣ 爲其孤也ᄒᆞ야 而使妾으로 爲其繼母ᄒᆞ니 繼母者ᄂᆞᆫ 如母也ㅣ니 爲人母而不能愛其子ㅣ면 可謂慈乎아. 親其親而偏其假ㅣ면 可謂義乎아. 不慈且無義면 何以立於世리오. 彼雖不愛나 妾은 安可以忘義乎ㅣ리오 ᄒᆞ고 遂訟之ᄒᆞᆫ대

魏安釐王이 聞之ᄒᆞ시고 高其義曰ᄒᆞ샤ᄃᆡ 慈母ㅣ 如此ᄒᆞ니 可不赦其子乎아 ᄒᆞ시고 乃赦其子ᄒᆞ고 復其家ᄒᆞ야시ᄂᆞᆯ 自此로 五子ㅣ 親附慈母ᄒᆞ야 雍雍若一커늘 慈母ㅣ 以禮義之漸으로 率導八子ᄒᆞ야 咸爲魏大夫卿士ᄒᆞ야 各成於禮義ᄒᆞ니라.

● 이 조목은 본래 『고열녀전』「모의전・위망자모(魏芒慈母)」의 일부분이고, 『고금열녀전』 권3 「주열국」에 다시 실렸다. 『고열녀전』에는 말미에 군자의 논평과 송이, 『고금열녀전』에는 군자의 논평이 붙어 있다.

위나라 망씨의 인자한 어머니 일화는 전처 자식을 진정으로 사랑한 계모의 이야기로, 앞 조목에 이어 후처가 전처 자식을 대하는 바른 태도에 대해 서술하고 있다. 이 어머니는 법을 어겨 죽게 된 전처 소생을 위해 진심으로 걱정하고 눈물 흘리며 그를 살릴 방도를 구하기 위해 애썼다. 계모의 마음을 몰라주던 전처의 아들들이 그 사건을 계기로 계모가 진정으로 자신들을 사랑함을 깨닫게 되었다고 했다. 전처의 자식이 마음을 열고 이들이 진정한 한 가족이 되기까지 후처의 눈물과 노력이 얼마나 많이 요구되는가를 보여주는 일화라고 할 수 있다.

10 제나라 재상 전직자의 어머니

제나라의 재상 전직자[32]가 아랫사람에게 금 일백 일을 받아 어머니에게 드렸다. 어머니가 물었다. "아들이 재상이 된 지 3년이 되었지만 녹이 이처럼 많은 적이 없는데, 어찌 사대부에게 이것을 주었겠는가. 어디에서 이것을 얻었느냐?" 전직자가 "사실은 아랫사람에게 받았습니다"라고 대답했다.

어머니가 말했다. "내가 듣기로, 선비는 몸을 두고 행적을 깨끗이 하여 구차하게 무엇을 얻지 않고 마음을 다하고 진실함을 다하여 거짓된 일을 하지 않아서, 의가 아닌 일을 마음에 두지 않고 도리에 어긋나는 이익을 집에 들이지 않는다고 했다. 이제 임금께서 벼슬을 주어서 너를 대접하시고 후한 녹을 주시니, 마땅히 있는 힘껏 능력을 다하여 충과 신의로써 임금을 속이지 않고 청렴하고 공정함으로 보답해야 할 것인데, 지금 너는 그것을 뒤집었다. 무릇 신하가 되어 불충하는 것은 곧 자식으로서 불효하는 것이다. 불의한 재물은 내가 가질 수 없고, 불효하는 아들은 내 아들이 아니다. 일어나 가거라."

그러자 전직자가 부끄러워하며 나가서 그 금을 돌려보내고 선왕에게 스스로 죄를 아뢰어 죽여 달라고 청하였다. 왕이 그 어머니의 의로움을 크게 칭찬하여 마침내 전직자의 죄를 용서하고 다시 그를 재상으로 삼았으며, 관청의 금을 전직자의 어머니에게 하사하였다.

齊相田稷子ㅣ 受下吏之貨金百鎰ᄒᆞ야 以遺其母ᄒᆞᆫ대 母ㅣ 曰ᄒᆞ되 子ㅣ 爲相三年矣로되 祿이 未嘗多若此也ᄒᆞ더니 豈脩士大夫之費哉리오. 安所得此오. 對曰ᄒᆞ되 誠受之于下호이다.

---

32) 전직(田稷)이 이름이고 자(子)는 존칭이다. 전국시대 제나라 선왕 때의 재상이다.

其母ㅣ 曰호디 吾聞호니 士ㅣ 脩身潔行ㅎ야 不爲苟得ㅎ며 竭情盡實ㅎ야 不爲詐僞ㅎ야 非義之事를 不計於心ㅎ며 非理之利를 不入於家ㅣ니 今君이 設官ㅎ샤 以待子ㅎ시며 厚祿으로 以奉子ㅎ시ᄂ니 當以盡力竭能ㅎ야 忠信不欺ㅎ며 廉潔公正으로 報其君也ㅣ어늘 今子ㅣ 反是ㅎᄂ니 夫爲人臣不忠이 是爲人子不孝也ㅣ라. 不義之財非吾有也ㅣ며 不孝之子ㅣ 非吾子也ㅣ니 子ㅣ 起ㅎ라 ㅎ야늘

田稷子ㅣ 慙而出ㅎ야 反其金ㅎ고 自歸罪於宣王ㅎ야 請就誅焉ㅎ야늘 王이 大賞其母之義ㅎ샤 遂舍稷子之罪ㅎ야 復其相位ㅎ시고 而以公金으로 賜母ㅎ시니라.

● 이 조목은 본래 『고열녀전』 「모의전·제전직모(齊田稷母)」의 일부분이고, 『고금열녀전』 권3 「주열국」에 다시 실렸다. 『열녀전』 말미의 군자의 논평과 송을 생략한 것 외에 본문에서도 생략된 구절이 몇 군데 있는 것으로 보아, 출전이 다른 문헌일 수도 있다. 이 일화는 『가범』에는 훨씬 축약된 형태로 실렸고, 『소학』에는 실리지 않았다.

제나라 선왕 때 재상이었던 전직자가 뇌물을 받았고, 그 사실을 안 전직자의 어머니는 불충과 불효를 엄하게 꾸짖으며 아들과의 절연을 선언했다. 아들은 왕에게 가서 이실직고했고, 왕은 의로운 어머니를 보아서 그 아들을 용서했다. 어머니의 청렴과 정직이 결국 아들을 구한 셈이다. 벼슬하는 아들을 둔 어머니가 자식에게 무엇을 가르쳐야 하는지를 보여주는 일화이다.

11 당나라 최현위의 어머니

당나라 최현위[33]의 어머니 노씨가 아들을 경계하여 말했다. "내가

이종사촌형인 둔전낭중34) 신현어를 만났는데 이런 말을 하더구나. 벼슬살이하는 자식을 둔 사람이 와서 가난하여 못 살더라고 말하면 이는 좋은 소식이지만, 만약 재물이 충족하고 옷과 말이 좋더라고 이야기하면 이는 나쁜 소식이라 했으니, 내가 늘 확실한 주장이라고 생각했었다.

이에 비하여35) 친사촌, 이종사촌, 외종사촌36) 가운데 벼슬살이하는 이들이 재물을 가져다가 부모에게 바치면, 그 부모가 다만 기뻐할 줄만 알고 끝내 어디에서 났느냐고 묻지 않는다. 분명 그것이 녹봉에서 남은 것이라면 좋은 일이거니와, 만약 비리로써 얻은 것이라면 도둑과 무엇이 다르겠느냐? 비록 큰 허물이 없다 해도 혼자 안으로 마음에 부끄럽지 아니하겠느냐?"37) 최현위는 어머니의 가르침을 받들어 청렴하고 조심하는 태도로써 칭송받았다.

唐 崔玄暐의 母 盧氏ㅣ 嘗誡玄暐曰호듸 吾見姨兄屯田郎中幸玄馭호니 曰호듸 兒子從宦者를 有人이 來云호듸 貧乏ᄒᆞ야 不能存이라 ᄒᆞ면 此ㅣ 是好消息이어니와 若聞貨貨ㅣ 充足ᄒᆞ며 衣馬ㅣ 輕肥라 ᄒᆞ면 此는 惡消息이라 ᄒᆞ더니 吾ㅣ 常以爲確論이라 ᄒᆞ노라.

---

33) 최현위(崔玄暐)는 당나라 중종·예종 때 재상이다. 본명이 최엽(崔曄)인데 나중에 이름을 고쳤다. 사고전서본 『소학』에는 이름이 최원위(崔元暐)라고 되어 있다.
34) 【둔전낭중(屯田郎中)은 벼슬 이름이다.】 둔전을 관리하는 벼슬이다. 둔전이란 군량을 충당하기 위하여 변경이나 군사 요지에 설치한 토지를 뜻한다. 둔전제는 한대 이후 청대까지 지속된 중국의 토지제도이다.
35) 언해문에는 "요ᄉᆡ예 보니"라고 풀이했다.
36) 【친(親)은 성씨가 같은 것이고, 표(表)는 성씨가 다른 것이다.】
37) 『구당서』에 실린 최현위 열전에는 최현위의 어머니가 한 말 가운데, 맹자 어머니가 어초(魚酢)를 먹지 않은 뜻과 삼생(三牲)의 봉양이 오히려 불효가 된다고 했던 공자의 말을 인용한 69자가 더 있다.

比見親表中에 仕宦者ㅣ 將錢物ᄒᆞ야 上其父母ᄒᆞ야ᄃᆞᆫ 父母ㅣ 但知喜悅ᄒᆞ고 竟不問此物은 從何來오 ᄒᆞᄂᆞ니 必是祿俸餘資、ᆫ댄 誠亦善事ㅣ어니와 如其非理所得인댄 此ㅣ 與盜賊으로 何別이리오. 縱無大咎ᄒᆞᆫᄃᆞᆯ 獨不內愧於心가 ᄒᆞ니 玄暉遵奉敎戒ᄒᆞ야 以淸謹으로 見稱ᄒᆞ니라.

● 이 조목은 『소학』 「선행」 조목 제23을 인용한 것이다. 『구당서』 권91에 수록된 최현위 열전의 일부분인데, 이 열전은 본래 분량이 매우 길다. 이 대목은 젊어서부터 학행이 높았던 최현위가 부원외랑(部員外郞)에 천거되었을 때 어머니가 아들에게 청렴한 관직생활을 당부한 내용이다.

『소학』에 실린 최현위 기사가 상층 남성 독자에게는 청렴한 관직생활을 당부하는 내용으로 읽히겠지만, 『내훈』의 여성 독자들에게는 벼슬하는 아들을 둔 어머니의 역할이란 측면에서 다르게 읽힐 수 있다. 관직에 있는 아들이 가져온 재물을 부모가 출처도 따지지 않고 마냥 좋아해서는 안 된다는 것, 즉 아들이 벼슬하는 동안 재산이 늘어난다면 혹여 부정한 축재가 아닌가 오히려 걱정해야 한다는 것이다. 전직자 어머니의 일화에 이어 최현위 어머니의 일화 역시, 아들이 청렴한 관직생활을 하도록 가르치고 이끌어야 할 책임이 어머니에게도 있음을 보여준다.

12 이천선생의 어머니 후부인

이천선생의 어머니 후부인은 인자하며 너그러웠다. 여러 첩의 자식들을 어여삐 여겨 자기가 낳은 자식과 다르게 대하지 않았고, 종숙부와 어린 고모들을 직접 건사하였는데 자기 자식과 늘 똑같이 하였다. 집안을 다스림에 법도가 있어서 엄하게 하지 않아도 집안이 반듯하였으며, 노비를 매질하는 것을 좋아하지 않았고, 어린 노비들을 자식같이 여겼다. 자식들이 간혹 노비를 꾸짖으면 반드시 경계하여 말하기를 "귀천이 비록 다르지만 사람은 한가지이다. 네가 저만할 때 이 일을 할 수 있었느냐 없었느냐?" 하였다. 선공38)이 노하는 일이 있으면 반드시 노함을 누그러뜨려 풀어드렸지만, 자식들에게 잘못이 있을 때는 이를 감추지 않으며 늘 말했다. "자식이 불초한 것은 어미가 그 허물을 가려 아비가 알지 못하는 탓이다."

부인의 아들 여섯 명 중 살아남은 이가 둘이니 그 사랑하고 어여삐 여김이 지극하다고 할 수 있겠지만, 그들을 가르침에 있어서는 조금도 빈틈을 주지 않았다. 아들이 겨우 두어 살 때 돌아다니다가 혹시 넘어지면 집안사람이 달려가 안으며 아이가 놀라서 울까 두려워하였는데, 부인은 "네가 천천히 다니면 왜 넘어지겠느냐?" 하며 아들을 꾸짖곤 했다.

음식을 먹을 때는 항상 곁에 앉혀놓고, 아이들이 밥 먹을 때 국에 간을 맞추면 꾸짖어 못하게 하며 이렇게 말했다. "어려서부터 욕구에 맞추려고 들면 자라서는 어찌할 것이냐?" 또한 부리는 아랫사람이라도 모진 말로 꾸짖지 못하게 하였다. 정이39) 형제가 평생에 음식과 의복에 있어서 가리지 않고 모진 말로 사람을 꾸짖지 못함은 천성이 그런 것이 아니라 어머니의 가르침이 그러했기 때문이다. 자식이 남과 다투어 노여워하면 비록 그가 옳아도 편들지 않고 "나직하게 굽히지 못함을 걱정

---

38) 【선공(先公)은 이천의 아버지를 말한다.】
39) 【이(頤)는 이천선생의 이름이다.】

할지언정 이기지 못함을 걱정하지 말라"라고 말했다. 아들들이 조금 자라자 어진 스승과 벗을 좇아 노닐게 하고, 비록 가난하지만 손님을 청하고 싶어하면 기뻐하며 먹을 것을 만들어 주었다.

伊川先生의 母侯夫人은 仁恕寬厚ᄒ야 撫愛諸庶ᄒ되 不異己出ᄒ더니 從叔幼姑를 夫人이 存視ᄒ되 常均己子ᄒ며 治家ㅣ 有法ᄒ야 不嚴而整ᄒ며 不喜笞朴奴婢ᄒ야 視小臧獲호되 如兒女ᄒ며 諸子ㅣ 或加呵責이어든 必誡之ᄒ호되 貴賤이 雖殊ᄒ나 人則一也ㅣ니 汝ㅣ 如是大時예 能爲此事아 否아. 先公이 凡有所怒ㅣ어든 必爲之寬解ᄒ되 唯諸兒ㅣ 有過則不掩也ᄒ야 常曰ᄒ되 子之所以不肖者ᄂ 由母ㅣ 蔽其過而父不知也ㅣ라 ᄒ더니라.

夫人男子六人에 所存이 惟二니 其慈愛ㅣ 可謂至矣언마ᄂ 然於敎之之道애 不少假也ᄒ더라. 纔數歲예 行而或踣이어든 家人이 走前扶抱ᄒ야 恐其驚啼어늘 夫人이 未嘗不呵責曰ᄒ되 汝ㅣ 若安徐ᄒ면 寧至踣乎ㅣ리오 ᄒ더라.

飮食을 常置之坐側ᄒ더니 常食絮羹이어늘 皆叱止之曰ᄒ되 幼求稱欲ᄒ면 長當何如ᄒ다. 雖使令輩라도 不得以惡言罵之故로 頤兄弟平生애 於飮食衣服애 無所擇ᄒ며 不能惡言罵人은 非性이 然也ㅣ라 敎之使然也ㅣ라. 與人爭忿이어든 雖直이라도 不右曰ᄒ되 患其不能屈이언뎡 不患其不能伸이라 ᄒ더라. 及稍長ᄒ야 常使從善師友遊ᄒ며 雖居貧ᄒ나 或欲延客이어든 則喜而爲之具ᄒ더라.

● 이 조목은 본래 『이천문집』에 실린 「상곡군군가전」의 일부분이다. 『소학』 본문이나 『소학집성』 본주에서는 같은 문장을 찾을 수 없고, 『여교』는 실체가 없어 비교해볼 수 없다.

이 조목은 후부인이 정호와 정이 형제를 어떻게 교육하였는가를 서술한 것이다. 후부인이 노복과 첩들에게는 오히려 관대하고 인자

했으면서 아들들에게는 어렸을 때부터 엄격하게 법도를 가르쳤음을 여러 가지 예화를 통해 보여주고 있다. 심지어 두어 살밖에 안 된 아이가 넘어졌을 때도 조심하지 않은 탓이라 나무랐다고 했다.

「상곡군군가전」중 후부인에 관한 기록은 조선시대 선비행장(先妣行狀)의 전범이 되는데, 이천선생이 제시한 엄한 어머니의 상 역시 부덕을 갖춘 여성이 어머니로서 어떻게 자식을 가르쳐야 하는가를 보여주는 전형이다. 한원진도『한씨부훈』에서 맹자 어머니와 함께 후부인을 이상적인 어머니의 상으로 언급하였는데, "집안에 엄한 군주가 계시니 바로 부모이다"라는『주역』의 구절을 인용하면서 자식과 며느리를 가르칠 때 엄격한 태도의 중요성을 강조하였다.39)

13 주애 고을의 의로운 두 여인

의로운 두 여인은 주애 고을 수령의 후처와 전처 딸이다. 딸의 이름은 초(初)이고 나이는 열세 살이었다. 주애에 구슬이 흔하여 계모가 큰 구슬을 꿰어 팔에 차고 있었다. 그 수령이 죽어 장사를 지내게 되었는데, 그때 법에 구슬을 관문에40) 들인 사람은 사형에 처해졌기 때문에 계모가 팔에 차고 있던 구슬을 버렸다. 아홉 살인 아들이 구슬이 좋아서 가져다가 어머니의 경대에 넣었는데 아무도 그것을 몰랐다. 장사를

---

39) 『한씨부훈』「교자부장」(敎子婦章), "余觀自古聖賢之成德, 多由於其母之賢, 孟母之三遷, 程母之敎不少假, 尤其善者也. 後世爲人母者, 可不以是爲法乎. … 大抵敎子婦, 當以嚴爲主, 嚴則子婦不敢慢, 而孝敬之心益生, 不嚴則子婦無所憚, 而孝敬之心反怠矣. 故易曰: 家有嚴君焉, 父母之謂也."
40) 【관(關)은 행인을 살피는 곳이다.】

지내고 돌아오다가 관문에 이르렀는데, 수령41)과 아전42)이 수색하여 계모의 경대에서 구슬 열 개를 찾아냈다. 아전이 말했다. "안됐지만 법을 어겼으니 어쩔 수 없다. 누가 벌을 받겠느냐?"

곁에 있던 딸 초는 계모가 깜빡 잊고 경대에 넣었구나 짐작하고 "제가 벌을 받겠습니다" 하고 말했다. 아전이 "상황이 어떻게 된 것이냐?" 하고 묻자 딸이 대답했다. "아버지께서 불행하게 되시자 부인이 팔에 찼던 구슬을 끌러서 버리셨는데, 제 마음에 그것이 아까워서 가져다 부인의 경대에 넣었으니, 부인은 알지 못하십니다." 계모가 이를 듣고 재빨리 가서 초에게 물으니, 초가 대답하기를 "어머니께서 버리신 구슬을 제가 도로 가져다 경대에 넣었으니, 제가 마땅히 죄를 입겠습니다" 하였다. 계모 역시 초가 정말로 그리했다고 생각하면서도 그를 불쌍히 여겨 곧 아전에게 말했다. "아이를 심문하지 말고 잠시 기다려주세요. 아이는 정말로 모르는 일입니다. 이 구슬은 제 팔에 찼던 것인데, 남편이 돌아가신 후에 제가 그것을 끌러 경대에 넣어 놓고서 장사 지내기에 바쁜데다가 길도 멀고 어린아이를 데리고 오느라 깜빡 잊어버렸습니다. 제가 마땅히 벌을 받겠습니다." 그러자 초가 고집하며 말했다. "정말 제가 넣었어요." 계모는 또 "딸아이가 사양하는 것뿐입니다. 진정 제가 넣은 것입니다" 하고 흐르는 눈물을 억제하지 못했다. 딸이 또 "부인은 제가 고아인 것을 불쌍히 여겨서 억지로 저를 살리려고 그러시는 것입니다. 부인은 정말 알지 못하는 일입니다" 하고 슬피 울어서 눈물이 턱으

---

41) 【관후(關候)는 수령이다.】
42) 한문에 '사리'(士吏)를 언해문에 '아전'으로 번역하였다. 언해문 본문에 따라 관후와 사리를 각각 관후와 아전으로 옮기고, 초 모녀를 심문한 '리'(吏)는 사리를 가리키는 것으로 보아 아전으로 옮긴다.

로 흘러내렸다.

  장사 지내러 갔던 사람들이 다 울며 애통해하고 곁에 섰던 사람들도 코가 시큰거려 눈물을 씻지 않는 이가 없었고, 관의 아전은 붓을 잡아 죄를 기록하려는데 한 글자도 쓰지 못하였다. 수령이 날이 저물도록 눈물을 흘리며 판결하지 못하다가 이렇게 말했다. "어미와 자식이 이처럼 의리가 있으니, 내가 차라리 죄를 입을망정 차마 글을 쓸 수가 없다. 또 서로 사양하니 누가 옳은지 어찌 알겠는가?" 하고 마침내 그 글을 버리고 그들을 놓아 보냈다. 이미 떠난 후에야 아들이 혼자 저지른 일임을 알게 되었다.

  二義者는 珠崖令之後妻와 及前妻之女也ㅣ러니 女名은 初ㅣ오 年이 十三이러니 珠崖多珠ㅣ어늘 繼母ㅣ 連大珠ᄒᆞ야 以爲繫臂러니 及令이 死ᄒᆞ야 當送喪이러니 法에 內珠入於關者ㅣ 死ㅣ러니 繼母ㅣ 棄其繫臂珠ᄒᆞᆫ대 其子男이 年이 九歲러니 好 而取之ᄒᆞ야 置之母鏡奩中ᄒᆞ야늘 皆莫之知러니 遂奉喪歸ᄒᆞ야 至海關ᄒᆞᆫ대 關候士吏搜索ᄒᆞ야 得珠十枚於繼母鏡奩中ᄒᆞ야 吏曰ᄒᆞ되 嘻라. 此ㅣ 值法ᄒᆞ니 無可奈何ㅣ로소니 誰當坐오.

  女初ㅣ 在左右ᄒᆞ얫다가 顧心恐母ㅣ 忘置鏡奩中이라 ᄒᆞ야 乃曰ᄒᆞ되 初ㅣ 當坐之이다. 吏曰ᄒᆞ되 其狀이 如何오. 對曰ᄒᆞ되 君이 不幸이러시늘 夫人이 解繫臂棄之ᄒᆞ야시늘 初ㅣ 心惜之ᄒᆞ야 取而置夫人鏡奩中ᄒᆞ니 夫人은 不知也ᄒᆞ시니이다. 繼母ㅣ 聞之ᄒᆞ고 遽疾行問初ᄒᆞᆫ대 初ㅣ 曰ᄒᆞ되 夫人所棄珠를 初ㅣ 復取之ᄒᆞ야 置夫人奩中ᄒᆞ니 初當坐之니이다. 母意에 亦以初로 爲實然ᄒᆞ야 憐之ᄒᆞ야 乃因謂吏曰ᄒᆞ되 願且待ᄒᆞ야 幸無劾兒ᄒᆞ쇼셔. 兒ㅣ 誠不知也ᄒᆞ니 此珠ᄂᆞᆫ 妾之繫臂也ㅣ러니 君이 不幸이어시늘 妾이 解去之而置奩中ᄒᆞ고 迫奉喪ᄒᆞ야 道遠ᄒᆞ고 與弱小俱ᄒᆞ노라 ᄒᆞ야 忽然忘之ᄒᆞ니 妾當坐之니이다. 初ㅣ 固曰ᄒᆞ되 實初ㅣ 取之ᄒᆞ이다. 繼母ㅣ 又曰ᄒᆞ되 兒ㅣ 但讓이언뎡 實妾이 取之ᄒᆞ이다 ᄒᆞ고 因涕泣不能自禁ᄒᆞ거늘 女ㅣ 亦曰ᄒᆞ되 夫人이 哀初之孤ᄒᆞ샤

欲强活孤耳언뎡 夫人이 實不知也ᄒᆞ시니이다 ᄒᆞ고 又因哭泣ᄒᆞ야 泣下交頤어늘

送葬者ㅣ 盡哭哀慟커늘 傍人이 莫不爲酸鼻揮涕ᄒᆞ며 關吏執筆書劾호ᄃᆡ 不能就一字ᄒᆞ며 關候ㅣ 垂泣終日ᄒᆞ야 不能決ᄒᆞ야 乃曰호ᄃᆡ 母子ㅣ 有義如此ᄒᆞ니 吾寧坐之언뎡 不忍加文이로다. 且又相讓ᄒᆞᄂᆞ니 安知孰是리오 ᄒᆞ고 遂棄珠而遣之ᄒᆞ니 旣去後애 乃知男이 獨取之也ᄒᆞ니라.

● 이 조목은 본래 『고열녀전』「절의전·주애이의(珠崖二義)」의 일부분이고, 『고금열녀전』에서는 누락된 기사이다. 『고열녀전』 말미에 있는 군자의 논평과 송은 『내훈』에서 생략되었다.

이 조목은 서로를 위해 목숨을 걸었던 계모와 전처 딸에 관한 일화이다. 『고열녀전』의 생략된 군자의 논평에서는 "아버지가 자식의 잘못을 숨겨주고 자식이 아버지의 잘못을 숨겨주니, 정직함이 그 가운데 있다"[43]는 『논어』의 구절을 인용하며 계모의 자애로움과 전처 딸의 효성스러움을 칭송하였다. 전처 딸을 위해 기꺼이 자신을 희생하려 한 이 계모는 '진정한 어머니의 은덕을 갖추었다'는 칭송을 들을 만하다.

---

43) 『열녀전』「절의전·주애이의」, "論語曰: 父爲子隱, 子爲父隱, 直在其中矣."

6 돈목장 敦睦章

1 동서지간의 화목

『여교』에 말했다.

맏며느리와 작은며느리는[1] 형제와 같으니 정과 의리의 돈독함이 남과 같을 수 없다. 어떤 경우에는 어진 사람을 만나서 감동하고 사모하는 마음이 일어나서 힘써 선을 행하여 함께 늙어감을 기약한다. 어떤 경우에는 모질고 사나운 사람을[2] 만나서 망령된 뜻을 서로 더하기도 하지만, 이때는 오직 자기의 잘못임을 알아야 할 것이니 어느 겨를에 남을 근심하리오. 두 개의 굳센 것이 싸우면 필시 하나가 꺾이게 마련이니, 부드러움으로써 대응하여야 이지러진 것을 거의 온전하게 만들 수 있다. 내가 오직 공손한 태도로 그의 노하고 업신여김을 무던히 여

---

1) 【사(姒)는 맏며느리, 제(娣)는 작은며느리이다.】
2) 【흉완(兇頑)은 모질고 마음이 사나운 사람이다.】

기고, 내가 오직 먼저 베풀고 그 보답을 구하지 말아야 할 것이니, 작은 이익을 다투어 지친(至親)의 관계가 어긋나게 해서는 안 된다. 지친은 얻기 어려우니 어찌 이익을 말할 수 있으리오. 단명하고 장수함은 미리 헤아릴 수 없으니, 힘으로 빼앗아 가진들 후에 누가 이을 줄 어찌 알리오. 함께 사는 백 년이 잠깐 사이에 지나가니, 길고 짧음을 다투어 무엇하겠는가.

女教애 云호딕

唯姒與娣如弟共昆ᄒ니 情義之篤이 難侔他人이니라. 或逢淑賢ᄒ야 感慕興起ᄒ야 竭力爲善ᄒ야 期與之齒ᄒ고 或遇兇頑ᄒ야 妄意相加ㅣ어든 但知自責이니 遑恤乎他ㅣ리오. 兩剛이 共鬪ᄒ면 必有一折ᄒᄂ니 應之以柔ᄒ야사 庶全其缺이니 我唯執恭이오 任其狠傲ᄒ며 我唯先施오 不責其報ㅣ니 毋競小利ᄒ야 以乖至親이어다. 至親이 難得이니 利何足云이리오. 或夭或壽를 不可逆計니 力奪而有ᄒᆫ들 後知誰繼리오. 共聚百年이 頃刻애 卽過ᄒᄂ니 爭長競短ᄒ야 欲如之何오.

● 이 조목은 원출전을 『여교』라고 밝혔으나 어떤 문헌을 가리키는지 분명하지 않다. 『내훈』에서 원출전을 『여교』라고 밝힌 조목들은 반소의 『여계』와 문장이 일치하는 것이 대부분인데, 이 조목은 『여계』에 없는 문장이다.

형제간의 우애와 친척과의 화목을 가르치는 「돈목장」을 동서지간에 잘 지내야 한다는 당부로 시작했다. 동서지간은 직접적인 혈연관계가 없는 남이지만 남편을 통해 맺어진 특별한 지친이다. 따라서 정과 의리가 남과 같을 수 없고, 작은 이익 때문에 어그러뜨려서는 안 되는 가까운 사이인 것이다.

그러나 윤리적 당위와는 별개로 현실 속에서 며느리가 시집 식구들과 진정으로 친밀한 관계를 맺기란 쉬운 일이 아니다. 18세기 초 조선의 김호연재3)는 『자경편』「자수장」에서 시집 식구들을 "이름은 친(親)이지만 정은 없고, 은혜는 박하고 의리는 두터운" 관계라 해석하고, 마땅히 덕과 의리를 베풀어야 하지만 그들에게 속마음을 드러내지는 않는 것이 좋겠다고 충고한 바 있다.4)

2 효제에도 때가 있다

증자가 말했다.

"친척이 기뻐하지 않으면 감히 남과 사귀지 말고, 가까운 사람과 친하지 못하면서 감히 먼 사람을 구하지 말며, 작은 것을 살피지 못하면서 감히 큰 것을 말하지 말아야 한다.5) 사람의 백 년 인생에 병이 날 때가 있고 늙은 시절과 어린 시절이 있으니, 군자는 다시 돌이킬 수 없는

---

3) 김호연재(金浩然齋, 1681~1722)는 안동김씨 김성달(金盛達)의 딸이고 은진송씨 송요화(宋堯和)의 아내이다. 한문 산문인 『자경편』(自警篇)과 244수의 한시가 수록된 『호연재유고』(浩然齋遺稿)가 전한다. 내용적으로 규훈서와 상통하는 『자경편』은 유교적 가족윤리에 대한 여성적 관점과 해석을 보여주는 자료로 평가된다. 이에 대한 상세한 논의는 박무영, 「호연재『자경편』의 서술방식과 여성문학적 성격」, 『한국문학연구』 2, 고려대학교 민족문화연구원 한국문학연구소, 2001 참조.
4) 『자경편』「자수장」(自修章), "婦人道狹未有朋友之交, 而其於夫家親戚, 名親而情疎, 恩薄而義厚, 略似乎朋友之道. … 婦道則不然, 遇人之善, 固當志合情親, 終身和睦, 雖或不善, 亦無棄絕之義, 只當布其德義, 篤其恩愛, 不露其中情而已."
5) 가까운 사람은 친척을, 먼 사람은 외인을 가리킨다. 작은 것은 효제의 도리를, 큰 것은 나라와 천하를 다스림에 관한 일을 말한다.

상황을 생각하여 먼저 베풀어야 한다. 친척이 이미 죽고 없으면 비록 효도하고자 한들 누구에게 효도하며, 이미 나이를 많이 먹으면6) 비록 공손하고자7) 한들 누구에게 공손하겠는가. 효도가 미치지 못함이 있고 공손함이때가 아님이 있다 하는 것이 바로 이를 말하는 것이다."

 曾子ㅣ 曰ㅎ샤디
 親戚이 不說이어든 不敢外交ㅎ며 近者를 不親이어든 不敢求遠ㅎ며 小者를 不審이어든 不敢言大니라. 故로 人之生也ㅣ 百歲之中에 有疾病焉ㅎ며 有老幼焉ㅎ니 故로 君子는 思其不可復者ㅎ야 而先施焉ㅎᄂ니 親戚이 旣沒ㅎ면 雖欲孝ㄴ들 誰爲孝ㅣ며 年旣耆艾면 雖欲悌ㄴ들 誰爲悌리오. 故로 孝有不及ㅎ며 悌有不時라 호미 其此之謂歟ㄴ뎌.

 ● 이 조목은 본래『대대례기』권5「증자질병」(曾子疾病)의 일부분이고, 『소학』「명륜」조목 제105와 일치한다.

 진정한 효도를 실천했던 것으로 유명한 증자가 형제간의 우애와 친척간의 화목에 대해 언급한 구절이다. 효도하고자 해도 부모가 살아 계시지 않으면 할 수 없듯이, 형제나 친척과 화목하게 지내는 것도 모두 때가 있다고 했다. 당장의 도움이 아쉬운 친척이 있는데 '나중에 기회가 되면, 나중에 내가 좀 더 여유가 생기면 도와주리라' 하고 미루는 것은 이른바 '다시 돌이킬 수 없는 상황'이 언제든 닥칠 수

---

6) 한문에 '기애'(耆艾)는 연로함을 뜻하는데, 기(耆)는 특히 60세를, 애(艾)는 머리털이 쑥처럼 희끗희끗하다는 뜻으로 50세를 가리킨다.
7) 한문에 '제'(悌)를 언해문에는 '아ᅀᆞᄅ외다'로 풀이했다. '아ᅀᆞᄅ외다'는 명사 '아ᅀᆞ'에서 파생한 형용사로 '공손하다'의 뜻이다. 중세국어에 '아ᅀᆞ'는 '아우'란 뜻이고, '아ᅀᅮᆷ'은 '친척'이란 뜻이다.

있음을 생각하지 못하기 때문이다.

또한 증자는 가까운 사람과 친하지 못하면 남과 친하게 지낼 생각을 말라고 했다. 그것은 정작 가까이 있는 사람에게 잘 하지 못하면서 남에게 덕을 베푼다는 것이 진심에서 우러난 행동이 아니라 손익계산에서 기인한 거짓일 수 있기 때문일 것이다. 부모를 사랑하지 않으면서 남을 사랑함이 패덕이라 했던 공자의 말을 연상시키는 대목이다.

3 형제간의 불화는 아내들의 탓

유개 중도[8]가 말했다.

"돌아가신 아버님은 집안을 다스리시되 효성스럽고 또한 엄격하셨다. 초하루와 보름에는 아우와 며느리들이 대청 아래에서 절을 마치고 나면 곧 손을 들고 얼굴을 숙인 채 우리 아버님의 훈계를 들었다. '인가(人家)의 형제 중 의롭지 않은 이가 없건만, 모두 아내를 얻어 집으로 들여 다른 성씨가 같이 모여 살면서부터 길고 짧음을 다투게 되고 마치 물에 젖듯 헐뜯는 말이 서서히 들리게 된다. 속 좁게 자기 살림만을 생각하다가 서로 등지고 사이가 나빠져서 결국 집을 나누고 마치 도둑과 원수처럼 미워하게 되니, 이는 다 너희 부인들이 저지르는 일이다. 남자들 중 심지가 굳은 몇 명이나 부인의 말에 미혹되지 않을 수 있겠는가. 내가 그런 경우를 많이 보았다. 너희들에게 이런 일이 있어서야 되

---

[8] 유개(柳開, 947~1000)는 북송 때 문인이다. 중도(仲塗)는 자이고, 호는 하동(河東)이다. 한유와 유종원의 문이재도론(文以載道論)을 계승하여 고문을 중시했다. 『하동집』(河東集)이 전한다.

겠느냐.' 이 말씀을 듣고 물러나 두려워하며 감히 불효하는 일을 한 마디도 입 밖에 내지 않았으니, 우리는 이것에 힘입어 집안을 온전히 할 수 있었다."

柳開仲塗ㅣ 曰호디

皇考ㅣ 治家ᄒᆞ샤디 孝且嚴ᄒᆞ더시니 旦望애 弟婦等이 拜堂下畢ᄒᆞ고 卽上手伍面ᄒᆞ야 聽我皇考訓誡ᄒᆞ더니 曰ᄒᆞ샤디 人家兄弟無不義者ㅣ언마른 盡因娶婦入門ᄒᆞ야 異姓이 相聚ᄒᆞ야 爭長競短ᄒᆞ야 漸潰日聞ᄒᆞ야 偏愛私藏ᄒᆞ야 以致背戾ᄒᆞ야 分門割戶ᄒᆞ야 患若賊讎ᄒᆞᄂᆞ니 皆汝婦人의 所作이니라. 男子剛腸者幾人이 能不爲婦人言의 所惑고. 吾見이 多矣로니 若等은 寧有是耶ㅣ리오 ᄒᆞ야시든 退則惴惴ᄒᆞ야 不敢出一語도 爲不孝事ᄒᆞ니 開輩ᄂᆞᆫ 抵此賴之ᄒᆞ야 得全其家云ᄒᆞ소라.

● 이 조목은 『소학』「가언」조목 제48을 인용한 것이다. 본래 유개의 문집 『하동집』 권14 「송고숙모목부인묘지」(宋故叔母穆夫人墓誌)의 일부분이다. 목부인은 유개의 숙부 유승찬(柳承贊)의 아내를 가리킨다.

송대 유학자 유개는 부친의 말을 인용하여 형제간의 화목이 근본적으로 아내들에게 달렸다고 했다. 본래 남자들이란 부인들의 말에 미혹되기 쉽다 하고, 잘 지내던 형제들도 각자 아내를 얻고 나면 서로 헐뜯고 다투게 되는 것이 모두 부인들이 잘못해서 그런 것이라 했다. 형제간의 불화를 아내들의 책임으로 돌리는 이러한 논리는 『한씨부훈』의 「접형제제사장」(接兄弟娣姒章)에서도 똑같이 반복된다.

4 형을 부모처럼 모셨던 사마온공

사마온공은 형 백강과 우애가 매우 돈독하였다. 백강의 나이가 바야

호로 여든이었는데, 사마온공은 그를 마치 아버지처럼 섬기고 어린아이처럼 보살폈다. 늘 밥을 먹고 나면 조금 있다가 묻기를 "시장하지 않으세요?" 하였고, 날씨가 조금 차면 그의 등을 어루만지며 "옷이 얇지 않으세요?" 하였다.

> 司馬溫公이 與其兄伯康으로 友愛尤篤ᄒ더니 伯康이 年將八十이어늘 公이 奉之호딕 如嚴父ᄒ고 保之호딕 如嬰兒ᄒ야 每食少頃이어든 則問曰호딕 得無饑乎아 ᄒ며 天이 少冷이어든 則拊其背曰호딕 衣得無薄乎아 ᄒ더라.

● 이 조목은 『소학』 「선행」 조목 제40을 인용한 것이다. 원출전은 범조우의 『범태사집』 권36 「화락암기」(和樂庵記)이다. 『송명신언행록』 후집 권7 「사마광온국문정공」(司馬光溫國文王公)에도 실렸다.

사마광이 연로한 형님을 한편 아버지처럼, 한편 어린아이처럼 섬기고 보살폈다는 이 짧은 일화는 형제간의 우애가 실천하기 어려운 특별한 것이 아님을 일깨운다. 시장하지 않은지, 춥지는 않은지, 일상생활 속에서 그처럼 소소한 안부를 챙기는 진심어린 마음이 효제의 시작인 것이다. 너무 간단한 일인데, 막상 실천하기는 쉽지 않다. 마음이 있어도 표현이 어렵고, 그 표현 속에 진심을 담기란 더욱 어렵다.

5 죽을 쑤다 수염을 태운 이적

당나라 때 영공 이적[9]은 귀하게 되어 벼슬이 복야[10]에 이르렀다. 그

---

9) 이적(李勣, 594~669)은 당나라 초기의 명장 이세적(李世勣)을 가리킨다. 원래 서씨였

러나 누이가 병이 나면 반드시 친히 불을 피워 죽을 쑤다가 수염에 불이 붙었다. 누이가 물었다. "종들이 많은데 어찌하여 이렇게 수고를 자청하느냐?" 이적이 말했다. "사람이 없어서 그러겠어요? 이제 누이가 연로하시고 저도 늙었으니, 비록 누이를 위하여 자주 죽을 쑤고 싶어도 언제 또 그럴 수 있겠습니까?"

　　　　唐英公李勣이 貴爲僕射ᄒ오ᄃᆡ 其姉ㅣ 病이어든 必親爲然火ᄒ야 煮粥ᄒ더니 火焚其鬚ᄒ야ᄂᆞᆯ 姉ㅣ 曰ᄒ오ᄃᆡ 僕妾이 多矣니 何爲自苦ㅣ 如此오. 勣이 曰ᄒ오ᄃᆡ 豈爲無人耶ㅣ리오. 顧今에 姉ㅣ 年老ᄒ고 勣이 亦老호니 雖欲數爲姉煮粥인ᄃᆞᆯ 復可得乎아.

　● 이 조목은 『소학』 「선행」 조목 제39를 인용한 것이다. 이적의 이 일화는 『가범』에도 실려 있는데, 원출전이 별도로 있는지는 확인하기 어렵다. 『구당서』 권67에 수록된 이적 열전은 분량이 매우 길고 『내훈』의 일화와 일치하는 대목을 찾기 어렵다.

　이적이 죽을 쑤다 수염을 태웠다는 것은 불을 다루는 솜씨가 서툴렀다는 말이다. 복야 벼슬을 지낸 장군이 불을 피우고 음식을 조리하는 일에 익숙할 리 없다. 그럼에도 아픈 누이를 위해서 직접 죽을 쑤었다고 했으니, 그만큼 누이를 염려하고 사랑하는 마음이 컸음을 의

는데 이씨 성을 하사받았고, 당태종 이세민(李世民)의 이름을 휘하여 이적이라 개명했다. 채국공(菜國公)과 영국공(英國公)에 봉해졌다. 668년 당나라가 고구려를 침공할 때 총사령관이었다.

10) 【복야(僕射)는 벼슬 이름이다.】 복야는 진(秦)에서 처음 설치된 관직이다. 동한 때 권한이 점점 커져 좌・우 복야로 나뉘었고, 위・진 이후 상서령과 동격으로서 재상이 되었다. 당 초기에는 우복야가 상서성 장관이 되어 중서령・시중과 동급의 위치에 있었다. 남송 이후 폐지되었다.

미한다. 늙은 남동생의 수고를 안쓰러워하는 누이에게 이적이 한 말은 효제에도 때가 있다고 했던 증자의 말을 떠올리게 한다.

6 전염병도 피해 간 유곤의 우애

진나라 함녕[11] 연간에 큰 전염병이 돌았는데, 유곤[12]의 두 형이 다 죽고 그 다음 형인 유비가 또 위태로웠다. 바야흐로 전염병의 기운이 기승을 부리므로 부모와 아우들이 모두 거처를 밖으로 옮겼는데, 유곤은 홀로 남아 떠나지 않았다. 모든 부형들이 떠나기를 억지로 권하니 "저는 본래 병을 두려워하지 않습니다" 하였다. 마침내 친히 형을 부축하여 밤이나 낮이나 잠들지 않았고, 그런 한편 죽은 형들의 관을 어루만지며 슬피 울기를 그치지 않았다. 이렇게 한 지 백여 일 만에 전염병의 기세가 가라앉고 집안사람들이 돌아왔는데, 유비는 병에 차도가 있고 유곤 역시 탈이 없었다.

마을 어른들이[13] 모두 말했다. "이 아들은 참으로 다르구나! 남이 지키지 못하는 것을 지키고 남이 행하지 못하는 것을 행하였다. 날이 추운 후에야 소나무와 잣나무가 늦게 시드는 줄을 아나니,[14] 전염병도 능히 옮을 수 없음을 비로소 알겠구나."

晉咸寧中에 大疫ᄒ더니 庾袞이 二兄이 俱亡ᄒ고 次兄毗復危殆ᄒ야 癘氣

---

11) 함녕(咸寧)은 서진(西晉) 무제의 두 번째 연호이다. 275~280년까지 사용되었다. 서진은 중국의 삼국시대 위나라에서 나온 무제 사마염이 265년에 세운 나라이다.
12) 유곤(庾袞)은 서진 때 학자이다. 자는 숙포(叔褒)이다.
13) 한문에 '부로'(父老)는 향리의 나이 많은 사람을 가리킨다.
14) "歲寒然後, 知松柏之後凋"는 『논어』「자한」(子罕)에 나오는 공자의 말이다.

方熾홀씨 父母諸弟皆出次于外어늘 袞이 獨留不去ᄒᆞ더니 諸父兄이 强之ᄒᆞ대 乃曰호ᄃᆡ 袞은 性不畏病ᄒᆞ노이다 ᄒᆞ고 遂親自扶持ᄒᆞ야 晝夜不眠ᄒᆞ며 其間애 復撫柩ᄒᆞ야 哀臨不輟ᄒᆞ더니 如此十有餘旬에 疫勢ㅣ 旣歇커늘 家人이 乃反ᄒᆞ니 毗病이 得差ᄒᆞ며 袞亦無恙ᄒᆞ니라.

父老ㅣ 咸曰호ᄃᆡ 異哉라 此子ㅣ여. 守人所不能守ᄒᆞ며 行人所不能行ᄒᆞᄂᆞ니 歲寒然後에ᅀᅡ 知松柏之後凋ᄒᆞᄂᆞ니 始知疫癘之不能相染也ㅣ로다.

● 이 조목은 본래 『진서』(晉書) 권88 「효우열전(孝友列傳)·유곤」의 일부분이고, 『소학』「선행」 조목 제36과 일치한다. 유곤의 이 일화는 사마광의 『가범』에도 실려 있고, 『내훈』과 『소학』은 『가범』의 문장과 일치한다. 『진서』는 네 글자가 다르다.

서진 때 학자인 유곤은 「효우열전」에 이름이 오를 만큼 효성과 우애가 깊었던 인물로 유명하다. 전염병이 창궐하여 두 형이 죽고 셋째 형마저 병이 든 상황에서, 다른 가족들이 모두 전염병을 피해 거처를 옮기는데 유곤은 형의 곁을 지켰다고 했다. 3세기 말에 전염병이 주는 공포는 오늘날과 비교할 수 없을 것이다. 자신의 안위를 돌보지 않고 형을 간호했던 유곤의 마음이 한겨울 소나무나 잣나무와 같다 함은 과장이 아니다. 이 일화는 조선의 『오륜행실도』에도 「유곤수병」(庾袞守病)이란 제목으로 실려 있다.

7 동생의 큰 실수에도 담담했던 우홍

수나라 때 이부상서 우홍15)의 아우 우필이 술을 즐기고 주정을 하였는데, 한번은 술에 취하여 우홍의 수레 끄는 소를 활로 쏘아 죽인 일이 있었다. 우홍이 집에 돌아오니 아내가 맞이하며 '서방님이 소를 활로 쏘아 죽였습니다'라고 말하였다. 우홍이 듣고 황당하게 여겼지만 아무것도 묻지 않고 곧바로 "포육을 만드시오"라고 대답했다. 우홍이 자리에 앉으니 아내가 또 말했다. "서방님이 소를 쏘아 죽이다니 정말 괴이한 일입니다." 우홍은 "알고 있소" 하고 태연자약한 얼굴로 글 읽기를 멈추지 않았다.

隋吏部尙書牛弘의 弟弼이 好酒而酗ᄒ더니 嘗醉ᄒ야 射殺弘의 駕車牛ᄒ다. 弘이 還宅거늘 其妻迎謂弘曰호ᄃᆡ 叔이 射殺牛호ᅵ다. 弘이 聞ᄒ고 無所恠問ᄒ야 直答曰호ᄃᆡ 作脯ᄒ라. 坐定커늘 其妻又曰호ᄃᆡ 叔이 射殺牛ᄒ니 大是異事ㅣ라 ᄒ야늘 弘이 曰호ᄃᆡ 已知쾌라 ᄒ고 顔色이 自若ᄒ야 讀書不輟ᄒ더라.

● 이 조목은 본래 『수서』(隋書) 권49 「열전·우홍」의 일부분이고, 『소학』 「선행」 조목 제38과 일치한다. 『가범』 권7에도 실려 있다.

수나라 때 사람 우홍은 동생이 술에 취해 자신의 소를 죽였지만 화내지 않았다고 했다. 수레를 끄는 소라고 했으니 집안의 중요한 재산인 셈인데, 그 소식을 전하는 아내에게 사건 전말을 따져 묻지도 않고 태연한 얼굴로 책만 읽었다는 것이다. 아마도 그 이야기를 더 하고 싶었을 아내에게는 "알고 있소" 한 마디로, 그 일은 더 이상 거론하지 말라는 뜻을 전했다. 작은 이익 때문에 형제간의 의리를 상하지 말 것, 또한 어떤 갑작스러운 일이 닥쳐도 평정심을 잃지 말 것,

---

15) 우홍(牛弘, 546~611)은 수나라 사람으로 자는 이인(里仁)이다. 비서감·이부상서 등을 역임하고 기장군공(奇章郡公)에 책봉되었다. 시호는 헌(憲)이다. 『수서』에는 우홍이 본래 료씨(豦氏)였는데 조부 때 우씨로 바뀌었다고 되어 있다.

우홍은 이 가르침들을 제대로 실천한 셈이다.

8 범중엄의 자식 경계

범문정공16)이 참지정사17)로 있을 때 여러 자식들에게 말했다.

"내가 가난한 시절 네 어머니와 함께 부모님을 봉양할 때, 네 어머니가 친히 불을 때어 밥을 지었지만 부모님은 맛난 음식을 충분히 드시지 못하였다. 이제 후한 녹을 얻어 어버이를 봉양하고 싶어도 어버이가 계시지 않고 네 어머니도 벌써 세상을 떠났으니, 이것이 나의 가장 큰 한이다. 그러니 차마 너희로 하여금 내가 부귀의 즐거움을 누리게 할 수 있겠느냐.

나는 오중18)에 친척이 매우 많다. 본래 나와 친한 사람도 있고 소원한 사람도 있지만, 내 조상의 입장에서 보면 다 같은 자손이니 본디 가깝고 멀고의 차이가 없다. 진실로 조상의 마음에 가까운 사람과 먼 사람이 없다면, 굶주리며 추워하는 이를 내가 어찌 불쌍히 여기지 않을 수 있겠느냐."

范文正公이 爲參知政事時예 告諸子曰호디

---

16) 범문정공(范文正公)은 북송 때 정치가이며 문인이었던 범중엄(范仲淹, 989~1052)을 가리킨다. 문정은 시호이고, 자는 희문(希文)이다. 1043년 참지정사에 임명되어 10개 항목의 개혁정책을 인종에게 건의하고 부필, 구양수 등과 개혁을 추진하였으나 실패하였다. 『범문정공집』이 전한다.
17) 참지정사(參知政事)는 흔히 참정이라 약칭한다. 송나라 태조 때 재상의 권력을 분산시키기 위해 참지정사를 두어 부재상에 임명했다. 그후 권한이 점점 높아지다가 원풍(元豊)의 개혁 때 폐지되었고, 남송 때 다시 회복되었다.
18) 오중(吳中)은 중국 강소성 오현(吳縣)을 가리킨다.

吾ㅣ 貧時예 與汝母로 養吾親홀씨 汝母ㅣ 躬執爨호딕 而吾親甘旨물 未嘗
充也ㅣ러니 今而得厚祿ᄒ야 欲以養親이나 親不在矣며 汝母ㅣ 亦已早世ᄒ니
吾所最恨者ㅣ니라. 忍令若曹로 享富貴之樂也아.

吾吳中에 宗族ㅣ 甚衆ᄒ니 於吾애 固有親踈ㅣ언마른 然吾祖宗이 視之則
均是子孫이라 固無親踈也ᄒ니 苟祖宗之意예 無親踈則饑寒者물 吾ㅣ 安得不
恤也ㅣ리오.

● 이 조목은 『소학』「가언」조목 제54를 인용한 것으로 추정되는데, 후반부의 62자는 생략되었다. 『소학』「가언」의 조목은 『송명신언행록』 전집 권7 「범중엄문정공」(范仲淹文正公)의 두 조목을 합한 것인데, 사고전서의 『송명신언행록』에는 없고 『소학』에는 있는 구절이 세 군데 보인다. 판본의 문제일 수도 있고, 『소학』을 편찬할 때 주희가 문장을 첨가했을 수도 있고, 혹은 『송명신언행록』이 아닌 다른 글을 참조했을 가능성도 있다.

범중엄이 자식들에게 한 말의 요지는, 자기 재산을 자식들에게만 물려주지 않고 어려운 형편의 친척들을 위해 쓰겠다는 것이다. 범중엄이 높은 벼슬에 오르기까지 함께 고생한 사람은 부모님과 아내인데, 정작 그들은 세상을 떠나 부귀를 누리지 못함이 안타깝다고 했다. 그리고 나에게 촌수가 먼 친척이라도 거슬러 올라가면 한 조상의 자손임을 일깨우면서, 그들의 빈곤을 나 몰라라 할 수 없다고 했다. 현대사회에서 어떤 대가도 바라지 않고 내가 가진 것을 기꺼이 나눌 수 있는 친척의 범위가 어느 정도일까, 과거에는 과연 얼마나 넓었을까 생각하게 하는 내용이다.

9 노나라의 의로운 고모

의로운 고모는 노나라 교외에[19] 사는 부인이었다. 제나라가 노나라를 쳐서 성 밖에[20] 이르렀다. 어떤 부인이 한 아이는 안고 한 아이는 손을 잡고 가다가, 군사가 이르니 안고 있던 아이는 버리고 손잡고 가던 아이를 안고 산으로 달려갔다. 아이가 따라가며 울어도 부인은 돌아보지도 않고 갔다. 제나라 장군이 부인을 잡아서 물으니 부인이 대답하였다. "안고 있던 아이는 형의 자식이고 버린 아이는 제 자식인데, 군사가 오는 것을 보고 두 아이를 간수할 힘이 없어서 제 자식을 버렸습니다."

제나라 장군이 말했다. "자식은 어미에게 있어 친애함이 지극한 것인데, 지금 그를 버리고 도리어 형의 자식을 안고 간 것은 어째서이냐?" 부인이 말했다. "제 자식은 사사로운 사랑이고 형의 자식은 공적인 의(義)입니다. 공적인 의를 배반하고 사사로운 사랑을 향하여 형의 자식을 잃고 제 자식을 살려서 행여 죽음을 면한다 한들,[21] 어찌 의롭다 할 수 있겠습니까? 이런 까닭에 차마 자식을 버리고 의를 행하는 것입니다. 의 없이 세상에 설 수는 없습니다."

---

19) 한문에 '야'(野)라고 한 것은 주나라 제도에 왕의 궁궐에서부터 2백 리 밖, 3백 리 내 지역과 왕의 궁궐 이외의 땅에 있는 공경대부의 식읍을 말한다. 여기서는 단순히 교외라는 뜻으로 쓰였다.
20) 한문에 '교'(郊)라고 한 것은 주나라 제도에 수도에서 50리 이내를 근교라 하고 백 리 이내를 원교라 하였다. 언해문을 따라 '성 밖'이라고 풀이하였다.
21) 『열녀전』에는 의고자가 조카를 선택한 이유를 설명하는 이 대목이 보다 상세하다. 만약 자기가 조카를 버리고 제 자식만 데리고 도망친다면, 다행히 목숨을 구한다 해도 "노나라 군주는 나를 백성으로 받아들이지 않을 것이고, 대부도 나를 인정하지 않을 것이며, 나라 사람들 또한 나를 상대하지 않을 것이다. 그렇게 되면 몸을 둘 곳이 없고 살얼음을 딛는 것처럼 위태로울 것이다"라고 대답했다.

이에 제나라 장군이 병사들과 말을 멈추게 하고 사람을 보내어 제나라 임금에게 아뢰고 돌아갔다.[22] 노나라 임금이 이것을 듣고 부인에게 비단 백 필을 하사하고 이름을 '의로운 고모'[義姑姊]라 하였다. 공정하고 신실하여 결연히 의를 행하였으니, 그 의로움이 크다. 비록 필부(匹婦)에게도 나라가 덕을 입는데, 하물며 예와 의로써 나라를 다스린다면 어떠하겠는가.

魯義姑姊는 魯野之婦人也ㅣ러니 齊攻魯至郊ᄒᆞ야 見一婦人이 抱一兒ᄒᆞ고 携一兒行ᄒᆞ다가 軍且及之어늘 棄其所抱ᄒᆞ고 抱其所携而走於山이어늘 兒ㅣ 隨而啼커늘 婦人이 遂行不顧커늘 齊將이 執而問之ᄒᆞᆫ대 對曰호ᄃᆡ 所抱者ᄂᆞᆫ 妾兄之子也ㅣ오 所棄者ᄂᆞᆫ 妾之子也ㅣ니 見軍之至ᄒᆞ고 力不能兩護故로 棄吾之子호이다.

齊將이 曰호ᄃᆡ 子之於母애 其親愛也ㅣ 痛甚於心이어늘 今애 釋之ᄒᆞ고 而反抱兄之子ᄂᆞᆫ 何也오. 婦人이 曰호ᄃᆡ 己之子ᄂᆞᆫ 私愛也ㅣ오 兄之子ᄂᆞᆫ 公義也ㅣ니 夫背公義而嚮私愛ᄒᆞ며 亡兄子而存妾子ᄒᆞ야 幸而得免ᄒᆞᆫᄃᆞᆯ 獨謂義예 何오. 故로 忍棄子而行義ᄒᆞ고 不能無義而立於世로이다.

於是예 齊將이 按兵而止ᄒᆞ야 使人言於齊君而還ᄒᆞᆫ대 魯君이 聞之ᄒᆞ시고 賜束帛百端ᄒᆞ시고 號曰義姑姊ㅣ라 ᄒᆞ시니 公正誠信ᄒᆞ야 果於行義ᄒᆞ니 夫義ᄂᆞᆫ 其大矣哉ㄴ뎌. 雖在匹婦ᄒᆞ야도 國猶賴之온 況以禮義로 治國乎ㅣ여.

---

22) 『열녀전』에는 제나라 장수가 임금에게 고한 말이 길게 서술되어 있다. 그 요지는 노나라를 정벌할 수 없을 것이란 말이다. 왜냐하면 노나라는 국경의 한 평범한 촌부조차도 공을 위해 사를 버리고 의를 행하니, 조정의 신하와 사대부는 두 말할 필요가 없기 때문이다. 그러니 군대를 철수하고 공격을 그만두자고 청했고, 제나라 임금이 그 청을 수락했다는 것이다.

● 이 조목은 본래 『고열녀전』 「절의전·노의고자(魯義姑姊)」의 일부분이다. 『고금열녀전』 권3 「주열국」에 다시 실렸는데, 말미에 송을 삭제한 것을 제외하고 『고열녀전』과 일치한다. 『내훈』은 시와 송을 생략하였을 뿐 아니라 본문 중에 여러 군데를 생략하였고 표현이 약간씩 다른 데가 있다. 『내훈』은 『열녀전』이 아닌 다른 문헌에서 인용하였을 가능성이 있다.

제나라의 의로운 계모가 전처 자식을 위해 친자식을 버린 것처럼, 노나라의 의로운 고모는 위기의 순간에 형의 자식을 위해 제 자식을 버렸다. 이 고모 역시 '사사로운 사랑'과 '공적인 의' 사이에서 의를 택하였고, 의리를 저버린다면 살아도 사는 것이 아니라는 말로써 자신의 선택을 정당화하고 있다.

7 염검장廉儉章

1 안회의 안빈낙도

공자께서 말씀하셨다.

"어질다, 안회[1]여! 밥 한 그릇과 냉수 한 바가지로 누추한 마을에 사는 시름을 다른 사람들은 견디지 못하는데, 회는 그 즐거움을 바꾸지 않는구나. 어질다, 안회여!"

孔子] 曰ᄒᆞ샤ᄃᆡ

賢哉라 回也] 여. 一簞食와 一瓢飮과로 在陋巷을 人不堪其憂] 어늘 回也] 不改其樂ᄒᆞᄂᆞ니 賢哉라 回也] 여.

---

[1] 안회(顔回)는 춘추시대 노나라의 현인으로 공자의 제자이다. 자를 따서 안연(顔淵)이라고 불린다. 하나를 들으면 열을 알고, 노여움을 남에게 옮기지 않으며, 같은 과오를 두 번 범하지 않고, 가난을 편안하게 여긴 사람이라고 공자가 칭찬했던 인물이다. 안회가 32세로 죽었을 때 공자는 "하늘이 나를 버리는구나" 하고 탄식했다 한다. 『논어』에 「안연」편이 있다.

● 이 조목은 본래 『논어』 「옹야」의 일부분이고, 『소학』 「계고」 조목 제44와 일치한다.

정자(程子)는 『논어』의 이 구절에 대해, 안회가 궁핍한 생활을 즐거워했다는 것이 아니라 가난에 마음이 얽매어 즐거움이 변하는 지경에 이르지 않았다는 말이라고 해석했다. 안회가 훌륭한 것은 궁핍함 자체를 좋아해서가 아니라 그로 인해 마음을 바꾸지 않았기 때문이라는 말이다.

안회가 겨우 끼니를 때우는 곤궁함 속에서도 바꾸지 않은 것은 인(仁)을 실천하며 도(道)를 추구하는 마음, 여기서 오는 즐거움이라고 할 수 있다. 공자는 안회를 가리켜 "도에 가까웠고, 자주 끼니를 굶었다"[2]고 했으며, "안회는 그 마음이 3개월 동안 인을 떠나지 않았고, 다른 이들은 하루나 한 달에 한 번 인에 이를 뿐이다"[3]라고 했다. 자주 끼니를 거를 수밖에 없는 상황과 도의 추구는 함께하기 어려운 것인데, 안회는 그렇게 했다고 평가된다.

2 호안국이 존경했던 제갈공명

호문정공[4]이 말했다.

"사람은 모름지기 일체 세상의 맛에 담박해야 좋으니, 부귀한 상(相)

---

2) 『논어집주』 「선진」(先進), "子曰: 回也, 其庶乎, 屢空."
3) 『논어집주』 「옹야」(雍也), "子曰: 回也, 其心三月不違仁, 其餘則日月至焉而已矣."
4) 호문정공(胡文定公)은 북송의 학자 호안국(胡安國, 1073~1138)을 가리킨다. 자는 강후(康侯), 호는 무이선생(武夷先生) 또는 초암거사(草菴居士), 문정은 시호이다. 정이천을 사숙하였다. 『춘추전』(春秋傳)을 지었다.

을 가질 필요는 없다. 맹자께서 이르시되, '높이가 두어 인5)인 집과, 열자6) 너비로 차린 밥상과, 수백 명의 첩을 거느림은 내가 뜻을 얻더라도 하지 않을 것이다'라고 하셨다.7) 학문하는 사람은 모름지기 먼저 이러한 것을 떨쳐버리고 항상 스스로 힘써 마음을 일으켜야 타락함에 이르지 않을 것이다.

내가 항상 제갈공명8)을 사랑하였으니, 그는 한나라 말기 남양에서 손수 밭을 갈면서 명성을 구하지 않았다. 나중에 유선주9)의 빙례10)에 응하여 산과 강을 분할하여 천하를 셋으로 나눔을 주관하고, 몸은 장군과 재상의 소임을 띠고 손에는 중한 병마를 잡고 있었으니, 무엇을 구한들 못 얻으며 무엇을 하고자 한들 못 이루었겠는가?11) 그러나 후주12)

---

5) 【인(仞)은 여덟 자이다.】
6) 원문에 1장(丈)은 10자[尺]이며 약 3미터의 길이를 말한다. 중국 주나라에서는 8척을 1장이라 하고, 성년 남자의 키를 1장으로 보았다. 흔히 사람의 키만한 길이를 '한 길'이라고 한다.
7) 『맹자』「진심(盡心) 하(下)」에 나오는 말이다. 맹자는 당시 부귀하고 권세 있는 사람에게 유세할 때 어떤 태도를 가져야 하는가에 대해서 말했다. 부귀하고 권세있는 자들이 가진 것을 하찮게 여기고 두려워하지 말라면서, 높고 으리으리한 집, 진수성찬에 수백 명의 시첩을 거느리는 것, 술 마시고 즐기며 사냥하고 천 대의 수레를 뒤따르게 하는 일 등은 자기가 설령 그럴 수 있는 자리에 오른다 해도 하지 않을 것이라고 했다.
8) 제갈공명(諸葛孔明)은 동한 말 삼국시대의 정치가 제갈량(諸葛亮, 181~234)을 가리킨다. 공명은 자이다. 유비를 도와 촉한을 세웠다. 「출사표」(出師表)가 유명하다.
9) 유선주(劉先主)는 촉한을 세운 유비를 가리킨다.
10) 【빙례(聘禮)는 폐백을 보내어 예로써 부르는 것이다.】
11) 제갈공명은 오랫동안 융중산에 은거하며 세상일에 무관심하여 와룡(臥龍)이라 불리기도 했는데, 유비가 삼고초려하자 그에게 헌신하였다. 형주와 익주를 손에 넣고 손권과 연합하여 조조를 물리치도록 유비에게 건의하였고, 유비는 이 계책에 따라 적벽대전에서 조조의 군사를 크게 물리쳤다. 221년 유비는 촉한 왕조를 건설하였고, 제갈공명은

를 모시고 이르기를 '성도(成都)에 뽕나무 8백 그루와 거친 밭 열다섯 이
랑이 있으니 자손의 옷과 밥이 저절로 넉넉합니다. 신은 몸이 밖에 있
어 따로 장만한 것이 없고 별도로 생계를 도모하여 조금도 살림을 늘리
지 않았습니다. 죽을 때 곳간에 쌀을 남기고 창고에 재물을 남겨 폐하
를 저버리는 일은 하지 않을 것입니다' 하더니, 죽음에 이르러 과연 그
말과 같았다. 이 같은 무리의 사람은 진실로 대장부라 말할 수 있다."

胡文定公이 曰호딕

人은 須是一切世味를 淡薄이라사 方好ᄒ니 不要有富貴相이니라. 孟子ㅣ
謂ᄒ샤딕 堂高數仞과 食前方丈과 侍妾數百人을 我ㅣ 得志라도 不爲라 ᄒ시
니 學者는 須先除去此等이오 常自激昻ᄒ야사 便不到得墜墮ᄒ리라.

常愛諸葛孔明이 當漢末ᄒ야 躬耕南陽ᄒ야 不求聞達ᄒ더니 後來예 雖應
劉先主之聘ᄒ나 宰割山河ᄒ야 三分天下ᄒ야 身都將相ᄒ야 手握重兵이어니
亦何求不得이며 何欲不遂ㅣ리오마는 乃與後主로 言호딕 成都애 有桑八百
株와 薄田十五頃ᄒ니 子孫衣食이 自有餘饒ᄒ니이다. 臣身在外ᄒ야 別無調
度ᄒ야 不別治生ᄒ야 以長尺寸ᄒ노니 若死之日에 不使廩有餘粟ᄒ며 庫有餘
財ᄒ야 以負陛下ㅣ라 ᄒ더니 及卒ᄒ야 果如其言ᄒ니 如此輩人은 眞可謂大
丈夫矣로다.

● 이 조목은 『소학』「가언」 조목 제77을 인용한 것이다. 원출전은
『춘추』에 대한 호안국의 주석서 『호씨전』「가록」(家錄)으로 추정된다.
『내훈』「염검장」에는 검약과 청렴함을 생활신조로 삼았던 중국의

승상의 자리에 올랐다.
12) 후주(後主)는 유비의 뒤를 이어 제위에 오른 유선을 가리킨다.

상층 남성 인물들의 사례가 많이 제시된다. 이 조목에서는 북송 때 학자인 호안국과 그가 존경했던 촉한의 제갈량을 소개하였다. 호안국은 대개의 사람들이 부귀를 바라지만 학문하는 사람에게는 담박한 생활이 필요하다고 했다. 제갈량은 맹자의 말처럼 부귀를 마음껏 누릴 수 있는 지위에 올랐음에도 스스로 청렴하고 검소하게 생활했던 인물의 사례이다.

3 양진의 사지(四知)

양진13)이 천거한 형주의 무재14) 왕밀이 창읍의 원이 되어 양진을 알현할 때 금 열 근을 품고 와서 양진에게 바쳤다. 양진이 말했다. "나는 그대를 알거늘, 그대가 친구를 알지 못함은 어째서인가?" 왕밀이 말했다. "어스름밤이라서 알 사람이 없습니다." 양진이 말하기를 "하늘이 알고 귀신이 알고 내가 알고 그대가 아는데, 어찌 아는 이가 없다고 하는가?" 하니 왕밀이 부끄러워하며 돌아갔다.

楊震의 所擧荊州人 茂才王密이 爲昌邑令ᄒᆞ야 謁見ᄒᆞᆯ시 懷金十斤ᄒᆞ야 以遺震ᄒᆞᆫ대 震이 曰호ᄃᆡ 故人은 知君커늘 君이 不知故人은 何也오. 密이 曰호ᄃᆡ 莫夜ㅣ라 無知者ᄒᆞ니이다. 震이 曰호ᄃᆡ 天知神知我知子知커니 何謂無知리오 ᄒᆞ니 密이 愧而去ᄒᆞ니라.

---

13) 양진(楊震)은 후한 때 학자이다. 자는 백기(伯起)이다. 제자를 많이 길러서 '관서(關西)의 공자'라고 불린다.
14) 양진이 살던 후한시대에 무재(茂才)는 각 지방에서 재능이 뛰어난 사람 중 군태수가 관리 후보로 추천한 사람을 가리키는 말이다. 전한 때는 수재(秀才)라고 불렸는데, 후한 때 광무제의 이름이 수(秀)였기 때문에 피휘하여 무재라고 부르게 되었다.

● 이 조목은 본래 『후한서』 권84 「양진열전」의 일부분이고, 『소학』 「선행」 조목 제57과 일치한다.

'양진사지'(楊震四知) 고사는 관료들의 청렴함을 일깨우는 유명한 일화이다. 후한 때 사람인 양진이 형주자사로 있을 때 왕밀의 뇌물을 거절하며 "하늘이 알고 귀신이 알고 내가 알고 그대가 안다"고 대답한 데서 유래하였다. 어쩌면 왕밀은 자신을 무재로 추천해준 양진에게 감사의 뜻으로 선물을 하려는 의도였을 수도 있지만, 양진이 보기에 금 열 근은 마음의 선물이라기에 너무 과한 것이었는지 모른다. 또한 왕밀이 '어두우니 알 사람이 없다'고 한 말은 이미 그의 행동이 떳떳하지 못함을 대변한다. 아주 작은, 뇌물이 아닌 선물일지라도, 양진은 자신이 벼슬자리에 있는 한 그런 것을 받아서는 안 된다고 여겼을 수 있다. 그렇게 조심하고 또 조심하지 않으면 공직자의 청렴함은 유지되기 어렵다.

4 사마온공의 가르침

4·1 화려함을 싫어한 사마온공

사마온공이 말했다.

"우리 집안은 본래 가난한 족속이라서 대대로 청백함을 계승하였으니, 내 성품이 화려함을 즐기지 않아서 젖 먹는 아이때부터 어른이 금은과 빛나는 좋은 옷을 주시면 부끄러워하며 벗어버렸다. 나이 스물에 외람되게도 과명(科名)을 얻어 문희연15)에 홀로 꽃을 꽂지 않았는데, 동료들이 '임금께서 주신 것이니 어길 수 없다' 하므로 그제야 꽃 하나를 꽂았다. 평생 옷은 추위를 가릴 만큼만 입고 음식은 배가 찰 만큼만 먹었으되, 더럽고 해진 옷을 입어서 세속을 거슬러16) 명예를 구한 것이 아니요, 오직 내 본성을 따랐을 뿐이다."

   溫公이 曰ᄒᆞ샤ᄃᆡ

   吾家ᄂᆞᆫ 本寒族이라 世以淸白으로 相承ᄒᆞᄂᆞ니 吾性이 不喜華靡ᄒᆞ야 自爲乳兒時로 長者ㅣ 加以金銀華美之服이어든 輒羞(椒/赤+皮)ᄒᆞ야 棄去之ᄒᆞ다니 年이 二十이라 忝科名ᄒᆞ야 聞喜宴에 獨不戴花호니 同年이 曰호ᄃᆡ 君賜ㅣ라 不可違也ㅣ라 ᄒᆞᆯ식 乃簪一花호라. 平生애 衣取蔽寒ᄒᆞ고 食取充腹호ᄃᆡ 亦不敢服垢弊ᄒᆞ야 以矯俗干名이오 但順吾性而已로라.

   ● 이 조목은 사마광의 『전가집』권67「훈검시강」(訓儉示康)의 일부분이고, 『소학』「선행」조목 제80과 일치한다.
   북송 때 정치가 사마광은 자신의 검소한 생활태도가 타고난 본성 때문이라고 설명하였다. 아주 어렸을 때부터 화려한 것은 좋아하지 않았다는 것, 그래서 문희연에서 누구나 꽂는 꽃도 처음에는 마다했다는 것이다. 옷은 추위를 피할 수 있으면 족하고 음식은 배를 채울 수 있으면 충분하니, 좋은 옷과 진수성찬은 애당초 그가 바라는 것이 아니었다는 말이다. 또한 남들의 눈을 의식하여 일부러 검소한 척하느라 그런 것도 아니요, 다만 천성이 그러했을 뿐이라 했다.

---

15) 문희연(聞喜宴)은 송나라 때 과거 급제를 축하하던 잔치의 이름이다.
16) 일반적인 풍속을 일부러 따르지 않고 거스른다는 의미이다.

4·2 사치 풍조를 탄식한 사마온공

"아버님이 군목판관17)이었을 때 손님이 오면 술을 내놓지 않은 적이 없었지만, 어떤 때는 석 잔을 돌리고 어떤 때는 다섯 잔을 돌리며 일곱 잔을 넘기지는 않으셨다. 술은 시장에서 사고, 과일은 배와 밤과 대추와 감에 그쳤으며, 안주는 포육과 젓갈과 나물국뿐이었고, 그릇은 사기와 칠기를 쓰셨다. 당시의 사대부가 다 그러했기 때문에 사람들이 서로 그르다고 아니하였고, 모임이 잦아도 예를 갖추었고 물건은 소박하여도 정이 두터웠다.

그러나 요즘 사대부들의 집에서는 술이 내법(內法)18)에 따른 것이 아니거나, 과일이 먼 데의 귀한 것이 아니거나, 음식 가짓수가 많아 그릇이 상에 가득하지 않으면, 손님과 벗을 모으지 않는다. 이 때문에 항상 며칠 동안 계획하여 물건을 모은 후에야 초대하는 서신을 보낸다. 혹여 그렇게 하지 않으면 남들이 앞을 다투어 그르다 하여 비루하고 인색하다고 여기는 까닭에, 사치하고 화려한 풍속을 따르지 않는 사람이 적다. 슬프다! 풍속의 퇴폐함이 이와 같은데, 높은 자리에 있는 사람들이 금하지 못할망정 차마 그것을 조장해서야 되겠는가."

先公이 爲群牧判官이라 客至커든 未嘗不置酒호되 或三行ᄒ며 或五行ᄒ며 不過七行호되 酒沽於市ᄒ고 果止梨栗棗柿ᄒ고 肴止於脯醢菜羹ᄒ고 器用甆漆ᄒ더시니 當時士大夫ㅣ 皆然홀식 人不相非也ᄒ야 會數而禮勤ᄒ며 物薄而情厚ᄒ더니

---

17) 군목판관(群牧判官)은 지방관에게 속한 관리로, 말 기르는 일을 관장하였다.
18) 내법(內法)은 궁중에서 술을 만드는 법을 이른다. 여기서는 궁중에서 빚는 것과 같은 귀하고 좋은 술을 마련한 것이 아니면 손님을 초대하지 않는다는 말이다.

近日士大夫家는 酒非內法이며 果非遠方珍異며 食非多品이며 器皿이 非滿案이어든 不敢會賓友홀식 常數日營聚然後에사 敢發書ᄒᆞᄂ니 苟或不然이면 人爭非之ᄒᆞ야 以爲鄙吝이라 홀식 故로 不隨俗奢靡者ㅣ 鮮矣니 嗟乎ㅣ라. 風俗頹弊如是ᄒᆞ니 居位者ㅣ 雖不能禁ᄒᆞ나 忍助之乎아.

● 이 조목은 앞 조목과 마찬가지로 『전가집』「훈검시강」의 일부분으로, 『소학』「선행」조목 제79와 일치한다.

사마광이 당대 사대부들 사이에 사치하는 풍조가 만연해 있음을 탄식하는 내용이다. 대단한 진수성찬을 마련하는 것이 손님 접대의 예라 여기고, 융숭한 대접을 받지 않으면 주인을 인색하다고 비웃는 것이 세태였다. 반면에 부친 세대에는 소박한 술상 가운데에도 정이 두터웠다 하여, 검소하게 산다는 것이 개인적 차원을 넘어서는 문제임을 시사한다.

5 검소함이 위선이란 비웃음에 대하여

장문절공[19]이 재상이 되어 스스로를 봉양함이 하양의 장서기[20]로 있을 때와 같았다. 친한 어떤 사람이 충고하여 말하기를 "이제 공이 받는 녹봉이 적지 않은데 스스로를 봉양함이 이와 같으시니, 비록 청백하며 검약하다고 자신하여도 바깥사람 중에는 '공손이 베 이불 덮던 일'[21]

---

[19] 장문절공(張文節公)은 북송 때 재상을 지낸 장지백(張知白)이다. 문절은 시호이다. 자가 용회(用晦)이다.
[20] 장서기(掌書記)는 군중(軍中)에 두었던 벼슬 이름이다.

같다고 비웃는 이가 꽤 있습니다. 공이 조금 대중을 따름이 마땅합니다"라고 했다.

공이 탄식하며 말했다. "오늘날 나의 녹봉이라면 비록 온 집안이 비단옷을 입고 진수성찬을 먹은들 감당할 수 없을까 어찌 걱정하겠는가. 다만 사람의 상정(常情)이 검박함으로부터 사치함에 들어가기는 쉽지만 사치함으로부터 검박함에 들어가기는 어렵다. 나의 지금 녹봉이 어찌 한결같을 수 있으며 몸이 어찌 한결같을 수 있으리오. 하루아침에 지금과 달라진다면, 집안 식구들이 사치가 몸에 밴 지 이미 오래되어 갑자기 검소하게 할 수 없어서 반드시 제자리를 잃는 지경에 이를 것이다. 어찌 내가 벼슬에 있거나 벼슬을 떠나거나 몸이 있거나 없거나 간에 한결같이 하는 것만 같으리오."

張文節公이 爲相이라 自奉이 如河陽掌書記時ᄒᆞ더니 所親或이 規之曰호ᄃᆡ 今公이 受俸이 不少호ᄃᆡ 而自奉이 若此ᄒᆞ시니 雖自信淸約이라도 外人이 頗有公孫이 布被之譏ᄒᆞᄂᆞ니 公이 宜少從衆이니이다.

公이 嘆曰호ᄃᆡ 吾今日之俸이 雖擧家錦衣玉食인들 何患不能이리오마른 顧人之常情이 由儉入奢ᄂᆞᆫ 易ᄒᆞ고 由奢入儉은 難ᄒᆞ니 吾今日之俸이 豈能常有ㅣ

---

21) 공손(公孫)은 전한 무제 때 재상을 지낸 공손홍(公孫弘)을 가리킨다. 『한서』에 따르면, 공손홍은 출사가 늦었지만 삼공의 지위에까지 올랐고, 겉은 너그러우면서도 속은 음흉하고 착한 체하는 사람이었다. 공손홍이 재상이 되어서도 베 이불을 덮는 것이 검소함을 가장한 속임수라고 비난한 사람은 급암(汲黯)이다. 『사기』 「급정열전」(汲鄭列傳)에 따르면, 급암은 평소 워낙 바른 소리를 잘해서 조정에서 높은 자리에 오르지 못했다. 심지어 천자의 면전에서 "폐하께서는 속으로는 욕심이 많으시면서 겉으로는 인의를 베푸십니다"라고 비판할 정도였다. 당시 모반을 꾀하던 회남왕은 급암과 공손홍을 비교하여, 급암은 충절을 지켜 의에 죽을 것이니 유혹하기 어렵겠지만 공손홍을 설득하기는 낙엽을 떨쳐내는 것처럼 쉬운 일이라고 말하였다.

며 身이 豈能常存이리오. 一旦애 異於今日호면 家人이 習奢ㅣ 已久호야 不能頓儉호야 必至失所호리니 豈若吾이 居位去位身存身亡애 如一日乎ㅣ리오.

● 이 조목은 『소학』 「선행」 조목 제78과 일치한다. 원출전은 사마광의 『가범』으로 추정되나 확실하지 않다. 『가범』 권2 「조」(祖)의 일부와 거의 같지만, "豈若吾이 居位去位身存身亡애 如一日乎ㅣ리오"라는 문장이 전혀 다르고 앞에도 다른 글자가 곳곳에 보인다.

장지백은 북송 때 재상을 지낸 사람이다. 그가 재상의 지위에 올라서도 먹고 입는 것이 예전보다 크게 나아지지 않자, 공손홍처럼 청렴하고 검소한 척하느라 그런 것이라고 비난하는 사람이 있었다. 이에 대해 장지백은 사람이 일단 사치한 생활에 들면 다시 검소한 생활로 돌아오기 어려운 것이 이치라고 답했다. 높은 지위에 오른 사람들이 흔히 저지르는 잘못은 자신이 평생 그 자리에 머물 것처럼 착각하는 데서 비롯된다. 장문절공은 그런 착각에 빠지지 않았고, 자신은 물론 식솔들을 위해 예전의 검소한 생활방식을 바꾸지 않았던 것이다.

6 모든 사람은 요순이 될 수 있다

포효숙공[22]이 경조윤[23]이었을 때 어떤 백성이 자진하여 말하기를

---

[22] 포효숙공(包孝肅公)은 북송 때 정치가 포증(包拯, 999~1062)을 가리킨다. 효숙은 시호이고, 자는 희인(希仁)이다. 인종 때 진사가 되었고 감찰어사·추밀부사 등의 벼슬을 지냈다. 청렴결백한 관리로 명망이 높아서 원대의 잡극에는 그가 탐관오리를 척결하는 인물로 등장하는 작품이 많다고 한다. 그의 문인이었던 장전(張田)이 펴낸 『포숙공주의』(包肅公奏議) 15권이 남아 있다.

"백금 일백 냥을 저에게 맡긴 사람이 죽어서 제가 그 아들에게 주었는데, 그가 받지 않습니다. 원컨대 그 아들을 불러 백금을 전해주십시오" 하였다. 윤이 그 아들을 부르니, 그가 사양하며 "돌아가신 아버지께서는 백금을 남에게 맡긴 적이 없습니다" 하였고, 그렇게 두 사람이 오래도록 서로 사양하였다. 여형공이 이를 듣고 말했다. "세상에 '좋은 사람이 없다'[無好人] 하는 세 글자를 즐겨 말하는 사람은 스스로를 해친다고 할 만하다. 옛 사람이 '사람은 모두 요와 순이 될 수 있다' 하였으니,24) 대개 이 일을 미루어 알 수 있다."

包孝肅公이 尹京時예 民有自言ᄒᆞ되 以白金百兩으로 寄我者ㅣ 死矣어늘 予其子ᄒᆞ니 不肯受ᄒᆞᄂᆞ니 願召其子ᄒᆞ야 予之ᄒᆞ쇼셔. 尹이 召其子ᄒᆞ니 辭曰ᄒᆞ되 亡父ㅣ 未嘗以白金으로 委人也ㅣ라 ᄒᆞ고 兩人이 相讓久之ᄒᆞ더니 呂榮公이 聞之ᄒᆞ고 曰ᄒᆞ되 世人이 喜言無好人三字者ᄂᆞᆫ 可謂自賊者矣로다. 古人이 言ᄒᆞ되 人皆可以爲堯舜이라 ᄒᆞ니 蓋觀於己25)而知之로다.

● 이 조목은 『소학』 「선행」 조목 제42와 일치한다. 원출전은 여본중26)의 『동몽훈』으로 추정된다.

---

23) 한문에 '윤경'(尹京)은 수도를 다스리는 최고의 벼슬, 즉 경조윤(京兆尹)을 맡았다는 뜻이다. 중국에서 한나라 무제 때 처음으로 경조를 설치하고 그 우두머리로서 경조윤을 두었다. 경조란 천자가 계시는 땅이라는 뜻이다.
24) 『맹자』 「고자(告子) 하(下)」에 조나라 군주의 아우인 조교와 맹자의 대화에서 나온 말이다. "사람은 누구나 요순이 될 수 있다고 하는데, 그런 말이 있는가?" 하고 조교가 물었을 때, 맹자는 요순의 도가 효제에 있으며 모두 자신의 마음에 달렸음을 강론하였다.
25) 『소학집주』에는 '己'가 '此'로 되어 있다.
26) 여본중(呂本中, 1084~1145)은 자는 거인(居仁)이다. 『근사록』을 편찬한 여조겸의 삼촌이다. 벼슬은 중서사인(中書舍人)에 이르렀고, 『춘추집해』(春秋集解)와 『동몽훈』(童蒙

포효숙공을 찾아온 사람은 자신에게 백금을 맡긴 자가 이미 죽었지만 그 아들에게라도 백금을 돌려주고자 하였고, 그 아들은 아버지의 채권 사실에 대해 들은 바 없으니 그것을 받을 수 없다며 버텼다. 백금을 돌려주겠다고 한 사람은 양심에 비추어 그리했다지만, 뜻밖의 행운을 굳이 거절한 사람의 처신은 과연 평범하지 않아 보인다.

처신(處身)이란 몸을 어디에 두는가의 문제이다. "부귀는 누구나 원하는 것이지만, 정상적인 방법으로 얻은 것이 아니라면 그것에 처하지 않아야 한다"[27]고 공자는 말했다. 아들이 백금 일백 냥을 거절한 것은 예의상 한번 해보는 사양이 아니라, 그 재물이 정당한 소득인가 아닌가를 판단하고 냉정하게 자신의 처신을 결정한 것이다.

7 재상 이문정공의 좁은 청사

이문정공[28]이 살 집을 봉구문[29] 밖에 지었는데, 청사 앞이 겨우 말을 돌릴 수 있을 정도였다. 어떤 사람이 너무 좁다고 이야기하니 공이 웃으며 말했다. "이 집은 필시 자손에게 전할 터인데, 이것이 재상의 청

訓) 등을 지었다.
27) 『논어집주』 「이인」, "子曰: 富與貴是人之所欲也, 不以其道得之, 不處也."
28) 이문정공(李文靖公)은 북송 진종 때 승상이었던 이항(李沆, 947~1004)을 가리킨다. 문정은 시호이고, 자는 태초(太初)이다. 역사상 명신으로 유명한 이항은 나라가 너무 편안하면 오히려 화근이 된다고 염려하여, 가뭄이나 홍수가 나면 반드시 보고하여 진종을 긴장하게 만들었다. 이항이 죽은 후에 진종이 나라가 편안하다고 믿고 태만하자, 이항의 친구였던 왕단이 이항의 선견지명에 감탄했다고 한다.
29) 봉구(封丘)는 송나라 도성문의 이름이다.

사로는 실로 협소하지만 태축과 봉례의 청사로는30) 충분히 넓으니라."

李文靖公이 治居第於封丘門外호딕 廳事前이 僅容旋馬ㅣ러니 或이 言其太隘흔대 公이 笑曰호딕 居第는 當傳子孫이니 此ㅣ 爲宰輔廳事ᄂᆞ댄 誠隘거니와 爲太祝奉禮廳事ᄂᆞ댄 則已寬矣니라

● 이 조목은 『소학』「선행」조목 제77과 일치한다. 사마광의 『전가집』「훈검시강」의 일부분이고, 『송명신언행록』 전집 권2 「이항문정공」(李沆文靖公)에도 실렸다.

송나라 때 재상 이문정공이 미래를 내다보고 청사의 규모를 작게 한 것은 앞 조목 제5에서 장문절공이 자신이 재상직을 물러났을 때를 생각해 검소한 생활방식을 바꾸지 않았던 것과 유사하다. 이들의 처신은, 자손의 미래는커녕 자신의 한 치 앞도 생각하지 않고 으리으리한 관사를 지어 물의를 일으키는 오늘날 공직자들과는 크게 대조된다.

8 문중자의 검소한 옷차림

문중자는 옷이 검소하지만 깨끗하고 좋은 장식이 없었다. 수놓은 비단을 집에 들이지 않으며 "군자는 누른빛과 흰빛이 아니면 입지 않고, 부인들에게는 푸른빛의 옷이 있다"라고 하였다.

文中子之服은 儉以絜ᄒᆞ고 無長物焉ᄒᆞ더니 綺羅錦綉를 不入于室ᄒᆞ야 曰호딕 君子는 非黃白이어든 不御ㅣ니 婦人則有靑碧ᄒᆞ니라

---

30) 태축(太祝)과 봉례(奉禮)는 재상의 자제들에게 내렸던 음직이다. 이문정공은 자신이 재상이므로 자제들이 이 벼슬을 할 것이라고 예상하여 그렇게 말한 것이다.

● 이 조목은 본래 왕통의 『중설』 권3 「사군편」의 일부분이고, 『소학』 「선행」 조목 제75와 일치한다.

문중자 왕통은 수나라 때 사람이다. 당시 중국의 복색이 얼마나 화려했는지 알 수 없지만, 한국에서도 삼국시대에 이미 다양한 염색이 가능했음을 감안하면 중국의 사정을 짐작할 수 있다. 남색을 뜻하는 쪽빛 염색이 삼한 때부터 시작되었고, 삼국시대 여성들이 입었던 바지의 색깔도 자색·적색·적황색·고동색 등 다양했다.[31] 신분에 따라 옷감의 소재 및 색깔과 문양, 소매의 길이와 넓이, 치마길이 등에 차등을 둔 것은 물론이다. 조선에서도 서민여성은 혼례 때 이외에는 황색·자색·홍색의 옷을 입지 못했다고 한다.

의복의 사치함이 반드시 화려한 빛깔에서 드러나는 것만은 아니다. 이덕무는 『사소절』에서, 당시 부녀자들이 즐겨 입는 치마가 너무 빛깔이 엷어서 마치 과부의 소복과 같다고 지적하는가 하면, 과부가 옷과 장식을 흰 것으로 한다는 핑계로 오히려 곱고 청초하게 단장하는 경향이 있다고 꼬집기도 하였다.[32]

9 초나라 광인 접여의 처

초나라의 미치광이 접여[33]는 밭을 갈아 먹고 살았다. 아내가 시장에

---

31) 이배용 외, 『우리나라 여성들은 어떻게 살았을까』 1, 청년사, 1999, 150~152쪽.
32) 『사소절』 「부의·복식」, "近日婦人, 喜著淡色之裳, 幾與孀婦所服, 不甚異也. … 孀婦之服飾, 藉淡素, 而致鮮楚, 是豈稱未亡人之義也哉."
33) 【접여(接輿)는 초나라 사람의 이름이다. 짐짓 미친 체하고 벼슬하지 않으므로 그 당시 사람들이 초나라 미치광이라고 하였다.】 춘추시대 초나라의 은자 육통(陸通)을 가리킨

서 돌아와 말했다. "선생34)이 젊었을 때는 의를 행하셨는데 늙어서 의를 버리시겠습니까? 문 밖에 수레 자국이 어찌 그리 깊습니까?" 접여가 말했다. "임금께서 나의 불초함을 알지 못하시고 나로 하여금 회남35)을 다스리게 하고자 사람을 보내어 금과 마차를 가져와 물으셨소." 그 아내가 "허락하지 않으셨지요?" 하니 접여가 말했다. "부귀는 사람들이 바라는 것인데, 그대는 어찌 내가 허락함을 싫어하시오?"

아내가 말했다. "의로운 선비는 예가 아니면 움직이지 않으니, 가난 때문에 절개를 바꾸지 않고 비천함 때문에 행적을 고치지 않습니다. 저는 선생을 섬겨 친히 밭을 갈아 음식을 장만하고 길쌈하여 옷을 지어서, 배불리 먹고 따뜻한 옷을 입으며 의에 근거하여 움직임에 그 즐거움이 또한 절로 흡족하였습니다. 그런데 만약 남의 중한 녹을 받고, 남의 튼튼한 수레와 좋은 말을 타고, 남의 살지고 좋은 고기를 먹게 된다면, 장차 어찌 그를 대하겠습니까?" 접여가 "내가 허락하지 않으리라" 하니 아내가 말했다. "임금이 시키시는데 따르지 않는 것은 충이 아니요, 따르면서 거스르는 것은 의가 아니니, 다른 곳으로 떠나는 것만 못합니다." 남편은 가마솥과 시루를 지고 아내는 길쌈 도구를 이고 성과 이름을 바

다. 접여는 자이다. 소왕 때 정치의 무상함을 느껴 머리를 풀고 미친 체하였다고 전한다. 『논어』「미자」(微子)에 보면, 접여가 공자를 봉황에 비유하면서 오늘날 정치에 참여함이 위험하니 그만두라고 노래하는 대목이 있다. 이에 대해 주자는, 접여가 공자를 존경하였지만 취향이 다른 사람이었다고 평하였다. 『장자』「소요유」에는 전설적인 현인인 견오와 연숙의 대화에 접여가 거론된다. 접여가 하는 말이 마치 하늘의 은하수처럼 크고 넓어서 사람의 정과는 거리가 멀고 허황되다고 비판하는 견오에게, 연숙은 장님과 귀머거리의 비유를 들어 진정한 깨달음은 크기를 가늠할 수 없다고 대답하였다.

34)【선생(先生)은 접여를 이른다.】
35)【회남(淮南)은 땅 이름이다.】

꾸어 옮겨가니, 아무도 간 곳을 알지 못하였다.

楚狂接輿ㅣ 耕而爲食ᄒᆞ더니 妻從市來日ᄒᆞ되 先生이 少而爲義ᄒᆞ더니 豈將老而遺之哉리오. 門外車跡이 何其深也ㅣ 잇고. 接輿ㅣ 曰ᄒᆞ되 王이 不知吾의 不肖也ᄒᆞ샤 欲使我로 治淮南ᄒᆞ샤 遣使者ᄒᆞ야 持金駟來聘ᄒᆞ시ᄂᆞ다. 其妻日ᄒᆞ되 得無許之乎ㅣ 잇가. 接輿ㅣ 曰ᄒᆞ되 夫富貴者ᄂᆞᆫ 人之所欲也ㅣ니 子ㅣ 何惡我이 許之矣오.

妻曰ᄒᆞ되 義士ᄂᆞᆫ 非禮어든 不動ᄒᆞᆯᄉᆡ 不爲貧而易操ᄒᆞ며 不爲賤而改行ᄒᆞᄂᆞ니 妾이 事先生ᄒᆞ야 躬耕以爲食ᄒᆞ며 親績以爲衣ᄒᆞ야 食飽衣暖ᄒᆞ며 據義而動ᄒᆞ매 其樂이 亦自足矣니 若受人重祿ᄒᆞ며 乘人堅良ᄒᆞ며 食人肥鮮ᄒᆞ고 而將何以待之오. 接輿ㅣ 曰ᄒᆞ되 吾不許也호리라. 妻曰ᄒᆞ되 君使不從이 非忠也ㅣ오 從之又違非義也ㅣ니 不如去之라 ᄒᆞ야늘 夫負釜甑ᄒᆞ고 妻戴紝器ᄒᆞ야 變姓易名而徙ᄒᆞ니 莫知所之ᄒᆞ니라.

● 이 조목은 『고열녀전』「현명전·초접여처(楚接輿妻)」의 일부분인데, 후반부에 군자의 논평과 송 이외에 첫 부분에도 생략된 대목이 있다. 접여의 처에 관한 이 기사는 『고금열녀전』과 『소학』에는 실리지 않았다.

『열녀전』에는 글 첫머리에 초왕의 신하가 접여를 찾아온 대목이 있다. 초왕이 사자를 시켜 수레 두 대에 금을 잔뜩 싣고 가서 접여를 초빙해 오도록 시켰다. 접여에게 회남 땅을 다스려 달라고 한 것인데, 접여가 웃기만 하고 대답하지 않아 사자는 그대로 돌아갔던 것이다. 그런데 시장에서 돌아온 접여의 아내가 대듬 남편에게 의를 버리려 하느냐고 따져 묻는다. 예리한 이 여성은 집 앞에 깊이 파인 수레자국을 보고 이미 상황을 간파한 것이다. 그러그는 남편이 굳이 미친 체하며 정치판을 떠났던 그때의 초심을 일깨우고, 왕의 부름에 또다시 곤란해질 상황을 피하여 아예 거처를 옮기자고 제안한다. 『열녀전』의 논평에 "접여의 처는 도를 즐기고 재앙을 멀리하였다"고 했는데 참으로 옳은 말이다.

「염검장」의 앞 조목들은 대부분 청렴함과 검소함을 실천했던 상층 남성 인물들에 관한 일화이다. 그들이 그러한 생활신조를 끝까지 지켜낼 수 있었던 것은 사실상 그들 뒤에 접여의 처와 같은 아내들이 있었기 때문이다.

발문

　공경하는 우리 인수왕대비 전하께서는 세조대왕께서 잠저(潛邸)에 계실 때부터 양궁1)을 받들어 모심에 밤낮으로 조금도 해이하지 않으셨고, 세자빈에 책봉되신 후에도 더욱 삼가 부도(婦道)를 지켜 수라상을 친히 돌보시고 곁에서 떠나지 않으셨으니, 세조대왕께서 항상 효성스런 며느리라 칭찬하시고 효부도서(孝婦圖書)를 만들어 하사하시어 그 효성을 드러내셨습니다.

　인수왕대비 전하께서는 타고나신 성품이 엄하고 바르시어 기르는 왕손들에게 조금이라도 잘못이나 실수가 있으면 대충 덮어주지 않고 바로 정색을 하시고 훈계하여 바로잡으시니, 이에 양궁께서 농담으로 '폭빈'(暴嬪)이라 부르실 정도였습니다. 세조대왕께서는 우리 주상 전하를 '우리 아들'이라 부르셨고 대왕대비께서는 월산대군을 '내 아들'이라고 부르며 위로하셨습니다.2) 인수왕대비 전하의 이처럼 엄한 가르치심이 오

---

1) 양궁(兩宮)은 소혜왕후의 시아버지와 시어머니, 즉 세조와 정희왕후를 가리킨다.

늘날까지 이르렀으니, 이를 다 말할 수 있겠습니까.

인수왕대비 전하께서는 궁중에서 양궁을 모시던 여가에도 부녀자들의 무지함을 근심하여 부지런히 가르치고 깨우쳐 주셨습니다. 그런데 열녀・여교・명감・소학 등의 책은 권질이 많고 번다하여 처음 배우는 자들이 이를 괴로워하니, 친히 잘라낼 것은 잘라내고 절실한 요체만을 취하여 총 일곱 장을 만들고 '내훈'이라고 이름을 붙이셨습니다. 또한 이를 언문으로 옮겨서 쉽게 이해할 수 있게 하셨으니, 비록 어리석은 자라도 한 번 보면 환하게 알 수 있습니다.

제가 역대의 어진 왕비들을 살펴보건대, 시부모를 힘써 섬겨 인과 효의 덕을 다하고 자식을 엄하게 가르쳐 나라와 집안을 빛나게 한 분들은 많았지만, 훈계하는 서책을 친히 편찬하여 후세에 가르침을 전하신 분은 드뭅니다. 이 책을 지음이 어찌 인수왕대비 전하께서 귀한 자손을 가르치기 위해서일 뿐이겠습니까. 여항의 어리석은 부녀자들까지도 여자의 일을 하는 여가에 아침저녁으로 틈틈이 익히고 외워 마음속에 참뜻을 음미한다면 차츰 집안을 잘 다스리는 도를 알게 될 터이니, 풍속과 교화에 미치는 영향이 어찌 작은 도움뿐이라 말하겠습니까. 아아! 정말 지극하십니다.

성화 을미년(1475) 초겨울 십오일, 신 상의 조씨3)가 삼가 발문을 바

---

2) 여기서 주상 전하는 성종이고 대왕대비는 세조비 정희왕후를 가리킨다. 월산대군은 소혜왕후의 첫째아들이며 성종의 친형이다. 소혜왕후가 두 아들에게 워낙 엄했기 때문에, 세조 부부는 그런 며느리를 농담으로 '사나운 빈'[暴嬪]이라 불렀다고 했다. '내 아들' 혹은 '우리 아들'이라 부르며 위로했다는 것은, 월산대군과 성종이 어머니로부터 엄하게 야단맞을 때 세조 부부가 손자들을 감싸주었다는 뜻으로 보인다.

3) 상의(尙儀)는 조선시대 내명부 정5품 여관(女官)이다. 발문을 쓴 상의 조씨는 소혜왕후를 젊은 시절부터 곁에서 모셨던 상궁 조두대(曺豆大)를 가리키는 것으로 보인다. 조상

칩니다.

　恭惟我仁粹王大妃殿下, 自在世祖大王潛邸, 承事兩宮, 晝夜靡懈, 及冊爲嬪, 尤謹婦道, 躬執御饌, 不離左右, 世祖大王常稱孝婦, 造揚孝婦圖書, 以顯孝焉.

　天資嚴正, 所育王孫等, 少有過失, 略不掩護, 卽正色誡飭, 兩宮戲名暴嬪, 世祖大王稱我主上殿下曰我子, 大王大妃稱月山大君曰吾子, 以慰焉, 嚴敎如此, 以至今日, 可勝言哉.

　承歡長樂之餘, 患女婦之無知, 孜孜訓誨, 然烈女・女敎・明鑑・小學等書, 卷秩浩繁, 初學病焉, 親自睿斷, 撮其切要, 摠成七章, 名曰內訓, 繼以諺譯, 使之易曉, 雖至愚騃, 一覽瞭然, 以便習誦.

　臣竊觀歷代賢妃, 勤事舅姑, 以盡仁孝之德, 嚴於敎子, 以成國家之慶者多, 而躬撰訓書, 垂誡者鮮矣. 是書之作, 奚啻仁粹殿下之敎玉葉耶. 以至閭巷愚婦, 女工之暇, 朝習暮誦, 於心玩味, 則漸知克家之道, 其於風化, 豈小補云. 嗚呼至哉.

　成化乙未孟冬十有五日, 尙儀臣曹氏, 敬跋.

궁은 『내훈』의 발문을 썼을 뿐 아니라, 세조의 명을 받들어 소혜왕후와 함께 불경 언해 사업에도 참여했으며, 궁체의 발달에 이바지했던 여성으로 특기되는 인물이다. 소혜왕후는 정빈(貞嬪)이던 시절 24세경에 세조를 도와『능엄경』언해에 직접 참여한 적이 있는데, 그때 '전언 조씨 두대'가 함께했다는 기록이 있다. 전언(典言)이란 윗전의 말을 아래로 전달하거나 윗전에게 말씀을 아뢰는 일을 담당하는 내명부 종7품의 궁관이다.

『내훈』 언해문

서문

大凡혼디 사르미 나미 하늘 싸 靈혼 긔운을 트며 다숫 덛덛혼 德을 머구며 【다숫 덛덛혼 德은 아비와 아들왜 親호미 이시며 님금과 臣下왜 義 이시며 남진과 겨집괘 글히요미 이시며 얼운과 아히왜 次序ㅣ 이시며 버디 信이 이쇼미라】 理ㅣ 玉과 돌콰이 달오미 업수디 蘭草와 뿍의 달옴 이쇼믄 엇뎨오. 몸 닷골 道를 다ᄒ며 다ᄒ디 몯호매 잇ᄂ니 周文王ㅅ 敎化ㅣ 太姒이 블ᄀ샤매 더욱 넙고 楚莊王 霸主 ᄃᆞ외요미 【霸ᄂᆞᆫ 諸侯에 爲頭홀 시라】 樊姬의 히메 해 잇ᄂ니 님금 셤기ᄉᆞ오며 남진 셤교미 뉘예셔 더으리오.

내 글 넑다가 妲己의 우움과 褒姒의 榮寵과 驪姬의 우룸과 飛燕의 하리예 니르러 【紂ㅣ 有蘇氏를 틴대 【【有蘇氏ᄂᆞᆫ 나랏 일후미라】】 有蘇氏라셔 妲己로 紂의게 드려늘 紂ㅣ 惑ᄒ야 아니 드롤 마리 업서 맛드논 사ᄅᆞ만 貴히 ᄒ고 아쳗논 사라만 주기더니 그ᄢᅴ 諸侯ㅣ 叛ᄒ리 잇거늘 妲己 닐오디 罰이 輕코 주규미 져그면 威嚴이 셔디 아니ᄒ리라 ᄒ야 紂를 달애여 重혼 刑罰을 ᄒ라 ᄒᆞᆫ대 다리우리를 달오고 사ᄅᆞᄆᆞ로 들라 ᄒ니 소니 데어늘 다시 구리 기들 밍ᄀᆞ라 기름으로 볼라

숫블 우희 엱고 주글 사ᄅᆞ무로 기데 오ᄅᆞ라 ᄒᆞ야 妲己의 우수믈 돕고 일후믈 닐오
디 炮烙刑이라 ᄒᆞ니라. ○ 幽王이 褒룰 틴대 褒人 사ᄅᆞ미 褒姒룰 進上ᄒᆞ야ᄂᆞᆯ 王이
惑ᄒᆞ더니 褒姒ㅣ 虢石父와 阿黨ᄒᆞ야 申后와 太子 宜臼룰 한대 王이 申后와 宜臼룰
廢ᄒᆞ고 褒姒로 后룰 삼고 그 아ᄃᆞᆯ 伯服으로 太子룰 사ᄆᆞᄂᆞᆯ 宜臼ㅣ 申에 내텨 갯더
니 太史 伯楊이 닐오ᄃᆡ 災禍ㅣ 일리라 엇뎨ᄒᆞ려뇨 홈도 업스리로다. 褒姒ㅣ 우수
믈 즐기디 아니ᄒᆞ야 王이 여러 가지로 달애요ᄃᆡ 짐즛 웃디 아니터니 王이 諸侯와
로 期約호ᄃᆡ 도ᄌᆞ기 오면 烽火룰 드러 信을 사모리니 믄득 兵馬 가져와 救ᄒᆞ라 ᄒᆞ
얫더니 王이 褒姒룰 웃요리라 ᄒᆞ야 緣故 업시 烽火룰 든대 諸侯ㅣ 다 오니 도ᄌᆞ기
업거ᄂᆞᆯ 褒姒ㅣ ᄀᆞ장 우스니라. 또 褒姒ㅣ 깁 ᄣᅥ근 소리룰 즐겨 듣더니 王이 기블 내
야 ᄠᅥ야 그 ᄠᅳ데 맛게 ᄒᆞ더니 申國 님그미 【【申國 님그믄 申后ㅅ 아바님이라】】 犬
戎과로 【【犬은 나랏 일후미오 戎은 되라】】 王을 티거ᄂᆞᆯ 王이 烽火룰 드러 兵馬 뫼
혼대 兵馬ㅣ 오디 아니ᄒᆞ야ᄂᆞᆯ 幽王을 주기고 褒姒룰 자바 가니라. ○ 晋 獻公이 驪
戎을 틴대 驪戎엣 사ᄅᆞ미 驪姬룰 드려ᄂᆞᆯ 도라와 奚齊룰 나햇더니 제 아ᄃᆞᆯ 셰오져
ᄒᆞ야 太子 더브러 닐오ᄃᆡ 님그ᇝ ᄭᅮ메 그듸 어마니믈 보시니 ᄲᆞᆯ리 가 祭ᄒᆞ라 ᄒᆞ야ᄂᆞᆯ
太子ㅣ 曲沃애 가 祭ᄒᆞ고 膰肉을 보내야ᄂᆞᆯ 公이 마초아 山行 갯더시니 姬ㅣ 大闕에
엿쇄룰 뒷더니 公이 오나시ᄂᆞᆯ 藥을 너허 받ᄌᆞᆸ고 公ᄭᅴ 술오ᄃᆡ 맛거셔 온 거슨 그저
좌샤미 몯ᄒᆞ리라 ᄒᆞ야ᄂᆞᆯ 公이 ᄯᅡ해 노ᄒᆞ니 ᄯᅡ히 부프러 오ᄅᆞ고 가히룰 주니 가히
죽고 혼 臣下룰 주니 臣下ㅣ 죽거ᄂᆞᆯ 驪姬 우러 닐오ᄃᆡ 도ᄌᆞ기 太子로브터 나노소이
다 ᄒᆞ야ᄂᆞᆯ 太子ㅣ 曲沃애 나갯더니 公이 주기니라. ○ 漢ㅅ 成帝 ᄀᆞ마니 나ᄃᆞ니시
다가 陽阿公主ㅅ 지블 디나가시다가 飛燕의 놀애 춤 잘 ᄒᆞᄂᆞᆫ 이룰 보시고 블러 大
闕에 드리샤 ᄀᆞ장 어엿비 너기시더니 飛燕의 앗이 양지 됴커ᄂᆞᆯ 또 블러 드리시니
左右에 본 사ᄅᆞ미 다 혀 차 과ᄒᆞ더라. 兄弟 다 婕妤ㅅ 벼슬 ᄒᆞ니 貴호미 後宮에 爲
頭ᄒᆞ더니 그제 皇后와 同列엣 班婕妤룰 하로ᄃᆡ 主上을 비러 업게 ᄒᆞ고져 ᄒᆞᄂᆞ이다
ᄒᆞ야ᄂᆞᆯ 皇帝 올히 드르샤 皇后룰 廢ᄒᆞ야 昭臺宮에 보내시니라.】 일즉 글월 앗고
ᄆᆞᅀᆞ매 서늘히 너기디 아니홀 아니ᄒᆞ노라. 일로브터 보건댄 다ᄉᆞᆯ며 어즈러

314

우며 니러나며 敗亡호미 비록 남지늬 어딜며 사오나오매 關係호나 쏘 겨지븨 어딜며 사오나오매 브툰 디라 고르치디 아니호미 몯호리라.

　大抵혼디 男子는 므슷 물 물근 디 노니며 쁘들 여러 微妙혼 디 니겨 제 是非를 굴히야 어루 모들 가지리어니 어느 내의 고르쵸물 기드린 後에사 行호리오. 겨지븐 그러티 아니호야 혼갓 질삼의 굴그며 고느로믈 들히 너기고 德行의 노포믈 아디 몯호느니 이 내의 날로 애와티는 이리라.

　쏘 사르미 비록 本來 淸通호야도 聖人 고르치샤믈 보디 몯호고 호룻 아츠미 믄득 貴히 도외면 이는 나볼 곳갈 싀이며 담애 눗 도라션 디라 眞實로 世예 셔며 사르미게 맗숩호미 어려우니 聖人 고르치샤미 어루 千金으로도 갑디 몯다 닐얼 디로다.

　쏘 이리 어려우며 쉬오미 잇느니 孟子ㅣ 니르샤디 큰 뫼흘 껴 北녁 바를 걷너믈 사름도려 닐오디 내 잘 몯호리로다 호면 이는 眞實로 잘 몯호미어니와 長者를 爲호야 가지 것구믈 사름도려 닐오디 내 잘 몯호리로다 호면 이는 호디 아니홀 쑤니언뎡 잘 몯호야 호는 주리 아니라 호시니 長者를 爲호야 가지 것고믄 쉽고 큰 뫼홀 껴 北녁 바를 걷너믄 어려우니 일로 보건댄 몸 닷글 道는 너희들희 어려이 홀 배 아니라.

　쏘 堯와 舜과는 天下앳 큰 聖人이샤디 아드리 丹朱와 商均괘 이시니 싁싁혼 아바니미 브즈러니 고르치신 알픠도 오히려 어디디 몯혼 子息이 잇곤 호믈며 나는 호올어미라 能히 玉골혼 므슴맷 며느리를 보아리여. 이럴시 小學 烈女 女敎 明鑑이 至極 졀당호며 쏘 明白호디 卷數ㅣ 즈모 하 쉬이 아디 몯호릴시 이 네 글웘 中에 어루 조ᄉᆞ로왼 마를 取호야 닐굽 章을 밍그라 너희들흘 주노라.

　슬프다. 혼 모매 고르쵸미 다 이에 잇느니 혼 번 그 道를 일호면 비록 뉘으츤들 어루 미츠리여. 너희들히 므슴매 사기며 쎠에 刻호야 날로 聖人에 期約호라. 볼근 거우뤼 물고며 물고니 어루 조심티 아니호야리여.

1 언행장

1 입을 조심하라
李氏女戒예 닐오되

ᄆᆞᅀᆞ매 ᄀᆞ초아슈미 情이오 이베 내요미 마리니 마른 榮華와 辱괏 지두릿 조가기며 親과 疎왓 큰 ᄆᆞ디니 ᄯᅩ 能히 구든 거슬 여희에 ᄒᆞ며 다른 거슬 몯게 ᄒᆞ며 怨望을 지스며 寃讐를 니르왇ᄂᆞ니 크닌 나라홀 배며 지블 亡ᄒᆞ고 져그니도 오히려 六親을 여희에 ᄒᆞᄂᆞ니 【六親은 아비와 어미와 兄과 아ᅀᆞ와 겨집과 子息괘라】

이럴ᄉᆡ 賢女ㅣ 입 삼가오ᄆᆞᆫ 붓그러옴과 할아믈 브를가 저호미니 시혹 尊前에 잇거나 시혹 寂靜ᄒᆞᆫ 되 이쇼매 값간도 對答ᄒᆞᄂᆞᆫ 마ᄅᆞᆯ 犯觸ᄒᆞ며 아당ᄃᆞ왼 말 내디 아니ᄒᆞ며 相考 아니혼 말 내디 아니ᄒᆞ며 노ᄅᆞᆺ샛 일ᄒᆞ디 아니ᄒᆞ며 더러운 이레 버므디 아니ᄒᆞ며 嫌疑예 잇디 아니ᄒᆞᄂᆞ니라.

2 「곡례」의 가르침
2-1 식사예절
曲禮예 닐오되

모다 飮啖홀 제 빈브르디 말며 모다 밥 머글 제 손 ᄲᅮ씨 말며 밥 물의디 말며 바블 겼ᄀᆞᆺ ᄡᅥ 먹디 말며 그지 업시 마시디 말며 飮啖을 소리 나게 말며 ᄲᅧ를 너흐디 말며 고기를 도로 그르세 노티 말며 ᄲᅧ를 가희게 더뎌 주디 말며 구틔여 어더 머구려 말며 밥 흘디 말며 기장 바블 머구되 져로 말며 羹ㅅ 거리를 후려 먹디 말며 羹을 沙鉢애셔 고텨 마초디 말며 닛삿 ᄲᅨ르디 말며 젓국 마시디 마롤 디니 손이 羹을 沙鉢애셔 고텨 마초거든 主人이 잘 글히디 몯호믈 辭緣ᄒᆞ고 손이 젓국을 마시거든 主人이 가난호ᄆᆞ로 辭緣ᄒᆞ며 저즌 고기란 니로 버히고 ᄆᆞ른 고기란 니로 버히디 말며 炙을 ᄒᆞᆫᄢᅴ 모도 먹디 마롤 디니라.

2-2 남녀유별

남진과 겨집괘 섯거 앉디 말며 옷거리를 흔 딕 말며 手巾과 빗과를 흔 딕 말며 親히 심기디 말며 嫂와 叔괘 무루믈 서르 말며 【嫂는 兄의 겨지비오 叔은 남진의 兄弟라】 아비 고마를 아랫 옷 쌜이디 말며 밧깃 말쓰미 門 안해 드리디 말오 안햇 말쓰미 門밧긔 내디 마롤 디니라. 겨지비 婚姻ᄒᆞ얫거든 큰 緣故ㅣ 잇디 아니커든 그 門의 드디 말며 아주미와 몯누의와 아ᅀᆞ누의와 쭐왜 ᄒᆞ마 婚姻ᄒᆞ야 도라왯거든 兄弟 ᄒᆞᆫ 돗긔 앉디 말며 ᄒᆞᆫ 그르세 먹디 마롤 디니라.

2-3 남의 집을 출입할 때

城의 올아 ᄀᆞᆯ치디 말며 城 우희 브르디 말며 쟝츠 ᄂᆞ미 지븨 갈 제 求호믈 구틔여 말며 쟝츠 堂이 오를 제 소리를 모로매 펴며 문 밧긔 두 시니 잇거든 말쓰미 들이거든 들오 말쓰미 들이디 아니커든 드디 말며 쟝츠 이페 들 제 보믈 모로매 ᄂᆞ즈기 ᄒᆞ며 이페 들 제 겯솨를 바두며 보믈 두르디 말며 이피 여렛거든 쏘 열오 이피 다댓거든 쏘 다도ᄃᆡ 後에 들리 잇거든 다도믈 다 ᄒᆞ디 마롤 디니라. ᄂᆞ미 시눌 볼피 말며 ᄂᆞ미 듯글 드릐디 말며 오ᄅᆞᆯ 들오 모ᄒᆞ로 ᄃᆞ라가 모로매 맛골모를 조심홀 디니라.

2-4 시선 처리

믈읫 보믈 ᄂᆞ치 오ᄅᆞ면 傲慢ᄒᆞ고 【傲ᄂᆞᆫ 업시울 시으 慢은 므던히 너길 시라】 ᄯᅴ예 ᄂᆞ리면 시름 곧고 기울면 姦邪ᄒᆞ니라.

2-5 공경하지 않음이 없게 하라

恭敬 아니호믈 마라 싁싁ᄒᆞ야 ᄉᆞ랑ᄒᆞᄂᆞᆫ 듯ᄒᆞ며 말ᄉᆞ믈 安定히 ᄒᆞ면 百姓

을 便安케 ᄒᆞ린뎌. 傲慢은 어루 길오미 몯ᄒᆞ리며 私欲은 어루 노노하호미 몯ᄒᆞ리며 ᄠᅳ든 어루 ᄀᆞ득호미 몯ᄒᆞ리며 라온 이른 어루 ᄀᆞ장호미 몯ᄒᆞ리라.

어딘 사ᄅᆞ믄 즈올아이 호ᄃᆡ 恭敬ᄒᆞ며 저호ᄃᆡ ᄃᆞᄉᆞ며 ᄃᆞ소ᄃᆡ 그 왼 이ᄅᆞᆯ 알며 믜요ᄃᆡ 그 어딘 이ᄅᆞᆯ 알며 사하두ᄃᆡ 能히 흐트며 便安ᄒᆞᆫ ᄃᆡᆯ 便安히 너교ᄃᆡ 能히 옮ᄂᆞ니라. 財寶ᄅᆞᆯ 디려서 구틔여 어두려 말며 어즈러운 이ᄅᆞᆯ 디려서 구틔여 免호려 말며 ᄃᆞ토매 이긔요ᄆᆞᆯ 求티 말며 논호매 해 가죠ᄆᆞᆯ 求티 말며 疑心ᄃᆞ왼 이ᄅᆞᆯ 마기오ᄃᆡ 마라 올ᄒᆞ야도 두 믈 마롤 디니라.

3「소의」의 가르침
3-1 군자를 모시고 식사하는 예절
少儀예 닐오ᄃᆡ

君子ᄭᅴ 아름뎌 뫼셔 밥 머글 저기어든 몬져 먹고 後에 말며 바ᄇᆞᆯ 젿곳 ᄡᅥ 먹디 말며 그지업시 마시디 말며 혀기 머거 ᄲᆞ리 숨끼며 즈조 시버 입 노ᄅᆞᆺᄒᆞ디 마롤 디니라.

3-2 몸을 삼가고 또 삼가라

그ᅀᅳᆨᄒᆞᆫ 이ᄅᆞᆯ 엿보디 말며 겨틧 사ᄅᆞ미게 억셰ᄒᆞᆫ 양 말며 네 아ᄂᆞᆫ 사ᄅᆞ미 왼 이ᄅᆞᆯ 니ᄅᆞ디 말며 노ᄅᆞᆺᄃᆞ왼 顔色 말며 時急히 오디 말며 時急히 가디 말며 鬼神을 輕慢히 말며 그르혼 이ᄅᆞᆯ 좃드듸여 말며 아니 왯ᄂᆞᆫ 이ᄅᆞᆯ 혜아리디 말며 ᄂᆞ미 옷과 일언 그르슬 나ᄆᆞ라디 말며 제 모ᄆᆞ로 말ᄉᆞᄆᆞᆯ 마기오ᄃᆡ 마롤 디니라.

3-3 빈 그릇도 가득 찬 듯이

뷘 거슬 자보ᄃᆡ ᄀᆞ득ᄒᆞᆫ 것 자봄 ᄀᆞ티 ᄒᆞ며 뷘 ᄃᆡ 드로ᄃᆡ 사ᄅᆞᆷ 이숌 ᄀᆞ티 홀 디니라.

4 『논어』의 가르침
4-1 임금을 섬기는 예절
論語에 닐오디

님금이 바ᄇᆞᆯ 주어시ᄃᆞᆫ 모로매 돗글 正히 ᄒᆞ고 몬져 맛보시며 님금이 놀 고기를 주어시ᄃᆞᆫ 모로매 니겨 薦ᄒᆞ시며 님금이 산 거슬 주어시ᄃᆞᆫ 모로매 치더시다.

4-2 임금을 모시고 식사할 때
님금ᄭᅴ 뫼셔 밥 머그실 저긔 님금이 祭ᄒᆞ거시ᄃᆞᆫ 몬져 좌터시다.

5 「곡례」의 가르침
5-1 임금이 과일을 주실 때
曲禮예 닐오디

果實을 님굼 알픠셔 주어시ᄃᆞᆫ 그 ᄌᆞᆺ 잇ᄂᆞᆫ 거스란 그 ᄌᆞᄉᆞᆯ 푸몰 디니라.

5-2 임금이 남은 음식을 주시면
님금ᄭᅴ 뫼셔 밥 머글 제 님금이 나믄 거슬 주어시ᄃᆞᆫ 그르싀 시슬 거스란 숟디 마오 그 나믄 거스란 다 소돌 디니라.

6 임금이 수레와 말을 하사할 때
禮記예 닐오디

님금이 술위와 ᄆᆞᆯ와 주어시ᄃᆞᆫ 타 가 주샤ᄆᆞᆯ 저ᅀᆞ오며 오시어든 니버 주샤ᄆᆞᆯ 저ᅀᆞ오며 님금이 命이 잇디 아니커시ᄃᆞᆫ 잢간도 즉자히 ᄐᆞ며 닙디 마롤 디니라.

7 귀와 눈과 마음을 바르게

樂記예 닐오디

君子는 姦邪흔 소리와 어즈러운 비츨 귀 누네 머믈우디 아니ᄒᆞ며 淫亂흔 音樂과 邪慝흔 【慝은 邪홀 시라】 禮數를 ᄆᆞᅀᆞ매 브티디 아니ᄒᆞ며 게으르며 기우튼 긔운을 모매 두디 아니ᄒᆞ야 귀와 눈과 고콰 입과 ᄆᆞᅀᆞ과 智慧와 온 가짓 體를 히여 다 順ᄒᆞ며 正호믈 브터뻐 그 義를 【義ᄂᆞᆫ 맛당홀 시라】 行홀 디니라.

8 말이 많음은 재앙의 시작

范魯公質이 아ᄎᆞᆫ 아들 警戒흔 詩예 닐오디

네의 말 하디 아니호믈 警戒ᄒᆞ노니 말 하믄 한 사ᄅᆞᆷ의 씌ᄂᆞᆫ 배니라. 眞實로 지도릿 조각을 삼가디 아니ᄒᆞ면 災害ᄅᆞ왼 厄이 이를 브터 비릇ᄂᆞ니 외니 올ᄒᆞ니 ᄒᆞ며 할ᄋᆞ며 기리논 ᄉᆞᅀᅵ예 足히 모맷 ᄠᅵ 드올만 ᄒᆞᄂᆞ니라.

9 여자의 사덕(四德)

女敎애 닐오디

겨지비 네 힝뎌기 잇ᄂᆞ니 ᄒᆞ나흔 겨지븨 德이오 둘흔 겨지븨 마리오 세흔 겨지븨 양지오 네흔 겨지븨 功이라. 겨지븨 德은 구틔여 ᄌᆡ조와 聰明이 ᄀᆞ장 달오미 아니오 겨지븨 마른 구틔여 이비 굴히나며 말ᄉᆞ미 놀카오미 아니오 겨지븨 양ᄌᆞᄂᆞᆫ 구틔여 顔色이 됴ᄒᆞ며 고오미 아니오 겨지븨 功은 구틔여 工巧호미 사ᄅᆞᆷ의게 너무미 아니라.

조ᄒᆞ며 ᄌᆞᆨᄌᆞᆨᄒᆞ며 正ᄒᆞ며 安靜ᄒᆞ야 節介를 자바 整齊ᄒᆞ며 몸 行ᄒᆞ요매 붓그러우믈 두며 뮈윰과 ᄀᆞ마니 이쇼매 法 이쇼미 이 닐온 겨지븨 德이라. 말ᄉᆞ믈 굴히야 닐어 모딘 마를 니르디 아니ᄒᆞ며 시절인 後에ᅀᅡ 닐어 사ᄅᆞᆷ의게 아쳗브디 아니호미 이 닐온 겨지븨 마리라. 더러운 거슬 시서 옷과 ᄭᅮ뮤미 조ᄒᆞ며 沐浴을 시절로 ᄒᆞ야 모믈 더럽게 아니호미 이 닐온 겨지븨 양지라. 질삼애 ᄆᆞᅀᆞ믈 專一히 ᄒᆞ야 노릇과 우우믈 즐기디 아니ᄒᆞ며 술와 밥과 를 조히 ᄒᆞ야 손ᄋᆞᆯ 이바도미 이 닐온 겨지븨 功이라.

이 네히 겨지븨 큰 德이라 업수미 몯ᄒᆞ리니 그러나 ᄒᆞ요미 甚히 쉬우니 오직 ᄆᆞᅀᆞᆷ 두매 이실 ᄯᆞᄅᆞ미라. 녯 사ᄅᆞ미 닐오ᄃᆡ 仁이 머녀. 내 仁을 코져 ᄒᆞ면 仁이 니를리라 ᄒᆞ니 이를 니ᄅᆞ니라.

10 언행일치

劉忠定公이 溫公을 보ᄉᆞ와 ᄆᆞᅀᆞᆯ 다ᄒᆞ야 모매 行홀 宗要ㅣ 어루 모미 못 ᄃᆞ록 行홀 이를 묻ᄌᆞ온대 公이 니ᄅᆞ샤ᄃᆡ 그 誠實호민뎌. 劉公이 묻ᄌᆞ오ᄃᆡ 行호ᄃᆡ 므슷 거슬 몬져 ᄒᆞ리잇고. 公이 니ᄅᆞ샤ᄃᆡ 거즛말 아니호ᄆᆞ로브터 비르 솔 디니라.

劉公이 처서믜 甚히 수이 너기더니 믈러나 날로 行홀 바와 다뭇 믈읫 닐 온 바ᄅᆞᆯ 檃栝ᄒᆞ야 보니 【檃栝은 구븐 남그로 밍ᄀᆞ론 그릇 고틸 시라】 스스로 서르 掣肘矛盾흐ᄃᆡ 하더니 【掣은 ᄭᅳ슬 시오 肘는 ᄇᆞᆯ독이니 掣肘는 ᄇᆞᆯ흘 뮈오 져 호ᄃᆡ 사ᄅᆞ미 ᄭᅳ스면 能히 뮈우디 몯홀 시오 矛는 고ᄇᆞᆫ 兵잠개오 盾은 防牌니 矛 로 사ᄅᆞᄆᆞᆯ 傷히오려 커든 防牌로 마글 시니 서르 어긔요ᄆᆞᆯ 니ᄅᆞ니라】 힘 ᄡᅥ 行호 닐굽 ᄒᆡ 後에 이러 일로브터 言行이 ᄒᆞᆫᄀᆞᆯ온ᄒᆞ야 밧과 안쾌 서르 應ᄒᆞ니 이 를 맛나 싀훤ᄒᆞ야 샹녜 有餘ᄒᆞ더라.

11 창졸간에 당황하거나 화내지 않기

劉寬이 비록 倉卒애 이셔도 【倉卒은 뵈왓블 시라】 잢간도 말ᄉᆞ믈 샐리 ᄒᆞ며 비츨 急遽히 아니ᄒᆞ더니 夫人이 寬으로 히여곰 忿호ᄆᆞᆯ 試驗코져 ᄒᆞ야 朝會예 當호ᄆᆞᆯ 엿워 裝嚴을 ᄒᆞ마 ᄆᆞ챗거ᄂᆞᆯ 侍婢로 고깃 羹을 바다 朝服애 드위 텨 더러이고 婢 時急히 거도더니 寬이 神色이 다ᄅᆞ디 아니ᄒᆞ야 安徐히 닐오딕 羹애 네 소니 데어녀 ㅎ니 그 性度ㅣ 이 곧더라.

12 말은 믿을 수 있게, 행동은 돈독하게
孔子ㅣ 니ᄅᆞ샤ᄃᆡ

말ᄉᆞ미 忠心ᄃᆞ외며 有信히 ᄒᆞ고 힝뎌글 도타이 ᄒᆞ며 恭敬ᄒᆞ면 비록 蠻貊 나라히라도 【蠻은 南녁 되오 貊은 北녁 되라】 ᄃᆞᆫ니리어니와 말ᄉᆞ믈 忠信히 아니ᄒᆞ고 힝뎌글 도타이 ᄒᆞ며 恭敬 아니ᄒᆞ면 비록 ᄀᆞ올 ᄆᆞ슐힌ᄃᆞᆯ ᄃᆞᆫ니리여.

13 말은 때와 장소를 가려서
論語에 닐오ᄃᆡ

孔子ㅣ 鄕黨애 【鄕黨은 父兄宗族 사ᄂᆞᆫ ᄃᆡ라】 信實ᄒᆞ야 能히 말ᄉᆞᆷ 몯ᄒᆞᄂᆞᆫ ᄃᆞᆺ ᄒᆞ더시다. 宗廟ㅣ며 朝廷에 겨샤ᄂᆞᆫ 便便히 말ᄉᆞᆷ ᄒᆞ샤ᄃᆡ 오직 삼가더시다. 朝廷에 下大夫ᄃᆞ려 니ᄅᆞ샤ᄃᆡ 剛直히 ᄒᆞ시며 上大夫ᄃᆞ려 니ᄅᆞ샤ᄃᆡ 和悅히 ᄒᆞ더시다.

14 사람다움은 예와 의에 있나니
冠義예 닐오ᄃᆡ

믈읫 사ᄅᆞ미 ᄡᅥ 사람 ᄃᆞ외옛ᄂᆞᆫ 바ᄂᆞᆫ 禮와 義왜니 禮義의 비르소ᄆᆞᆫ 모ᄆᆞᆯ 正히 ᄒᆞ며 ᄂᆞᆺ비츨 ᄀᆞ즈기 ᄒᆞ며 말ᄉᆞᆷ 順히 호매 잇ᄂᆞ니 모미 正ᄒᆞ며 ᄂᆞᆺ비치 ᄀᆞ즉ᄒᆞ며 말ᄉᆞ미 順ᄒᆞᆫ 後에ᅀᅡ 禮와 義왜 ᄀᆞᆺ으리라. ᄡᅥ 님금 臣下ᄅᆞᆯ 正히 ᄒᆞ며 아비와 아ᄃᆞᆯ와ᄅᆞᆯ 親히 ᄒᆞ며 얼운과 아ᄒᆡ와ᄅᆞᆯ 和히 홀 디니 님금과 臣下왜 正ᄒᆞ며 아비와 아ᄃᆞᆯ왜 親ᄒᆞ며 얼운과 아ᄒᆡ왜 和ᄒᆞᆫ 後에ᅀᅡ 禮와 義왜 셔리라.

15 사람의 도리 오륜
孟子ㅣ 니ᄅᆞ샤ᄃᆡ

사르미 道理 이시나 빈브르게 먹고 더운 옷 니버 便安히 살오 フ르쵸미 업스면 禽獸에 갓가오릴신 聖人이 시르믈 두샤 契을 힝여 司徒를 사마 【司徒 는 벼슰 일후미라】 フ르쵸디 人倫을 뼈 ᄒ게 ᄒ시니 아비와 아들왜 親호미 이시며 님금과 臣下왜 義 이시며 남진과 겨집괘 굴히요미 이시며 얼운과 아희왜 次第 이시며 버디 信이 이쇼미니라.

16 자신의 허물 듣기를 기뻐하라

濂溪 周先生이 니르샤디

仲由는 허믈 드로물 깃거 됴흔 일후미 그지 업더니 이젯 사르몬 허므리 잇거든 ᄂᆞ미 規諫호물 깃디 아니호미 【覝는 말ᄉᆞ미 드럼직홀 시라】 病을 가져셔 醫員을 쯰여 츨히 그 모미 주거도 아디 몯호미 ᄀᆞᆮᄒ니 슬프다.

17 적선지가는 필유여경

康節 邵先生이 子孫을 警戒ᄒᆞ야 닐오디

上品엣 사룸은 フ르치디 아니ᄒᆞ야도 善ᄒ고 中品엣 사룸은 フ르친 後에 善ᄒ고 下品엣 사룸은 フ르쳐도 善티 몯ᄒᆞᄂᆞ니 아니 フ르쳐도 善호미 聖人 아니라 엇더ᄒ며 フ르친 後에 善호미 賢人이 아니타 엇더ᄒ며 フ르쳐도 善 티 몯호미 어린 거시 아니라 엇더ᄒ니오. 이럴시 善이라 혼 거슨 吉을 닐오 니오 不善이라 혼 거슨 凶을 닐오닌들 아롤 디로다.

吉이라 혼 거슨 누네 非禮옛 비츨 보디 아니ᄒ며 귀예 非禮옛 소리를 듣 디 아니ᄒ며 이베 非禮옛 마를 니르디 아니ᄒ며 바래 非禮옛 싸홀 볿디 아 니ᄒ며 사르미 善이 아니어든 사괴디 아니ᄒ고 物이 義 아니어든 取티 아니 ᄒ며 賢ᄒ닐 親히 호디 靈芝蘭草애 나ᅀᅡ감フ티 ᄒ고 모디닐 避호디 비얌 쇠 야기 저홈フ티 ᄒᄂᆞ니 或이 닐오디 吉흔 사르미라 ᄒ디 아니ᄒᆞ야도 나는 信 티 아니호리라.

凶이라 혼 거슨 말스미 詭譎ㅎ고 行止擧動이 그윽ㅎ고 險ㅎ며 利를 즐기며 왼 이를 쑤미고 貪ㅎ고 淫亂ㅎ고 災禍를 즐기며 어딘 사ᄅᆞ믈 믜요ᄃᆡ 寃讐 ᄀᆞ티 ㅎ고 罪를 犯호ᄃᆡ 飮食 ᄀᆞ티 ㅎ야 져그면 모믈 배여 性을 업게 ㅎ고 크면 宗族을 업더리와다 繼嗣를 긋게 ㅎᄂᆞ니 或 이 닐오ᄃᆡ 凶혼 사ᄅᆞ미라 ㅎ디 아니ㅎ야도 나ᄂᆞᆫ 信티 아니호리라.

傳에 잇ᄂᆞ니 닐오ᄃᆡ 吉혼 사ᄅᆞ믄 善을 호ᄃᆡ 날을 不足히 너겨 ㅎ거든 凶혼 사ᄅᆞ믄 不善을 호ᄃᆡ 또 날을 不足히 너겨 ㅎᄂᆞ다 ㅎ니 너희들흔 吉혼 사ᄅᆞ미 ᄃᆞ외옷 ㅎ녀 凶혼 사ᄅᆞ미 ᄃᆞ외옷 ㅎ녀.

18 스스로를 성찰하는 열네 가지 항목

張思叔의 앉는 올흔녀긧 銘에 닐오ᄃᆡ【銘은 警戒혼 마리라】

믈읫 마를 모로매 忠信히 ㅎ며 믈읫 힝뎍을 모로매 도타오며 조심ㅎ야 ㅎ며 飮食 호믈 모로매 삼가 ᄆᆞ디를 두어 ㅎ며 字ㅅ 그슬 모로매 고ᄅᆞ고 正히 ㅎ며 容貌를 모로매 端正ㅎ고 싁싁히 ㅎ며 오시며 곳가를 모로매 싁싁ㅎ고 整齊히 ㅎ며 거름 거르며 볼 ᄣᅳ듸요믈 모로매 ᄌᆞ늑ᄌᆞ늑기 ㅎ며 사논 짜홀 모로매 正히 ㅎ고 寂靜히 ㅎ며 일 지소믈 모로매 始作애 혜려 ㅎ며 말ᄉᆞᆷ 내요믈 모로매 힝뎍을 도라보아 ㅎ며 덛덛혼 德을 모로매 구디 자ᄇᆞ며 그라 오녀 호믈 모로매 므거이 맛글ᄆᆞ며 善을 보고 내 모매셔 나논가 ᄀᆞ티 ㅎ며 惡을 보고 모맷 病 ᄀᆞ티 홀 디니 믈읫 이 열 네 가짓 이를 내 다 기피 차리디 몯ㅎ야 써 앉논 모ᄒᆞᆯ 當케 ㅎ야 아ᄎᆞᆷ 나조히 보아 警戒ㅎ노라.

19 마음을 다스리고 본성을 길러라

呂正獻公이 져머셔브터 學을 講習호ᄃᆡ ᄆᆞᅀᆞ믈 다스리며 性을 養호므로 根源을 삼더니 즐겨 호믈 져기 ㅎ며 滋味를 열이 ㅎ며 샏ᄅᆞᆫ 말ᄉᆞᆷ과 急遽혼 비치 업스며 샏ᄅᆞᆫ 거르미 업스며 게으른 양ᄌᆡ 업스며 믈읫 노ᄅᆞᆺ샛 우슴과 더

324

러우며 샹두윈 말ㅅ믈 쟜간도 이베 내디 아니ᄒᆞ며 世間앳 利와 어즈러운 빗
난 것과 소리와 직조와 노뇨ᄆᆞ로 博奕奇玩애 니르리 【博은 솽륙이오 奕은 바
독이오 奇玩은 그림 트렛 지죄라】 淡然히 【淡은 열울 시라】 즐기논 배 업더라.

20 후부인의 몸가짐

伊川先生이 어마님 侯夫人이 나히 닐굽 여들빈 시졀에 녯 그레 닐오듸 겨
지비 바미 나디 아니ᄒᆞᄂᆞ니 바미 날뎬 블근 燭을 자ᄇᆞ라 호믈 외오고 일로
브터 나리 졈글어든 ᄂᆡ외 방이 나디 아니ᄒᆞ더니 ᄒᆞ마 즈라 글월ᄅᆞᆯ 즐겨호듸
글 지소믈 아니ᄒᆞ며 그 시졀 겨지비 글 지싀와 글 수ᄆᆞ로 ᄂᆞ믜게 보내ᄂᆞ닐
보고 ᄀᆞ장 외오 너겨 ᄒᆞ더라.

21 재물에 따른 마음가짐

李氏女戒예 닐오듸

가난ᄒᆞ닌 가난호믈 便安히 너기고 가ᅀᆞ며닌 가ᅀᆞ겨로믈 警戒홀 디니 간
난코 제 便安히 너기디 아니ᄒᆞ린 가난을 븟그려 너비 求ᄒᆞᄂᆞ니 求ᄒᆞ다가 얻
디 몯ᄒᆞ면 怨이 이롤 브터 나 夫妻 서르 므던히 너겨 恩이 밧고며 情이 淡薄
ᄒᆞ리라. 가ᅀᆞ멸오 警戒 아니ᄒᆞ면 쟈랑ᄒᆞ며 더은 ᄆᆞᅀᆞ미 나리니 므던히 너기
논 양지 ᄒᆞ마 나ᄐᆞ면 溫和ᄒᆞ며 부드러운 顔色이 어듸 이시료. 溫和ᄒᆞ며 부드
러운 顔色을 ᄇᆞ리고 아룻다온 양ᄌᆞᆯ 지ᄉᆞ면 이 輕薄ᄒᆞᆯ 겨지비니라.

22 내 몸과 집안을 망치는 허물 다섯 가지

柳玭이 아래 글워를 밍ᄀᆞ라 그 子弟ᄅᆞᆯ 警戒ᄒᆞ야 닐오듸

일후믈 ᄒᆞ야ᄇᆞ리며 모믈 災害ᄒᆞ며 先人을 辱히며 지블 배논 그 허므리 믓
크니 다ᄉᆞ시니 기피 記知홀 디어다. 그 ᄒᆞ나혼 제 便安호믈 求ᄒᆞ고 澹泊을
들히 너기디 아니ᄒᆞ야 【澹泊은 기픈 소햇 믈 믈ᄀᆞᆫ 양직니 便安코 寂靜ᄒᆞ야 ᄒᆞ욤

업슬 시라】 져그나 제 모매 利ᄒᆞ거든 ᄂᆞ미 마를 分別 아니홀 시라. 그 둘흔 션비의 術을 아디 몯ᄒᆞ며 녯 道를 깃디 아니ᄒᆞ야 前聖人經을 어즐호ᄃᆡ 붓그리디 아니ᄒᆞ며 當世옛 이를 議論ᄒᆞ며 ᄐᆞ글 글희여 제 모미 ᄒᆞ마 아논 이리 젹고 ᄂᆞ미 비홈 이쇼믈 아쳘 시라. 그 세흔 제 모매 ᄂᆞᄒᆞ닐 아쳘고 제 모매 諂ᄒᆞ릴 깃그며 오직 노ᄅᆞᄉᆡ 말ᄒᆞ요믈 즐기고 녯 道理 ᄉᆞ랑호믈 아니ᄒᆞ야 사ᄅᆞ미 善을 듣고 믜며 사ᄅᆞ미 惡을 듣고 베퍼 기우러 邪僻흔 이레 ᄌᆞ마 저저 德義를 노기며 사겨 ᄇᆞ리ᄂᆞ니 冠服이 비록 이신ᄃᆞᆯ 죵과 므스기 다ᄅᆞ리오. 그 네흔 쇽졀업시 노뇨믈 즐기며 수우를 맛드러 盞 ᄆᆞᄅᆞᄆᆞ로 노푼 이를 삼고 일 브즈러니 ᄒᆞᄆᆞ로 世俗이 므를 삼ᄂᆞ니 비ᄒᆞ시 수비 거츠러 아라도 ᄒᆞ마 뉘으초미 어려오니라. 그 다ᄉᆞᆫ 名利 그우실에 時急히 ᄒᆞ야 有勢흔 ᄃᆡ 갓가이 ᄒᆞ야 흔 資ㅣ나 半 드리를 비록 시혹 得ᄒᆞ야도 衆人이 怒ᄒᆞ며 믈 사ᄅᆞ미 믜여 두리 아ᄎᆞ니라.

내 일홈난 家門과 노푼 宗族을 보니 몬졋 祖上이 忠心ᄒᆞ며 孝道ᄒᆞ며 브즈런ᄒᆞ며 儉朴ᄒᆞᄆᆞ로브터 이러셔디 아니홀 아니ᄒᆞ고 子孫의 모딜며 麁率ᄒᆞ며 奢侈ᄒᆞ며 傲慢ᄒᆞᄆᆞ로브터 업더디디 아니홀 아니ᄒᆞᄂᆞ니 이러셔미 어려우믄 하ᄂᆞᆯ해 올옴 ᄀᆞᆮ고 업더듀미 쉬우믄 터리 ᄉᆞ롬 ᄀᆞᆮᄒᆞ니 니ᄅᆞ건댄 ᄆᆞᅀᆞ미 알ᄑᆞ니 너희 ᄡᅧ에 刻호미 맛당ᄒᆞ니라.

23 아무리 사소해도 악은 행하지 말라
漢 昭烈이 쟝ᄎᆞ 업스실 제 後主를 勅ᄒᆞ야 니ᄅᆞ샤ᄃᆡ
모딘 이리 젹다 ᄒᆞᄆᆞ로 ᄒᆞ디 말며 됴흔 이리 젹다 ᄒᆞᄆᆞ로 마디 말라.

24 타인을 책하는 마음으로 자신을 책하라
范忠宣公이 子弟를 警戒ᄒᆞ야 닐오ᄃᆡ
사ᄅᆞ미 비록 至極 어리여도 ᄂᆞᆷ 외다 ᄒᆞ몬 ᄇᆞᆰ기 ᄒᆞ고 비록 聰明ᄒᆞ야도 제 몸 져보ᄆ란 어즐ᄒᆞᄂᆞ니 너희 무른 오직 샹녜 ᄂᆞᆷ 외다 ᄒᆞ논 ᄆᆞᄋᆞᄆᆞ로 제 몸을 외다 ᄒᆞ고 제 몸 겹논 ᄆᆞᄋᆞᄆᆞ로 ᄂᆞᄆᆞᆯ 져브면 聖賢ㅅ 地位예 니르디 몯 홀갓 分別이 업스리라.

25 의는 무조건 행하고 이익은 겁쟁이처럼 피하라

孔戱이 義 ᄒᆞ요매 즐기논 일ᄀᆞ티 ᄒᆞ야 앏뒤흘 도라보디 아니ᄒᆞ고 利와 爵祿애란 저허 避ᄒᆞ야 믈러 두류딕 사오나온 사ᄅᆞᆷ ᄀᆞᆮᄃᆡ라.

26 용백고를 본받고 두계량을 본받지 말라

馬援이 兄의 아들 嚴과 敦괘 다 譏弄홀 議論을 즐겨 輕薄ᄒᆞ야 말 잘ᄒᆞᄂᆞᆫ 손을 사괴더니 援이 交趾예 이셔 글월 돌아보내야 警戒ᄒᆞ야 닐오ᄃᆡ

나는 너희 무리 사ᄅᆞ미 허므를 드로ᄃᆡ 父母ㅅ 일훔 드론 듯ᄒᆞ야 귀예 어루 시러 드를 ᄲᅮ니언뎡 이베 어루 시러 니ᄅᆞ디 몯과뎌여 ᄒᆞ노라. 사ᄅᆞ미 어딜며 사오나오ᄆᆞᆯ 즐겨 議論ᄒᆞ며 妄量으로 正호 法을 외니 올ᄒᆞ니 호미 이내이키 아쳗ᄂᆞᆫ 배니 출히 주글 ᄲᅮ니언뎡 子孫의 이런 힝뎍 잇다 드로ᄆᆞᆯ 願티 아니ᄒᆞ노라.

龍伯高ᄂᆞᆫ 도타ᄋᆞ며 曲盡ᄒᆞ며 조심ᄒᆞ야 이베 글희욜 마리 업스며 謙讓ᄒᆞ며 簡略ᄒᆞ며 ᄆᆞ듸 이시며 儉朴ᄒᆞ며 淸廉ᄒᆞ며 公反ᄒᆞ며 威嚴이 잇ᄂᆞ니 내 ᄃᆞᄉᆞ며 重히 너겨 너희 무리 본바도ᄆᆞᆯ 願ᄒᆞ노라. 杜季良은 豪華ᄅᆞ외오 말 잘ᄒᆞ고 義ᄅᆞᆯ 맛드러 사ᄅᆞ미 시르믈 시름ᄒᆞ며 사ᄅᆞ미 즐교ᄆᆞᆯ 즐겨 믈ᄀᆞ며 흐리요매 일훌 배 업서 아빅 거상애 소니 오ᄃᆡ 두서 ᄀᆞ올히 다 니ᄅᆞ니 내 ᄃᆞᄉᆞ며 重히 너기간마ᄂᆞᆫ 너희 무리 본바도ᄆᆞᆯ 願티 아니ᄒᆞ노라.

伯高ᄅᆞᆯ 본받다가 得디 몯ᄒᆞ야도 오히려 조심ᄒᆞᄂᆞᆫ 士ㅣ ᄃᆞ외리니 닐온밧 거유를 사기다가 이디 몯ᄒᆞ야도 오히려 올히 ᄀᆞᆮ다 호미라. 季良을 본받다가 得디 몯ᄒᆞ면 뻐디여 天下애 輕薄혼 아히 ᄃᆞ외리니 닐온밧 범을 그리다가 일우디 몯ᄒᆞ면 도ᄅᆞ혀 가히 ᄀᆞᆮ다 호미라.

2 효친장

1 『예기』의 가르침
1-1 문왕이 부친 왕계를 모신 태도

文王이 世子 두외야 겨실 제 王季끠 朝후샤딕 날마다 세 번곰 후더시니 둘기 처섬 울어든 옷 니브샤 寢室ㅅ 門 밧긔 니르르샤 內堅두려 무러 니루샤딕【內堅는 뫼슨왓는 혀근 臣下ㅣ라】 오눐 安否ㅣ 엇더후시뇨. 內堅ㅣ 닐오딕 便安후시이다 커든 文王이 깃거후더시다. 낮 가온딕 미처 또 니르르샤 또 이굳히 후시며 나조히 미처 또 니르르샤 또 이굳히 후더시다.

便安티 아니후신 무딕 잇거시든 內堅ㅣ 뻐 文王끠 告후야든 文王이 顏色을 시름후샤 녀샤딕 能히 正히 드듸요물 몯후더시니 王季ㅣ 水剌를 네구티 후신 後에샤 또 처섬구티 후더시다. 水剌 셔실 제 모로매 시그며 더운 무딕를 술펴보시며 水剌 므르거시든 감후샨 바룰 무르시고 섭니를 命후야 니루샤딕 다시 말라. 對答후야 닐오딕 그리 호리이다 그리 훈 後에샤 믈러 오더시다.

1-2 무왕이 병든 부친 문왕을 모신 태도

文王이 病이 잇거시든 武王이 곳갈 씌룰 밧디 아니후샤 養후읍더시니 文王이 훈 번 반 좌후야시든 또 훈 번 반 좌시며 文王이 두 번 반 좌후야시든 또 두 번 반 좌터시다.

2 무왕과 주공의 지극한 효도

孔子ㅣ 니루샤딕

武王 周公은 그 스무춘 孝道ㅣ신뎌. 孝道ㅣ라 훈 거슨 사룸의 뜨들 이대 니스며 사룸이 이룰 이대 후요미니라. 그 位룰 불오며 그 禮룰 行후며 그 音樂을 奏후며 그 고마후시던 바룰 恭敬후며 그 주올아이 후시던 바룰 두스며

주그닐 셤교딕 사니 셤굠ᄀ티 ᄒᆞ며 업스닐 셤교딕 잇ᄂᆞ니 셤굠ᄀ티 ᄒᆞ시니 孝道의 至極ᄒᆞ샤미라.

3 증자의 효도

孟子ㅣ 니ᄅᆞ샤딕

曾子ㅣ 曾晳을 養ᄒᆞ샤딕 모로매 술 고기를 잇게 ᄒᆞ더시니 쟝ᄎᆞ 므를 저기 모로매 주샬 바를 請ᄒᆞ며 有餘를 묻거시든 모로매 슬오딕 잇ᄂᆞ이다 ᄒᆞ더시다. 曾晳이 죽거늘 曾元이 曾子를 養호딕 모로매 술 고기를 잇게 ᄒᆞ더니 쟝ᄎᆞ 므를 저긔 줄 바를 請티 아니ᄒᆞ며 有餘를 묻거시든 슬오딕 업스이다 ᄒᆞ니 쟝ᄎᆞ ᄡᅥ 다시 나소례니라. 이ᄂᆞᆫ 닐온밧 입과 몸과를 養호미니 曾子 곧ᄒᆞ닌 어루 ᄠᅳ들 養ᄒᆞᄂᆞ다 닐올 디니 어버ᅀᅵ 셤교미 曾子 곧ᄒᆞ닌 可ᄒᆞ니라.

4 부모가 사랑한 것을 사랑하라

曾子ㅣ 니ᄅᆞ샤딕

孝道ᄒᆞᆯ 子息의 늘그시니 養호믄 그 ᄆᆞᅀᆞᆯ 즐기시게 ᄒᆞ며 그 ᄠᅳ들 그릇디 아니케 ᄒᆞ며 그 귀와 눈과를 즐거우시게 ᄒᆞ며 그 자시며 겨샤ᄆᆞᆯ 便安ᄒᆞ시게 ᄒᆞ며 그 飮食으로ᄡᅥ 忠厚히 養호 디니 이런 젼ᄎᆞ로 父母ㅣ ᄉᆞ랑ᄒᆞ시논 바를 ᄯᅩ ᄉᆞ랑ᄒᆞ며 父母ㅣ 恭敬ᄒᆞ시논 바를 ᄯᅩ 恭敬호 디니 가히 ᄆᆞᆯ의게 니르러도 다 그리 홀 디어니 ᄒᆞ믈며 사ᄅᆞ미ᄯᆞ녀.

5 『효경』의 가르침

5-1 어버이를 사랑하지 않고 남을 사랑함은 패덕

孔子ㅣ 니ᄅᆞ샤딕

父母ㅣ 나ᄒᆞ시니 니ᅀᆞ샤미 이만 크니 업스며 君親이 디ᄅᆞ시니 두터오미 이에셔 重ᄒᆞ니 업스니라. 이런 젼ᄎᆞ로 그 어버ᅀᅵ를 ᄃᆞᆺ디 아니코 다른 사ᄅᆞᆷ

드ᄉ릴 닐오디 거슬ᄯᆫ 德이라 ᄒ며 그 어버ᄉᆡ를 恭敬 아니코 다른 사ᄅᆷ 恭敬 ᄒ릴 닐오디 거슬ᄯᆫ 禮라 ᄒᄂ니라.

5-2 효자의 자격

孝道홀 子息의 어버ᄉᆡ 셤교ᄆᆫ 居ᄒ실 저그란 恭敬을 ᄀ장ᄒ며 養ᄒᄉ오ᄆ란 즐거우샤믈 ᄀ장ᄒ며 病ᄒ신 저그란 시르믈 ᄀ장ᄒ며 거상호ᄆᆞ란 슬호믈 ᄀ장ᄒ며 祭호ᄆ란 싁싁호믈 ᄀ장홀 디니 다ᄉᆞᆺ 이리 ᄀ존 後에ᅀᅡ 能히 어버ᄉᆡ를 셤기ᄂ니라.

어버ᄉᆡ 셤길 사ᄅᆞ몬 우희 사라도 驕慢티 말며 아래 ᄃᆞ외야도 어즈럽디 말며 모ᄃᆞᆫ ᄃᆡ 이셔도 ᄃᆞ토디 마롤 디니 우희 사라셔 驕慢ᄒ면 敗亡ᄒ고 아래 ᄃᆞ외야셔 어즈러오면 刑罰ᄒ고 모ᄃᆞᆫ ᄃᆡ 이셔 ᄃᆞ토면 늘잠개로 ᄒᄂ니 이 세 홀 더디 아니ᄒ면 비록 날로 三牲奉養을 ᄡᅥ도 【三牲ᄋᆞᆫ 쇼와 羊과 돋괘라】 오히려 不孝ㅣ니라.

6 시부모를 모시는 며느리의 태도

女敎애 닐오디

舅姑ㅣ 며느리 어두ᄆᆞᆫ 能히 孝道호매 잇ᄂ니 眞實로 能히 孝道 아니ᄒ면 너를 어더 므슴 ᄒ료. 며느리 ᄃᆞ외리 일 져므리 恭敬ᄒ며 져허 오직 ᄒᆞᆫ 터럭 매나 져기 그 ᄠᅳ데 어긜가 저홀 디니라. 舅姑의 尊호미 그 노포미 하ᄂᆞᆯ 곧ᄒ니 모로매 恭敬ᄒ며 모로매 溫恭ᄒ야 제 몸 어디론가 믿디 말오 ᄒ다가 티며 구지저도 짓거 바ᄃᆞ라. 이 眞實로 날 ᄉᆞ랑호미니 말ᄉᆞ믈 잢간이나 이베 내야리여 더 東녁 ᄆᆞᄋᆞᆯ 며느리게 일즉 펴디 아니ᄒ고 모로매 내 親ᄒᄂ니게 이러ᄐᆞ시 ᄀᆞᄅᆞ치ᄂ니 마ᄅᆞᆯ 내야 프로려 ᄒ면 곧 거슬ᄲᅮᆷ과 ᄀᆞᆮ혼 디라 오직 반ᄃᆞ기 곡진히 조차 孝道와 恭敬을 더욱 힘쁠 디니라.

시혹 브료미 잇거든 命을 듣고 즉재 行홀 디니 비록 ᄀ장 ᄀᆞᆺ부나 엇데 敢

간이나 제 便安호려 호리오. 便安커시든 孝養을 닐위여 그 빗 골호실가 저코 病커시든 시르믈 닐위여 옷과 쯱와를 밧디 말라. 後에 사루미 法 바다 쏘 네 홈 곧히 호리니 몸으로 フ루쳐든 좃느니 조심호며 조심홀 디어다.

7 「내칙」의 가르침
7-1 부모와 시부모를 모시는 소소한 예절

內則에 닐오디

父母舅姑ㅅ 고대 이셔 命이 잇거시든 맛굴마 우롬 내수와 恭敬호야 對答호수오며 나수며 므르며 두려디 돌며 모것거 도로매 삼가 조심호며 오르며 누리며 나며 드로매 구브며 펴며 조널이 트림호며 한숨 디흐며 주최옴호며 기춤호며 하외옴호며 기지게호며 호녁 발 이쳐 드듸며 지혀며 빗기 보몰 말며 조널이 춤 바투며 고 프디 말며 치워도 조널이 덛닙디 말며 브라와도 조널이 긁디 말며 고마온 이리 잇디 아니커든 조널이 메왯디 말며 믈 건나디 아니커든 거두드디 말며 더러온 옷과 니블와를 안홀 뵈디 말며 父母ㅅ 춤과 고콰를 뵈디 말며 곳갈와 쯱왜 뛰 묻거든 짓믈 골아 시소믈 請호며 옷과 치마왜 뛰 묻거든 짓믈 골아 샌로물 請호며 옷과 치마왜 짜디거든 바놀애 실 소아 깁 누뷰믈 請홀 디니 져므니 얼운 셤기며 놀아오니 貴호니 셤교믈 다 이룰 조촐 디니라.

7-2 부모가 시키면 하기 싫어도 하라

아들와 며느리왜 孝道호리와 恭敬호리는 父母舅姑ㅅ 命을 거스디 말며 게으르디 마롤 디니 호다가 飮食을 머그라 커시든 비록 즐기디 아니호나 모로매 맛보아 기드리며 오살 주거시든 비록 닙 곳디 아니호나 모로매 니버 기드리며 이를 시기고 사롬으로 나를 골어시든 비록 코져 아니호나 아직 주고 쏘 브린 後에사 다시 호리라.

8 부모가 병이 났을 때

曲禮예 닐오디

父母ㅣ 病이 잇거시든 冠ᄒ니 머리 빗디 아니ᄒ며 녀뎌 봄뇌디 아니ᄒ며 말ᄉ믈 게을이 아니ᄒ며 고 비화를 노디 아니ᄒ며 고기를 머고디 맛 가시요매 니르디 말며 술 머고믈 양ᄌ 가시요매 니르디 말며 우ᅀᅮ믈 넛믜요매 니르디 말며 怒호믈 구지주매 니르디 마롤 디니 病이 됴커시든 녜예 도라갈디니라.

9 부모와 시부모가 병이 났을 때

司馬溫公이 닐오디

父母와 舅姑왜 病이 잇거시든 아ᄃᆞᆯ와 며느리왜 緣故ㅣ 업거든 겨틔 나디 말며 親히 藥을 프러 맛보아 받ᄌᆞᆸ고 아ᄃᆞᆯ와 며느리왜 늣비츨 됴히 말며 노ᄅᆞᆺᄒ야 웃디 말며 이바디 ᄒ야 노디 말며 녀늣 이를 ᄇᆞ리고 젼혀 醫員 請ᄒ야 方文相考ᄒ며 藥 지소ᄆᆞ로 힘ᄡᅮᆯ 디니 病이 됴커든 처섬ᄀᆞ티 홀 디니라.

10 부모가 노하였을 때

伯兪ㅣ 허믈 잇거늘 그 어미 틴대 우더니 그 어미 닐오디 다ᄅᆞᆫ 나래 텨든 아ᄃᆞ리 ᄌᆞᆫ간도 우디 아니터니 이제 우루믄 엇뎨오. 對答호디 兪ㅣ 罪를 어더든 티샤미 샹녜 알프더니 이제 어마님 히미 能히 알프게 몯ᄒ실ᄊᆡ 이런ᄃᆞ로 우노이다.

이런 젼ᄎ로 닐오디 父母ㅣ 怒ᄒ거시든 ᄠᅳ데 짓디 아니ᄒ며 顏色애 나토디 아니ᄒ야 기피 그 罪를 受ᄒ야 어루 어엿브게 호미 上이라. 父母ㅣ 怒ᄒ거시든 ᄠᅳ데 짓디 아니ᄒ며 顏色애 나토디 아니호미 버그니라. 父母ㅣ 怒ᄒ거시든 ᄠᅳ데 지스며 顏色애 나토미 下ㅣ라.

11 「내칙」의 가르침

11-1 부모가 아끼던 사람은 부모 사후에도 공경하라

內則에 닐오딕

父母ㅣ 죵이어나 ᄒᆞ다가 물 子息이어나 물 孫子를 甚히 ᄉᆞ랑커시든 비록 父母ㅣ 업스샤도 모미 업드록 恭敬ᄒᆞ야 衰티 마로리라. 아ᄃᆞᆯᄋᆡ 두 고마를 父母ᄂᆞᆫ ᄒᆞᆫ 사ᄅᆞ믈 ᄉᆞ랑ᄒᆞ시고 아ᄃᆞᄅᆞᆫ ᄒᆞᆫ 사ᄅᆞ믈 ᄉᆞ랑커든 衣服 飮食 브터며 일 자ᄇᆞ욤 브터 호ᄃᆡ 父母ㅣ ᄉᆞ랑ᄒᆞ시ᄂᆞᆫ 바ᄅᆞᆯ 잢간도 ᄀᆞᆮ와 마라 비록 父母ㅣ 업스샤도 衰티 마로리라.

11-2 부모가 사랑하는 아내가 우선

아ᄃᆞ리 그 겨지블 甚히 맛당히 너겨도 父母ㅣ 긷디 아니커시든 내티고 아ᄃᆞ리 그 겨지블 맛당히 아니 너겨도 父母ㅣ 니ᄅᆞ샤ᄃᆡ 이사 나를 이대 셤기ᄂᆞ다 ᄒᆞ거시든 아ᄃᆞ리 夫婦禮를 行ᄒᆞ야 모미 업드록 衰티 마로리라.

11-3 큰며느리와 작은며느리의 도리

싀아비 업스면 싀어미 늙ᄂᆞ니 믈며느리 祭祀와 손 待接ᄒᆞ렷 일ᄃᆞᆯ ᄒᆞᆯ 모로매 싀어믜긔 請ᄒᆞ고 버근며느리는 믈며느리게 請ᄒᆞᆯ 디니라. 싀아비 싀어미 믈며느리를 브리거시든 게으르디 말며 잢간도 버근며느리게 無禮히 마롤 디니라. 舅姑ㅣ ᄒᆞ다가 버근며느리를 브리거시든 믈며느리게 잢간도 마자 ᄀᆞᆲ디 마라 잢간도 ᄀᆞᆯ와 녀디 말며 잢간도 ᄀᆞᆯ와 命ᄒᆞ디 말며 잢간도 ᄀᆞᆯ와 앉디 마롤 디니라. 믈읫 며느리 아ᄅᆞᆫ 지븨 命ᄒᆞ야 가라 ᄒᆞ디 아니커시든 잢간도 믈러오디 마롤 디니라. 며느리 쟝ᄎᆞ 이리 잇거든 듣근 이리며 혀근 이를 모로매 舅姑ᄭᅴ 請ᄒᆞᆯ 디니라.

11-4 부모 사후에도 부모를 생각하고 행동하라

父母ㅣ 비록 업스시나 쟝ᄎᆞ 善을 홀 저긔 父母의 됴흔 일홈 긷툐믈 ᄉᆞ랑ᄒᆞ야 모로매 果斷히 ᄒᆞ며 쟝ᄎᆞ 不善을 홀 저긔 父母의 붓그러우며 辱ᄃᆞ왼 일 긷틸가 ᄉᆞ랑ᄒᆞ야 모로매 果斷히 마롤 디니라.

12 부모 사후에 생일은 슬픈 날

伊川先生이 니ᄅᆞ샤ᄃᆡ

사ᄅᆞ미 父母ㅣ 업거든 난 나래 반ᄃᆞ기 倍히 슬허 홀 디니 가시야 엇디 술 버리고 音樂ᄒᆞ야 뻐 즐교믈 ᄒᆞ리오. ᄒᆞ다가 吉慶 ᄀᆞᄌᆞ닌 可ᄒᆞ니라.

13 부모와 임금과 스승을 섬기는 차이

禮記예 닐오ᄃᆡ

어버ᅀᅵ를 셤교ᄃᆡ 隱호미 잇고 犯호미 업스며 【隱은 ᄀᆞᄉᆞ기 諫홀 시오 犯은 ᄀᆞ장 諫홀 시라】 左右로 나ᅀᅡ가 養호ᄃᆡ 一定흔 고디 업스며 이를 브즈러니 ᄒᆞ야 주고매 니르리 ᄒᆞ며 ᄀᆞ장 홀 거상을 三年을 홀 디니라. 님금을 셤교ᄃᆡ 犯이 잇고 隱이 업스며 左右로 나ᅀᅡ가 養호ᄃᆡ 一定흔 고들 두며 일호믈 브즈러니 ᄒᆞ야 주고매 니르리 ᄒᆞ며 ᄀᆞ티 홀 거상을 三年을 홀 디니라. 스승을 셤교ᄃᆡ 犯도 업스며 隱도 업스며 左右로 나ᅀᅡ가 養호ᄃᆡ 一定흔 고디 업스며 일호믈 브즈러니 ᄒᆞ야 주고매 니르리 ᄒᆞ며 ᄆᆞᅀᆞ맷 거상을 三年을 홀 디니라.

14 『서의』의 가르침

14-1 부모 상중에 조심하는 태도

司馬溫公이 니ᄅᆞ샤ᄃᆡ

父母ㅅ 거상애 中門 밧긔 儉朴흔 더러운 지블 글히야 男人이 거상홀 싸흘 밍글오 斬衰ᄒᆞ며 【斬衰ᄂᆞᆫ 기슭 아니 호온 오시라】 거적에 자며 흙무적 베며

經帶를 밧디 아니ᄒᆞ며 【經은 삼으로 밍ᄀᆞᄂᆞ니 머리 허리예 ᄯᅴᄂᆞ니라】 사ᄅᆞᆷ과 다ᄆᆞᆺ 앉디 마롤 디니라. 婦人은 中門 앉 別室에 잇고 帳이며 니블 쇼히 빗난 거슬 거더 아ᅀᆞᆯ 디니라. 男人이 緣故ㅣ 업거든 中門의 드디 아니ᄒᆞ며 婦人이 男子의 거상ᄒᆞ논 ᄯᅡ해 곧 니르디 마롤 디니라.

  晉ㅅ 陳壽ㅣ 아비 거상을 맛나 病이 잇거늘 겨집죵을 ᄒᆞ야 藥을 부븨이더니 소니 가 보고 鄕黨이 뼈 외다 혼 議論을 ᄒᆞ니라. 이 다스로 沈滯ᄒᆞ야 걸여셔 모믈 ᄆᆞᆺ니 嫌疑ᄅᆞ왼 스싀엔 어루 삼가디 아니호미 몯ᄒᆞ리라.

14-2 부모 상중에 고기를 먹고 음악을 듣는 폐단

  녜 父母ㅅ 거상앤 ᄒᆞ마 殯ᄒᆞ고 粥 머그며 齊衰옌 【齊衰ᄂᆞᆫ ᄀᆞ장 사오나온 뵈로 ᄒᆞᄂᆞ니 기슭 호온 오시라】 블근 밥 먹고 믈 마시고 菜蔬와 果實와를 먹디 아니ᄒᆞ며 父母ㅅ 거상앤 ᄒᆞ마 虞祭ᄒᆞ며 卒哭祭ᄒᆞ고 블근 밥 머그며 믈 마시고 菜蔬와 果實와를 먹디 아니ᄒᆞ며 돌새 小祥ᄒᆞ고 菜蔬와 果實와를 머그며 ᄯᅩ 돌새 大祥ᄒᆞ고 醋와 醬과를 머그며 둘걸어 禫祭ᄒᆞ고 禫祭코든 수를 먹더니 처섬 술 머그리 몬져 둔수를 먹고 처섬 고기 머그리 몬져 ᄆᆞ른 고기를 먹더니 녯 사ᄅᆞ미 거상애 죠ᇰ간도 公然히 고기 머그며 술 머그리 업더라.

  漢ㅅ 昌邑王이 昭帝ㅅ 거상을 가 니블 제 길헤 이셔 소밥을 아니 먹더니 霍光이 그 罪를 혜여 廢ᄒᆞ니라.

  晉ㅅ 阮籍이 지조 믿고 듧ᄭᅥ워 거상호미 禮 업거늘 何曾이 文帝ㅅ 坐애셔 阮籍이를 面當ᄒᆞ야 구지저 닐오ᄃᆡ 그듸는 風俗을 ᄒᆞᅌᆞ브리는 사ᄅᆞ미라 어루 길어 두미 몯ᄒᆞ리라 ᄒᆞ고 因ᄒᆞ야 帝ᄭᅴ 술와 닐오ᄃᆡ 公이 보야ᄒᆞ로 孝道로 天下를 다ᄉᆞ리샤ᄃᆡ 阮籍의 큰 거샹으로 公坐애셔 술 머그며 고기 머그믈 許ᄒᆞ시ᄂᆞ니 四裔예 내조ᄎᆞ샤 【四裔ᄂᆞᆫ 四方ㅅ ᄀᆞᅀᅵ니 나랏 內예 던 ᄯᅡ홀 니르니라】 ᄒᆞ여 華夏를 더러요미 업게 ᄒᆞ샤ᅀᅡ 맛다ᇰᄒᆞ니이다. 【華夏ᄂᆞᆫ 中華ㅅ 빗난 ᄯᅡ히라】

  宋 盧陵王 義眞이 武帝ㅅ 시르메 이셔 左右엣 사ᄅᆞᄆᆞᆯ 히여 믌고기며 묻고

기며 貴흔 차바눌 사아 齋室 안해 各別히 廚帳을 셰엿더니【廚는 차반 밍ᄀᆞ는 ᄃᆡ라】 마초아 長史 劉湛이 들어눌 因ᄒᆞ야 命호ᄃᆡ 술 더이고 生蛤 구어 오라 ᄒᆞᆫ대 湛이 正色ᄒᆞ야 닐오ᄃᆡ 公이 이제를 當ᄒᆞ야 이셔 이런 法律 이쇼미 맛당 티 몯ᄒᆞ이다. 義眞이 닐오ᄃᆡ 아ᄎᆞ미 甚히 치우니 長史는 이리 호 집 ᄀᆞ튼니 달이 너기디 아니켓고 ᄇᆞ라노라. 수리 니르거눌 湛이 니러 닐오ᄃᆡ ᄒᆞ마 能 히 禮로뻐 스스로 處斷티 몯ᄒᆞ고 쏘 能히 禮로뻐 ᄂᆞ몰 處티 몯ᄒᆞᆺ다.

隋煬帝 太子 드외야실 제 文獻皇后ㅅ 거상 니버셔 每日 아ᄎᆞ미 두 좀 ᄡᆞᆯ 바티게 ᄒᆞ고 아룸도이 밧글 히여 술진 고기와 보슉과 젓과를 가져다가 대룡 ᄡᅡ온ᄃᆡ 녀코 밀로 이플 막고 옷보ᄒᆞ로 ᄢᆡ리여 드리더라.

湖南 楚王 馬希聲이 그 아바님 武穆王 葬ᄒᆞᆯ 나래 오히려 둙 湯을 먹더니 그 官屬 潘起 譏弄ᄒᆞ야 닐오ᄃᆡ 녜 阮籍이 거상ᄒᆞ야셔 ᄯᅦᆫ 도틀 먹더니 어느 代 예 賢人이 업거뇨 ᄒᆞ니 그러면 五代ㅅ 시졀에【五代는 梁 · 唐 · 晋 · 漢 · 周 ㅣ 라】 거상ᄒᆞ야셔 고기 머그리를 사ᄅᆞ미 오히려 다른 일만 너기니 흘러 온 風俗의 幣 그 오미 甚히 갓갑도다.

이젯 士大夫ㅣ 거상ᄒᆞ야셔 고기 머그며 술 머고미 샹녯 나래셔 달오미 업스며 쏘 서르 조차가 이바디 會集ᄒᆞ며 넙써이 붓그림 업거든 눕도 쏘 아 므라토 아니ᄒᆞ야 달이 너기디 아니ᄒᆞ야 禮옛 風俗의 허로믈 니겨 샹녜르이 너기ᄂᆞ니 슬프다.

더러운 미햇 사ᄅᆞ미 시혹 첫 거상애 歛殯티 몯ᄒᆞ야셔도 아ᅀᆞᆷ맷 소니 술 와 차바눌 가져다가 慰勞ᄒᆞ거든 主人이 쏘 제 술 차반 準備ᄒᆞ야 서르 다믓혀 醉ᄒᆞ야 비블오믈 날 넘우 ᄒᆞ며 葬ᄒᆞᆯ 제 미처도 쏘 이리 ᄒᆞ매 니르ᄂᆞ니라. 甚 흔 사ᄅᆞ믄 첫 거상애 音樂ᄒᆞ야뻐 주거믈 즐기게 ᄒᆞ며 殯葬ᄒᆞᆯ 제 미처는 音樂 으로 輀車를【輀車는 송쟝 술위라】 引導ᄒᆞ고 우ᄅᆞ미 조츠며 쏘 거상을 ᄒᆞ야 셔 곧 嫁娶ᄒᆞ리 잇ᄂᆞ니 슬프다 니근 風俗의 고툐미 어려움과 어린 사ᄅᆞ미 알외욤 어려우미 이러ᄒᆞ매 니를셔.

믈읫 父母ㅅ 거상ᄒᆞ린 大祥 前에 다 어루 고기 머그며 술 머고미 몯ᄒᆞ리니 ᄒᆞ다가 病이 이셔 갇간 모로매 고기 머그며 술 머글 디라도 病이 됴커든 ᄯᅩ 모로매 쳐서매 도라갈 디니라. 반ᄃᆞ기 ᄒᆞ다가 素 차바ᄂᆞᆯ 能히 모기 ᄂᆞ리오디 몯ᄒᆞ야 오라 아시드러 病이 일가 저프닌 어루 그깃 汁과 脯肉과 젓과 시혹 고기 아니하니로ᄡᅥ 그 滋味를 도올디언뎡 貴ᄒᆞᆫ 飮啖과 盛ᄒᆞᆫ 차바ᄂᆞᆯ 젿곳 머그며 사ᄅᆞᆷ과 다뭇 이바디ᄒᆞ며 즐겨 호미 可티 아니ᄒᆞ니 이는 비록 거상 오ᄉᆞᆯ 니브나 그 實은 거상ᄋᆞᆯ ᄒᆞ디 아니 칸 디니라. 오직 쉰 以上애 血氣 ᄒᆞ마 衰ᄒᆞ야 모로매 술 고기를 資賴ᄒᆞ야 더위자바 養ᄒᆞ린 모로매 그리홀디 아니니라. 그 거상ᄒᆞ야셔 音樂 드르며 嫁娶ᄒᆞ린 【嫁는 겨지비 남진 어를 시오 娶는 남진이 겨집 어를 시라】 나라해 正ᄒᆞᆫ 法이 이실ᄉᆡ 이에 다시 議論 아니 ᄒᆞ노라.

15 거상을 바르게 한 안정

顔丁이 거상을 이대 ᄒᆞ더니 처섬 주고매 皇皇ᄒᆞ야 【皇皇은 便安티 몯ᄒᆞᆫ 양지라】 어두듸 몯 얻는 ᄃᆞᆺᄒᆞ며 ᄒᆞ마 殯ᄒᆞ야는 望望ᄒᆞ야 【望望은 가듸 도라보디 아니ᄒᆞ는 양지라】 조차 가듸 몯 밋는 ᄃᆞᆺᄒᆞ며 ᄒᆞ마 葬ᄒᆞ야는 慨然ᄒᆞ야 【慨는 애ᄃᆞ는 ᄠᅳ디라】 그 도라오ᄆᆞᆯ 몯 밋는 ᄃᆞᆺᄒᆞ야 기드리더라.

16 모친상을 입고 죄인을 자처한 하자평

海虞令 何子平이 어믜 거상애 그우시ᄅᆞᆯ ᄇᆞ리고 슬허호ᄆᆞᆯ 禮예 너모 ᄒᆞ야 미샹 봄뇌야 우로매 다 주겟다가 씨더라. 마초아 大明末애 東土ㅣ 가난ᄒᆞ고 軍旅ㅣ 니서실ᄉᆡ 【旅는 할 시라】 여듧 ᄒᆡ를 시러 묻갋디 몯ᄒᆞ야 나지며 바미며 블러 우로듸 샹녜 袒括 날ᄀᆞ티 ᄒᆞ야 【袒은 엇거 낼 시오 括은 머리 퍼딜 시니 첫 거상 禮라】 겨ᅀᅳ레 소옴 둔 오ᄉᆞᆯ 닙디 아니ᄒᆞ고 녀르메 서늘ᄒᆞᆫ ᄃᆡ 가디 아니ᄒᆞ며 ᄒᆞᄅᆞ ᄡᆞᆯ 두 호브로ᄡᅥ 죽을 밍글오 소곰과 ᄂᆞ믈ᄒᆞᆯ 먹디 아니

ᄒ더라. 사는 지비 ᄒ야디여 ᄇᆞᄅᆞᆷ과 히ᄅᆞᆯ ᄀᆞ리오디 몯ᄒ거늘 兄의 아ᄃᆞᆯ 伯興이 爲ᄒ야 修理코져 ᄒ더니 子平이 즐기디 아니ᄒ야 닐오ᄃᆡ 나는 ᄠᅳ뎃 이ᄅᆞᆯ 펴디 몯ᄒ얏ᄂᆞᆫ 디라 天地예 ᄒᆞᆫ 有罪ᄒᆞᆫ 사ᄅᆞ미어니 지블 엇뎨 니요미 맛당ᄒ리오. 蔡興宗이 會稽太守ㅣ ᄃᆞ외야 甚히 더옥 어엿비 너기며 과ᄒ야 爲ᄒ야 무더믈 일우니라.

3 혼례장

1 「혼의」의 가르침

1-1 혼례의 절차와 태도

昏義예 닐오ᄃᆡ

昏姻禮ᄂᆞᆫ 쟝ᄎᆞᆺ 두 姓의 됴호믈 뫼화 우흐론 宗廟ᄅᆞᆯ 셤기고 아래론 後世ᄅᆞᆯ 닛게 ᄒᆞᄂᆞ니 그럴ᄉᆡ 君子ㅣ 重히 ᄒᆞᄂᆞ니 이런ᄃᆞ로 昏姻禮예 納采와 【納采ᄂᆞᆫ 그려기 드려 굴히ᄂᆞᆫ 禮라】 問名과 【問名은 겨지븨 난 어믜 일홈 무를 시라】 納吉와 【納吉은 됴ᄒᆞᆫ 占卜 드릴 시라】 納徵과 【納徵은 幣帛 드려 昏姻 보람ᄒᆞᆯ 시라】 請期호믈 【請期ᄂᆞᆫ 昏姻ᄒᆞᆯ 나ᄅᆞᆯ 쳥ᄒᆞᆯ 시라】 다 主人이 廟애 돗 ᄭᆞᆯ며 几 노코 【廟ᄂᆞᆫ 祠堂이라】 門 밧긔 졀ᄒ야 마자 드러 揖ᄒ야 辭讓ᄒ야 올아 廟애 命을 듣ᄂᆞ니 【命은 사회 짓 마리라】 昏姻禮ᄅᆞᆯ 恭敬ᄒᆞ며 삼가며 重히 ᄒ며 正히 호미라.

1-2 혼례는 예의 근본

恭敬ᄒ며 삼가며 重히 ᄒ며 正ᄒᆞᆫ 後에ᅀᅡ 親ᄒᆞᄂᆞ니 禮의 大體니 남진 겨집 굴히요믈 일워 夫婦의 義ᄅᆞᆯ 셰오미라. 남진과 겨집괘 굴히요미 이신 後에ᅀᅡ 夫婦ㅣ 義 잇고 夫婦ㅣ 義 이신 後에ᅀᅡ 아비와 아ᄃᆞᆯ왜 親ᄒᆞ요미 잇고 아비와 아들왜 親ᄒᆞ요미 이신 後에ᅀᅡ 님금과 臣下왜 正히 ᄒᆞ요미 잇ᄂᆞ니 그런ᄃᆞ로 닐오ᄃᆡ 昏姻禮ᄂᆞᆫ 禮의 根源이라.

2 혼례의 의미
禮記예 닐오ᄃᆡ

昏姻ᄒᆞ는 禮ᄂᆞᆫ 萬世의 비르소미니 다른 姓에 取ᄒᆞ요ᄆᆞᆫ ᄡᅥ 머리 호ᄆᆞᆯ 븓게 ᄒᆞ며 글히요ᄆᆞᆯ 두터이 ᄒᆞ논 배니라. 幣ᄅᆞᆯ 모로매 精誠도이 ᄒᆞ며 말ᄉᆞᄆᆞᆯ 두터이 아니홈 업시 ᄒᆞ야 告호ᄃᆡ 直과 信과로 ᄡᅥ ᄒᆞᄂᆞ니 信은 사ᄅᆞᄆᆞᆯ 셤기며 信은 겨지븨 德이니라. ᄒᆞᆫ 번 다뭇 ᄀᆞᄌᆞ기 ᄒᆞ면 모미 ᄆᆞᆺᄃᆞ록 가ᄉᆡ디 아니ᄒᆞᄂᆞ니 이런ᄃᆞ로 남지니 주거도 얻디 아니ᄒᆞᄂᆞ니라. 男子ㅣ 親히 마자 남지니 겨지븨게 몬져 홈문 剛과 柔왓 ᄡᅳ디니 하ᄂᆞᆯ히 ᄯᅡᄒᆞ톳 몬져 ᄒᆞ며 님금이 臣下롯 몬져 호미 그 ᄠᅳ디 ᄒᆞᆫ 가지라. 摯ᄅᆞᆯ 자바【摯ᄂᆞᆫ 그려기라】ᄡᅥ 서르 보논ᄃᆞᆫ 恭敬ᄒᆞ야 有別호ᄆᆞᆯ 불기 개니라. 男女ㅣ 글히요미 이신 後에ᅀᅡ 아비와 아들왜 親ᄒᆞ며 아비와 아들왜 親ᄒᆞᆫ 後에ᅀᅡ 義 나며 義 난 後에ᅀᅡ 禮 ᄃᆞ외며 禮 ᄃᆞ왼 後에ᅀᅡ 萬物이 便安ᄒᆞᄂᆞ니 글히욤 업스며 義 업소ᄆᆞᆫ 禽獸의 道ㅣ라.

3 조혼으로 인한 요절
王吉이 글워ᄅᆞᆯ 進上ᄒᆞᅀᆞ와 닐오ᄃᆡ

夫婦ᄂᆞᆫ 人倫의 큰 綱領이니 短命ᄒᆞ며 長壽홀 萌芽ㅣ라. 世俗이 嫁娶호ᄆᆞᆯ 해 일ᄒᆞ야 사ᄅᆞ미 父母 ᄃᆞ외욜 道ᄅᆞᆯ 아디 몯ᄒᆞ야셔 子息이 잇ᄂᆞ니 이런ᄃᆞ로 敎化ㅣ ᄇᆞᆰ디 몯ᄒᆞ며 百姓이 해 일 죽ᄂᆞ니이다.

4 『중설』의 가르침
4-1 혼인할 때 재물을 논하지 말라
文中子ㅣ 닐오ᄃᆡ

婚娶홀 제 쳔량 議論호믄 되 다대의 道ㅣ니 君子ㅣ 그 ᄀᆞ올히 드디 아니 ᄒᆞᄂᆞ니라. 네 남진 겨지븨 아ᄉᆞ미 各各 德을 굴힐 ᄲᅵ니언뎡 쳔량으로ᄡᅥ 禮ᄅᆞᆯ 삼디 아니ᄒᆞ더니라.

4-2 조혼과 다첩의 폐해

일 婚姻ᄒᆞ며 져머셔 媒聘호믄 【媒ᄂᆞᆫ 듕신이라】 사ᄅᆞᄆᆞᆯ ᄀᆞᄅᆞ쵸되 輕薄ᄒᆞᆫ 이ᄅᆞᆯ ᄡᅥ ᄒᆞᄂᆞᆫ 디오 고마ᄅᆞᆯ 數 업시 호믄 사ᄅᆞᄆᆞᆯ ᄀᆞᄅᆞ쵸되 어즈러오ᄆᆞᆯ ᄡᅥ ᄒᆞᄂᆞ 디니 ᄯᅩ 貴ᄒᆞ니와 賤ᄒᆞ니왜 差等이 잇ᄂᆞ니 ᄒᆞᆫ 남진 ᄒᆞᆫ 겨지븐 庶人의 셕시라.

5 부귀를 기준으로 며느리를 구하지 말라

司馬溫公이 닐오ᄃᆡ

믈읫 婚姻을 議論호ᄃᆡ 모로매 몬져 그 사회와 며느리의 性식과 힝덕과 그 짒 法이 엇던고 ᄒᆞ야 술피고 苟且히 그 가ᅀᆞ며며 벼슬 노푼 이ᄅᆞᆯ 과ᄒᆞ디 마ᄅᆞᆯ 디니라. 사회 眞實로 어딜면 이졔 비록 가난코 놀아온ᄃᆞᆯ 다ᄅᆞᆫ 시졀에 富貴티 아니홇 ᄃᆞᆯ 엇뎨 알리오. 眞實로 不肖ᄒᆞ면 이졔 비록 富貴ᄒᆞᆫᄃᆞᆯ 다ᄅᆞᆫ 시졀에 貧賤티 아니홇 ᄃᆞᆯ 엇뎨 알리오.

며느리라 ᄒᆞᆫ 거슨 지븨 盛커나 衰커나 호매 브툰 배니 ᄒᆞ다가 一時옛 富貴ᄅᆞᆯ 과ᄒᆞ야 娶ᄒᆞ면 뎨 그 富貴ᄅᆞᆯ 뼈셔 그 남진을 므던히 너기며 그 싀아비 싀어미게 傲慢티 아니ᄒᆞ리 져그니 驕慢ᄒᆞ며 새옴ᄒᆞᄂᆞᆫ 性식을 養ᄒᆞ야 일우면 다ᄅᆞᆫ 나래 分別두외요미 어딋던 그지 이시리오. 비록 며느리 쳔량을 因ᄒᆞ야 ᄡᅥ 가ᅀᆞ며로ᄆᆞᆯ 닐위며 며느릐 有勢ᄅᆞᆯ브터 ᄡᅥ 貴호ᄆᆞᆯ 取ᄒᆞᆫᄃᆞᆯ 眞實ㅅ 丈夫의 ᄠᅳᆮ과 긔운과ᄅᆞᆯ 뒷ᄂᆞᆫ 사ᄅᆞ민댄 能히 붓그러오미 업스리여.

6 딸은 친정보다 나은 집으로 시집보내라

安定 胡先生이 닐오ᄃᆡ

ᄯᆞ를 얼요ᄃᆡ 모로매 내 지븨셔는 ᄒᆞᆫ 디 ᄒᆞ리니 내 지븨셔 늘면 ᄯᆞ리 사
ᄅᆞᆷ 셤교미 반ᄃᆞ기 恭敬ᄒᆞ며 반ᄃᆞ기 조심ᄒᆞ리라. 며느리를 어두ᄃᆡ 모로매 내
집만 ᄀᆞᆮ디 몯ᄒᆞ니를 ᄒᆞ리니 내 집만 ᄀᆞᆮ디 몯ᄒᆞ면 며느리의 舅姑 셤교미 반
ᄃᆞ기 며느리 道理를 자ᄇᆞ리라.

7 초례 때 부모가 하는 당부의 말

士昏禮예 닐오ᄃᆡ

아비 아ᄃᆞ를 醮ᄒᆞ고【醮는 아들 婚姻ᄒᆞᆯ 제 술 이바돌 시라】 命ᄒᆞ야 닐오ᄃᆡ 가
녀 도올 사ᄅᆞᄆᆞᆯ 마자 우리 宗廟ㅅ 이를 니ᅀᅩᄃᆡ 힘뼈 드려 先妣 니ᅀᅳᆯ 이를【先妣
는 祠堂애 든 녀편돌히라】 恭敬ᄒᆞ고 네 덛덛호ᄆᆞᆯ 두라. 아ᄃᆞ리 닐오ᄃᆡ 그리ᄒᆞ
리이다. 오직 몯 이긜가 저ᄒᆞ거니와 갮간도 命을 닛디 아니ᄒᆞ리이다. 아비 ᄯᆞ
를 보낼 제 命ᄒᆞ야 닐오ᄃᆡ 조심ᄒᆞ며 恭敬ᄒᆞ야 일져므리 ᄒᆞ야 命을 그릇디
말라. 어미 ᄯᅴ 믜오 手巾 믜오 닐오ᄃᆡ 힘ᄡᅳ며 恭敬ᄒᆞ야 일져므리 ᄒᆞ야 짒 이
를 그릇디 말라. 뭀어미 門 안해 미처 ᄂᆞ뭇 치이고 父母ㅅ 命을 다시 ᄒᆞ고
命ᄒᆞ야 닐오ᄃᆡ 네 父母ㅅ 말ᄊᆞᄆᆞᆯ 恭敬ᄒᆞ야 듣ᄌᆞ와 尊히 ᄒᆞ야 일져므리 ᄒᆞ야
허므리 업스라 ᄒᆞ고 ᄯᅴ와 ᄂᆞ뭇과를 보라 ᄒᆞᄂᆞ니라

8 삼종지도와 칠거지악

孔子ㅣ 닐ᄅᆞ샤ᄃᆡ

婦人은 사ᄅᆞᄆᆡ게 굿ᄇᆞ는 거시니 이러 젼ᄎᆞ로 오ᅀᆞ로 制斷ᄒᆞ논 ᄠᅳ디 업고
세 좃논 道理 잇ᄂᆞ니 지븨 이셔는 아비를 좃고 사ᄅᆞᄆᆡ게 가는 남진을 좃고
남진 죽거든 아ᄃᆞ를 조차 갮간도 절로 일오는 배 업스니라. ᄀᆞᄅᆞ치논 슈을
閨門에 내디 아니ᄒᆞ며 이리 밥 이받논 ᄉᆞᅀᅵ예 이실 ᄯᆞᄅᆞ미니라. 이런 젼ᄎᆞ
로 겨지븐 閨門 안해셔 나ᄅᆞᆯ 져믈오고 百里 ᄯᅡ해 거상 니브라 가ᄆᆞᆯ 아니ᄒᆞ
며 이를 쥬변으로 호미 업스며 行을 ᄒᆞ오ᅀᅡ 일우미 업스며 모다 안 後에ᅀᅡ

뮈여 어루 본즁흔 後에사 니ᄅ며 나지 ᄠᅳᆯ헤 노니디 아니ᄒ며 바미 녀듸 브를 뼈 홀 디니 뼈 겨집의 德을 正히논 배니라.

겨집이 다ᄉᆞᆺ 取티 아니호미 잇ᄂᆞ니 거슬ᄠᅳᆫ 짓 아ᄃᆞᆯ 取티 말며 어즈러온 짓 아ᄃᆞᆯ 取티 말며 뉘마다 罪 니븐 사ᄅᆞ미 잇거든 取티 말며 뉘마다 모딘 病 잇거든 取티 말며 아비 일훔 몯아ᄃᆞᆯ 取티 마롤 디니라.

겨지비 닐굽 내튜미 잇ᄂᆞ니 父母의 順티 아니커든 내티며 아ᄃᆞᆯ 업거든 내티며 淫亂커든 내티며 새옴커든 내티켜 모딘 病 잇거든 내티며 말ᄉᆞᆷ 하거든 내티며 ᄀᆞᄆᆞᆫ훈 盜賊ᄒ거든 내튤 디니라. 세 몯 내튜미 잇ᄂᆞ니 取혼 배 잇고 갈 배 업거든 내티디 말며 더브러 三年 거상ᄋᆞᆯ 디내여든 내티디 말며 몬져 貧賤ᄒ고 後에 富貴커든 내티디 마롤 디니라. 믈읫 이논 聖人이 뼈 男女ㅅ ᄉᆞᅀᅵ를 順케 ᄒ시며 婚姻ㅅ 始作ᄋᆞᆯ 重히 ᄒ논 배시니라.

4 부부장

1 『여교』의 가르침
1-1 남편은 아내의 하늘

女敎애 닐오딕

겨지비 비록 ᄒᆞᆫ가지라 니ᄅᆞ나 남진은 겨지븨 하늘히라 禮로 반ᄃᆞ기 恭敬ᄒ야 셤교딕 아비ᄀᆞ티 홀 디니 모ᄅᆞᆯ 늣가이 ᄒ며 ᄠᅳ들 ᄂᆞ즉기 ᄒ야 거즛 尊코 큰 양 말며 오직 順從호ᄆᆞᆯ 알오 자ᇝ간도 거슬ᄢᅵ 마롤 디니 ᄀᆞᄅᆞ치며 警戒호ᄆᆞᆯ 드로딕 聖人ㅅ 글 드롬ᄀᆞ티 ᄒ며 모ᄅᆞᆯ 보비로이 너교딕 구슬ᄀᆞ티 ᄒ야 져허 守홀 디니 자ᇝ간이나 ᄆᆞᅀᆞᆷ 노하 펴아려. 몸도 오히려 잇디 아니커니 므스글 미드리오.

남지니 眞實로 허므리 잇거든 委曲히 諫호딕 利害를 펴 닐어 ᄂ즐 溫和히 ᄒ며 말ᄉᄆᆯ 順히 홀 디니 남진이 ᄒ다가 ᄀ장 怒ᄒ야커든 깃거든 다시 諫 ᄒ야 비록 튜믈 니버도 엇뎻 ᄌᆞ간이나 怨望ᄒ며 애와티리오. 남지ᄂᆡ 所任은 반ᄃᆞ기 尊ᄒ고 겨지븐 ᄂᆞᆺ가온 디라 시혹 티며 시혹 구지조미 分에 맛당호미니 내 어듸쫀 ᄌᆞ간이나 對答ᄒ며 내 어듸쫀 ᄌᆞ간이나 怒ᄒ리오. 브터 ᄒᆞ쁴 늘골 디라 ᄒᆞ롯 젼치 아니니라. 터럭만 이를 모로매 알외욜 디니 엇뎨 ᄌᆞ간이나 제 쥬변ᄒ리오. 쥬변ᄒ면 사ᄅᆞ미 아니니라.

　　남진의 집 허므를 父母ᄭᅴ 니ᄅᆞ디 마롤 디니 ᄒᆞᆫ갓 어버ᅀᅴ 시르믈 기티ᄂᆞᆫ 디라 니른들 므스기 보태리오. 남진 어러 ᄒᆞ마 도라간 주그며 사ᄅᆞ므로 뻐 홀 디니 【겨지븐 남진의 지블 제 집 사ᄆᆞᆯᄉᆡ 남진 어루믈 도라가다 ᄒᆞᄂᆞ니라】 ᄒᆞ다가 어즈러이 ᄒ면 므쇼만도 ᄀᆞᆮ디 몯ᄒ니라. 지블 ᄂᆞᆯ완고져 홀딘댄 닐오 딕 和홈과 順홈괘니 므스ᄀ로써 이에 닐위료. ᄯᅩ 恭敬호매 잇ᄂᆞ니라.

1-2 부부는 인륜의 근본이니 여자도 가르쳐라

　　夫婦의 道ᄂᆞᆫ 陰과 陽과이 마ᄌᆞ며 神明에 ᄉᆞᄆᆞᄎᆞ니 眞實로 하ᄂᆞᆯ과 따쾃 큰 義며 人倫의 큰 ᄆᆞ디라. 이런ᄃᆞ로 禮예 男女ᅵ ᄉᆞ싀를 貴히 너기고 毛詩예 關 雎ㅅ 義를 나토니 【關雎ᄂᆞᆫ 毛詩 篇ㅅ 일후미니 關은 암수히 서르 和히 우는 소리 오 雎鳩ᄂᆞᆫ 므렛 새 일후미니 짜글 一定ᄒ야 서르 어즈러이 아니ᄒ면 둘히 샹녜 글 와 노로ᄃᆡ 서르 즈올아이 아니ᄒ야 ᄠᅳ디 至極호ᄃᆡ 글히요미 잇ᄂᆞ니라. 周 文王이 나 聖德이 겨시고 ᄯᅩ 聖女 姒氏를 어드샤 配匹을 사마시ᄂᆞᆯ 宮中ㅅ 사ᄅᆞ미 그 처섬 오실 제 幽閑貞靜ᄒᆞᆫ 德이 겨실ᄊᆡ 이 詩를 지서 닐오ᄃᆡ 서르 和樂ᄒ시며 恭敬ᄒ샤미 雎鳩ㅣ ᄀᆞᆮᄒ시다 ᄒ니라. 幽ᄂᆞᆫ 기플 시오 閑은 安靜홀 시오 貞은 一定홀 시오 靜은 ᄆᆞᅀᆞ미 조홀 시라.】 이를 브터 니ᄅᆞ건댄 重히 너기디 아니호미 몯ᄒ리라. 남 지니 어디디 몯ᄒ면 겨지블 거느리디 몯ᄒ고 겨지비 어디디 몯ᄒ면 남지ᄂᆞᆯ 셤기디 몯ᄒ며 남지니 겨지블 거느리디 몯ᄒ면 威儀ㅣ ᄒᆞ야디고 【威儀ᄂᆞᆫ 거동이 싁싁ᄒᆞ고 法바담직 홀 시라】 겨지비 남지늘 셤기디 몯ᄒᆞ면 義理 믈어디리니 이 두 이ᄅᆞᆯ 가줄비건댄 그 ᄲᅮ미 ᄒᆞᆫ가지라.

이젯 君子ᄅᆞᆯ 본딘 흔갓 겨지블 거느리디 아니ᄒᆞ미 외음과 威儀整齊 아니ᄒᆞ미 왼 주를 알시 아ᄃᆞᆯ 그ᄅᆞ쳐 글월로 모ᄆᆞᆯ 가지게 ᄒᆞ고 남지늘 셤기디 아니ᄒᆞ미 의음과 禮義를 두디 아니ᄒᆞ미 원주를 ᄀᆞ장 아디 몯ᄒᆞ야 흔갓 아ᄃᆞᆯ를 ᄀᆞᄅᆞ치고 ᄯᆞᆯ를 ᄀᆞᄅᆞ치디 아니ᄒᆞᄂᆞ니 ᄯᅩ 녀와 이왓 혜아료매 ᄀᆞ료민뎌. 禮예 여듧 서레 비르서 그를 ᄀᆞᄅᆞ치고 열 다ᄉᆞ새 學애 듣 뒷ᄂᆞ니 ᄒᆞ오사 이를 브터 法 삼디 아니호미 可ᄒᆞ리여.

1-3 양강음유의 원리와 경순의 도

陰陽이 性이 다ᄅᆞ고 男女ㅣ 힝뎌기 다ᄅᆞ니 陽은 剛으로뻐 德을 삼고 【剛은 구들 시라】陰은 부드러오ᄆᆞ로뻐 用을 사ᄆᆞ며 남지ᄂᆞᆫ 세요ᄆᆞ로뻐 貴호ᄆᆞᆯ 삼고 겨지븐 弱호ᄆᆞ로뻐 아ᄅᆞᆷ다오ᄆᆞᆯ 삼ᄂᆞ니 이럴시 世俗애 닐오디 아ᄃᆞᆯ를 일히 굳ᄒᆞ니ᄅᆞᆯ 나하도 오히려 질약홀가 저코 ᄯᆞᆯ를 쥐 굳ᄒᆞ니ᄅᆞᆯ 나하도 오히려 범 굳홀가 저타 ᄒᆞ니 그러면 몸 닷고미 恭敬만 ᄒᆞ니 업고 셰음 避호미 順홈만 ᄒᆞ니 업스니 그럴시 닐오디 敬과 順괏 道ᄂᆞᆫ 婦人의 큰 禮라. 敬은 녀느 아니라 오래 가져슈믈 니ᄅᆞ고 順은 녀느 아니라 어위크며 ᄌᆞᄂᆞᆨᄌᆞᄂᆞᆨ호ᄆᆞᆯ 니ᄅᆞ니 오래 가졧ᄂᆞ닌 마롬과 足호ᄆᆞᆯ 알오 어위 크며 ᄌᆞᄂᆞᆨᄌᆞᄂᆞᆨᄒᆞᄂᆞᆫ 溫恭ᄒᆞ야 ᄂᆞ즉호ᄆᆞᆯ 崇尙ᄒᆞᄂᆞ니라.

夫婦의 됴히 너교미 모미 뭇듣록 여희디 아니ᄒᆞ야 방 안해 周旋ᄒᆞ야【周旋은 횟돌 시라】 므던히 너교미 나ᄂᆞ니 므던히 너교미 ᄒᆞ마 나면 말ᄉᆞ미 너므며 말ᄉᆞ미 ᄒᆞ마 너므면 방쨰호미 반ᄃᆞ기 니ᄅᆞ와ᄃᆞ며 방쨰호미 ᄒᆞ마 니ᄅᆞ와ᄃᆞ면 남진 므던히 너굘 ᄆᆞᅀᆞ미 나ᄂᆞ니 이 마롬과 足호ᄆᆞᆯ 아디 몯혼 다시라. 이리 曲ᄒᆞ며 直호미 이시며 말ᄉᆞ미 올ᄒᆞ며 외요미 잇ᄂᆞ니 直ᄒᆞᆫ 드토디 아니호ᄆᆞᆯ 몯ᄒᆞ고 曲ᄒᆞ닌 發明티 아니호ᄆᆞᆯ 몯ᄒᆞᄂᆞ니 發明홈과 드토ᄆᆞᆯ ᄒᆞ

마 펴면 忿怒ᄒᆞᄂᆞᆫ 이리 잇ᄂᆞ니 이 溫恭ᄒᆞ야 ᄂᆞ죽홈들 崇尙 아니ᄒᆞᆫ 다시라.

남진 므던히 너교믈 짐쟉 아니ᄒᆞ면 구지주미 좃고 忿怒를 마디 아니ᄒᆞ면 채 마조미 좃ᄂᆞ니 夫婦ㅣ 義로 和親ᄒᆞ고 恩으로 和合ᄒᆞᄂᆞᆫ 거시어늘 채 마조미 ᄒᆞ마 行ᄒᆞ면 므슴 義 이시며 구지주미 ᄒᆞ마 펴면 므슴 恩이 이시리오. 恩義 다 업스면 夫婦ㅣ 다 여희ᄂᆞ니라.

1-4 남편의 마음을 얻어라

남진은 다시 娶ᄒᆞᄂᆞᆫ 義 잇고 겨지븐 두 번 가는 글월리 업스니 이럴ᄉᆡ 닐오ᄃᆡ 남진은 하ᄂᆞᆯ히니 하ᄂᆞᆯᄒᆞᆫ 本來 逃亡 몯홀 거시오 남진은 本來 여희디 몯홀 거시라. 힝뎌기 神明의 어기면 하ᄂᆞᆯ히 罰ᄒᆞ시고 禮義 허므리 이시면 남지니 믜야히 ᄒᆞ리니 그럴ᄉᆡ 女憲에 닐오ᄃᆡ 【女憲은 겨집 警戒혼 글월리라】 ᄒᆞᆫ 사ᄅᆞ미게 ᄠᅳ들 得ᄒᆞ면 이 닐온 永히 ᄆᆞᄎᆞ미오 ᄒᆞᆫ 사ᄅᆞ미게 ᄠᅳ들 일흐면 이 닐온 永히 ᄆᆞᄎᆞ미라 ᄒᆞ니 이ᄅᆞᆯ브터 니ᄅᆞ건댄 그 므ᅀᅳ믈 求티 아니호미 몯ᄒᆞ리니

그러나 求ᄒᆞᄂᆞᆫ 배 阿黨ᄒᆞ며 아릿다온 양ᄒᆞ야 苟且히 親ᄒᆞ요ᄆᆞᆯ 닐온디 아니라 므ᅀᅳ믈 올오며 顔色을 正히 ᄒᆞ야 禮義예 다미이여 귀예 더러온 이ᄅᆞᆯ 듣디 말며 누네 보믈 邪히 말며 나 양ᄌᆞᄅᆞᆯ 고이 말며 드러 ᄭᅮ묘믈 廢티 말며 무를 뫼호디 말며 이페 엿오디 마롬 ᄀᆞᆮᄒᆞ니 업스니 닐온 므ᅀᅳ믈 올오며 顔色을 正히 ᄒᆞ요미라. ᄒᆞ다가 動ᄒᆞ며 靜호미 가븨야으며 보며 드로미 一定티 아니ᄒᆞ며 들면 머리 허트며 양ᄌᆞ 골업시 ᄒᆞ고 나면 괴이 양ᄌᆞᄅᆞᆯ 지스며 니ᄅᆞ디 몯홀 바ᄅᆞᆯ 니ᄅᆞ며 보디 몯홀 바ᄅᆞᆯ 볼시 이 닐온 므ᅀᅳ믈 올오며 顔色을 正히 몯ᄒᆞ요미라.

1-5 시부모의 마음을 얻어라

ᄒᆞᆫ 사ᄅᆞ미게 ᄠᅳ들 得ᄒᆞ면 이 닐온 永히 ᄆᆞᄎᆞ미오 ᄒᆞᆫ 사ᄅᆞ미게 ᄠᅳ들 일흐

면 이 닐온 永히 무초미라 ㅎ니 사르미 뜨들 一定ㅎ며 므스물 올오과뎌 ㅎ
논 마리라. 舅姑의 므스물 엇뎨 일후미 맛당ㅎ리오. 物이 恩惠로뻐 제 여희
리 이시며 또 義로뻐 제 헐리 잇느니 남진이 비록 스랑ㅎ나 舅姑ㅣ 외다 ㅎ
면 이 닐온 義로 제 허로미라.

그러면 舅姑의 므스물 엇뎨ㅎ료. 曲盡히 조초매 더으니 업스니라. 싀어미
닐오딕 너를 외오 아니 너겨 올타 ㅎ면 본딕 슈을 조초미 올코 싀어미 닐오
딕 너를 외니라 ㅎ야도 오히려 命을 順호미 올ㅎ니 올ㅎ며 외요매 거슬뼈
ㅎ며 고ㅂ며 直ㅎ물 ᄃ토아 分揀티 마롤 디니 이 닐온 曲盡히 조초미라. 그
럴식 女憲에 닐오딕 며느리 그리메와 뫼사리 곧ㅎ면 엇뎨 아름답디 아니ㅎ
리오 ㅎ니라.

2 부인 노릇 하기가 가장 어렵다

方氏女敎애 닐오딕

온가짓 일 나미 해 겨지블 븓ᄂ니 ㅎ마 모디러 새옴ㅎ고 또 有毒ㅎ야 嗔
心ㅎ면 크면 지블 ㅎ야ᄇ리고 져그면 모물 배리니 누늘 드러 보건댄 滔滔ㅎ
니 다 그러ㅎ니라.【滔滔는 므리 두루 펴딘 양지니 사르미 다 혼가지물 가줄비
니라】 오직 어위쿰과 慈悲와 偏頗 업수미【偏은 기울 시오 頗는 不正홀 시라】 이
有德흔 무수미니 지비 당당이 절로 和ㅎ리라.

ᄂ즈며 샐로믈 보아 자ᄇ며 펴믈 理예 마초 ㅎ며 또 너모 어위여 게을오
매 니르디 마롤 디니라. 죵이며 고마의게 니르러 모로매 仁으로 미롤 디니
네 똘룰 네 스랑ㅎᄂ니 뎌는 ㅎ오사 사름 아니가. 모므로 가줄비면 한 이를
어루 보리니 사르미 무슴 뒷ᄂ니 念을 니르왇디 아니ㅎ려 빙골ㅎ며 치우믈
어엿비 너기며 곳ㅂ며 便安호믈 골오 ㅎ야 ᄀ장 不得已커사 비르서 구지주
믈 더울 디니라. 녀느 이른 시혹 쉽거니와 겨지비 뭇 어려우니 겨지비 뭇
어려우니 어루 힘쓰디 아니ㅎ야려.

3 암탉이 울면 집안이 망한다

顔氏家訓에 닐오딕

겨지븐 가온딕 이셔 飮啖을 ᄀᆞ솜아논 디라 오직 수리며 바비며 衣服 브튼 禮를 일사물 싼니언뎡 나라해 어루 히여 政事애 參預호미 몯ᄒᆞ리며 지븨 어루 히여 일 맛됴미 몯ᄒᆞ리니 ᄒᆞ다가 聰明ᄒᆞ며 지조와 智慧왜 이셔 녯 이리며 이젯 이를 ᄉᆞ못 알리라도 正히 반드기 君子를 도와 不足ᄒᆞᆫ ᄆᆞ딕를 勸ᄒᆞᆯ ᄲᆞ니언뎡 모로매 암들기 아ᄎᆞ미 우러 뻐 災禍를 닐위요미 업서ᅀᅡ ᄒᆞ리라.

4 후부인의 남편 섬기기

程太中의 夫人 侯氏ㅣ 舅姑를 셤교딕 孝道ᄒᆞ며 삼가오므로 일쿨이며 太中과로 서르 待接호믈 손ᄀᆞ티 ᄒᆞ더니 太中이 안해셔 도오믈 니버 禮敬이 더욱 至極거든 夫人이 謙順으로 모믈 가져 비록 져근 이라도 敢간도 自專티 아니ᄒᆞ야 모로매 술온 後에ᅀᅡ 行ᄒᆞ더라. 夫人은 二程先生의 어마님이라. 【二程先生은 明道先生과 伊川先生괘라】

5 잠자리에서도 단정하게

呂榮公의 夫人 仙源이 아리 닐오딕 侍講으로 夫婦ㅣ 두외야 혼딕 사로미 여슌 히예 敢간도 ᄒᆞ릇도 눗 블근 저기 업스며 져든 제브터 늘구메 니르리 비록 잘 못 우히라도 敢간도 노릇ᄒᆞ야 우숨 아니호라 ᄒᆞ니 榮陽公이 몸 가죠미 이 곧호딕 미샹 范內翰을 【范은 姓이오 內翰은 벼슬 일후미라】 讚歎ᄒᆞ야 몯 미츠리로다 ᄒᆞ더라.

6 초나라 장왕의 부인 번희

樊姬는 楚莊王ㅅ 夫人이시니라. 莊王이 卽位ᄒᆞ샤 山行을 즐기거시늘 樊姬ㅣ 諫ᄒᆞ시니 마디 아니커시늘 즘싱이 고기를 먹디 아니ᄒᆞ신대 王이 改過ᄒᆞ샤

政事를 브즈러니 ᄒᆞ시니라.

王이 朝會 마자 늣거사 罷ᄒᆞ야시늘 姬ㅣ 殿에 ᄂᆞ려 마자 ᄉᆞᆯ오샤ᄃᆡ 엇디 늣거사 罷ᄒᆞ시니잇고. 아니 비 골ᄑᆞ며 ᄀᆞᆺᄇᆞ니잇가. 王이 니ᄅᆞ샤ᄃᆡ 賢者와 말ᄒᆞᆫ 디라 비 골ᄑᆞ며 ᄀᆞᆺ본주를 아디 몯호이다. 姬 ᄉᆞᆯ오샤ᄃᆡ 王이 賢者ㅣ라 니ᄅᆞ시ᄂᆞᆫ 엇더니잇고. 니ᄅᆞ샤ᄃᆡ 虞丘子ㅣ니이다. 姬 이블 ᄀᆞ리와 우스신대 王이 니ᄅᆞ샤ᄃᆡ 姬의 우수믄 엇데잇고. ᄉᆞᆯ오샤ᄃᆡ 虞丘子ㅣ 어디로미사 어딜어니와 忠貞ᄃᆞ외디 몯ᄒᆞ니이다. 王이 니ᄅᆞ샤ᄃᆡ 엇데 니ᄅᆞ시ᄂᆞ뇨.

對答ᄒᆞ샤ᄃᆡ 내 슈건과 비슬 잡ᄉᆞ오미 열 ᄒᆞᆫ ᄒᆡ니 사ᄅᆞᄆᆞᆯ 鄭國衛國에 보내야 고온 사ᄅᆞᄆᆞᆯ 求ᄒᆞ야 王ᄭᅴ 받ᄌᆞ오니 이제 내게셔 어디니 두 사ᄅᆞ미오 날와 ᄀᆞᆯ오니 닐구비니 妾은 엇데 王ᄭᅴ 得寵ᄒᆞ요ᄆᆞᆯ ᄒᆞ오사 코져 아니ᄒᆞ리잇고마는 妾은 드로니 지븨 겨지블 여러흘 두믄 사ᄅᆞ미 能을 보ᄂᆞ다 ᄒᆞ니 妾이 아름ᄋᆞ로ᄡᅥ 公反ᄃᆞ외요ᄆᆞᆯ 蔽티 몯ᄒᆞ야 王ᄋᆞ로 해 보샤 사ᄅᆞ미 能을 아ᄅᆞ시과뎌 호이다. 이제 虞丘子ㅣ 楚를 도오미 여라믄ᄒᆡ니 擧薦ᄒᆞᆫ 배 子弟옷 아니면 아ᅀᆞᆷ맷 兄弟오 어디닐 나소고 不肖ᄒᆞ닐 믈리다 듣디 몯호니 이는 님그믈 ᄀᆞ리와 어딘 사ᄅᆞ미 길흘 막ᄂᆞᆫ 디니 어디닐 알오 나소디 아니ᄒᆞ면 이는 忠이 아니오 그 어디니를 아디 몯ᄒᆞ면 이는 智 아니니 妾의 우수미 올티 아니ᄒᆞ니잇가.

王이 깃그샤 이틋나래 姬의 말로 虞丘子 더브러 니ᄅᆞ신대 丘子ㅣ 돗글 避ᄒᆞ야 對答홀 바를 아디 몯ᄒᆞ니라. 그제 집을 避ᄒᆞ고 사ᄅᆞᆷ 브려 孫叔敖를 마자 나소아늘 王이 令尹을 사ᄆᆞ샤 【令尹은 벼슰 일후미라】 楚 다ᄉᆞ린 三年에 莊王이 霸主 ᄃᆞ외시니 楚ㅅ 史官이 ᄡᅥ 닐오ᄃᆡ 莊王의 霸主 ᄃᆞ외요ᄆᆞᆫ 樊姬의 히미라 ᄒᆞ니라.

7 초나라 소왕의 첩 월희

昭越姬ᄂᆞᆫ 越王 句踐ㅅ ᄯᆞ리오 楚ㅅ 昭王ㅅ 姬시니라. 昭王이 노니더시니

蔡姬는 왼녀긔 잇고 越姬는 올흔녀긔 잇거시늘 王이 親히 駟馬를 타 들여 兕 촛시고 附社臺예 오른샤 雲夢ㅅ 囿를 브라【附社는 짯 일후미오 雲夢은 못 일후미라】 士大夫의 뜯느닐 보시고 즐기샤 두 姬를 도라보와 니른샤디 즐거우녀. 蔡姬 對答ᄒᆞᅀᆞ오디 즐거우이다. 王이 니른샤디 내 願혼둔 그듸와 사라셔 이ㄱ티 ᄒᆞ고 주거도 또 이ㄱ티 ᄒᆞ고져 ᄒᆞ노라. 蔡姬 술오디 네 敝邑엣 님그미【敝는 사오나올 시오 邑은 ᄀᆞ올히니 蔡國을 指ᄒᆞ야 니른니라】 百姓의 役夫로 뻐 君王의 믈 바룰 셤긴 젼ᄎᆞ로 婢子의 모모로 苞苴玩好를 사마시놀【苞苴는 飮食을 ᄲᅵ려 늡 줄 시오 玩은 놀일 시오 好는 ᄉᆞ랑홀 시라】 이제 妃嬪에 가줄비시니 眞實로 願혼둔 사라셔 ᄒᆞᄢᅴ 즐기고 주구믈 ᄒᆞᄢᅴ ᄒᆞ고져 ᄒᆞ노이다. 王이 史官 도라보샤 쓰라. 蔡姬 날 조차 주구려 ᄒᆞᆫ다.

또 越姬를 더브러 니른신대 越姬 對答ᄒᆞ샤디 즐거우미ᅀᅡ 즐겁거니와 그러나 오라디 몯ᄒᆞ니이다. 王이 니른샤디 내 願혼둔 그듸와 사라셔 이ㄱ티 ᄒᆞ고 주거도 이ㄱ티 ᄒᆞ고져 ᄒᆞ노니 그를 어느 得디 몯ᄒᆞ리여. 越姬 對答ᄒᆞ샤디 녜 우리 先君 莊王이 淫樂ᄒᆞ샤 三年을 政事 듣디 아니ᄒᆞ더시니 ᄆᆞᄎᆞ매 能히 고티샤 天下애 覇主ㅣ 도외시니 妾이 君王이 우리 先君을 能히 法 바ᄃᆞ샤 쟝ᄎᆞ 이 즐거우믈 고티샤 政事를 브즈러니 ᄒᆞ시리라 ᄒᆞ다니 이제 그러티 아니ᄒᆞ시고 婢子와 주구므로 期約ᄒᆞ시ᄂᆞ니 어느 그리 ᄒᆞ리잇가. 또 君王이 幣帛과 녜 믈로 婢子를 敝邑에 取커시놀【蔽邑은 越國을 指ᄒᆞ야 니른니라】 우리 님그미 大廟애 가 受命ᄒᆞ샤디 주구믈 期約디 아니ᄒᆞ시니 妾은 모든 아ᄌᆞ미 손디 드로니 婦人이 주구므로뻐 님금의 어디르샤믈 나토며 님금의 得寵을 더으고 苟且히 그스기 주구믈 조초므로 榮華 삼ᄂᆞ다 듣디 아니ᄒᆞ니 妾은 命을 듣ᄌᆞᆸ디 몯ᄒᆞ리로소이다. 그제 王이 씨ᄃᆞ라 越姬 마ᄅᆞᆯ 恭敬ᄒᆞ샤디 蔡姬를 순직 親히 ᄉᆞ랑ᄒᆞ더시다.

스믈다ᄉᆞᆺ 힛 자히 王이 陳을 救ᄒᆞ실 제【陳은 나랏 일후미라】 두 姬 조차 가더니 王이 病ᄒᆞ야 軍中에 겨시거늘 블근 구루미 히를 뻐 ᄂᆞ는 새 ᄀᆞᆮ거늘

王이 周史의게 무르신대【周史는 周ㅅ 大史ㅣ라】史ㅣ 닐오듸 이는 王ㅅ 모매 有害ㅎ니 그러나 어루 將軍과 宰相의게 올므리이다. 將軍 宰相이 듣고 쟝ᄎᆞ 제 모므로 鬼神의게 비러지이다 請ᄒᆞ거늘 王이 니ᄅᆞ샤듸 將軍과 宰相과는 내 거긔 허튀와 ᄇᆞᆯ과 ᄀᆞᆮᄒᆞ니 이제 災禍ᄅᆞᆯ 옮기면 엇뎨 이 모매 업스리오 ᄒᆞ시고 듣디 아니ᄒᆞ야시ᄂᆞᆯ

越姬 니ᄅᆞ샤듸 크실셔 君王ㅅ 德이여. 일로뻐 妾이 王ᄋᆞᆯ 조ᄍᆞ오려 願ᄒᆞ노이다. 녯날 노리는 淫ᄒᆞᆫ 樂이라 이럴시 許티 아니ᄒᆞ다니 君王이 禮예 도라가샤매 미처는 나랏 사ᄅᆞ미 다 쟝ᄎᆞ 君王을 爲ᄒᆞ야 주구려 ᄒᆞ리니 ᄒᆞ물며 妾이ᄯᆞ녀. 請혼딘 여ᄉᆞ와 술글 싸 아래 가 몬져 모ᄅᆞ려 願ᄒᆞ노이다. 王이 니ᄅᆞ샤듸 네 놀며 즐겨홀 젠 내 弄談ᄒᆞ다니 ᄒᆞ다가 반ᄃᆞ기 주그면 이는 내의 사오나온 德을 나토간 디니라. 越姬 술오듸 녜 妾이 비록 이베 니ᄅᆞ디 아니ᄒᆞ나 ᄆᆞᅀᆞ매 ᄒᆞ마 許호이다. 妾은 드로니 信ᄒᆞᆫ 사ᄅᆞ믄 그 ᄆᆞᅀᆞᄆᆞᆯ 지여 ᄇᆞ리디 아니ᄒᆞ며 義ᄒᆞᆫ 사ᄅᆞ믄 그 이ᄅᆞᆯ 虛히 ᄒᆞ디 아니ᄒᆞᄂᆞ다 ᄒᆞ니 妾은 王ㅅ 義예 죽고 王ㅅ 즐교매 죽디 아니ᄒᆞ노이다 ᄒᆞ고 즈개 주그니라.

王이 病이 甚ᄒᆞ샤 位ᄅᆞᆯ 세 앗의게 辭讓ᄒᆞ신대 세 앗이 듣디 아니ᄒᆞ니라. 王이 軍中에셔 죽거시ᄂᆞᆯ 蔡姬 ᄆᆞᄎᆞ매 能히 죽디 몯ᄒᆞ니라. 王의 아ᅀᆞ 子閭ㅣ 子西와 子期와로 議論ᄒᆞ야 닐오듸 어미 信ᄒᆞᆫ 사ᄅᆞ미 그 아ᄃᆞ리 반ᄃᆞ기 仁ᄒᆞ리라 ᄒᆞ고 軍士ᄅᆞᆯ ᄀᆞ초고 陣ㅅ 門을 닫고 越姬 아ᄃᆞᆯ 熊章ᄋᆞᆯ 마자 셰니 이 惠王이니 그리ᄒᆞᆫ 後에ᅀᅡ 軍士ᄅᆞᆯ 罷ᄒᆞ야 도라와 昭王ᄋᆞᆯ 무드니라.

8 후한 명제의 명덕마황후

(1) 後漢ㅅ 明德馬皇后는 伏波將軍 援이 아기ᄯᆞ리시니라.【伏波將軍은 벼스리라】 져머셔 아바님 일흐시고 몯오라비 客卿이 양노ᄒᆞ더니 일 죽거늘 어마님 藺夫人이 슬허 病 어더 慌惚ᄒᆞ거늘 后ㅣ 그 ᄢᅴ 나히 열히러시니 집 이ᄅᆞᆯ ᄀᆞᅀᆞᆷ아라 ᄒᆞ샤 죵들홀 긔걸ᄒᆞ시니 안팟기 듣ᄌᆞ와 호ᄆᆞᆯ 이리 얼운과 ᄀᆞᆮ더

시니 처서믜 모든 지비 아디 몯ᄒᆞ더니 後에 듣고 다 嗟嘆ᄒᆞ야 奇異히 너겨 ᄒᆞ더라.

后ㅣ 아래 오래 病ᄒᆞ얫거시늘 大夫人이 占卜ᄒᆞ신대 占卜홀 사ᄅᆞ미 닐오ᄃᆡ 이 ᄯᆞ리 비록 病이 이시나 반ᄃᆞ기 ᄀᆞ장 貴ᄒᆞ리니 兆ᄅᆞᆯ 니ᄅᆞ디 몯ᄒᆞ리로다. 【兆ᄂᆞᆫ 占卜앳 마리라】 後에 ᄯᅩ 相 보리ᄅᆞᆯ 블러 모든 ᄯᆞᄅᆞᆯ 占卜ᄒᆞᆫ대 后ᄅᆞᆯ 보ᅀᆞᆸ고 ᄀᆞ장 놀라 닐오ᄃᆡ 내 반ᄃᆞ기 이 女ᄅᆞᆯ 爲ᄒᆞ야 臣下ㅣ라 일쿨이리로다. 그러나 貴ᄒᆞ야도 子息이 져그리니 ᄂᆞ믜 子息을 기르면 힘 니부미 나ᄒᆞ니예 더으리라 ᄒᆞ더니 글히야 太子宮의 드르시니 그 ᄢᅴ 나히 열 세히러시니 陰皇后를 셤기시며 同列을 對接ᄒᆞ샤ᄃᆡ 禮法이 닷ᄀᆞ시며 ᄀᆞ즈신대 上下ㅣ 便安히 너기더니 得寵ᄒᆞ샤 샹녜 後堂애 겨시더니 明帝 卽位ᄒᆞ샤 后로 貴人을 사ᄆᆞ시니라.

그 ᄢᅴ 后ㅅ 前母ㅅ 兄의 ᄯᆞᆯ 賈氏 ᄯᅩ 글히야 드러 肅宗을 낫ᄉᆞ온대 【肅宗ᄋᆞᆫ 明帝ㅅ 아ᄃᆞ님 孝章皇帝라】 帝ㅣ 后ㅣ 子息 업다 ᄒᆞ샤ᄆᆞ로 命ᄒᆞ야 기르라 ᄒᆞ시고 니ᄅᆞ샤ᄃᆡ 사ᄅᆞ미 반ᄃᆞ기 제 아ᄃᆞᆯ 나ᄒᆞ야 홀디 아니니 오직 어엿비 너겨 길우미 至極디 몯호ᄆᆞᆯ 分別홀 ᄯᆞᄅᆞ미라. 后ㅣ 그제 ᄆᆞᄉᆞᆷ신장 어르몰아 기르샤 受苦ᄅᆞ이 ᄒᆞ샤미 나ᄒᆞ니 예 더ᄒᆞ더시니 肅宗도 ᄯᅩ 孝性이 두터우시며 恩性이 天然히 至極ᄒᆞ샤 母子의 慈愛ᄒᆞ샤 처섬과 내죵괘 져고맛 ᄉᆞ싀도 업스시니라. 后ㅣ 샹녜 皇帝ㅅ 子息이 넙디 몯다 ᄒᆞ샤ᄆᆞ로 샹녜 시르믈 머그샤 左右ᄅᆞᆯ 擧薦ᄒᆞ샤ᄃᆡ 몯 미츨 드시 ᄒᆞ샤 後宮이 나ᅀᅡ 뵈ᅀᆞ오니 잇거든 샹녜 慰勞ᄅᆞᆯ 더ᄒᆞ시며 萬一에 ᄌᆞ조 보시니어든 더 노피 對接ᄒᆞ더시다.

(2) 永平 三年 春에 有司ㅣ 長秋宮 셰요ᄆᆞᆯ 엳ᄌᆞ와늘 【長秋宮ᄋᆞᆫ 皇后ㅅ 宮이라】 帝 니ᄅᆞ디 아니ᄒᆞ얏더시니 皇太后ㅣ 니ᄅᆞ샤ᄃᆡ 馬貴人이 德이 後宮에 爲頭ᄒᆞ니 곧 긔 사ᄅᆞ미라 ᄒᆞ야시ᄂᆞᆯ 셔샤 皇后ㅣ ᄃᆞ외시니라. 일롯 몬져 ᄭᅮ메 혀근 ᄂᆞᆫ 벌에 數 업시 모매 븓고 ᄯᅩ 갓과 술쾃 ᄉᆞ싀예 드러 도로 ᄂᆞ라 나니라.

ᄒᆞ마 宮中에 位ᄅᆞᆯ 正ᄒᆞ샤 더욱 ᄌᆞ개 謙讓ᄒᆞ시며 조심ᄒᆞ더시다. 몸 기리 닐굽 자 두 치시고 이비 方正ᄒᆞ시고 마리 됴ᄒᆞ시고 能히 易을 외오시며 春秋와 楚辭와를 즐겨 닐그시며 더욱 周官과 董仲舒ㅅ 書를 잘 ᄒᆞ더시다. 【易과 春秋와 楚辭와 周官은 글 일후미오 董仲舒ㅅ 書ᄂᆞᆫ 董仲舒의 밍ᄀᆞ론 그리라】 샹녜 굴근 기블 니브시고 치마애 변ᄌᆞ를 도ᄅᆞ디 아니ᄒᆞ더시니 朔望애 모ᄃᆞᆫ 公主ㅣ 뵈ᅀᆞ올 제 后ㅅ 오시 얼믜오 굴구믈 브라고 도ᄅᆞ혀 綺縠이라 너기다가 【綺ᄂᆞᆫ 기비오 縠은 뇌라】 나ᅀᅡ 보ᅀᆞᆸ고 우ᅀᅳᆫ대 后ㅣ 니ᄅᆞ샤ᄃᆡ 이 기비 믈드로매 特別히 마ᄌᆞᆯ시ᄊᆞᆯ라 ᄒᆞ신대 六宮이 아니 嗟嘆ᄒᆞ리 업더니라. 【六宮은 ᄒᆞ나ᄒᆞᆫ 皇后ㅣ 겨시고 다ᄉᆞᆺ 夫人ᄋᆞ롯 아래 잇ᄂᆞᆫ ᄯᅡ히라】

帝 일즉 苑囿 離宮에 行幸ᄒᆞ거시든 【苑囿ᄂᆞᆫ 後苑에 즘ᄉᆡᆼ 치ᄂᆞᆫ ᄯᅡ히오 離宮은 各別ᄒᆞᆫ 宮이라】 后ㅣ 곧 ᄇᆞᄅᆞᆷ과 邪氣와 이슬와 안개로ᄡᅥ 警誡ᄒᆞ샤 말ᄉᆞᆷ ᄠᅳ디 精誠드외시며 ᄀᆞᄌᆞ샤 해 글히샤ᄆᆞᆯ 보더시다. 帝ㅣ 濯龍中에 行幸ᄒᆞ샤 【濯龍은 後苑ㅅ 일후미라】 모ᄃᆞᆫ 才人을 다 브르시니 【才人은 後宮ㅅ 벼스리라】 下邳王已下ㅣ 다 겨틔 잇더니 【下邳王은 明帝ㅅ 아ᄃᆞ니미라】 皇后를 브르쇼셔 請ᄒᆞᆫ대 帝 우ᅀᅥ 니ᄅᆞ샤ᄃᆡ 이 家ㅣ【家ᄂᆞᆫ 皇后를 술오니라】 ᄠᅳ디 樂을 즐기디 아니ᄒᆞ시ᄂᆞ니 비록 오시나 즐겨 아니ᄒᆞ리라 ᄒᆞ시니 이런ᄃᆞ로 노니시ᄂᆞᆫ 이례 조ᄎᆞ샤미 드므더시다.

十五年에 帝ㅣ 地圖를 보샤 쟝ᄎᆞ 皇子를 封호려 ᄒᆞ샤ᄃᆡ 다 諸國에 半만 호려 ᄒᆞ더시니 后ㅣ 보시고 술오샤ᄃᆡ 모ᄃᆞᆫ 아ᄃᆞ리 ᄇᆞ를 두ᅀᅥ 縣만 머구미 法에 아니 너무 져그니잇가. 帝 니ᄅᆞ샤ᄃᆡ 내 아ᄃᆞᆯ 엇뎨 先帝ㅅ 아ᄃᆞᆯ와로 ᄀᆞᆯ오리오. ᄒᆞᆫ 히예 二千萬을 주미 足ᄒᆞ니라.

그 ᄢᅴ 楚ㅅ 獄이 여러 히를 뭇디 몯ᄒᆞ야 【楚ㅅ 獄은 楚王 瑛이 謀叛커늘 져주더니라】 罪囚ㅣ 서르 마초ᄡᅥ 혀 가틴 사ᄅᆞ미 甚히 하더니 后ㅣ 그르호미 한가 分別ᄒᆞ샤 ᄉᆞ싀 어드샤 말ᄉᆞ매 슬허ᄒᆞ신대 帝ㅣ 感動ᄒᆞ샤 바미 니러 彷徨ᄒᆞ샤 【彷徨은 머믈ᄊᆡ라】 엳ᄌᆞ온 마ᄅᆞᆯ ᄉᆞ랑ᄒᆞ샤 ᄆᆞᄎᆞ매 노ᄒᆞ샤믈 만히

ᄒᆞ시니라. 그 ᄢᅴ 諸將의 엳ᄌᆞᆸᄂᆞᆫ 일와 公卿의 議論이 一定 어려운 이ᄅᆞᆯ 帝 ᄌᆞ조 后ᄭᅴ 묻ᄌᆞᆸ거시든 后ㅣ 굴히지버 理예 맛게 ᄒᆞ샤 各各 그 情實을 得더시다. 샹녜 뫼ᅀᆞ와실 저긔 곧 말ᄊᆞ미 政事애 미ᄎᆞ샤 돕ᄉᆞ오미 하시고 져간도 지빗 아ᄅᆞᆷ으로 求請 아니ᄒᆞ실ᄉᆡ 得寵ᄒᆞ시며 恭敬ᄒᆞ샤ᄃᆡ 날로 더으샤 처ᅀᅥᆷ으로 내죵내 衰호미 업스시니라.

(3) 帝 업거시ᄂᆞᆯ 肅宗이 卽位ᄒᆞ샤 后ᄅᆞᆯ 尊ᄒᆞ샤 皇太后ㅣ라 ᄒᆞ시다. 諸貴人이 南宮에 올마가거ᄂᆞᆯ 【諸貴人은 明帝ㅅ 後宮이라】 太后 여희ᄂᆞᆫ ᄠᅳ들 感ᄒᆞ샤 各各 王赤綬ᄅᆞᆯ 주시고 【赤은 블글 시오 綬ᄂᆞᆫ 印ㅅ 긴히라】 安車駟馬와 【安車ᄂᆞᆫ 안자 ᄐᆞᄂᆞᆫ 술위오 駟馬ᄂᆞᆫ 네 ᄆᆞ리라】 白越 三千匹와 【白越은 플로 나ᄒᆞᆫ 힌 뵈라】 雜帛 二千 匹와 黃金 열 斤을 더 주시다. ᄌᆞ개 顯宗ㅅ 起居注ᄅᆞᆯ 撰集ᄒᆞ샤ᄃᆡ 【起居注ᄂᆞᆫ 實錄이라】 ᄆᆞᆮ오라비 防의 醫藥애 參預ᄒᆞᆫ 이ᄅᆞᆯ 앗거시ᄂᆞᆯ 帝ㅣ 請ᄒᆞ여 ᄉᆞᆯ오샤ᄃᆡ 黃門 아자비 【黃門은 벼스리라】 朝夕에 供養ᄒᆞᅀᆞ오미 훈 히니 ᄒᆞ마 褒賞 아니ᄒᆞ시고 ᄯᅩ 功勞ᄅᆞᆯ 記錄디 아니ᄒᆞ샤미 아니 너므니잇가. 太后ㅣ 니ᄅᆞ샤ᄃᆡ 내 後世로 先帝의 後宮의 지블 ᄌᆞ조 親히 ᄒᆞ샤믈 듣디 아니와뎌 ᄒᆞᄂᆞᆫ 젼ᄎᆞ로 스디 아니ᄒᆞ노라.

建初 元年에 모든 아자비ᄅᆞᆯ 封爵호려커ᄂᆞᆯ 太后ㅣ 듣디 아니ᄒᆞ시다. 이듬힛 녀르미 ᄀᆞ장 ᄀᆞ믈어ᄂᆞᆯ 이ᄅᆞᆯ 니ᄅᆞᆯ 사ᄅᆞ미 닐오ᄃᆡ 外戚을 封티 아니ᄒᆞᆫ 젼ᄎᆞ라 ᄒᆞ더니 【外戚은 어믜 녁 아ᅀᆞ미라】 有司ㅣ 이ᄅᆞᆯ 因ᄒᆞ야 엳ᄌᆞ오ᄃᆡ 녯 法을 조ᄎᆞ샤미 맛당ᄒᆞ시도소이다.

太后ㅣ 詔書ᄒᆞ야 니ᄅᆞ샤ᄃᆡ 믈읫 일 니ᄅᆞᆯ 사ᄅᆞ미 다 내게 괴여 福을 求코져 홀ᄯᆞᄅᆞ미니라. 녜 王氏 五侯ㅣ 【王氏 五侯ᄂᆞᆫ 成帝ㅅ 時예 太后ㅅ 오라비 다ᄉᆞᄉᆞᆯ 封ᄒᆞ야ᄂᆞᆯ 닐오ᄃᆡ 五侯ㅣ라 ᄒᆞ더니라】 ᄒᆞᄅᆞ 다 封ᄒᆞ야ᄂᆞᆯ 그 ᄢᅴ 누런 안개 四方애 ᄀᆞᄃᆞᆨᄒᆞ고 비 온 應을 듣디 몯ᄒᆞ며 ᄯᅩ 田蚡과 竇嬰괘 【田蚡은 景帝ㅅ 皇后ㅅ 오라비오 竇嬰은 文帝ㅅ 皇后ㅅ 四寸 오라비 아ᄃᆞ리라】 尊貴ᄒᆞ야 아니환ᄒᆞ야 傾覆훈 災禍ㅣ 【傾은 기울 시오 覆은 업더딜 시라】 世예 傳호미 ᄃᆞ외니 이

릴시 先帝ㅣ 舅氏를 마가 삼가샤 조슨 로왼 벼스레 잇게 아니ᄒ시고 모든 아ᄃᆞᆯ 封호믈 楚와 淮陽괏 나라해 ᄇ른 半만케 ᄒ샤 【楚와 淮陽과ᄂᆞᆫ 光武ㅅ 아ᄃᆞᆯ 封ᄒᆞᆫ 나라히라】 아래 니르샤ᄃᆡ 내 아ᄃᆞᆯ은 先帝ㅅ 아ᄃᆞᆯ와로 ᄀᆞᆯ오미 몯ᄒ리라 ᄒ시니 이제 有司ㅣ 엇뎨 馬氏로 陰氏께 가ᄌᆞᆯ보려 ᄒᆞᄂᆞ뇨.

내 天下앳 어미 ᄃᆞ외여셔 모매 굴근 깁 니브며 飮食에 됴ᄒᆞᆫ 거슬 求티 아니ᄒ며 左右엣 사ᄅᆞ미 오직 깁과 뵈ᄅᆞᆯ 닙고 香薰엣 ᄭᆞ뮤미 업수믄 【薰은 香내 나ᄂᆞᆫ 프리라】 모ᄆᆞ로 아래ᄅᆞᆯ 거ᄂᆞ리고져 호미라. 너교ᄃᆡ 外親이 보면 반ᄃᆞ기 ᄆᆞᅀᆞ매 슬허 제 警誡ᄒᆞ리라 ᄒ다니 오직 우ᅀᅥ 닐오ᄃᆡ 太后ㅣ 本來 儉朴호믈 즐기ᄂᆞ니라 ᄒᆞᄂᆞ다. 알ᄑᆡ 灌龍門을 디나갈 제 外家의 安否 무르ᄂᆞᆯ 사ᄅᆞᆷ을 보니 술위ᄂᆞᆫ 흐르ᄂᆞᆫ 믈 ᄀᆞᆮᄒ며 ᄆᆞ른 ᄒᆡᄂᆞᆫ 龍 ᄀᆞᆮᄒ며 倉頭ㅣ 【倉頭ᄂᆞᆫ 종이라】 프른 褠를 닙고 【褠ᄂᆞᆫ ᄒ옷오시라】 깃과 ᄉᆞ매 正히 히어ᄂᆞᆯ 侍衛ᄒᆞᆯ 도라본ᄃᆡᆫ 몯미추미 머더라. 그럴시 외다 ᄒᆞ야 怒를 아니ᄒ고 오직 歲예 쁠거슬 그칠ᄯᆞ롬 호믄 그 ᄆᆞᅀᆞ매 죰죰ᄒᆞ야 븟그리과뎌 ᄇᆞ라거ᄂᆞᆯ 손ᄌᆡ 게을어 나라 分別ᄒ고 집 니줄 혜미 업스니 臣下 아로미 님금 ᄀᆞᆮᄒ니 업스니 ᄒᆞ믈며 아ᅀᆞ미ᄯᆞ녀. 내 엇뎨 우흐로 先帝ㅅ ᄠᅳ들 지여ᄇᆞ리고 아래로 先人의 德을 ᄒ야ᄇᆞ려 다시 西京의 【西京은 前漢이라】 敗亡ᄒᆞᆫ 災禍를 조ᄎᆞ리오 ᄒ시고 구틔여 許티 아니ᄒ신대

帝ㅣ 詔書를 보시고 슬허 嗟嘆ᄒᆞ샤 ᄯᅩ 다시 請ᄒᆞ야 ᄉᆞᆯ오샤ᄃᆡ 漢이 니르와다 나매 舅氏의 封侯호믄 皇子 王 ᄃᆞ외욤과 ᄀᆞᆮᄒ니 太后ㅣ 眞實로 謙讓을 두시나 엇뎨 날로 ᄒᆞ오ᅀᅡ 세 아자비 거긔 恩惠를 더으디 아니케 ᄒ시ᄂᆞ니잇고. ᄯᅩ 衛尉ᄂᆞᆫ 나히 놉고 【衛尉ᄂᆞᆫ 太后ㅅ ᄆᆞᆮ오라비 廖의 벼스라라】 兩校尉ᄂᆞᆫ 큰 病이 잇ᄂᆞ니 【兩校尉ᄂᆞᆫ 防과 光과의 벼스라라】 ᄒ다가 주그면 날로 ᄡᅧ예 刻혼 애와툐믈 기리 머거 시리니 吉時를 미처 홀 디라 더듸 머므로미 몯ᄒ리이다.

太后ㅣ 對答ᄒ야 니르샤ᄃᆡ 내 드위힐훠 ᄉᆞ랑ᄒ야 둘히 됴케호믈 ᄉᆞ랑ᄒᄂᆞ

니 엇뎨 ᄒᆞᆫ갓 謙讓ᄒᆞ닷 일후믈 얻고져 ᄒᆞ야 帝로 外施티 아니혼 嫌疑를 가지게 ᄒᆞ리오.【外施ᄂᆞᆫ 外戚에 恩惠를 더을 시라】 녜 竇太后ㅣ 王皇后ㅅ 묻오라비를 封ᄒᆞ려 커늘【竇太后ᄂᆞᆫ 文帝ㅅ 皇后ㅣ오 王皇后ᄂᆞᆫ 景帝ㅅ 皇后ㅣ라】 丞相 條侯ㅣ 닐오ᄃᆡ 高祖 期約ᄋᆞᆯ 맛도니【丞相 條侯ᄂᆞᆫ 前漢ㅅ 周亞夫의 벼스리라】 軍功 업스니와 劉氏 아니어든 諸侯를 封티 말라 ᄒᆞ니 이제 馬氏 나라해 功이 업스니 엇뎨 陰氏 郭氏 中興ᄒᆞ신 后와 ᄀᆞᆯ오리오. 아래 富貴ᄒᆞᆫ 지블 보니 祿과 벼슬왜 重疊ᄒᆞ요미 다시 여름 연 남기 그 불휘 반ᄃᆞ기 傷홈 ᄀᆞᆮᄒᆞ며 ᄯᅩ 사ᄅᆞ미 封侯를 願호ᄆᆞᆫ 우흐론 祭祀를 爲ᄒᆞ고 아래론 더우며 비블우믈 求홀ᄯᆞᄅᆞ미니 이제 祭祀ᄂᆞᆫ 四方앳 貴ᄒᆞᆫ 거슬 받고 衣食은 御府엣 나믄 거슬 닙ᄂᆞ니 이 엇뎨 不足ᄒᆞ야 구틔여 ᄒᆞᆫ ᄀᆞ올ᄒᆞᆯ 가죠미 맛당ᄒᆞ리오. 내 혜유믈 니기호니 疑心 말라.

至極ᄒᆞᆫ 孝道앳 行ᄋᆞᆫ 親ᄋᆞᆯ 便安호미 爲頭ᄒᆞ니 이제 ᄌᆞ조 災變을 맛나 穀食 갑시 두서 倍ᄅᆞ시 밤 나지 分別ᄒᆞ야 안ᄌᆞ며 누우믈 便安히 몯거늘 外戚 封호믈 몬져 호려 ᄒᆞ야 慈母의 拳拳을 거스로려 ᄒᆞᄂᆞ뇨.【拳拳은 分別ᄒᆞᆯ 시라】 내 本來 剛ᄒᆞ고 ᄲᆞᆯ라 가ᄉᆞ매 긔운이 잇ᄂᆞᆫ 디라 順티 아니호미 몯ᄒᆞ리라. ᄒᆞ다가 陰陽이 調和ᄒᆞ며 邊境이 ᄌᆞᆨᄌᆞᆨᄒᆞᆫ 後에ᅀᅡ 그딋 ᄠᅳ들 行ᄒᆞ라. 나ᄂᆞᆫ 오직 여슬 머구머 孫子를 놀이고 다시 政事를 參預티 아니호리라.

(4) 그 ᄢᅴ 新平公主ㅅ 집 사ᄅᆞ미 브를 내야 北閣後殿에 미처늘 太后ㅣ 내 罪라 ᄒᆞ샤 起居를 즐기디 아니ᄒᆞ샤 그 ᄢᅴ 原陵을 뵈ᅀᆞ오려 ᄒᆞ더시니 ᄌᆞ개 간슈호믈 조심 몯호라 ᄒᆞ야 陵室에 뵈ᅀᆞ오믈 붓그례라 ᄒᆞ시고 아니 가시니라.

처ᅀᅥ믜 大夫人 送葬애 墳墓 밑ᄀᆞ로미 져기 놉거늘 太后ㅣ 니ᄅᆞ신대 묻오라비 寥들히 卽時예 더러 갓ᄀᆞ니라. 그 外親이 謙讓ᄒᆞ며 儉朴ᄒᆞ야 어딘 ᄒᆡᆼ뎍 ᄒᆞ리 잇거든 곧 溫和ᄒᆞᆫ 말ᄉᆞ므로 빌이샤 쳔량과 벼슬로 賞給ᄒᆞ시고 ᄒᆞ다가 져고맛 허므리 잇거든 몬져 싁싁ᄒᆞᆫ 양ᄌᆞ를 뵈신 後에ᅀᅡ 외다 ᄒᆞ시며 그 술위와 옷과를 됴히 ᄒᆞ야 法을 좇디 아니ᄒᆞ느니란 곧 屬籍에 그쳐 本鄕애 보내더시다. 【屬籍은 族親 일홈 브튼 글와리라】 廣平과 鉅鹿과 樂成王괘 【廣平王과 鉅鹿王과 樂成王과ᄂᆞᆫ 다 明帝ㅅ 아ᄃᆞ리라】 술위와 ᄆᆞᆯ왜 儉朴ᄒᆞ야 金銀으로 ᄭᅮ뮤미 업거늘 帝ㅣ 太后ᄭᅴ 술오신대 太后ㅣ 즉재 돈을 各各 五百萬을 주시니 이에 內外化ᄅᆞᆯ 조차 옷 니부미 ᄒᆞᆫ 양 ᄀᆞᆮᄒᆞ니 모든 지비 두리유미 永平 시졀에서 더으더라.

織室을 두샤 【織室은 織造ᄒᆞᄂᆞᆫ 지비라】 濯龍中에 누에 치이시고 ᄌᆞ조 가 보샤 즐겨 ᄒᆞ더시다. ᄉᆡᆼ녜 帝와로 朝夕에 政事ᄅᆞᆯ 니ᄅᆞ시며 모든 져믄 王을 ᄀᆞᄅᆞ치시며 經書ᄅᆞᆯ 議論ᄒᆞ시며 平生을 니ᄅᆞ샤 終日ᄐᆞ록 雍和ᄒᆞ더시다. 【雍은 和ᄒᆞᆯ시라】

四年에 天下ㅣ 가ᄉᆞ멸오 四方ㅅ ᄀᆞᅀᆡ 無事커늘 帝 세 아자비 寥와 防과 光을 封ᄒᆞ야 諸侯ᄅᆞᆯ 두외오신대 다 辭讓ᄒᆞ야 關內侯ᄅᆞᆯ ᄒᆞ야지이다 ᄒᆞ야ᄂᆞᆯ 【關內侯ᄂᆞᆫ 벼스리라】 太后ㅣ 드르시고 니ᄅᆞ샤ᄃᆡ 聖人이 ᄀᆞᄅᆞ쵸믈 밍ᄀᆞᄅᆞ샤미 各各 法이 이쇼믄 사ᄅᆞ미 情性이 能히 ᄀᆞ죽디 몯호ᄆᆞᆯ 아ᄅᆞ시니 내 져머 壯ᄒᆞᆫ 시졀엔 오직 竹帛을 ᄉᆞ랑ᄒᆞ고 【竹帛은 녜 죠ᄒᆡ 업서 대와 기베 슬ᄉᆡ 竹帛이라 ᄒᆞ니라】 ᄠᅳ데 命을 도라보디 아니타니 이제 비록 늘그나 ᄯᅩ 警誡호미 어ᄃᆞ매 잇ᄂᆞᆫ ᄃᆞ라 이런 젼ᄎᆞ로 日夜애 조심ᄒᆞ야 내 ᄂᆞᆺ기 ᄒᆞ며 더로ᄆᆞᆯ ᄉᆞ랑ᄒᆞ야 이쇼매 便安호ᄆᆞᆯ 求티 아니ᄒᆞ며 머구매 ᄇᆡᆯ우ᄆᆞᆯ ᄉᆞ랑티 아니ᄒᆞ야 이 道ᄅᆞᆯ 가져 先帝ᄅᆞᆯ 지여ᄇᆞ리디 아니ᄒᆞ며 兄弟ᄅᆞᆯ ᄀᆞᄅᆞ쳐 이 ᄠᅳ들 굳게 ᄒᆞ야 눈ᄆᆞᆯ 나래 ᄂᆞ외야 뉘으추미 업게코져 ᄒᆞ다니 엇뎨 늘그늬 ᄠᅳ들 다시 좇디 아니호ᄆᆞᆯ 너기리오. 萬年 後엔 기리 뉘으츠리로다. 寥ᄃᆞᆯ히 不得已ᄒᆞ야 封爵을 受ᄒᆞ고 벼슬 말오 지븨 도라가니라.

太后ㅣ 그 희예 오래 病ᄒᆞ샤 무당과 醫員을 信티 아니ᄒᆞ샤 祈禱 말라 ᄌᆞ조 勅ᄒᆞ더시니 六月에 니르러 주그시니 位예 겨샤미 스믈 세 ᄒᆡ시고 나히 마ᄉᆞ나ᄆᆞ니러시다.

9 후한 화제의 화희등황후

(1) 後漢ㅅ 和喜鄧皇后는 太傅 禹의 孫子ㅣ시니라.【太傅는 벼스리라】 아바님 訓은 護羌校尉오【護羌校尉는 벼스리라】 어마님은 陰氏니 光烈皇后ㅅ 四寸 앗이 ᄯᆞ리라.

后ㅣ 나히 다ᄉᆞᆺ서레 太傅ㅅ 夫人이 ᄉᆞ랑ᄒᆞ야 손소 마리를 갓더니 夫人이 나히 늘거 눈 어드워 그르 后ㅅ 니마홀 헐오ᄃᆡ 알포믈 ᄎᆞᄆᆞ샤 니ᄅᆞ디 아니ᄒᆞ거시늘 左右엣 사ᄅᆞ미 怪異히 너겨 묻ᄌᆞ온대 后ㅣ 니ᄅᆞ샤ᄃᆡ 알프디 아니혼 주리 아니언마ᄂᆞᆫ 大夫人이 어엿비 너겨 마리를 갓ᄀᆞ실ᄉᆡ 늘그시닛 ᄠᅳ들 구츄미 어려운 젼ᄎᆞ로 ᄎᆞ모라.

여슷 서레 史書를 잘 ᄒᆞ시고【史書는 글시라】 열둘헤 詩와 論語를 通ᄒᆞ더시니 모든 오라비 샹녜 글 닐글 저기어든 곧 ᄠᅳ들 ᄂᆞᄌᆞ기 ᄒᆞ샤 무르샤 ᄠᅳ들 글와래 두시고 生計사릿 이를 묻디 아니커시늘 어마니미 샹녜 외오 너겨 니ᄅᆞ샤ᄃᆡ 네 겨지븨 이를 니겨 衣服을 ᄒᆞ디 아니코 다시곰 學을 힘ᄡᅥ ᄒᆞ니 반ᄃᆞ기 博士ㅣ 드욀다.【博士는 션ᄇᆡ 벼스리라】 后ㅣ 어마닚 말ᄊᆞᆷ 어긔유믈 重히 너기샤 나지어든 겨지븨 이를 닷ᄀᆞ시고 바미어든 글와를 외오신대 집 사ᄅᆞ미 일후믈 션ᄇᆡ라 ᄒᆞ더니 아바님 訓이 奇異히 너겨 이를 크니 져그니 업시 곧 더브러 議論ᄒᆞ더시다.

永元 四年에 반ᄃᆞ기 글히여 들리러시니 마초아 訓이 죽거시늘 后ㅣ 晝夜애 우르시고 三年이 ᄆᆞᆺᄃᆞ록 소곰과 菜蔬와를 좌시디 아니ᄒᆞ샤 여위여 녯 양ᄌᆡ 업거시늘 親혼 사ᄅᆞ미 아디 몯ᄒᆞ더라.

后ㅣ 아ᄅᆡ ᄭᅮ메 하늘홀 ᄆᆞ지시니 蕩蕩ᄒᆞ야 正히 퍼러ᄒᆞ고【蕩蕩은 넙고 먼 양지라】 鍾乳ㅅ 골 ᄀᆞᆮ흔 거시 잇거늘【鍾乳는 藥 일후미라】 울워러 ᄲᆞ라 좌시고 ᄭᅮᆷ 占ᄒᆞᄂᆞᆫ 사ᄅᆞᆷᄃᆞ려 무르신대 술오ᄃᆡ 堯ㅣ ᄭᅮ메 하늘홀 자바 오ᄅᆞ시고 湯이 ᄭᅮ메 하늘해 미처 할ᄒᆞ시니 이 다 聖王ㅅ 알ᄑᆡᆺ 占이라 吉호믈 니ᄅᆞ디 몯ᄒᆞ리로소이다. ᄯᅩ 相 볼 사ᄅᆞ미 后를 보ᅀᆞᆸ고 놀라 술오ᄃᆡ 이는 成湯ㅅ 法

이로다 ᄒ야ᄂᆞᆯ 지빗 사ᄅᆞ미 ᄀᆞᄆᆞ기 깃거호ᄃᆡ 감간도 니ᄅᆞ디 아니ᄒᆞ니라.

后ㅅ 아자비 陔 닐오ᄃᆡ 아래 드로니 千人을 사ᄅᆞ닌 子孫이 封侯ᄒᆞ리 잇다 ᄒᆞ니 兄 訓이 謁者ㅣ 드외여서 【謁者ᄂᆞᆫ 벼스리라】 石臼河ᄅᆞᆯ 닷가 【石臼河ᄂᆞᆫ 믌 일후미라】 ᄒᆡ마다 數千人을 사ᄅᆞ니 天道ㅣ 어루 믿불 딘댄 지비 반ᄃᆞ기 福을 니브리라. 처ᅀᅥ믜 太傅 禹ㅣ 嗟嘆ᄒ야 닐오ᄃᆡ 내 百萬衆을 거느려 감간도 ᄒᆞᆫ 사ᄅᆞᆷ도 간대로 주기디 아니호니 後ㅅ 子孫이 반ᄃᆞ기 니르와다 나리 이시리라 ᄒ니라.

(2) 七年에 后ㅣ ᄯᅩ 모ᄃᆞᆫ 집 子息과 ᄒᆞᆫᄢᅴ 굴히야 宮의 드르시니 后ㅣ 킈 닐굽 자 두 치시고 양ᄌᆡ 고와 모ᄃᆞᆫ 中에 ᄀᆞ장 다ᄅᆞ더시니 左右ㅣ 다 놀라더라.

八年ㅅ 겨ᅀᅳ레 掖庭에 드르샤 【掖庭은 기픈 ᄠᅳᆯ히니 大闕을 니ᄅᆞ니라】 貴人이 ᄃᆞ외시니 그 ᄢᅴ 나히 열여스시러시니 溫恭ᄒ시며 싁싁ᄒ시며 조심ᄒ샤 일마다 法度ㅣ 겨샤 陰后ᄅᆞᆯ 셤기샤ᄃᆡ 일져므리 저흐시며 조심ᄒ시며 同列을 對接ᄒ샤ᄃᆡ ᄉᆡᆼ녜 모ᄋᆞᆯ 이긔여 ᄂᆞᄌᆞ기 ᄒ시며 비록 宮人 隷役이라도 【隷役은 賤人이라】 다 恩惠ᄅᆞᆯ 더으신대 和帝 기피 아ᄅᆞᆷ다이 너겨 委曲히 ᄒ더시니

后ㅣ 病ᄒ샤ᄆᆞᆯ 미처 特別히 后의 어마님과 兄弟로 드러 醫藥을 뫼ᅀᆞ와 낤 數를 限티 아니케 ᄒ야시ᄂᆞᆯ 后ㅣ 帝ᄭᅴ 술오샤ᄃᆡ 宮禁이 至極 重커늘 밧긧 지브로 오래 안해 이셔 우흐론 陛下로 아ᄅᆞᆷ뎌 어엿비 너기시논 그릏 잇고 아래론 賤ᄒᆞᆫ 날로 足ᄋᆞᆯ 아디 몯ᄒᆞᄂᆞᆫ 誹謗을 어더 上下ㅣ 서르 損호ᄆᆞᆯ 眞實로 願티 아니ᄒ노ᅌᅵ다. 帝 니ᄅᆞ샤ᄃᆡ 사ᄅᆞ미 다 ᄌᆞ조 드로ᄆᆞ로 榮寵히 너기거늘 貴人은 도ᄅᆞ혀 시르믈 사마 ᄀᆞ장 ᄂᆞᄌᆞ기 ᄒ니 眞實로 미추미 어렵도다.

ᄉᆡᆼ녜 이바디예 모ᄃᆞᆫ 姬와 貴人이 난겻 빗어 簪珥ᄅᆞᆯ 빗내 ᄒ며 【簪은 빈혜오 珥ᄂᆞᆫ 玉으로 ᄆᆡᇰᄀᆞ론 귀예 드리는 거시라】 衣服을 빗내 ᄒ거늘 后ㅣ ᄒᆞ오사 빗나디 아니ᄒᆞᆫ 거슬 니브샤 오시 ᄭᅮ묘미 업스시며 그 오시 陰后와 비치 ᄀᆞᆮᄒ니 잇거든 즉재 바사 ᄀᆞᄅᆞ시며 ᄒᆞᆫᄢᅴ 뵈ᅀᆞ올 저기어시든 바ᄅᆞ 안ᄌᆞ며 굴와 셔디 아니ᄒ시며 行홀 저긘 모ᄆᆞᆯ 구펴 ᄂᆞᆺ가이 ᄒ시며 帝 미샹 무르샤미 겨

358

시거든 샹녜 머므러 後에 對答ᄒᆞ샤 陰后의 몬져 니ᄅᆞ디 아니ᄒᆞ더시니 帝ㅣ 后의 勞心ᄒᆞ시며 모ᄆᆞᆯ 구피샤ᄆᆞᆯ 아ᄅᆞ시고 嗟歎ᄒᆞ야 니ᄅᆞ샤ᄃᆡ 德을 닷ᄂᆞᆫ 곳 부미 이러ᄒᆞ녀 後에 陰后ㅣ 漸漸 疎커늘 샹녜 뫼ᅀᆞ올 제 當ᄒᆞ샤 곧 病 탈ᄒᆞ샤 마더시다.

그 ᄢᅴ 帝 ᄌᆞ조 皇子ᄅᆞᆯ 일허시ᄂᆞᆯ 后ㅣ 子息이 넙디 몯ᄒᆞᆯ가 分別ᄒᆞ샤 ᄆᆡ샹 눉믈 디며 한숨 디ᄒᆞ샤 ᄌᆞ조 才人을 ᄀᆞᆯᄒᆡ야 進上ᄒᆞ샤 帝ㅅ ᄠᅳ들 너피더시니 陰后ㅣ 后의 有德ᄒᆞᆫ 소리 날로 盛ᄒᆞᄆᆞᆯ 보고 ᄒᆞ욜 이ᄅᆞᆯ 아디 몯ᄒᆞ야 祝詛ᄒᆞ야 害호려 ᄒᆞ더라.

帝 아ᄅᆡ 病ᄒᆞ샤 甚히 바ᄃᆞ랍더시니 陰后ㅣ ᄀᆞ마니 닐오ᄃᆡ 내 ᄠᅳ들 得ᄒᆞ면 鄧氏로 ᄂᆞ외여 기튼 類 잇디 아니케 호리라. 后ㅣ 드르시고 左右ᄅᆞᆯ 對ᄒᆞ야 눉믈 흘려 니ᄅᆞ샤ᄃᆡ 내 精誠을 ᄀᆞ장ᄒᆞ며 ᄆᆞᅀᆞᄆᆞᆯ 다ᄒᆞ야 皇后ᄅᆞᆯ 셤교ᄃᆡ ᄆᆞᄎᆞ매 도오미 도외디 몯ᄒᆞ니 반ᄃᆞ기 하ᄂᆞᆯᄭᅴ 罪ᄅᆞᆯ 得ᄒᆞ리로다. 婦人이 비록 조차 죽ᄂᆞᆫ 義 업스나 그러나 周公이 모ᄆᆞ로 武王ㅅ 命을 請ᄒᆞ시며 越姬 ᄆᆞᅀᆞ매 반ᄃᆞ기 주글 分을 盟誓ᄒᆞ니 우흐로 帝ㅅ 恩을 갑ᄉᆞ오며 가온ᄃᆡ로 아ᅀᆞᄆᆡ 災禍ᄅᆞᆯ 벗기며 아래로 陰氏로 人豕ㅅ 譏弄이 잇디 아니케 호리라 ᄒᆞ시고 【人豕ᄂᆞᆫ 前漢ㅅ 皇后 呂ㅣ 戚夫人을 새와 손 발 버히고 눈을 앗고 귀 ᄢᅮ지고 말 몯ᄒᆞᆯ 藥 머기고 뒷간의 ᄃᆞ리텨 두고 일후믈 사ᄅᆞᆷ 도티라 ᄒᆞ니라】 즉재 藥을 머구려 ᄒᆞ거시늘 宮人 趙玉이 구틔여 말이ᅀᆞ와 소겨 술오ᄃᆡ ᄆᆞ초아 사ᄅᆞ미 오니 皇帝ㅅ 病이 ᄒᆞ마 됴ᄒᆞ시도소이다 ᄒᆞ야ᄂᆞᆯ 后ㅣ 미드샤 올히 너기샤 마ᄅᆞ시니 이틄나래 帝ㅣ 果然 됴ᄒᆞ시니라.

(3) 十四年 녀르메 陰后ㅣ 巫蠱ㅅ 일로 廢ᄒᆞ야시ᄂᆞᆯ 【巫蠱ᄂᆞᆫ 무당ᄋᆞᆯ 브려 鬼神이바다 사ᄅᆞᄆᆞᆯ 害호ᄆᆞᆯ 빌 시라】 后ㅣ 請ᄒᆞ야 救ᄒᆞ다가 得디 몯ᄒᆞ시니 帝ㅣ 곧 ᄠᅳ들 지향ᄒᆞ신대 后ㅣ 더욱 病 되요라 ᄒᆞ샤 기피 ᄌᆞ개 ᄀᆞ초와 그치더시니 마초아 有司ㅣ 長秋宮 셰요ᄆᆞᆯ 엳ᄌᆞ온대 帝 니ᄅᆞ샤ᄃᆡ 皇后 尊호미 날와 體 ᄀᆞᆮᄒᆞ야 宗廟ᄅᆞᆯ 셤기며 天下앳 어미 ᄃᆞ외ᄂᆞ니 엇뎨 쉬우리오. 오직 鄧貴人이

德이 後宮에 爲頭ᄒᆞ니 어루 當ᄒᆞ리라. 겨스레 니르러 셰여 皇后 사ᄆᆞ신대 辭讓ᄋᆞᆯ 세 번 ᄒᆞ신 後에ᅀᅡ 卽位ᄒᆞ샤 表ᄅᆞᆯ 손소 스샤 謝恩ᄒᆞ샤 기피 德이 져거 小君 ᄀᆞᆯ히샤매 몌우미 足디 몯호이다 ᄒᆞ시다. 【小君은 님굼 夫人이라】

이 ᄢᅴ 四方 나랏 貢獻을 난겻 貴코 됴ᄒᆞᆫ 거슬 求ᄒᆞ더니 后ㅣ 卽位를 브터 다 禁止케 ᄒᆞ시고 歲時예 오직 죠히와 먹뽄 바틸 ᄯᆞᄅᆞ미러라. 帝 미샹 鄧氏를 벼슬 히요려 커시든 后ㅣ 곧 셜이 비ᅀᆞ와 辭讓ᄒᆞ신 젼ᄎᆞ로 ᄆᆞ오라비 騭이 帝ㅅ 시졀이 ᄆᆞᄎᆞ지 虎賁中郎將애셔 넘디 몯ᄒᆞ니라. 【虎賁中郎將은 벼스리라】

(4) 元興 元年에 帝 업거시늘 長子 平原王이 病 잇고 여러 皇子ㅣ 즐어주구미 前後에 열호로 혜리러니 後에 나니를 곧 곰초아 民間애 기르더니 殤帝 나샤미 갓 百日이러시니 后ㅣ 마자다가 셰시다. 后ᄅᆞᆯ 尊ᄒᆞᅀᆞ와 皇太后를 삼ᅀᆞᆸ고 太后ㅣ 朝會 마ᄌᆞ시니라.

和帝 葬ᄒᆞᅀᆞ온 後에 宮人이 다 園의 가더니 太后ㅣ 周馮貴人을 策을 주샤 니르샤ᄃᆡ 【周馮은 두 貴人이 姓이라】 내 貴人과로 後宮에 브터 서르 委曲히 ᄒᆞᆫᄃᆡ 이쇼미 여라믄 ᄒᆡ러니 福을 得디 몯ᄒᆞ야 先帝 일 天下를 ᄇᆞ리시니 ᄒᆞ온 삿 ᄆᆞᅀᆞ미 煢煢ᄒᆞ야 【煢煢은 ᄒᆞ온사 이셔 브툴 짜 업슨 양ᄌᆡ라】 울워롤 고디 업슨 디라 나지여 바미여 기리 ᄉᆞ랑ᄒᆞ야 셜우미 ᄆᆞᅀᆞ매 나ᄉᆞᆺ다. 이제 반ᄃᆞ기 녯 法으로 여희여 後園에 가릴ᄉᆡ 셜워 한숨호니 燕燕詩ᄂᆞᆫ 엇뎨 能히 가즐비리오. 【燕燕은 毛詩 篇 일후미니 燕은 져비니 衛莊公 夫人 莊姜이 子息 업서 莊公 妾 戴嬀의 아ᄃᆞᆯ 자내 子息 사맷더니 莊公이 업스시거늘 그 아ᄃᆞ리 卽位ᄒᆞ얫더니 ᄉᆞ랑ᄒᆞ시논 妾옛 아ᄃᆞ리 그 님그믈 주겨늘 戴嬀 제 나라ᄒᆞ로 갈 시졀에 莊姜이 보내며 슬허 이 詩를 지ᄉᆞ니라】 貴人ᄋᆞᆯ 王靑蓋車와 【王靑蓋車ᄂᆞᆫ 皇子ㅣ 封王ᄒᆞ야 ᄐᆞᄂᆞᆫ 술위라】 빗내 ᄭᅮ뮨 술위와 驂馬 各 네 필와 【驂ᄋᆞᆫ 술윙 메이ᄂᆞᆫ ᄆᆞ리라】 黃金 三十斤과 雜帛 三千匹와 白越 四千匹을 주라 ᄒᆞ시고 ᄯᅩ 馮貴人을 王赤綏 주시고 머리옛 步搖와 環珮 업다 ᄒᆞ샤 各 ᄒᆞᆫ 불옴 더 주시다. 【步搖ᄂᆞᆫ 皇后ㅅ 首飾이오 環珮ᄂᆞᆫ 珮玉이라】

이 뛰 새로 큰 거상을 맞나 法이 셔디 몯ᄒᆞ얫더니 宮中이 굴근 구슬 ᄒᆞᆫ 箱子를 일흔대 太后ㅣ 져주고져 ᄒᆞ샤ᄃᆡ 반ᄃᆞ기 罪 업스니 이실가 너기샤 親히 宮人을 보샤 顔色을 보와 슬피시니 卽時예 自服ᄒᆞ니라. 쏘 和帝ㅣ 幸히 너기시던 사ᄅᆞᆷ 吉成의 조ᄎᆞᆫ 사ᄅᆞ미 모다 吉成을 巫蠱ㅅ 일로 ᄒᆞ라ᄂᆞᆯ 掖庭에 ᄂᆞ리와 져주시니 말ᄉᆞᆷ과 본증이 明白ᄒᆞ더니 太后ㅣ 先帝ㅅ 左右로 對接을 有恩히 ᄒᆞ실 저기라도 平日에 오히려 모딘 마리 업더니 이제 도ᄅᆞ혀미 이 ᄀᆞᆮᄒᆞ니 人情에 맞디 아니타 ᄒᆞ시고 다시 즈개 블러 보샤 覈實ᄒᆞ시니 果然 조ᄎᆞᆫ 사ᄅᆞ미 ᄒᆞ욘 이리어ᄂᆞᆯ 嗟嘆ᄒᆞ야 降伏 아니ᄒᆞ리 업서 聖明이샷다 슬오니라.

10 명나라 태조의 효자고황후

(1) 大明 太祖ㅅ 孝慈昭憲至仁文德承天順聖高皇后 馬氏ᄂᆞᆫ 그 祖上이 宋ㅅ 太保 黙브터 【太保ᄂᆞᆫ 벼스리오 黙은 일후미라】 宿州人 閔子鄕ㅅ 新豊里예 사라 世로 므슬해 豪傑이러니 아바님 馬公이 性이 剛直ᄒᆞ고 사ᄅᆞ믈 어엿비 너겨 주믈 즐겨 사ᄅᆞ미 時急ᄒᆞᆫ 저글 도오ᄃᆡ 몯 미처 홀 ᄃᆞ시 ᄒᆞ더라. 어마님 鄭氏 일 죽거시늘 后ㅣ 졈더시니 아바님이 아리 定遠ㅅ 사ᄅᆞᆷ 郭子興과로 刎頸ᄒᆞᄂᆞᆫ 버디러니 【刎頸은 모ᄀᆞᆯ 버힐 시니 ᄉᆞ외 사괴야 비록 모ᄀᆞᆯ 버혀도 앗기디 아니호ᄆᆞᆯ 니ᄅᆞ니라】 后로 그 지븨 付屬ᄒᆞ고 아바님이 죽거시늘 子興이 后를 기ᄅᆞ수오ᄃᆡ 제 ᄯᆞᆯᄀᆞ티 ᄒᆞ더라.

后ㅣ 져머셔브터 貞靜ᄒᆞ시며 端正ᄒᆞ시며 專一ᄒᆞ시며 孝道ᄒᆞ시며 恭敬ᄒᆞ시며 慈惠ᄒᆞ시며 聰明이 사ᄅᆞ미 ᄠᅳᆮ 밧긔 나샤 詩와 書와를 더욱 즐기더시니 ᄒᆞ마 ᄌᆞ라ᄒᆞ샤 太祖 高皇帝ᄭᅴ 嬪이 ᄃᆞ외샤 誠敬이 感動ᄒᆞ샤 안팟기 다 기리ᅀᆞᆸ더라.

히 ᄀᆞ장 가난ᄒᆞᆫ 저글 맞나 后ㅣ 帝ᄭᅴ 좃ᄌᆞ와 軍中에 겨샤 일즉 즈개 ᄇᆡ골포믈 ᄎᆞᆷ시고 乾飯과 脯肉을 푸므샤 帝ᄭᅴ 받ᄌᆞᄋᆞ샤 긋디 아니케 ᄒᆞ시며 急遽ᄒᆞ며 어려운 시절에 婦道를 조심ᄒᆞ야 조차 ᄒᆞ더시니 帝 샹녜 記錄ᄒᆞᆫ 글워리어든 곧 后를 命ᄒᆞ샤 ᄀᆞ초라 ᄒᆞ시고 ᄇᆞᆺ븐 제 가져오라 ᄒᆞ야 보시거든

后ㅣ 즉재 ᄂᆞ모채 내야 받ᄌᆞ오샤 죠ᇝ간도 그르 아니터시다.

帝ㅣ 香 퓌우시고 하ᄂᆞᆯ끠 비르샤ᄃᆡ 願혼ᄃᆞᆫ 天命이 ᄲᆞᆯ리 맛디샤미 겨샤 天下앳 生民을 受苦케 마ᄅᆞ쇼셔 ᄒᆞ야시ᄂᆞᆯ 后ㅣ 帝끠 ᄉᆞᆯ오샤ᄃᆡ 이제 豪傑이 모다 ᄃᆞ토아 비록 天命에 갈 고ᄃᆞᆯ 아디 몯ᄒᆞ나 ᄌᆞᆼᅀᆞ로 보건댄 사ᄅᆞᆷ 주기디 아니호ᄆᆞ로 根本올 사마 업더디ᄂᆞ닐 니르와ᄃᆞ며 바ᄃᆞ라오닐 救ᄒᆞ야 사ᄅᆞ미 ᄆᆞᅀᆞᄆᆞᆯ 뫼호면 사ᄅᆞ미 ᄆᆞᅀᆞᆷ 가ᄂᆞᆫ 고디 곧 天命 잇논 고디니 뎨 주기며 虜掠호ᄆᆞᆯ ᄀᆞ장ᄒᆞ야【虜ᄂᆞᆫ 사ᄅᆞ자ᄇᆞᆯ 시오 掠은 티고 아ᅀᆞᆯ 시라】 사ᄅᆞ미 ᄆᆞᅀᆞᄆᆞᆯ 일우믄 하ᄂᆞᆯ히 아쳐르시논 고디라 비록 그 모미나 ᄯᅩ 安保호미 어려우니이다.

帝 니ᄅᆞ샤ᄃᆡ 그딋 마리 내 ᄠᅳ데 ᄀᆞ장 맛다 ᄒᆞ시고 이틄나래 비 마자 도라가샤 后끠 ᄉᆞᆯ오샤ᄃᆡ 어제 그딋 마ᄅᆞᆯ 드로니 ᄆᆞᅀᆞ매 來往ᄒᆞ야 닛디 몯ᄒᆞ리로쇠다. ᄒᆞᆫ 軍士ㅣ 軍令을 그르처 忽然히 겨지블 ᄃᆞ렛거늘 져주니 굿이디 몯ᄒᆞ야 情實을 내야 닐오ᄃᆡ 虜掠ᄒᆞ야 어두라 ᄒᆞᆯ씨 내 告ᄒᆞ야 닐오ᄃᆡ 오ᄂᆞᆳ날 兵馬ᄲᅮ믄 亂을 禁호미니 萬一에 사ᄅᆞ미 겨지블 寡케 ᄒᆞ며【寡ᄂᆞᆫ 남진 업슬 시라】 사ᄅᆞ미 子息을 孤케 ᄒᆞ면【孤ᄂᆞᆫ 졈고 아비 업슬 시라】 마치 亂을 내논 디니 卽時예 ᄇᆞ리디 아니ᄒᆞ면 내 반ᄃᆞ기 너를 주교리라 호니 이 軍士ㅣ 感動ᄒᆞ야 아라 즉재 ᄇᆞ리니 그딋 마리 다시라. 后ㅣ ᄉᆞᆯ오샤ᄃᆡ ᄆᆞᅀᆞᆷ 뻐 호미 이 ᄀᆞᆮᄒᆞ시니 엇뎨 사ᄅᆞ미 ᄆᆞᅀᆞᆷ 모다 가디 아니호ᄆᆞᆯ 分別ᄒᆞ리잇고.

后ㅣ 처ᅀᅥ믜 子息이 업스샤 帝ㅅ 兄님 아ᄃᆞᆯ 文正과 몯누의님 아ᄃᆞᆯ 李文忠과 沐英과 두ᅀᅥ 사ᄅᆞᄆᆞᆯ 기르샤ᄃᆡ ᄉᆞ랑호ᄆᆞᆯ 내 나호니 ᄀᆞ티 ᄒᆞ더시니 後에 太子와 諸王이 나샤도 恩을 그치디 아니ᄒᆞ더시다.

帝ㅣ 軍士ᄅᆞᆯ 거느리샤 江을 건나실 제 后ㅣ ᄯᅩ한 將士의 妻妾을 거느리샤 大平에 버거 오시니라.【大平은 ᄯᅡᇰ 일후미라】 建康애 사ᄅᆞ샤매 미츠샤 그 ᄢᅴ 吳와 漢괘【吳漢은 두 나랏 일후미라】 地境이 니ᅀᅥ 싸홈 아니혼 날 업더니 親히 侍女ᄅᆞᆯ 거느리샤 옷과 신과ᄅᆞᆯ 고텨 기우샤 將士ᄅᆞᆯ 도와 주샤 밤듕이ᄃᆞ록 자디 아니ᄒᆞ시며 時時예 帝ㅅ 꾀ᄅᆞᆯ 더 도오샤 일마다 조가개 맛게 ᄒᆞ더시다.

(2) 洪武 元年 春 正月에 帝 卽位ᄒᆞ샤 皇后를 冊封ᄒᆞ시고 因ᄒᆞ야 侍臣ᄃᆞ려 니ᄅᆞ샤ᄃᆡ 녜 漢ㅅ 光武ㅣ 馮異를 慰勞ᄒᆞ야 니ᄅᆞ샤ᄃᆡ 時急ᄒᆞᆫ 제 蕪蔞亭ㅅ 豆粥 과 滹沱河ㅅ 보리밥을【蕪蔞亭은 亭子ㅅ 일후미오 滹沱河ᄂᆞᆫ 믌 일후미니 光武ㅣ 王郞과 사홈ᄒᆞ실 저긔 馮異ㅣ 豆粥과 보리바ᄇᆞᆯ 받ᄌᆞ오니라】 委曲ᄒᆞᆫ 뜨들 오래 갑디 몯ᄒᆞ라 ᄒᆞ샤 님금과 臣下왓 ᄉᆞᅀᅵ예 처섬과 ᄆᆞᄎᆞᄆᆞᆯ 保全ᄒᆞ니 내 念ᄒᆞ니 皇后ㅣ 布衣로 니러나 들며 ᄡᅮ믈 ᄒᆞᆫᄃᆡ ᄒᆞ시며 일즉 나를 조차 軍中에 겨샤 時急ᄒᆞᆫ 제 ᄌᆞ걔 비 골포믈 ᄎᆞᆷ시고 乾飯을 푸머 나를 이바ᄃᆞ시니 豆粥과 보 리밥애 가ᄌᆞᆯ비건댄 그 困ᄒᆞ미 더욱 甚ᄒᆞ니라.

녜 唐太宗ㅅ 長孫皇后ㅣ 隱太子ㅣ 嫌恨 지ᅀᅥ신 저글 當ᄒᆞ야 안ᄒᆞ로 能히 孝道를 다ᄒᆞ며 모든 妃를 조심ᄒᆞ야 셤겨 猜嫌을 업게 ᄒᆞ니 내 ᄌᆞ조 郭氏이 疑心호미 ᄃᆞ외야 내 ᄯᅳ들 바ᄅᆞᆺᄒᆞ고 分別 아니ᄒᆞ다니 將士ㅣ 衣服과 ᄡᅳᆯ 거슬 주어든 后ㅣ 몬져 郭氏의 받ᄌᆞ와 그 ᄯᅳ들 慰勞ᄒᆞ야 깃기시며 나를 害코져 ᄒᆞ 매 다ᄃᆞ란 后ㅣ 믄득 緋縫ᄒᆞ샤【緋縫은 깁보탈 시라】 ᄆᆞᄎᆞ매 患難을 免호니 거의 쏜 長孫皇后의 어려우니라. 내 시혹 衣服과 ᄡᅳᆯ 거슬 因ᄒᆞ야 죠고맛 허 므를 怨ᄒᆞ야 ᄒᆞ거든 곧 나를 爲ᄒᆞ야 니ᄅᆞ샤ᄃᆡ 主上이 녯 가난ᄒᆞ고 微賤ᄒᆞᆫ 저 글 니ᄌᆞ신가 ᄒᆞ야시ᄃᆞᆫ 내 ᄯᅩ 놀라ᄒᆞ노라. 지븻 어딘 겨지비 오히려 나라햇 어딘 宰相과 ᄀᆞᆮᄒᆞ니 엇뎨 ᄎᆞ마 니ᄌᆞ리오 ᄒᆞ시고

朝會를 罷ᄒᆞ샤 因ᄒᆞ야 后ᄭᅴ 술오신대 后ㅣ 술오샤ᄃᆡ 妾은 드로니 夫婦ㅣ 서르 保全호ᄆᆞᆫ 쉽고 君臣이 서르 保全호ᄆᆞᆫ 어렵다 ᄒᆞ니 陛下ㅣ ᄒᆞ마 妾을 貧 賤에 닛디 아니ᄒᆞ시니 願ᄒᆞᆫᄃᆞᆫ 群臣 百姓을 가난애 닛디 마ᄅᆞ쇼셔. ᄯᅩ 妾은 어느 長孫皇后의 어디ᄅᆞ샴과 ᄀᆞᆮᄒᆞ리잇고. 오직 願ᄒᆞᆫᄃᆞᆫ 陛下ㅣ 堯舜을 法 바 ᄃᆞ시과뎌 홀 ᄯᆞᄅᆞ미로이다.

后ㅣ ᄒᆞ마 宮中에 正位ᄒᆞ샤 더욱 ᄌᆞ개 브즈러니 힘ᄡᅳ샤 宮妾을 考察ᄒᆞ샤 겨지븨 이를 다ᄉᆞ리샤 일 니ᄅᆞ시고 밤 들어든 자샤 게으르디 아니ᄒᆞ시며 帝 ᄭᅴ 賢ᄒᆞ닐 親히 ᄒᆞ시며 學 힘ᄡᅳ샤믈 勸ᄒᆞ시며 이를 조차 ᄀᆞ마니 諫ᄒᆞ시며 녯

글와룰 講論ᄒᆞ샤 六宮에 알외샤ᄃᆡ 브즈러니 ᄒᆞ샤 게으르디 아니ᄒᆞ더시다.

一日에 女史 淸江 范孺人들ᄒᆞᆯ 뫼호샤 【女史ᄂᆞᆫ 글 아ᄂᆞᆫ 겨지비니 皇后ㅅ 禮度와 안녁 政事 ᄀᆞᅀᆞᆷ아랫ᄂᆞᆫ 벼스리라. 淸江은 짯 일후미오 范은 姓이라】 무르샤ᄃᆡ 漢唐브터 오ᄆᆞ로 어ᄂᆞ 后ㅣ ᄆᆞᆺ 어딜며 家法은 어ᄂᆞ 代 ᄆᆞᆺ 正ᄒᆞ뇨. 對答ᄒᆞᅀᆞ오ᄃᆡ 오직 趙宋ㅅ 諸后ㅣ 어디니 하며 家法이 ᄆᆞᆺ 正ᄒᆞ니이다. 【趙ᄂᆞᆫ 宋ㅅ 姓이라】 后ㅣ 이에 女史ᄅᆞᆯ 命ᄒᆞ샤 家法과 어딘 힝뎌글 記錄ᄒᆞ야 샹녜 외오여 드르시고 니르샤ᄃᆡ ᄒᆞᆫ갓 내의 오ᄂᆞᆯ 法이 ᄃᆞ욀 ᄲᅳᆫ 아니라 子孫 帝王 后妃 다 반ᄃᆞ기 슬펴보리니 이 어루 萬世옛 法이 ᄃᆞ외리로다. 或이 술오ᄃᆡ 宋朝ㅣ 仁厚에 너므니라 ᄒᆞᆫ대 后ㅣ 니르샤ᄃᆡ 仁厚에 너무미 아니 刻薄ᄒᆞ매 더으녀. 내 子孫이 眞實로 能히 仁厚로 根本을 사ᄆᆞ면 三代예 가미 어렵디 아니ᄒᆞ니라. 仁厚ㅣ 비록 너므나 엇뎨 사ᄅᆞ미 나라해 有害ᄒᆞ료.

(3) 帝 아래 后ᄭᅴ 술오샤ᄃᆡ 님금은 온가짓 所任에 모도미니 一夫ㅣ 제 所ᄅᆞᆯ 得디 몯ᄒᆞ야도 님금의 責이라 ᄒᆞ시ᄂᆞᆯ 后ㅣ 즉재 니러 졀ᄒᆞ샤 술오샤ᄃᆡ 妾은 드로니 녯 사ᄅᆞ미 닐오ᄃᆡ 一夫ㅣ 失所호미 이 내 罪라 ᄒᆞ며 ᄒᆞᆫ 百姓이 주으리거든 닐오ᄃᆡ 내 주으리게 호라 ᄒᆞ고 ᄒᆞᆫ 百姓이 치워커든 닐오ᄃᆡ 내 칩게 호라 ᄒᆞ니 이젯 陛下ㅅ 말ᄉᆞ미 곧 녯 사ᄅᆞ미 ᄆᆞᅀᆞ미로쇠이다. 聖心에 삼가ᄆᆞᆯ 닐우샤 셜운 百姓의게 恩惠ᄅᆞᆯ 더으시면 天下ㅣ 그 福을 닙ᄉᆞ오며 妾도 ᄯᅩ 參預ᄒᆞ야 榮華ᄅᆞᆯ 외요미 이시리이다.

ᄯᅩ 아래 從容히 【從容은 양ᄌᆞᄅᆞᆯ 조츨 시니 便安ᄒᆞ신 ᄉᆞᅀᅵ 보아 술오샤ᄆᆞᆯ 니ᄅᆞ니라】 帝ᄭᅴ 술오샤ᄃᆡ 人主ㅣ 비록 明聖ᄒᆞ신 資質이 겨시나 能히 ᄒᆞ오사 天下ᄅᆞᆯ 다ᄉᆞ리디 몯ᄒᆞᄂᆞᆫ 디라 반ᄃᆞ기 어딘 사ᄅᆞᄆᆞᆯ 굴희야 다ᄉᆞ료ᄆᆞᆯ 議論ᄒᆞᄂᆞ니 그러나 世代 더욱 ᄂᆞ리여 사ᄅᆞ미 ᄀᆞ존 직죄 업스니 陛下ㅣ 人才예 本來 能히 各各 그 뎌르며 기로ᄆᆞᆯ 조ᄎᆞ ᄡᅳ시ᄂᆞ니 그러나 더욱 져근 허므를 赦ᄒᆞ샤 그 사ᄅᆞᄆᆞᆯ 保全홀 디니이다. 帝 깃그샤 됴ᄒᆡ다 ᄒᆞ시다.

一日에 元ㅅ 府庫ᄅᆞᆯ 得ᄒᆞ야 寶貨ᄅᆞᆯ 옮겨 셔울 오ᄆᆞᆯ 드르시고 帝ᄭᅴ 묻ᄌᆞ오

샤딕 元ㅅ 府庫애 므스글 어드시니잇고. 帝 니른샤딕 寶貨ㅅ 쁜르미라. 后ㅣ 솔오샤딕 元氏 이 寶를 두딕 엇뎨 가지디 몯흐야 일흐니잇고. 貨財 寶ㅣ 아니라 쏘 帝王이 各別흔 寶ㅣ 잇느니이다. 帝 니른샤딕 皇后ㅅ 쁘들 내 알와이다. 오직 어딘 사름 어두므로 寶 사모라 니른시놋다.

后ㅣ 즉재 拜謝ᄒᆞ샤 솔오샤딕 眞實로 聖言 곧ᄒᆞ시이다. 妾이 샹녜 보니 사름이 지븨 生計 두터우면 驕慢이 니를오 命이 됴ᄒᆞ면 便安호미 나느니 집과 나라홰 곧디 아니ᄒᆞ나 그 理는 다르디 아니ᄒᆞ니 사름이 샹녯 쁘디 반드기 ᄀᆞ장 警戒홀 디니이다. 妾이 陛下와 가난애 흔딕 사숩다가 이제 富貴예 니르니 驕慢ᄒᆞ며 放縱호미 奢侈예 나며 危亡이 忽微예 니러날가 샹녜 젼노이다.【忽微는 져글 시라】 이런 젼ᄎᆞ로 世예 傳호딕 工巧ᄒᆞᆫ 노릇시 나라홀 배논 도쵝오 珠玉이 므스믈 放蕩히는 酖毒이라 ᄒᆞ니【酖은 毒흔 새니 그 지ᄎᆞ로 飮食에 스저 머그면 사름이 죽느니라】 올타 이 마리여. 오직 賢才를 어더 朝夕에 啓沃ᄒᆞ야【啓는 열 시오 沃은 저질 시니 高宗이 傳說드려 니른샤딕 네 므스믈 여러 내 므스믈 저지라 ᄒᆞ시니라】 天下를 모다 安保호미 곧 大寶ㅣ며 萬世예 일훔 나긔 ᄒᆞ요미 곧 大寶ㅣ니 엇뎨 物에 이시리잇고. 帝 니른샤딕 善타.

아래 乾淸宮의 뫼ᄉᆞ와 안자 겨샤 마리 가난흔 시졀 이례 미쳣더시니 帝 니른샤딕 내 그딕와로 가난흔 딕 둔녀 受苦를 ᄀᆞ초 디내요니 오ᄂᆞᆯ나래 지블 化ᄒᆞ야 나라 ᄃᆞ외요문 得홀 므ᄉᆞ미 업슨 디라 우흐론 天地ㅅ 德과 祖宗ㅅ 恩惠를 感動ᄒᆞ노니 그러나 쏘 그딕의 안흐로 도온 功이라. 后ㅣ 솔오샤딕 陛下ㅅ 흔 번 念ᄒᆞ샨 百姓 救호려 ᄒᆞ신 므ᄉᆞ미 皇天에 니르르샤 天命이 도라보시며 祖宗이 도으시니 妾은 므슴 히미 이시리잇고. 오즉 願ᄒᆞᅀᆞ온돈 陛下ㅣ 어려운 시졀을 닛디 마르샤 便安흔 나래 警戒ᄒᆞ쇼셔. 妾이 쏘 患難애 서르 존ᄌᆞ오믈 닛디 아니ᄒᆞ야 朝夕에 조심ᄒᆞ리이다. 天地祖宗이 今日에 도을 ᄲᅮ니 아니라 쟝ᄎᆞ 子孫 無窮흔 福이 ᄃᆞ외리이다.

(4) 帝ㅅ 믈읫 御膳을 后ㅣ 반드기 親히 ᄉᆞᆯ펴보더시니 宮人이 請ᄒᆞ야 솔오

디 宮中에 사람이 하니 聖體 잇비 마ᄅ쇼셔. 后ㅣ 니ᄅ샤디 내 眞實로 宮中에 사람 잇ᄂ 주를 알아니와 오직 婦人의 남편 셤교ᄆ 삼가디 아니호미 몯ᄒ리며 차반 셰ᄉ오ᄆ 조티 아니호미 몯ᄒ리니 ᄒ다가 至極디 몯호미 이셔 너희 罪를 니브면 내 ᄆᄉ미 엇뎨 便安ᄒ리오. 내 이리호ᄆ ᄒ녀고론 우흘 恭敬ᄒ야 ᄆ드니 너기디 아니호미오 ᄒ녀고론 너희를 安保ᄒ야 罪를 免케 호미니 엇뎨 사람 업소ᄆᆯ 爲ᄒ리오 ᄒ시니 宮人이 듣ᄌ고 다 感動ᄒ야 깃ᄉ와 ᄒ더라.

后ㅣ 女史의 西漢ㅅ 竇太后의 黃老 즐교ᄆᆯ 議論커ᄂᆯ 드ᄅ시고 【黃老ᄂ 黃帝와 老子왜라】 도라 무러 니ᄅ샤디 黃老ᄂ 엇더ᄒ뇨. 女史ㅣ 對答ᄒᄉ오디 淸淨ᄒ야 ᄒ욤 업수므로 읏드믈 사ᄆ니 仁을 그치며 義를 브려 百姓이 孝道ᄒ며 仁慈호매 도라가게 호미니이다. 后ㅣ 니ᄅ샤디 그러티 아니ᄒ다. 孝道ᄒ며 仁慈호미 곧 仁義옛 이리니 엇뎨 仁義를 그쳐 孝道ᄒ며 仁慈ᄒ리오. 仁義ᄂ 다ᄉ료맷 읏드미어ᄂᆯ 닐오디 그치며 ᄇ리라 ᄒ니 理 아니로다.

后ㅣ 小學書를 외오이시고 ᄆᄉᄆᆯ 고초아 듣더시니 이슥고 ᄅᄌᄋ오샤디 小學書ᄂ 말ᄉ미 쉬이 알오 이리 쉬이 行ᄒᆯ 디라 人道애 ᄀᆺ디 아니호미 업스니 眞實ㅅ 聖人의 ᄀᄅ치샨 法이로소니 엇뎨 나토아 내디 아니ᄒ리잇고. 帝 니ᄅ샤디 올ᄒ다 내 ᄒ마 親王과 駙馬와 大學生과로 다 講論ᄒ며 닑게 횟다.

后ㅣ 아래 元 世祖ㅅ 后의 눌근 활시울 니기시던 이를 드ᄅ시고 ᄯ 命ᄒ야 가져다가 니기이샤 빠 니블 ᄆᆫᄀᆯᄅᄉ야 외ᄅ외며 늘그니를 주시며 샹녜 옷과 치마 ᄆᆯᄅ시고 나ᄆᆫ 裁剪을 니ᅀᅥ 手巾과 쇼홀 ᄆᆫᄀᆯ라 니ᄅ샤디 모미 富貴예 이션 반ᄃ기 天地를 爲ᄒ야 物을 앗골 디니 하ᄂᆞᆺ 物을 므던히 너겨 ᄒ야 ᄇ료ᄆᆫ 녯 사ᄅ미 기픈 警戒라. 뵈 ᄯ는 사람이 시를 다스릴 제 ᄇ리는 무기 잇거든 ᄯ 넣어 ᄯᅥ이샤 諸王妃와 公主와ᄅᆯ 주시고 니ᄅ샤디 富貴예 나 기런 모로매 蠶桑이 쉽디 아니호ᄆᆯ 아롤 디니 이 비록 무기 ᄇ릴 거시나 民間애 이션 오히려 어두미 어려우니 그럴ᄉ ᄯᅥ여 너를 뵈노니 아디 몯호미 몯ᄒ리라 ᄒᆞ더시다.

샹녜 싼론 오ᄉᆞᆯ 니브시고 奢侈ᄒᆞ며 됴ᄒᆞᆫ 거슬 즐기디 아니ᄒᆞ시며 니브리 비록 허나 ᄀᆞ로ᄆᆞᆯ 춤디 몯ᄃᆞ시니 后ㅣ 솔오리 이쇼ᄃᆡ 天下애 至極ᄒᆞᆫ 貴와 至極ᄒᆞᆫ 富와ᄅᆞᆯ 누리시ᄂᆞ니 엇뎨 이를 앗기시ᄂᆞ니잇고. 后ㅣ 니ᄅᆞ샤ᄃᆡ 내 드로니 녯 后妃 다 富ᄒᆞ고 能히 儉朴ᄒᆞ며 貴ᄒᆞ고 能히 브즈런호ᄆᆞ로 글와래 일ᄏᆞᆯ이다 ᄒᆞ니 奢侈ᄒᆞᆫ ᄆᆞᅀᆞᆷ 수이 나고 노폰 位 이쇼미 어려운 디라 닛디 몯홀 거시 勤儉이오 믿디 몯홀 거시 富貴니 勤儉ᄒᆞᆫ ᄆᆞᅀᆞ미 ᄒᆞᆫ 번 올ᄆᆞ면 禍福의 應이 뫼사리 니ᄅᆞᄃᆞᆺ ᄒᆞᄂᆞ니 每每예 念ᄒᆞ미 이에 밋고 自然히 므던히 너굘 ᄆᆞᅀᆞᄆᆞᆯ 두디 몯홀 ᄯᆞᄅᆞ미로라.

(5) 宮人이 허므리 이셔 帝ㅣ 怒커시든 后ㅣ ᄯᅩ 怒ᄒᆞ샤 左右ᄅᆞᆯ 命ᄒᆞ샤 宮正司애 자바 맛뎌【宮正司ᄂᆞᆫ 宮中 ᄀᆞᅀᆞᆷ안 마ᅀᆞ리라】 罪ᄅᆞᆯ 議論ᄒᆞ라 ᄒᆞ더시니 帝ㅣ 怒ᄅᆞᆯ 프ᄅᆞ샤 后ᄭᅴ 무러 니ᄅᆞ샤ᄃᆡ 그듸 親히 외다 ᄒᆞ야 罪 주디 아니코 宮正司애 맛됴ᄆᆞᆫ 엇뎨잇고. 后ㅣ 솔오샤ᄃᆡ 妾은 드로니 賞罰이 公反ᄒᆞ야ᅀᅡ 足히 사ᄅᆞᄆᆞᆯ 降伏히ᄂᆞ다 ᄒᆞ니 그럴ᄉᆡ 깃부모로 賞을 더으디 아니ᄒᆞ며 怒로 刑을 더으디 아니ᄒᆞᄂᆞ니 깃브며 怒ᄒᆞᆫ ᄉᆞᅀᅵ예 賞罰을 行ᄒᆞ면 반ᄃᆞ기 기우로 重ᄒᆞ미 이셔 사ᄅᆞ미 그 私情을 議論ᄒᆞ려니와 宮正司애 맛디면 반ᄃᆞ기 輕重을 斟酌ᄒᆞ리이다. 天下 다ᄉᆞ리리 ᄯᅩ 엇뎨 能히 사ᄅᆞᆷ마다 親히 賞罰ᄒᆞ리잇고. 有司ㅣ 議論홀 ᄯᆞᄅᆞ미니이다. 帝 니ᄅᆞ샤ᄃᆡ 그듸 ᄯᅩ 怒ᄒᆞ몬 엇뎨잇고. 后ㅣ 솔오샤ᄃᆡ 陛下 怒ᄒᆞ신 시절을 當ᄒᆞ야 믄득 親히 罪 주시면 ᄒᆞᆫ갓 宮人이 重ᄒᆞᆫ 외다 ᄒᆞ몰 어들 ᄲᅮᆫ 아니라 陛下ㅣ ᄯᅩ 中和ᄒᆞ신 긔운을 損ᄒᆞ시리니 그럴ᄉᆡ 妾이 怒ᄒᆞ몬 陛下ㅅ 怒ᄅᆞᆯ 프노라 ᄒᆞ미니이다. 帝 깃그시다.

后ㅣ 舅姑ᄅᆞᆯ 미처 셤기ᅀᆞᆸ디 몯ᄒᆞᄆᆞ로 슬ᄒᆞ샤 帝의 그리ᅀᆞ와 슬허ᄒᆞ샤ᄆᆞᆯ 보ᅀᆞ오시고 ᄯᅩ 爲ᄒᆞ야 눉믈 흘리시며 아ᄎᆞᆷ 나조히 褘翟ᄋᆞ로 帝를 조ᄎᆞ샤【褘翟은 皇后ㅣ 先王ㅅ 祭 홀 저긔 니브시ᄂᆞᆫ 오시라】 奉先殿에 拜謁ᄒᆞ시며 미샹 祭ᄅᆞᆯ 當ᄒᆞ야 親히 차바ᄂᆞᆯ 밍ᄀᆞᄅᆞ샤 誠敬을 힘뻐 ᄒᆞ시며 妃嬪以下

를 對接ᄒᆞ샤ᄃᆡ 恩惠를 두시며 得寵ᄒᆞ야 子息 잇ᄂᆞ 사ᄅᆞ므란 對接을 더 厚히 ᄒᆞ더시다.

諸王妃와 公主ᄃᆞ려 니ᄅᆞ샤ᄃᆡ 功 업시 福을 受호미 하늘히 아쳗ᄂᆞ 고디니 내 너희들콰로 金繡를 니브며 飮食을 됴히 ᄒᆞ고 나리 져므ᄃᆞ록 ᄒᆞᄂᆞ 일 업스니 반ᄃᆞ기 겨지븨 이를 브즈러니 ᄒᆞ야 하늘ᄭᅴ 갑ᄉᆞ올 디라 ᄒᆞ시며 太子와 諸王ᄋᆞᆯ 비록 ᄉᆞ랑ᄒᆞ샤ᄆᆞᆯ 甚히 두터이 ᄒᆞ시나 힘ᄡᅥ 學ᄋᆞᆯ 힘ᄡᅴ오샤 子細히 니ᄅᆞ시며 精誠으로 ᄒᆞ더시니 아래 니ᄅᆞ샤ᄃᆡ 네 아바니미 萬國에 尊히 디러 겨샤 모매 太平을 닐위샤ᄆᆞᆫ 또 學文ᄒᆞ야 뫼호믈 브테시니 너 小子는 반ᄃᆞ기 니수믈 ᄉᆞ랑ᄒᆞ야 나혼 바를 辱히디 마롤 디니라.

또 니ᄅᆞ샤ᄃᆡ 내 女史의 마를 드로니 鄧禹ㅣ 將軍 ᄃᆞ외야셔 간대로 사ᄅᆞᆷ 주기디 아니혼 젼ᄎᆞ로 그 ᄯᆞ리 皇后ㅣ ᄃᆞ외다 ᄒᆞᄂᆞ니 우리 家門이 世世로 忠厚ᄒᆞ며 우리 아바님ᄭᅴ 니ᄅᆞ러 비록 鄧禹의 功이 업스시나 그러나 平生애 義를 時急히 ᄒᆞ더시니 오ᄂᆞᆯ날 皇后 ᄃᆞ외요미 偶然티 아니ᄒᆞ니라. 너희들흔 다ᄅᆞᆫ 나래 百姓과 社稷을 맛도미 잇ᄂᆞ니 더욱 모로매 忠厚를 만히 ᄒᆞ야ᅀᅡ 子孫이 길리니 잢간도 제 믿고 德을 힘쓰디 아니ᄒᆞ고 이리 偶然ᄒᆞ니라 너기디 마롤 디니 네 잢간도 닛디 말라.

諸王이 시혹 衣服과 器具와로 서르 崇尙ᄒᆞ거든 后ㅣ 니ᄅᆞ샤ᄃᆡ 唐堯와 虞舜괘 새로 니시고 흙 섬 ᄒᆞ시며 夏禹와 文王괘 사오나온 옷과 ᄂᆞᆺ가온 오ᄉᆞᆯ 니브시니 네 아바니미 儉朴ᄒᆞ샤 더욱 奢侈ᄒᆞ며 됴ᄒᆞᆫ 거슬 아쳐르시고 日夜애 分別ᄒᆞ며 브즈런ᄒᆞ샤 天下를 다ᄉᆞ리시니 너희 功 업수ᄃᆡ 錦衣玉食ᄒᆞ고 손ᄌᆡ 衣服과 器具로 서르 더우려 ᄒᆞᄂᆞ니 엇뎨 뜯 긔운 곧디 아니호미 이 ᄀᆞᆮᄒᆞ뇨. 반ᄃᆞ기 스승을 親히 ᄒᆞ며 버들 사괴야 聖賢ㅅ 學을 講論ᄒᆞ야 ᄆᆞᅀᆞᄆᆞᆯ 開明케 ᄒᆞ야ᅀᅡ 自然히 이 氣習이 업스리라.

(6) 后ㅣ 慈로 아래를 對接ᄒᆞ샤 아ᅀᆞᆷ과 功臣ㅅ 지블 다 깃븐 ᄆᆞᅀᆞ믈 得디 아니호미 업스시며 命婦ㅣ 드러 뵈ᅀᆞᆸ거든 尊貴로 對接 아니ᄒᆞ샤 對接을 샹

녯 家人 禮ᄀ티 ᄒᆞ더시다. 【家人ᄋᆞᆫ 샹녯 집 사ᄅᆞᄆᆞᆯ 니ᄅᆞ니라】

水旱과 가난ᄒᆞᆫ 히ᄅᆞᆯ 맛나샤 食을 進上ᄒᆞ실 제 반ᄃᆞ기 보리밥과 묏ᄂᆞ믈ᄒᆞᆯ 조쳐 ᄒᆞ라 ᄒᆞ더시니 帝ㅣ 因ᄒᆞ야 賑恤ㅅ 이ᄅᆞᆯ 니ᄅᆞ거시ᄂᆞᆯ 后ㅣ ᄉᆞ로샤ᄃᆡ 妾 은 드로니 水旱이 업슨 시졀 업다 ᄒᆞ니 賑恤ᄒᆞᆯ 法 이슈미 儲蓄ᄋᆞᆯ 몬져 預備홈 곧디 몯ᄒᆞ니 ᄆᆞᄎᆞ매 不幸ᄒᆞ야 아홉 힛 믈와 닐굽 힛 ᄀᆞᄆᆞ리 이시면 쟝ᄎᆞ 어 늬 法으로 賑恤ᄒᆞ시리잇고 ᄒᆞ신대 帝 기피 올히 너기시다.

아래 帝를 爲ᄒᆞ야 ᄉᆞ로샤ᄃᆡ 恩惠 펴ᄆᆞᆫ 너비 다코져 ᄒᆞ나 그러나 等差ㅣ 잇ᄂᆞ니 한 사ᄅᆞᄆᆞᆫ 날로 주미 眞實로 어렵거니와 百官의 지비 셔울 잇ᄂᆞ니 그 本鄕이 遠近이 ᄒᆞᆫ 가지 아니며 집 가난ᄒᆞ며 가ᄉᆞ며로미 ᄯᅩ 달오ᄃᆡ 祿俸은 限이 잇ᄂᆞ니 ᄒᆞ다가 주디 아니ᄒᆞ면 가난이 반ᄃᆞ기 甚ᄒᆞ야 더윗 비와 ᄀᆞ장 치오ᄆᆞᆯ 맛난 嗟嘆이 나타날가 너기노이다. 帝 그 ᄠᅳ들 感動ᄒᆞ샤 ᄆᆡ샹 사ᄅᆞᆷ 브려 무르샤 주더시다.

近臣과 모ᄃᆞᆫ 公事 엳ᄌᆞᆸᄂᆞᆫ 官員이 朝會ᄅᆞᆯ 罷ᄒᆞ고 殿庭에 모다 밥 먹거ᄂᆞᆯ 后ㅣ 內官ᄋᆞᆯ 命ᄒᆞ샤 飮食을 가져다가 親히 맛보시니 마시 사오나와 됴티 아 니커ᄂᆞᆯ 帝ᄭᅴ 연ᄌᆞ오샤ᄃᆡ 朝廷이 하ᄂᆞᆳ 祿을 ᄡᅥ 天下앳 어딘 사ᄅᆞᄆᆞᆯ 養ᄒᆞᄂᆞ니 그럴시 ᄌᆞ걧 奉養은 薄히 코져 ᄒᆞ시고 賢을 養ᄒᆞ몬 豊히 코져 ᄒᆞ시니 이제 飮食 ᄀᆞᅀᆞᆷ안 사ᄅᆞ미 그 아랫 사ᄅᆞᄆᆞᆯ ᄀᆞᄅᆞ치디 몯ᄒᆞ야 오직 進上ᄒᆞᄂᆞᆫ 거시 둘며 맛나고 群臣의 飮食이 다 그 마ᄉᆞᆯ 得디 몯ᄒᆞ니 엇뎨 陛下의 養賢ᄒᆞ시논 ᄠᅳ디리잇고.

上이 니ᄅᆞ샤ᄃᆡ 飮食엣 이ᄅᆞᆫ 내 ᄆᆞᅀᆞ매 디내디 아니ᄒᆞ야 쟝ᄎᆞ 群臣이 다 둘며 맛난 거슬 먹ᄂᆞ니라 너기다니 엇뎨 ᄀᆞᅀᆞᆷ안 사ᄅᆞ미 제 厚薄ᄋᆞᆯ 달이 ᄒᆞᆯ 둘 너기리오. 群臣이 니ᄅᆞ고져 ᄒᆞ고 ᄯᅩ 이베 내요ᄆᆞᆯ 어려이 너기던 둘 알리 로다. 이리 비록 甚히 져그나 關係호미 ᄯᅩ 크니 皇后ㅣ 오ᄂᆞᆳ날 니ᄅᆞ디 아니ᄒᆞ 시면 내 엇뎨 이러호ᄆᆞᆯ 알리오 ᄒᆞ시고 ᄲᅡᆯ리 光祿卿 徐興祖ᄃᆞᆯᄒᆞᆯ 브르샤 ᄀᆞ장 외다 ᄒᆞ시니 【光祿卿ᄋᆞᆫ 벼슰 일후미라】 興祖ᄃᆞᆯ히 다 붓그려 降伏ᄒᆞ니라.

帝 아래 大學애 行幸ᄒ샤 先師孔子를 祭ᄒ시고 도라오나시ᄂᆞᆯ 后ㅣ 묻ᄌᆞ와 니ᄅᆞ샤ᄃᆡ 大學生이 언매나 ᄒᄂ니잇고. 帝 니ᄅᆞ샤ᄃᆡ 數千이ᇰ다. 또 무르샤ᄃᆡ 다 지비 잇ᄂᄂ니잇가. 니ᄅᆞ샤ᄃᆡ 또 해 잇ᄂᄂ니이다. 后ㅣ 술오샤ᄃᆡ 天下를 善히 다ᄉᆞ릴 사ᄅᆞᄆᆞᆫ 賢ᄌᆡ로 읏듬 삼ᄂᄂ니 이제 人才 하니 ᄀᆞ장 깃브도소이다. 오직 生員이 大學애셔 飮食ᄒ고 妻子ᄂᆞᆫ 울워러 사롤 ᄃᆡ 업스니 데 엇뎨 므ᄉᆞ매 미요미 업스리잇가. 帝 즉재 命ᄒ샤 ᄃᆞᆯ마다 粮食 주어 그 지블 유여케 ᄒ호ᄆᆞᆯ 덛더ᇰᄒᆞᆫ 法을 사ᄆᆞ시다.

아래 帝ᄭᅴ 술오샤ᄃᆡ 이리 올ᄒᄆᆞ며 외요ᄆᆞᆫ 님금 ᄆᆞᄉᆞ미 邪ᄒᄆᆞ며 正ᄒ호매 根源ᄒ고 天下ㅣ 便安ᄒᄆᆞ며 바ᄃᆞ라오ᄆᆞᆫ 百姓의 ᄆᆞᄉᆞ미 셜워ᄒᄆᆞ며 즐겨호매 잇ᄂᄂ니이다. 또 술오샤ᄃᆡ 法을 ᄌᆞ조 고티면 반ᄃᆞ기 弊 잇ᄂᄂ니 法 곳 弊 이시면 姦邪ㅣ 나고 百姓을 ᄌᆞ조 어즈리면 반ᄃᆞ기 困ᄒᄂᄂ니 百姓이 困ᄒ면 亂이 나ᄂᄂ니이다. 帝 다 女史를 命ᄒ샤 스라 ᄒ시다.

(7) 后ㅣ 病ᄒ얏거시ᄂᆞᆯ 帝 ᄌᆞᆷ 자샴과 飮食을 便安히 몯ᄒ샤 群臣ᄃᆞ려 니ᄅᆞ신대 群臣이 山川에 빌며 일훔난 醫員을 두루 求ᄒ야지이다 請ᄒᄉᆞᆸ거ᄂᆞᆯ 后ㅣ ᄃᆞ르시고 帝ᄭᅴ 술오샤ᄃᆡ 妾이 平生애 病이 업다니 이제 ᄒᆞ롯 아ᄎᆞ미 病 어두미 이 ᄀᆞᆮᄒᆞᆯᄊᆡ 내 니디 몯홀가 너기노이다. 주그며 사로미 命이 잇ᄂᄂ니 빌며 醫員 어든ᄃᆞᆯ 엇뎨 有益ᄒ리잇고.

病이 되샤매 미처 帝 무러 니ᄅᆞ샤ᄃᆡ 그듸 身後엣 付屬홀 이리 잇ᄂᄂ니잇가. 后ㅣ 술오샤ᄃᆡ 陛下ㅣ 妾과로 布衣로 니러나샤 오ᄂᆞᆯ나래 陛下ㅣ 億兆主ㅣ ᄃᆞ외시고 【億兆ᄂᆞᆫ 百姓을 니ᄅᆞ니라】 妾이 億兆母ㅣ ᄃᆞ외요니 尊ᄒᄆᆞ며 榮華ㅣ 至極ᄒ니 더 므슷 말 ᄒ리잇고. 오직 天地와 祖宗을 感動ᄒ야 布衣를 닛디 마ᄅᆞ실 ᄯᆞᄅᆞ미니이다.

帝 다시 무르신대 后ㅣ 술오샤ᄃᆡ 陛下ㅣ 반ᄃᆞ기 賢ᄒ닐 求ᄒ시며 諫을 드ᄅᆞ시며 政事ᄅᆞᆯ 불기 ᄒ샤 大平을 닐위시며 모ᄃᆞᆫ 아ᄃᆞᆯ를 ᄀᆞᄅᆞ치샤 德에 나ᅀᅡ가며 業을 닷게 ᄒ샬 디니이다. 帝 니ᄅᆞ샤ᄃᆡ 내 ᄒᆞ마 알와이다. 오직 늘근

모미 엇뎨 므슴다히 호리잇고. 后ㅣ 또 술오샤디 주그며 사로믄 命이니 願
혼둔 陛下ㅣ 내죵 삼가샤믈 처섬ᄀ티 호샤 子孫이 다 어딜며 臣民이 得所케
호시면 妾이 비록 주그나 사라슈미 곧호니이다 호시고 업스시니 나히 쉰 호
나히러시니 洪武 壬戌年 八月 丙戌이라. 帝 셜이 우르시고 終身ᄐ록 다시 皇
后를 셰디 아니호시니라.

帝 아래 朝會를 罷호샤늘 內官과 女史왜 서르 나ᅀᅡ 이를 엳ᄌᆞ오믈 마디
아니혼대 帝 슬호샤 깃디 아니호샤 니르샤디 皇后ㅣ 겨시면 내 엇뎨 이런
어즈러우믈 드르리오 호시다. 后ㅣ 겨신 저긔 內政을 호나토 帝끠 ᄀᆞᆺ기시디
아니호샤 帝 ᄌᆞᆨᄌᆞᆨ호샤 甚히 便安호시던 젼ᄎᆞ로 셜워호믈 이긔디 몯호시
니라.

11 제나라 숙류녀

宿瘤女는 齊人 東郭앳 ᄲᅩᇰ ᄠᆞ는 겨지비니【東郭은 ᄲᅡᆺ 일후미라】 閔王ㅅ 后ㅣ
시니라. 모기 큰 혹 잇는 젼ᄎᆞ로 일후믈 닐오디 宿瘤ㅣ라 호더라.【宿은 오
래 이실 시라】 처서믜 閔王이 내노리 호샤 東郭애 가시니 百姓이 다 보디 宿
瘤 ᄲᅩᇰ ᄠᅩ믈 녜ᄀᆞ티 호거늘 王이 恠異히 너기샤 블러 무러 니르샤디 내 내노
리 호매 車騎ㅣ 甚히 할시 百姓이 아히 얼운 업시 다 이를 ᄇᆞ리고 와 보거늘
네 긼 ᄀᆞᇫ셔 ᄲᅩᇰ을 ᄠᅩ디 흔 번도 보디 아니호믄 엇뎨오. 對答호ᄉᆞ오디 妾이 父
母의 敎授를 드러 ᄲᅩᇰ을 ᄠᅳ고 大王을 보ᄉᆞ오라 혼 敎授를 듣디 아니호이다.

王이 니르샤디 이 奇異혼 겨지비로다. 앗가올셔 宿瘤여. 女ㅣ 술오디 婢
妾의 所任은 付屬호면 두 ᄆᆞᅀᆞᆷ 아니호며 주면 닛디 아니호미니 안 므ᅀᅳ미 엇
던고 홀 ᄲᅢ니언뎡 宿瘤ㅣ 므스기 害호리잇고. 王이 ᄀᆞ장 깃거 니르샤디 이
賢女ㅣ로다. 뒤헷 술위를 命호샤 시르라 호신대 女ㅣ 술오디 大王ㅅ 히믈
니버 父母ㅣ 안해 잇ᄂᆞ니 妾으로 父母의 敎授를 듣디 아니호고 大王을 졷ᄌᆞ
오면 이는 奔女ㅣ니【奔女는 中媒 업시 제 갈 시라】 大王은 또 므스게 쓰시리

잇고. 王이 ᄀ장 붓그려 니ᄅ샤ᄃᆡ 내 그르 호라. 쏘 술오ᄃᆡ 貞女ㅣ ᄒᆞᆫ 禮度ㅣ
나 ᄀᆞᆮ디 아니커든 비록 주그나 좃디 아니ᄒᆞᄂᆞ니이다.

그제 王이 보내시고 사ᄅᆞᆷ 브려 金 一百鎰을 더ᄒᆞ야 【鎰은 스믈넉 兩이라】 가
보내여 마치신대 父母ㅣ 놀라 두려 싯븟겨 오ᄋᆞᆯ 더 니표려 ᄒᆞ더니 女ㅣ 닐오
ᄃᆡ 이러트시 ᄒᆞ야 王을 뵈ᄉᆞ오면 양ᄌᆡ 다ᄅᆞ며 오시 ᄀᆞ론 디라 아라보디 몯ᄒᆞ
시리니 請ᄒᆞᆫᄃᆞᆫ 주거도 가디 아니호리라. 그저 녜ᄀᆞ티 ᄒᆞ야 使者 조차 가니라.

閔王이 도라가 모ᄃᆞᆫ 夫人을 보아 告ᄒᆞ야 니ᄅᆞ샤ᄃᆡ 오늘 내노리 ᄒᆞ야 ᄒᆞᆫ
聖女ᄅᆞᆯ 어두니 이제 오ᄂᆞ니 너희ᄅᆞᆯ 내뵈초리라. 모ᄃᆞᆫ 夫人이 다 惟異히 너겨
오ᄉᆞᆯ 빗어 뵈ᄉᆞ와셔 오ᄆᆞᆯ 기들오더니 宿瘤ㅣ 놀란대 宮中엣 모ᄃᆞᆫ 夫人이 다
이블 ᄀᆞ리오고 우ᅀᅥ 左右ㅣ 양ᄌᆞᄅᆞᆯ 일허 能히 제 그치디 몯거늘 王이 ᄀ장
붓그려 니ᄅᆞ샤ᄃᆡ 웃디 말라. ᄭᅮ미디 아니홀 ᄯᆞᄅᆞ미라. ᄭᅮ미며 아니 ᄭᅮ뮤매
眞實로 서르 머로미 열콰 一百괘라. 女ㅣ 술오ᄃᆡ ᄭᅮ묘문 서르 머로미 千과 萬
괘라도 오히려 足히 니ᄅᆞ디 몯ᄒᆞ리니 엇뎨 다ᄆᆞᆫ 열콰 一百괏 ᄯᆞᄅᆞ미리잇고.

王이 니ᄅᆞ샤ᄃᆡ 엇뎨 니ᄅᆞᄂᆞ뇨. 對答ᄒᆞᄉᆞ오ᄃᆡ 性이 서르 갓가오나 비호ᄆᆞ
로 서르 머ᄂᆞ니 녜 堯舜과 桀紂는 다 天子ㅣ라. 堯와 舜과는 자내 仁義로 ᄭᅮ미
샤 비록 天子ㅣ ᄃᆞ외야 겨샤도 儉朴호ᄆᆞᆯ 便安히 너기샤 지블 뛰로 니시고 ᄀᆞ
리디 아니ᄒᆞ시며 采椽을 갓디 아니ᄒᆞ시며 【采는 가랍남기오 椽은 셰라】 後宮
이 오ᄉᆞᆯ 두 비ᄎᆞᆯ 아니ᄒᆞ시며 飮食을 두 마ᄉᆞᆯ 아니ᄒᆞ시니 至今 數千歲예 天
下ㅣ 다 어디다 ᄒᆞᄂᆞ니이다. 桀와 紂와는 자내 仁義로 ᄭᅮ미디 아니ᄒᆞ고 호
ᄅᆞᆫ ᄭᅮ뮤믈 빗화 ᄒᆞ며 노푼 臺와 기픈 모ᄉᆞᆯ 밍글며 後宮이 綺縠을 ᄇᆞᆯ오며 珠
玉을 놀여 ᄡᅳ데 足히 너길 시절이 업슨 디라 모미 주그며 나라히 亡ᄒᆞ야 天
下애 웃유미 ᄃᆞ외니 至今 千餘歲예 天下ㅣ 모디다 ᄒᆞᄂᆞ니 일로 보건댄 ᄭᅮ미
며 아니 ᄭᅮ묘미 서르 머로미 千과 萬괘라도 오히려 足히 니ᄅᆞ디 몯ᄒᆞ리니
엇뎨 다ᄆᆞᆫ 열콰 一百괏 ᄯᆞᆫ니리잇고. 그제 모ᄃᆞᆫ 夫人이 다 ᄀ장 붓그리니라.

閔王이 宿瘤女ᄅᆞᆯ ᄀ장 感動ᄒᆞ샤 后ᄅᆞᆯ 사ᄆᆞ시고 出令ᄒᆞ샤 지블 ᄂᆞ즈기 ᄒᆞ

시며 모술 몌오시며 차반을 더르시며 音樂을 더르시며 後宮이 두 비츨 몯게 ᄒ시니 ᄒᆞᆫ 힛 ᄉᆞᅀᅵ예 敎化ㅣ 이웃 나라해 펴디여 諸侯ㅣ 와 朝會ᄒ거늘 三晉을 侵勞ᄒ시며 【三晉은 晉國을 세헤 ᄂᆞ화 魏와 趙와 韓과 나라ᄒᆞᆯ ᄆᆡᆼᄀᆞ실ᄉᆡ 三晉이라 니르ᄂᆞ니라】 秦楚를 저히시며 ᄒᆞᆫ 번에 皇帝ㅅ 일후믈 셰시니 閔王이 이에 니르샤믄 宿瘤女ㅣ 有功ᄒ시니라.

女ㅣ 주근 後에 燕이 【燕은 나라히라】 齊를 텨늘 閔王이 逃亡ᄒ샤 밧기가 弑ᄒ야 주그시니라. 【弑ᄂᆞᆫ 臣下ㅣ 님금 주길 시라】 君子ㅣ 닐오ᄃᆡ 宿瘤女ㅣ 通達ᄒ시고 禮 잇ᄂᆞ니 毛詩예 닐오ᄃᆡ 菁菁ᄒᆞᆫ 莪여 【菁은 盛ᄒᆞᆯ 시오 莪ᄂᆞᆫ 픐 일후미라】 뎌 두던 싸온ᄃᆡ 잇도다. ᄒᆞ마 君子를 보니 樂ᄒ고 ᄯᅩ 威儀 잇다 ᄒ니 이를 니르도다.

12 후한 포선의 처 환소군

漢鮑宣의 妻 桓氏ㅅ 字ᄂᆞᆫ 小君이러라. 【字ᄂᆞᆫ 德을 表ᄒᆞ욘 일후미라】 宣이 아ᄅᆡ 小君의 아비게 나사가 빅호더니 아비 淸廉ᄒ고 苦로외요믈 奇異히 너겨 그럴ᄉᆡ ᄯᅩ로 얼이니라. 연장과 쳔량이 ᄀᆞ장 盛ᄒ더니 宣이 깃디 아니ᄒᄋᆞ 妻ᄃᆞ려 닐오ᄃᆡ 小君은 가ᅀᆞ며며 驕慢ᄒᆞᆫᄃᆡ 나 됴ᄒᆞᆫ ᄭᆞ며믈 비호앳거늘 나ᄂᆞᆫ 眞實로 貧賤ᄒ야 禮를 當티 몯ᄒ노라.

妻 닐오ᄃᆡ 大人이 先生이 【大人은 小君의 아비ᄅᆞᆯ 니ᄅᆞ고 先生은 鮑宣을 니ᄅᆞ니라】 德을 닷ᄀᆞ며 가난홈 가져 이쇼ᄆᆞ로 賤妾으로 手巾과 비슬 뫼ᅀᆞᆸ게 ᄒ시니 ᄒᆞ마 君子를 뫼ᅀᆞ오란ᄃᆡ 오직 命을 조ᄎᆞ리이다. 宣이 우ᅀᅥ 닐오ᄃᆡ 能히 이ᄀᆞᆮᄒ면 이 내 ᄠᅳ디라 ᄒ야늘 妻 조ᄎᆞᆫ 사ᄅᆞᆷ과 服飾을 다 보내오 다시 뎌른 뵈치마 미여 宣과 술위 긋어 ᄆᆞᅀᆞᆯ히 가ᅀᅥ 어믜게 절 ᄆᆞᆺ고 도ᄀᆞᆯ 자바 나가 믈 기러 겨지븨 道를 닷ᄀᆞ니 ᄀᆞ올콰 나라쾌 일ᄏᆞᆮ더라.

5 모의장

1 딸에게 가르쳐야 할 것들
內則에 닐오딕

大凡호딕 子息 나하 여러 어미와 맛당흔 사ᄅᆞᆯ 굴히요딕 모로매 어위크고 ᄌᆞᆨᄌᆞᆨᄒᆞ며 慈悲롭고 恩惠ᄅᆞ외며 溫和ᄒᆞ고 어딜며 溫恭ᄒᆞ고 조심ᄒᆞ며 삼가며 말ᄉᆞᆷ 드므니를 求ᄒᆞ야 子息의 스승을 사모리라. 子息이 能히 바블 먹거든 ᄀᆞᄅᆞ쵸딕 올흔 소ᄂᆞ로ᄡᅥ ᄒᆞ며 能히 말ᄉᆞᆷᄒᆞ거든 남진은 唯ᄒᆞ고【唯는 맛굴모미 ᄲᆞᄅᆞᆯ 시라】 겨지븐 兪ᄒᆞ며【兪는 맛굴모미 ᄌᆞᆨᄌᆞᆨᄒᆞᆯ 시라】 남진의 ᄯᅴ는 가치오 겨지븨 ᄯᅴ는 시리니라. 여슷시어든 혬과 方所ㅅ 일후믈 ᄀᆞᄅᆞ쵤 디니라. 닐구비어든 남진 겨지비 ᄒᆞᆫ 돗긔 앉디 아니ᄒᆞ며 바ᄇᆞᆯ 어우러 먹디 아니홀 디니라. 여들비어든 門ㅅ 이페 나며 드롬과 돗긔 나ᅀᅡ가 飮食호매 모로매 얼우늬 後에 ᄒᆞ야 비르서 辭讓을 ᄀᆞᄅᆞ쵤 디니라.

열히어든 밧긔 나디 아니ᄒᆞ며 스승의 ᄀᆞᄅᆞ쵸믈 보드라이 드러 조ᄎᆞ며 삼과 모시를 자ᄇᆞ며 실와 고티를 다ᄉᆞ리며 뵈 ᄧᆞ며 多繒 다하 겨지븨 이를 빅화 衣服을 ᄆᆡᇰᄀᆞᆯ 디니라. 祭祀를 보아 술와 漿水와 대 그릇과 나모 그릇과 沈菜와 젓과 드려 노ᄒᆞ며 禮로 祭奠을 도올 디니라. 열다ᄉᆞᆺ시어든 빈혀 고즈며 스믈히어든 婚姻홀 디니 緣故ㅣ 잇거든 스믈세헤 婚姻홀 디니라. 聘ᄒᆞ면 妻 ᄃᆞ외오 奔ᄒᆞ면 妾이 ᄃᆞ외ᄂᆞ니라.【聘은 禮로 무를 시오 奔은 겨지비 제 갈 시라】

2 사마온공의 말씀
2-1 딸에게 가르쳐야 할 것과 가르치지 말아야 할 것
司馬溫公이 닐오딕

겨지비 여스세 비르서 겨지븨 이릐 져근 거슬 빅호고 닐구배 孝經과 論語

를 외오고 아호배 論語와 孝經과 女戒 트렛 글와룰 사겨 講論ᄒ야 잢간 큰
ᄠᅳ들 알외욜 디니 이젯 사ᄅᆞ미 시혹 겨집을 놀애와 詩를 지으며 世俗앳 音樂
자보믈 ᄀᆞᄅᆞ치ᄂᆞ니 ᄌᆞ모 맛당티 아니ᄒᆞ니라.

2-2 아들과 며느리의 잘못을 가르칠 때

믈읫 아ᄃᆞᆯ와 며느리 恭敬 아니ᄒᆞ며 孝道 아니커든 과굴이 믜여 말오 아직
ᄀᆞᄅᆞ쵸ᄃᆡ ᄀᆞᄅᆞ치디 몯ᄒᆞ린 後에ᅀᅡ 怒ᄒᆞ고 怒를 몯ᄒᆞ린 後에ᅀᅡ 튤 디니 ᄌᆞ조
튜ᄃᆡ 내죵내 고티디 아니커든 아ᄃᆞᆯ 내티며 며느릴 내튤 디니 그러나 ᄯᅩ
그 허므를 明白히 니ᄅᆞ디 마롤 디니라.

3 어린 자식의 허물은 어머니의 탓

方氏女敎애 닐오ᄃᆡ

子息을 길오ᄃᆡ 受苦ᄒᆞ며 브즈러니 ᄒᆞ야 일와뎌 ᄇᆞ라몬 몬졋 祖上을 니스
며 家門을 니ᄉᆞ며 주그닐 보내며 사닐 이바다 그 所任이 至極이 重ᄒᆞ고 맛돈
이리 쉬삐 아니ᄒᆞ니 ᄒᆞ다가 ᄀᆞᄅᆞ치디 아니ᄒᆞ면 엇뎨 ᄠᅥ러듀믈 免ᄒᆞ리오. 가
ᄉᆞ면 사ᄅᆞ미 金을 뫼ᄀᆞ티 사햇다가 ᄒᆞᄅᆞᆺ 아ᄎᆞ미 배요ᄃᆡ 손ᄯᅢ당 두위혈 ᄉᆞᅀᅵ
ᄀᆞ토믈 내 보며 ᄯᅩ 일훔난 사ᄅᆞ미 功德이 빗나다가 ᄒᆞᄅᆞᆺ 아ᄎᆞ미 허러 사ᄅᆞ
미 비우수믈 두거늘 보노니 그 처섬 일울 제 나져 밤여 겨를 업시 ᄒᆞ야 子息
을 爲혼 젼ᄎᆞ로 죄 기프며 分別이 기더니 엇뎨 오ᄂᆞᆯ나래 믄득 이에 니를 둘
알리오. 黃泉에 아ᄅᆞ미 이쇼 딘댄【黃泉은 주거 갯ᄂᆞᆫ 기픈 짯 소ᄇᆞᆯ 니르니라】
두 눉므리 므리 ᄃᆞ외리라.

이 녀느 다시 아니라 ᄉᆞ랑ᄒᆞ요ᄆᆞ로 根源혼 디니라. ᄉᆞ랑호미 잇고 ᄀᆞᄅᆞ
쵸미 업스면 ᄌᆞ라 곧 어디디 몯ᄒᆞᄂᆞ니 제 ᄠᅳ들 조짜 마라 져기 펴디거든 믄
득 조심케 ᄒᆞ며 제 惡을 둡덛디 마라 ᄒᆞᆫ 번 니ᄅᆞ와도매 믄득 튤 디니라. 아
히 허믈 이쇼미 다 어믜 길오미니 길어 ᄌᆞ라매 니를면 비록 뉘으츠나 ᄒᆞ마

느즈니라. 子息의 不肖호미 眞實로 어믜게 미옛느니 어미여 어미여 젒간이나 그 허므를 辭讓홀다.

4 문왕의 어머니 태임

周ㅅ 太任은 文王ㅅ 어마님이시니 摯國ㅅ 任氏ㅅ 가온딧 ᄯᅩ리러시다. 王季 娶ᄒᆞ샤 妃子를 사므시니 太任ㅅ 性이 端正ᄒᆞ시며 專一ᄒᆞ시며 誠實ᄒᆞ시며 싁싁ᄒᆞ샤 오직 德을 行ᄒᆞ더시니 그 ᄇᆡ샤매 미츠샨 누네 구즌 비츨 보디 아니ᄒᆞ시며 귀예 淫亂혼 소리를 듣디 아니ᄒᆞ시며 이베 敖慢ᄒᆞᆫ 말ᄉᆞᄆᆞᆯ 내디 아니ᄒᆞ더시니 文王을 나ᄒᆞ시니 聰明ᄒᆞ시며 通達ᄒᆞ샤 太任이 ᄀᆞᄅᆞ치샤ᄃᆡ ᄒᆞᆫ 이를 ᄡᅥ ᄒᆞ야시든 온 이를 아ᄅᆞ시니 君子ㅣ 닐오ᄃᆡ 太任이 能히 ᄇᆡ예셔 ᄀᆞᄅᆞ치시다 ᄒᆞ니라.

네 겨지비 子息 ᄇᆡ야셔 자ᄃᆡ 기우로 아니ᄒᆞ며 안조ᄃᆡ ᄀᆞᅀᅢ 아니ᄒᆞ며 셔디 ᄒᆞᆫ 바ᄅᆞᆯ 이쳐 아니ᄒᆞ며 邪曲혼 마ᄉᆞᆯ 먹디 아니ᄒᆞ며 버효미 正티 아니커든 먹디 아니ᄒᆞ며 돗기 正티 아니커든 앉디 아니ᄒᆞ며 누네 邪曲혼 비츨 보디 아니ᄒᆞ며 귀예 淫亂혼 소리를 듣디 아니ᄒᆞ며 바미어든 쇼경으로 毛詩를 외오며 正혼 이를 니ᄅᆞ게 ᄒᆞ더니 이 ᄀᆞᆮᄒᆞ면 나혼 子息이 形容이 端正ᄒᆞ야 직조와 德이 반ᄃᆞ기 ᄂᆞ미게셔 더으리라.

이럴ᄉᆡ 子息 ᄇᆡ여실 제 반ᄃᆞ기 感홀 바ᄅᆞᆯ 조심홀 디니 【感은 ᄆᆞᅀᆞᆷ 뮐 시라】 善에 感ᄒᆞ면 善ᄒᆞ고 惡애 感ᄒᆞ면 굿ᄂᆞ니 사ᄅᆞᆷ 나매 萬物 ᄀᆞ토미 다 그 어미 物에 感혼 젼ᄎᆞ로 얼굴와 소리왜 ᄀᆞᆮᄂᆞ니 文王 어마님은 ᄀᆞ티 두외요ᄆᆞᆯ 어루 아ᄅᆞ시ᄂᆞ다 닐얼 디로다.

5 무왕의 어머니 태사

周ㅅ 太姒ᄂᆞᆫ 武王ㅅ 어마니미시니 禹後有莘姒氏의 ᄯᅩ리시니라. 仁慈ᄒᆞ시고 道ㅣ 붉더시니 文王이 아름다이 너기샤 親히 渭水예 가 마ᄌᆞ실 제 ᄇᆡ ᄆᆡᆼ

ᄀ라 ᄃ리를 밍ᄀᄅ시니라. 드르샤매 미츠샨 太姒ㅣ 太姜과 太任ᄭᅴ 괴이샤 아츰 나조히 勤勞ᄒᆞ샤 ᄡᅥ 婦道애 나ᅀᆞ시니라. 太姒ㅣ 일후미 文母ㅣ시니 文王은 밧ᄀᆞᆯ 다ᄉᆞ리시고 文母는 안홀 다ᄉᆞ리시니라. 太姒ㅣ 열 아ᄃᆞᆯ을 나ᄒᆞ시니 ᄆᆞ든 伯邑 考ㅣ오 버건 武王 發이오 버건 周公 旦이오 버건 管叔 鮮이오 버건 蔡叔 度ㅣ오 버건 曹叔 振鐸이오 버건 霍叔 武ㅣ오 버건 成叔 處ㅣ오 버건 康叔 封이오 버건 聃季 載니 太姒ㅣ 열 아ᄃᆞᆯ을 ᄀᆞᄅ치샤ᄃᆡ 져믄 제브터 ᄌᆞ라매 미처 잢간도 邪僻한 이를 뵈디 아니ᄒᆞ더시다.

6 맹자의 어머니

孟軻ㅅ 어마님이 그 지븨 무더메 갓갑더니 孟子ㅣ 져머 겨실 제 노릇 노리를 무덤 서리옛 이를 ᄒᆞ야 봄ᄂᆞ야 달고질ᄒᆞ야 묻는 양 ᄒᆞ신대 孟母ㅣ 니ᄅᆞ샤ᄃᆡ 이 ᄡᅥ 아ᄃᆞᆯ 살욜 배 아니라 ᄒᆞ시고 가 져제 가 지블 ᄒᆞ야시ᄂᆞᆯ 그 노릇 노리를 흥졍ᄒᆞ야 ᄑᆞ로ᄆᆞᆯ ᄒᆞ신대 孟母ㅣ 니ᄅᆞ샤ᄃᆡ 이 ᄡᅥ 아ᄃᆞᆯ 살욜 배 아니라 ᄒᆞ시고 올마 學宮 겨틔 가 지블 ᄒᆞ야시ᄂᆞᆯ 그 노릇 노리를 祭器 버리고 揖ᄒᆞ야 辭讓ᄒᆞ며 나ᅀᆞ며 므르신대 孟母ㅣ 니ᄅᆞ샤ᄃᆡ 이 眞實로 가히 ᄡᅥ 아ᄃᆞᆯ 살욜 ᄃᆡ라 ᄒᆞ시고 因ᄒᆞ야 사ᄅᆞ시니라.

孟子ㅣ 아힛 ᄢᅴ 무르샤ᄃᆡ 東녁 지븨셔 돋 주교ᄆᆞᆫ 므슴호려 ᄒᆞᄂᆞ뇨. 어마님이 니ᄅᆞ샤ᄃᆡ 너를 머교려 ᄒᆞᄂᆞ니라. 그리코 뉘으쳐 니ᄅᆞ샤ᄃᆡ 나는 드로니 녜는 ᄇᆡ여셔도 ᄀᆞᄅᆞ쵸미 잇거늘 이제 뵈야ᄒᆞ로 아로미 잇거늘 소기면 이는 有信티 아니호ᄆᆞ로 ᄀᆞᄅᆞ치는 디라 ᄒᆞ시고 도틱 고기를 사아 ᄡᅥ 머기시니 ᄒᆞ마 ᄌᆞ라 글 빅호매 나ᅀᅡ가 ᄆᆞᄎᆞ매 큰 션비 ᄃᆞ외시니라.

7 어진 부형과 엄한 스승

呂榮公이 일후믄 希哲이오 字는 原明이러니 申國正獻公의 ᄆᆞᆮ아ᄃᆞ리러라. 正獻公이 지븨 사로ᄃᆡ 간츠라오며 므거우며 寡黙ᄒᆞ야 일로ᄡᅥ ᄆᆞᅀᆞ매 디내디 아니ᄒᆞ며 中國夫人이 性이 싁싁ᄒᆞ야 法度ㅣ 이셔 비록 甚히 公을 ᄉᆞ랑ᄒᆞ나 그러나 公을 ᄀᆞᄅᆞ쵸ᄃᆡ 일일마다 法度를 조차 行케 ᄒᆞ더니 곳 열 설 머거셔 甚혼 치위와 더위와 비예 뫼ᅀᆞ와 셔쇼믈 나를 뭇ᄃᆞ록 호ᄃᆡ 안즈라 니ᄅᆞ디 아니커든 갅간도 앉디 아니ᄒᆞ더라.

날마다 반드기 冠帶ᄒᆞ야 뻐 얼우늘 뵈며 샹녜 사로매 비록 甚히 더우나 父母와 얼운의 겨틔 이셔 頭巾과 보션과 횡뎐을 밧디 아니ᄒᆞ야 옷 니부믈 조심ᄒᆞ며 行步애 나며 드로매 차 ᄑᆞ는 ᄃᆡ와 술 ᄑᆞ는 ᄃᆡ 드디 아니ᄒᆞ며 져재와 ᄆᆞ을햇 말ᄉᆞᆷ과 鄭國 衛國ㅅ 音樂을 갅간도 ᄒᆞᆫ 적도 귀예 디내디 아니ᄒᆞ며 正티 아니ᄒᆞᆫ 글월와 禮 아닌 비출 갅간도 ᄒᆞᆫ 적도 누네 브티디 아니ᄒᆞ더라.

正獻公이 潁州ㅅ 通判이어늘 歐陽公이 마초아 知州事ㅣ러니 焦先生 千之伯 强이 文忠公이 고대 손 ᄃᆞ외얏더니 싁싁ᄒᆞ며 질긔구드며 方正ᄒᆞᆯᄉᆡ 正獻公이 블러 마자 諸子를 ᄀᆞᄅᆞ치게 ᄒᆞ더니 諸生이 져그나 허므리 잇거든 先生이 端正히 안자 블러 드려 서르 對ᄒᆞ야 나리 ᄆᆞᆺᄎᆞ며 나조히 뭇ᄃᆞ록 드려 말 아니 ᄒᆞ더니 諸生이 저허 降伏ᄒᆞ야ᅀᅡ 先生이 져기 말ᄉᆞᆷ과 ᄂᆞᆺ비츨 ᄂᆞᆺ기 ᄒᆞ더라.

그제 公이 곳 열나믄 서리러니 안ᄒᆞ론 正獻公과 申國夫人의 敎訓이 이러트시 싁싁ᄒᆞ고 밧ᄀᆞ론 焦先生 化導ㅣ 이러트시 도타올ᄉᆡ 이런ᄃᆞ로 公이 德 그르시 이러 키 衆人의게 다ᄅᆞ니라. 公이 아래 닐오ᄃᆡ 人生애 안해 어딘 아비와 兄이 업고 밧긔 싁싁ᄒᆞᆫ 스승과 버디 업스면 能히 일 사ᄅᆞ미 져그니라 ᄒᆞ더라.

8 제나라의 의로운 계모

齊ㅅ 義繼母ᄂᆞᆫ 齊國ㅅ 二子의 어미러니 宣王 시졀을 當ᄒᆞ야 사ᄅᆞ미 길헤 사화 주그니 잇거늘 二子ㅣ ᄀᆞ새 셧다가 吏 무러늘【吏ᄂᆞᆫ 그윗 치시라】 兄이 닐오ᄃᆡ 내 주교라 앗이 닐오ᄃᆡ 兄이 아니라 내 주교라. ᄒᆞᆫ 히를 決티 몯ᄒᆞ야 王ᄭᅴ ᄉᆞᆯ온대 王이 니ᄅᆞ샤ᄃᆡ 제 어미ᄃᆞ려 무르라. 能히 子息의 善惡을 아ᄂᆞ니

제 주기고져 ᄒᆞ며 사ᄅᆞ고져 호ᄆᆞᆯ 드르라.

그 어미 울오 對答ᄒᆞ되 져므닐 주기쇼셔. ᄯᅩ 무로되 져믄 子息은 사ᄅᆞ미 ᄉᆞ랑ᄒᆞᄂᆞᆫ 배어늘 이제 주기고져 호ᄆᆞᆫ 엇뎨오. 그 어미 對答ᄒᆞ되 져므닌 내 아ᄃᆞ리오 ᄆᆞ돈 前妻의 아ᄃᆞ리니 제 아비 病ᄒᆞ야 주글 제 내게 付屬ᄒᆞ야 닐오 되 이대 길어 보라 ᄒᆞ야늘 내 닐오되 그리호리라 ᄒᆞ니 이제 사ᄅᆞ미 付屬을 맛다 사ᄅᆞ미게 그리호려 許ᄒᆞ고 엇뎨 사ᄅᆞ미 付屬을 니저 그리호려 호ᄆᆞᆯ 민 비 아니ᄒᆞ리잇고. ᄯᅩ 뫼 주기고 앗ᄋᆞᆯ 사ᄅᆞ면 이ᄂᆞᆫ 아ᄅᆞᆷ뎌 ᄉᆞ랑ᄒᆞ요모로 公 反ᄒᆞᆫ 義ᄅᆞᆯ ᄇᆞ료미오 말ᄉᆞᄆᆞᆯ 背叛ᄒᆞ며 信을 니즈면 이ᄂᆞᆫ 주그닐 소기ᄂᆞᆫ 디니 마ᄅᆞᆯ 期約다이 몯ᄒᆞ며 ᄒᆞ마 그리호마 혼 이리 分明히 아니ᄒᆞ면 엇뎨 世間애 이시리잇고. 아ᄃᆞ리 비록 셜우나 ᄒᆞ오사 힝뎍에 엇더ᄒᆞ니잇고 ᄒᆞ고 우러 옷 기지 저즌대 王이 그 義ᄅᆞᆯ 아ᄅᆞᆷ다이 너기며 그 힝뎌글 노피 너기샤 다 赦ᄒᆞ 시고 그 어미ᄅᆞᆯ 尊ᄒᆞ야 일후믈 義母ㅣ라 ᄒᆞ시니라.

9 위나라 망씨의 인자한 어머니

魏芒ㅅ 慈母ᄂᆞᆫ 魏國ㅅ 孟陽氏ㅅ ᄯᆞ리니 芒卯의 後妻ㅣ러니 세 아ᄃᆞᆯ을 뒷 더니 前妻의 아ᄃᆞ리 다ᄉᆞ시 이쇼되 다 ᄉᆞ랑티 아니커늘 慈母ㅣ 對接을 甚히 各別히 호되 순지 ᄉᆞ랑티 아니커늘 慈母ㅣ 세 아ᄃᆞᆯ로 前妻의 아ᄃᆞᆯ와 衣服 飮 食을 ᄀᆞ티 몯게 호되 순지 ᄉᆞ랑티 아니터니

그제 前妻ㅅ 가온딧 아ᄃᆞ리 魏王ㅅ 法을 犯ᄒᆞ야 주구메 當ᄒᆞ얏거늘 慈母ㅣ 分別ᄒᆞ야 슬허 ᄯᅴ 혼 자히 주러 朝夕에 ᄀᆞᆺ비 ᄃᆞᆫ녀 그 罪ᄅᆞᆯ 救ᄒᆞ거늘 사ᄅᆞ미 慈母ᄃᆞ려 닐오되 사ᄅᆞ미 어미 ᄉᆞ랑티 아니호미 至極 甚커늘 엇뎨 브즈러니 ᄀᆞᄉᆞ며 分別ᄒᆞ야 두려호미 이러ᄒᆞ뇨. 慈母ㅣ 닐오되 ᄒᆞ다가 내 親ᄒᆞᆫ 子息이 비록 나ᄅᆞᆯ ᄉᆞ랑티 아니ᄒᆞ야도 오히려 그 禍ᄅᆞᆯ 저허 그 害ᄅᆞᆯ 업게 홀 디온 獨 혀 다ᄉᆞᆷ 子息의게 아니ᄒᆞ면 엇뎨 샹넷 어믜게셔 다ᄅᆞ리오. 제 아비 어미 업 소ᄆᆞᆯ 爲ᄒᆞ야 날로 繼母ᄅᆞᆯ 사ᄆᆞ니 繼母ᄂᆞᆫ 親ᄒᆞᆫ 어미 ᄀᆞᄐᆞ니 ᄂᆞ미 어미 ᄃᆞ외야

셔 能히 그 子息을 ᄉᆞ랑티 아니ᄒᆞ면 어ᄂᆞ 慈ㅣ라 니ᄅᆞ리여. 親ᄒᆞᆯ 親히 ᄒᆞ고 다ᄉᆞᆷ으란 기우로 ᄒᆞ면 어ᄂᆞ 義라 니ᄅᆞ리여. 慈 아니ᄒᆞ며 義 업스면 엇데 뻐 世間애 셔리오. 뎨 비록 ᄉᆞ랑티 아니ᄒᆞ나 나ᄂᆞᆫ 엇데 가히 義ᄅᆞᆯ 니즈리오 ᄒᆞ고 곧 발괄ᄒᆞᆫ대

魏人 安釐王이 드르시고 그 義ᄅᆞᆯ 노피 너겨 니ᄅᆞ샤ᄃᆡ 慈母ㅣ 이 곧ᄒᆞ니 그 아ᄃᆞᆯᄋᆞᆯ 赦티 아니호미 可ᄒᆞ리여 ᄒᆞ시고 그 아ᄃᆞᆯᄋᆞᆯ 赦ᄒᆞ시고 그 지블 復戶 ᄒᆞ야시ᄂᆞᆯ 일로브터 다ᄉᆞᆺ 아ᄃᆞ리 慈母ᄅᆞᆯ 親히 ᄒᆞ야 和同호미 ᄒᆞ나 곧거ᄂᆞᆯ 慈母ㅣ 禮義로ᄡᅥ 여듧 아ᄃᆞᆯᄋᆞᆯ ᄀᆞᄅᆞ쳐 다 魏예 大夫 卿士ㅣ ᄃᆞ외야 各各 禮義예 이니라.

10 제나라 재상 전직자의 어머니

齊人 宰相 田稷子ㅣ 아랫 사ᄅᆞ미 金 一百鎰을 바다 어미ᄅᆞᆯ 준대 어미 닐오ᄃᆡ 아ᄃᆞ리 宰相 ᄃᆞ외언 디 三年이로ᄃᆡ 祿이 이ᄀᆞ티 하디 몯더니 엇데 士大夫의 준 거시리오. 어듸 가 이ᄅᆞᆯ 어든다. 對答호ᄃᆡ 眞實로 아랫 사ᄅᆞ미게 바도이다.

어미 닐오ᄃᆡ 나ᄂᆞᆫ 드로니 士ㅣ 모ᄆᆞᆯ 닷ᄀᆞ며 힝뎌글 조히 ᄒᆞ야 苟且히 어두믈 아니ᄒᆞ며 情을 다ᄒᆞ며 實을 다ᄒᆞ야 거즛 일 아니ᄒᆞ야 義 아닌 이ᄅᆞᆯ ᄆᆞᅀᆞ매 혜디 아니ᄒᆞ며 理 아닌 利ᄅᆞᆯ 지븨 드리디 아니홀 디니 이제 님금이 官을 밋ᄀᆞᄅᆞ샤 너를 對接ᄒᆞ시며 厚ᄒᆞᆫ 祿으로 너를 주시ᄂᆞ니 반ᄃᆞ기 히믈 다ᄒᆞ며 能을 ᄀᆞ장ᄒᆞ야 忠貞ᄒᆞ며 有信ᄒᆞ야 소기습디 아니ᄒᆞ며 淸廉ᄒᆞ며 조ᄒᆞ며 公正ᄒᆞ요ᄆᆞ로 님금을 갑ᄉᆞ올 디어ᄂᆞᆯ 이제 네 이ᄅᆞᆯ 드위혀ᄂᆞ니 臣下ㅣ ᄃᆞ외야 忠貞 아니호미 이 사ᄅᆞ미 子息 ᄃᆞ외야 孝道 아니호미라. 義 아닌 財寶ᄂᆞᆫ 내 둘 것 아니며 孝道 아니ᄒᆞᄂᆞᆫ 아ᄃᆞ리 내 아ᄃᆞᆯ 아니니 아ᄃᆞ리 니러 가라 ᄒᆞ야ᄂᆞᆯ

田稷子ㅣ 븟그려 나가 그 金 도로 보내오 宣王ᄭᅴ 제 罪ᄅᆞᆯ 슬와 죽거지이다 請ᄒᆞ야ᄂᆞᆯ 王이 그 어믜 義ᄅᆞᆯ ᄀᆞ장 과ᄒᆞ샤 稷子의 罪ᄅᆞᆯ 赦ᄒᆞ샤 宰相을 도로

사므시고 그윗 金으로 어미를 주시니라.

11 당나라 최현위의 어머니

唐人 崔玄暐의 어미 盧氏 아래 玄暐를 警戒ᄒᆞ야 닐오ᄃᆡ 내 四寸兄 屯田郎中 辛玄馭를 보니【屯田郎中은 벼슳 일후미라】 닐오ᄃᆡ 子息이 그위실 ᄒᆞ닐 사ᄅᆞ미 와 닐오ᄃᆡ 가난ᄒᆞ야 몯 사라 ᄒᆞ더라 ᄒᆞ면 이 됴ᄒᆞᆫ 유뮈어니와 ᄒᆞ다가 쳔량이 만ᄒᆞ며 옷과 물왜 됴터라 들이면 이ᄂᆞᆫ 구즌 유뮈라 ᄒᆞ더니 내 샹녜 구든 議論이라 ᄒᆞ노라. 요ᄉᆞᅀᅵ예 보니 親表中에【親은 同姓이오 表ᄂᆞᆫ 異姓이라】 그위실 ᄒᆞ리 쳔량을 가져다가 父母끠 받ᄌᆞ와ᄃᆞᆫ 父母ㅣ 오직 깃거ᄒᆞ고 내죵내 이 거슨 어드러셔 오뇨 ᄒᆞ야 묻디 아니ᄒᆞᄂᆞ니 반ᄃᆞ기 이 祿애셔 나먼 거신댄 眞實로 이 됴ᄒᆞᆫ 이리어니와 ᄒᆞ다가 왼 일로 어든 거신댄 盜賊과로 엇뎨 다ᄅᆞ리오. 비록 큰 허므리 업슨 ᄃᆞᆯ ᄒᆞ오ᅀᅡ 안ᄒᆞ로 ᄆᆞᅀᆞ매 붓그럽디 아니ᄒᆞ니여 ᄒᆞ니 玄暐ㅣ 警戒를 바다 淸白ᄒᆞ며 조심호ᄆᆞ로 일ᄏᆞᆯ이니라.

12 이천선생의 어머니 후부인

伊川先生의 어머님 侯夫人은 仁慈ᄒᆞ며 어위커 여러 妾子를 어엿비 너교ᄃᆡ 내 나호니와 달이 아니ᄒᆞ더니 아자비와 져믄 아ᄌᆞ미와를 夫人이 간슈호ᄃᆡ 내 子息과 ᄒᆞᆫ가지로 ᄒᆞ며 지블 다ᄉᆞ료미 法이 이셔 싁싁이 아니ᄒᆞ야도 整齊ᄒᆞ며 奴婢 튜믈 즐겨 아니ᄒᆞ야 져믄 奴婢를 보디 子息ᄀᆞ티 ᄒᆞ며 子息돌히 시혹 구짓거든 반ᄃᆞ기 警戒ᄒᆞ야 닐오ᄃᆡ 貴賤이 비록 다ᄅᆞ나 사ᄅᆞᆷ은 ᄒᆞᆫ가지니 네 이만 큰 시져레 能히 이 이ᄅᆞᆯ ᄒᆞ던다 몯ᄒᆞ던다. 先公이 怒ᄒᆞ샤미 잇거든【先公은 伊川ㅅ 아바님을 술오니라】 반ᄃᆞ기 爲ᄒᆞ야 누겨 프로ᄃᆡ 오직 子息돌히 허믈 잇거든 굳이디 아니ᄒᆞ야 샹녜 닐오ᄃᆡ 子息의 不肖ᄒᆞᆫ 바ᄂᆞᆫ 어미 그 허므를 ᄀᆞ리와 아비 아디 몯ᄒᆞ논 다시라 ᄒᆞ더니라.

夫人의 아ᄃᆞᆯ 여스세 사랫ᄂᆞ니 둘히 그 ᄉᆞ랑ᄒᆞᄆᆞ 어엿비 너교미 어루 至

極다 니르리언마는 그러나 ᄀᆞ르치는 道애 져고마도 느추디 아니ᄒᆞ더라. ᄀᆞᆺ 두서 서레 ᄃᆞ니다가 시혹 업더디거든 지빗 사ᄅᆞ미 ᄃᆞ라가 아나 놀라 울가 두려ᄒᆞ거늘 夫人이 구지저 닐오ᄃᆡ 네 날호야 ᄃᆞ니면 엇뎨 업더디리오 ᄒᆞ더라.

飮食을 샹녜 안존 겨틔 두더니 밥 머글 제 羹을 고ᄅᆞ거ᄂᆞᆯ 구지저 말여 닐오ᄃᆡ 져머셔 코져 호믈 마초 호려 ᄒᆞ면 ᄌᆞ라ᄂᆞᆫ 엇뎨 홀다. 비록 브리는 사ᄅᆞ미라도 모딘 말로 구짓디 몯게 ᄒᆞᆯ시 頤 兄弟ㅣ 平生애 【頤ᄂᆞᆫ 伊川先生의 일후미라】 飮食 衣服애 굴히디 아니ᄒᆞ며 모딘 말ᄉᆞ므로 사ᄅᆞᆷ 구짓디 몯ᄒᆞ문 性이 그러혼 주리 아니라 ᄀᆞ르쵸미 그러케 홀ᄉᆡ니라. 사ᄅᆞᆷ과 ᄃᆞ토아 怒ᄒᆞ야 커든 비록 올ᄒᆞ야도 올타 아니ᄒᆞ야 닐오ᄃᆡ ᄂᆞ즉디 몯호믈 分別홀디언뎡 이긔디 몯호믈 分別말라 ᄒᆞ더라. 져기 ᄌᆞ라매 미처 어딘 스승 버들 조차 노니게 ᄒᆞ며 비록 가난ᄒᆞ나 소늘 請코져 ᄒᆞ거든 깃거 머굴 거슬 빙ᄀᆞ더라.

13 주애 고을의 의로운 두 여인

二義ᄂᆞᆫ 珠崖ㅅ 員의 後妻와 前妻옛 ᄯᆞᆯ왜러니 ᄯᆞ리 일후믄 初ㅣ오 나히 열 세히러니 珠崖예 구스리 흔커ᄂᆞᆯ 繼母ㅣ 큰 구스를 ᄲᅢ여 ᄑᆞᆯ히 미옛더니 그 員이 주거 送葬을 當ᄒᆞ얫더니 法에 구스를 關애 드린 사ᄅᆞ미 죽더니 【關은 行人 考察ᄒᆞᄂᆞᆫ ᄃᆡ라】 繼母ㅣ ᄑᆞᆯ히 미옛던 구스를 ᄇᆞ린대 아ᄃᆞ리 나히 아호비러니 됴히 너겨 아ᅀᅡ 어믜 거우룻 지븨 녀허ᄂᆞᆯ 다 몰랫더니 送葬ᄒᆞ야 가 關애 니른대 關候와 衙前괘 드위여 【關候ᄂᆞᆫ 員이라】 구슬 열 나츨 繼母ㅅ 거우룻 지븨 어더 吏 닐오ᄃᆡ 슬프다. 이 法을 犯ᄒᆞ니 無可奈何ㅣ로소니 뉘 반ᄃᆞ기 니브료.

ᄯᆞ리 겨틔 잇다가 어미 넛고 거우룻 지븨 녀흔가 ᄒᆞ야 두리여 닐오ᄃᆡ 내 반ᄃᆞ기 니부리이다. 吏 닐오ᄃᆡ 그리ᄒᆞ미 엇뎨오. 對答호ᄃᆡ 아비 不幸커시ᄂᆞᆯ 夫人이 ᄑᆞᆯ히 미얫다가 글어 ᄇᆞ려시ᄂᆞᆯ 내 ᄆᆞᅀᆞ매 앗가이 너겨 아ᅀᅡ 夫人ㅅ 거우룻 지븨 녀호니 夫人은 아디 몯ᄒᆞ시니이다. 繼母ㅣ 듣고 ᄲᆞᆯ리 가 初ᄃᆞ려

무릇대 初ㅣ 닐오디 夫人이 브리샨 구스를 내 도로 아서 夫人ㅅ 거우룻 지
븨 녀호니 내 반드기 니부리이다. 어믜 쁘데 쏘 初ㅣ 實로 그리 ᄒ니라 ᄒ야
어엿비 너겨 吏 드려 닐오디 願흔든 져기 기들워 아힛 거슬 져주디 마르쇼
셔. 아히 眞實로 모르니 이 구스른 내 풀히 미앳던 거시러니 남지니 죽거시
늘 내 글어 거우룻 지븨 녀코 送葬이 밧바 길 멀오 져믄 아히 드려 오노라
ᄒ야 忽然히 니조니 내 반드기 니부리이다.

初ㅣ 구틔여 닐오디 實로 내 녀호이다. 繼母ㅣ 쏘 닐오디 ᄯ리 오직 辭讓홀
ᄲ니언뎡 實로 내 녀호이다 ᄒ고 우러 能히 제 그치디 몯거늘 ᄯ리 쏘 닐오디
夫人이 내의 어버ᄉㅣ 업수믈 어엿비 너기샤 구틔여 나ᄅᆞᆯ 사ᄅᆞ고져 ᄒ실 ᄲ니언
뎡 夫人이 實로 모르시니이다 ᄒ고 쏘 우러 눖므ᄅᆞᆯ 특대 흘렛거늘 送葬홀 사
ᄅᆞ미 다 우러 셜워 ᄒ거늘 겨팃 사르미 고홀 싀여 ᄒ며 눖므를 슷디 아니ᄒ리
업스며 官吏 부들 자바 다딤 수디 흔 字도 일우디 몯ᄒ며 關候ㅣ 져므드록 우
러 決티 몯ᄒ야 닐오디 어미와 쏠왜 義 이쇼미 이 곧ᄒ니 내 츨하리 니블 ᄲ니
언뎡 ᄎᆞ마 글 스디 몯ᄒ리로다. 쏘 서르 辭讓ᄒᄂ니 뉘 올흔 들 엇뎨 알료 ᄒ
고 구스를 브리고 보내니 간 後에ᅀᅡ 아드리 ᄒ오ᅀᅡ 곰촌 줄 아니라.

6 돈목쟝

1 동서지간의 화목

女敎애 닐오디

姒와 娣왜 【姒ᄂᆞᆫ 몯며느리오 娣ᄂᆞᆫ 아ᅀᆞ며느리라】 兄弟 ᄀᆞᄐᆞ니 ᄠᅳᆮ 도타오미
다른 사름 곧호미 어려우니라. 시혹 어디닐 맛난 感動ᄒ야 ᄉᆞ랑ᄒ야 니르와
다 힘뻐 善을 ᄒ야 더브러 늘구믈 期約ᄒ고 시혹 兇頑을 맛나 【兇頑은 모딜오

ᄆᆞᅀᆞᆷ 사오나온 사ᄅᆞ미라】 妾률앳 ᄠᅳ드로 서르 더으거든 오직 제 외요믈 아롤디니 어느 스싀예 ᄂᆞ믈 거느리오. 두 구든 거시 ᄒᆞᆫ끠 사호면 모로매 ᄒᆞ나히 것ᄂᆞ니 맛골모디 부드러우ᄆᆞ로ᄡᅥ ᄒᆞ야ᅀᅡ 거싀 제 이저듀믈 올오리니 내 오직 溫恭호믈 잡고 怒ᄒᆞ야 업시우믈 ᄆᆞ던히 너기며 내 오직 몬져 ᄒᆞ고 그 가포믈 求티 마롤 디니 죠고맛 利ᄅᆞᆯ ᄃᆞ토아 至親을 어긔에 마롤 디어다. 至親이 어두미 어려우니 利ᄅᆞᆯ 엇뎨 足히 니ᄅᆞ리오. 短命ᄒᆞ며 長壽호믈 거스리 혜디 몯ᄒᆞ리니 히므로 아ᅀᅡ 둔들 後에 뉘 닝울 둘 알리오. 두루 뫼화 百年이 아니ᄒᆞᆫ 스싀예 디나ᄂᆞ니 기루믈 ᄃᆞ토며 뎔오믈 ᄃᆞ토아 므스글 호려 ᄒᆞ료.

2 효제에도 때가 있다
曾子ㅣ 니ᄅᆞ샤디

아ᅀᆞ미 깃디 아니커든 갓간도 밧긔 사괴디 말며 갓가오닐 親티 몯ᄒᆞ얏거든 갓간도 먼 딜 求티 말며 혀그닐 슬피디 몯ᄒᆞ얏거든 갓간도 크닐 니ᄅᆞ디 마롤 디니라. 이런ᄃᆞ로 사ᄅᆞ미 사로미 온 힛 가온ᄃᆡ 病 이시며 늘근 아히 잇ᄂᆞ니 이런ᄃᆞ로 君子는 어루 다시 몯홀 둘 ᄉᆞ랑ᄒᆞ야 몬져 行ᄒᆞᄂᆞ니 親戚이 ᄒᆞ마 업스면 비록 孝道코져 ᄒᆞᆫ들 누를 爲ᄒᆞ야 孝道ᄒᆞ며 나히 ᄒᆞ마 늘그면 비록 아ᅀᆞᆯ외오져 ᄒᆞᆫ들 누를 爲ᄒᆞ야 아ᅀᆞᆯ외리오. 이런ᄃᆞ로 孝道ㅣ 몯 미추미 이시며 아ᅀᆞᆯ외요미 시졀 아니로미 잇다 호미 이를 닐오닌뎌.

3 형제간의 불화는 아내들의 탓
柳開仲塗ㅣ 닐오디

아바님이 지블 다스리샤디 孝道ᄒᆞ며 ᄯᅩ 싁싁기 ᄒᆞ더시니 초ᄒᆞᄅᆞ 보로매 앉이며 며느리둘히 堂 아래 절 ᄆᆞᆺ고 곧 손 들오 눗 수겨 우리 아바닚 訓誡를 듣ᄌᆞᆸ더니 니ᄅᆞ샤디 사ᄅᆞ미 지븻 兄弟ㅣ 義롭디 아니ᄒᆞ니 업건마ᄅᆞᆫ 다 며느리 어더 門에 드로믈 因ᄒᆞ야 다른 姓이 서르 모다 기로믈 ᄃᆞ토며 뎔오믈 ᄃᆞ

토아 ᄀ만흔 하리 날로 들여 아ᄎᆞᆷ 生計를 기우로 ᄉᆞ랑ᄒᆞ야 뻐 背叛ᄒᆞ야 거슯주메 니르러 門을 눈호며 이플 배혀 믜요믈 盜賊寃讐ᄀ티 ᄒᆞᄂᆞ니 다 너희 婦人의 져즈논 배니라. 男子ㅣ 애구ᄃᆞ니 몃 사ᄅᆞ미 能히 婦人의 마ᄅᆞᆯ 惑 홀 배 아니 ᄃᆞ외ᄂᆞ뇨. 내 보미 하니 너희들ᄒᆞᆫ 어딋던 이런 주리 이시리오 ᄒᆞ야 시들 믈러와 두리여 갮간도 ᄒᆞᆫ 말도 不孝앳 이ᄅᆞᆯ 내디 아니ᄒᆞ니 우리 무른 이 다ᄉᆞ로 힘 니버 시러 지블 올오소라.

4 형을 부모처럼 모셨던 사마온공

司馬溫公이 그 兄 伯康과로 ᄉᆞ랑호ᄆᆞᆯ 더욱 도타이 ᄒᆞ더니 伯康이 나히 쟝ᄎᆞ 여드니어늘 公이 위와도ᄃᆡ 아바님 ᄀᆞ티 ᄒᆞ고 安保호ᄃᆡ 져믄 아히 ᄀᆞ티 ᄒᆞ야 미샹 밥 먹고 져고맛 ᄉᆞ이어든 곧 무러 닐오ᄃᆡ 아니 비골ᄑᆞ니여 ᄒᆞ며 하ᄂᆞ히 져기 ᄎᆞ거든 곧 그 등을 ᄆᆞᆫ져 닐오ᄃᆡ 오시 아니 열우니여 ᄒᆞ더라.

5 죽을 쑤다 수염을 태운 이적

唐 英公 李勣이 貴호미 僕射ㅣ ᄃᆞ외야쇼ᄃᆡ【僕射는 벼슬 일후미라】 그 누위 病커든 반ᄃᆞ기 親히 爲ᄒᆞ야 블 일어 粥 수더니 브리 그 입거우제 븓거늘 누위 닐오ᄃᆡ 죵이 하니 엇뎨 스싀로 受苦호미 이러ᄒᆞ뇨. 勣이 닐오ᄃᆡ 엇뎨 사ᄅᆞᆷ 업다 ᄒᆞ리오. 보건댄 이제 누위 나히 늙고 勣이 ᄯᅩ 늘고니 비록 ᄌᆞ조 누위를 爲ᄒᆞ야 粥을 수고져 ᄒᆞᆫ들 ᄯᅩ 어ᄂᆞ 得ᄒᆞ려.

6 전염병도 피해 간 유곤의 우애

晋 咸寧中에 큰 疫疾ᄒᆞ더니 庾袞의 두 형이 다 죽고 버근 兄 毗 ᄯᅩ 바ᄃᆞ라와 疫疾ㅅ 긔우니 보야ᄒᆞ로 盛홀시 父母와 모ᄃᆞᆫ 앗이 다 밧긔 나갯거늘 袞이 ᄒᆞ오ᅀᅡ 이셔 나가디 아니ᄒᆞ더니 모ᄃᆞᆫ 父兄들히 구틴대 닐오ᄃᆡ 袞은 性이 病을 저티 아니ᄒᆞ노이다 ᄒᆞ고 곧 親히 스싀로 잡드러 낫과 바미 ᄌᆞ오디 아니

ᄒ며 그 ᄉᆞ싀예 ᄯᅩ 欂을 몬져 슬피 우루믈 그치디 아니ᄒᆞ더니 이리ᄒᆞ미 여라믄 열흐레 病勢 ᄒᆞ마 歇커늘 집 사ᄅᆞ미 도라오니 毗의 病이 시러 됴ᄒᆞ며 袞도 ᄯᅩ 病이 업스니라.

父老ㅣ 다 닐오ᄃᆡ 다ᄅᆞᆯ셔 이 아ᄃᆞ리여. 사ᄅᆞ미 能히 守티 몯홀 바ᄅᆞᆯ 守ᄒᆞ며 사ᄅᆞ미 能히 行티 몯홀 바ᄅᆞᆯ 行ᄒᆞᄂᆞ니 히 치운 後에ᅀᅡ 솔와 잣괘 後에 디 는 ᄃᆞᆯ 아ᄂᆞ니 疫厲의 能히 서르 트디 아니ᄒᆞᄂᆞᆫ ᄃᆞᆯ 비르서 알리로다.

7 동생의 큰 실수에도 담담했던 우홍

隋 吏部尙書 牛弘의 아ᅀᆞ 弼이 수를 즐기며 쥬졍ᄒᆞ더니 아래 醉ᄒᆞ야 弘의 술위 메는 쇼를 소아 주기다. 弘이 지븨 도라오나ᄂᆞᆯ 그 겨지비 마조 弘 더브러 닐오ᄃᆡ 아자비 쇼를 소아 주기이다. 弘이 듣고 황당히 너겨 묻는 배 업서 곧 對答ᄒᆞᄃᆡ 脯肉 지ᄉᆞ라. 안조미 一定커늘 그 겨지비 ᄯᅩ 닐오ᄃᆡ 아자비 쇼를 소아 주기니 키 恠異흔 이리라 ᄒᆞ야ᄂᆞᆯ 弘이 닐오ᄃᆡ ᄒᆞ마 알와라 ᄒᆞ고 ᄂᆞᆺ비치 自然ᄒᆞ야 글 닐구믈 그치디 아니ᄒᆞ더라.

8 범중엄의 자식 경계

范文正公이 參知政事 두외야실 제 여러 子息ᄃᆞᆯ히게 告ᄒᆞ야 닐오ᄃᆡ

내 가난흔 시졀에 네 어미와로 내 어버ᅀᅵ를 養홀 제 네 어미 親히 차반 ᄆᆡᆼᄀᆞ로ᄃᆡ 내 어버ᅀᅵᆺ 둔 차바ᄂᆞᆯ 아ᄅᆡ 充足게 몯ᄒᆞ더니 이제 厚흔 祿을 어드뼈 어버ᅀᅵ를 養코져 ᄒᆞ나 어버ᅀᅵ 잇디 아니ᄒᆞ시며 네 어미도 ᄯᅩ 볼셔 업스니 내 뭇 애와텨 ᄒᆞ는 배니라. ᄎᆞ마 너희 물로 富貴樂을 누리게 ᄒᆞ려. 내이 吳中에 아ᅀᆞ미 甚히 하니 내게ᅀᅡ 本來 親ᄒᆞ니 疎ᄒᆞ니 잇건마ᄅᆞᆫ 그러나 내 祖宗이 보살디면 골오 이 子孫이라 本來 親ᄒᆞ니 疎ᄒᆞ니 업스니 眞實로 祖宗 ᄠᅳ데 親ᄒᆞ니 疎ᄒᆞ니 업슬 딘댄 주리며 치워ᄒᆞᄂᆞᆯ 내 어드리 시러 어엿비 너기디 아니ᄒᆞ리오.

9 노나라의 의로운 고모

魯ㅅ 義姑姊는 魯ㅅ 드르헷 婦人이러니 齊ㅣ 魯를 텨 城 밧긔 니르러 흔 婦人이 흔 아히란 안고 흔 아히란 자바 가다가 軍이 미처 오거늘 그 아노니란 브리고 자뱃더니를 아나 뫼호로 듣거늘 아히 조ᄎ- 가며 울어늘 婦人이 도라보디 아니코 가거늘 齊ㅅ 將軍이 자바다가 무른대 對答호ᄃᆡ 아노닌 내 兄의 子息이오 ᄇᆞ료닌 내 子息이니 軍의 오믈 보고 히미 能히 둘흘 간ᄉᆞ티 몯호ᄆᆞ로 내 子息을 ᄇᆞ료이다.

齊ㅅ 將軍이 닐오ᄃᆡ 子息이 어믜게 親코 ᄉᆞ랑ᄒᆞ요미 ᄆᆞᅀᆞ매 至極흔 거시어늘 이제 브리고 도ᄅᆞ혀 兄의 子息을 아노ᄆᆞᆫ 엇뎨오. 婦人이 닐오ᄃᆡ 내 子息은 아룺 ᄉᆞ랑이오 兄의 子息은 公反흔 義니 公反흔 義란 背叛ᄒᆞ고 아ᄅᆞᆷ ᄉᆞ랑을 嚮ᄒᆞ며 兄의 子息으란 일코 내 子息을 두어 힝혀 免호믈 得흔ᄃᆞᆯ ᄒᆞ오사 義예 엇더ᄒᆞ뇨. 이런 젼ᄎᆞ로 ᄎᆞ마 子息을 ᄇᆞ려 義를 行ᄒᆞ고 義 업시 世間애 셔믈 몯ᄒᆞ노이다.

그제 齊ㅅ 將軍이 兵馬를 그치눌러 이셔 사ᄅᆞ믈 齊ㅅ 님금ᄭᅴ 브려 술와 도라간대 魯ㅅ 님금이 드르시고 깁 一百 匹을 주시고 일후믈 義姑姊ㅣ라 ᄒᆞ시니 公正ᄒᆞ며 誠信ᄒᆞ야 義ㅣ 行호믈 決斷히 ᄒᆞ니 義ᄂᆞᆫ 그 큰뎌 비록 흔 겨지비라도 나라히 오히려 德을 닙곤 ᄒᆞ믈며 禮義로 나라흘 다ᄉᆞ료미ᄯᆞ녀.

7 염검장

1 안회의 안빈낙도

孔子ㅣ 니ᄅᆞ샤ᄃᆡ

賢홀셔 回여. 흔 바고닛 밥과 흔 박 冷水로 더러운 ᄆᆞᄉᆞ희 사로믈 사ᄅᆞ미 그 시르믈 겨틴디 몯거늘 回 그 樂을 가시디 아니ᄒᆞᄂᆞ니 賢홀셔 回여.

2 호안국이 존경했던 제갈공명

胡文定公이 닐오ᄃᆡ

사ᄅᆞᆷ 모로매 一切世間앳 마ᄋᆞᆯ 淡薄ᄒᆞᆫ 거시라ᅀᅡ 됴ᄒᆞ니 모로매 富貴相을 두미 몯ᄒᆞ리라. 孟子ㅣ 니ᄅᆞ샤ᄃᆡ 집 노ᄑᆡ 두ᅀᅥ 仞과 【仞은 여듧 자히라】 밥 알ᄑᆡ 열 잣 너븨 버륨과 ᄃᆞ려 잇논 고매 數百 사ᄅᆞᆷ을 내 ᄠᅳ들 일워도 ᄒᆞ디 아니호리라 ᄒᆞ시니 빋홀 사ᄅᆞᆷ 모로매 몬져 이트렛 이ᄅᆞᆯ 더러 ᄇᆞ리고 샹녜 제 힘뻐 ᄆᆞᅀᆞᆷ 니ᄅᆞ와다ᅀᅡ 곧 ᄠᅥ러듀매 니르디 아니ᄒᆞ리라.

샹녜 ᄉᆞ랑호ᄃᆡ 諸葛孔明이 漢ㅅ 내죵을 當ᄒᆞ야 南陽애 손소 받 가라 소리 나 ᄉᆞ무초ᄆᆞᆯ 求티 아니ᄒᆞ더니 後에 비록 劉先主ㅅ 聘禮ᄅᆞᆯ 맛골ᄆᆞ나 【聘禮ᄂᆞᆫ 幣帛 보내야 禮로 무러 브를 시라】 뫼히며 ᄀᆞᄅᆞᄆᆞᆯ ᄀᆞᅀᆞ마라 베혀 天下ᄅᆞᆯ 세혜 ᄂᆞᆫ호아 ᄆᆞ미 將軍宰相所任에 이셔 소내 重ᄒᆞᆫ 兵馬ᄅᆞᆯ 자뱃거니 ᄯᅩ 므스글 求ᄒᆞ야 몯 得ᄒᆞ며 므스글 ᄒᆞ고져 ᄒᆞ야 몯 일우리오마ᄅᆞᆫ 後主 뫼셔 닐오ᄃᆡ 成都애 ᄲᅩᆼ나모 八百 株와 사오나온 받 열 다ᄉᆞᆺ 이러미 잇ᄂᆞ니 子孫이 옷 바비 제 有餘ᄒᆞ니이다. 내 모미 밧긔 이셔 별히 쟝망혼 것 업서 各別히 生計 分別ᄒᆞ야 尺寸맛 것도 기르디 아니ᄒᆞ노니 ᄒᆞ다가 주글 나래 廩에 나ᄆᆞᆫ ᄡᆞ리 이시며 庫애 나ᄆᆞᆫ 쳔량이 이셔 ᄡᅥ 陛下ᄅᆞᆯ 지ᅀᆞᆸ디 아니호리라 ᄒᆞ더니 주구메 미처 果然 그 말 ᄀᆞᆮᄐᆞ니 이 ᄀᆞᄐᆞᆫ 무렛 사ᄅᆞᆷ 眞實로 어루 大丈夫ㅣ라 닐올 디로다.

3 양진의 사지(四知)

楊震의 擧薦ᄒᆞ욘 荊州人 茂才王密이 昌邑員이 드외야 拜謁ᄒᆞ야 뵐 제 金 열 斤을 푸머 ᄡᅥ 震을 준대 震이 닐오ᄃᆡ 故人은 그디ᄅᆞᆯ 알어늘 그디는 故人을 아디 몯호ᄆᆞᆫ 엇뎨오. 密이 닐오ᄃᆡ 어스름 바미라 알리 업스니이다. 震이 닐오ᄃᆡ 하ᄂᆞᆯ 아ᄅᆞ시고 鬼神 알오 나 알오 그듸 알어니 엇뎨 아로미 업다 니

ᄅ리오 ᄒ니 密이 붓그려 가니라.

4 사마온공의 가르침
4-1 화려함을 싫어한 사마온공
溫公이 니ᄅ샤ᄃᆡ

내 지븐 本來 가난ᄒ 무리라 世世예 淸白호모로 ᄡᅥ 서ᄅ 닛ᄂ니 내 性이 華靡를 즐기디 아니ᄒ야 졋 머글 아ᄒᆡᆺ 시졀브터 얼운 사ᄅ미 金銀과 빗난 됴ᄒᆫ 오ᄉ로 ᄡᅥ 더으거든 곧 붓그려 아ᅀᅡ 브리다니 나히 스믈히라 科名을 더러여 聞喜ㅅ 이바디예 ᄒ오ᅀᅡ 고즐 곳디 아니호니 同年이 닐오ᄃᆡ 님금 주샨 거시라 그르추미 몯ᄒ리라 ᄒᆞᆯᄉᆡ ᄒᆞᆫ 고즐 고조라. 平生애 오ᄉ란 치위 ᄀᆞ릴 만 닙고 飮食으란 빈 출 만 머고ᄃᆡ ᄯᅩ 갓간도 더러오며 ᄒ야딘 오ᄉᆞᆯ 니버 俗을 소겨 일후믈 求티 아니ᄒ고 오직 내 性을 順ᄒᆞᆯ ᄯᆞᄅ미로라.

4-2 사치 풍조를 탄식한 사마온공
先公이 群牧判官이 ᄃᆞ외야실 제 소니 오나든 수를 排置 아니ᄒᆞᆯ 아니호ᄃᆡ 시혹 三行ᄒ며 시혹 五行ᄒ며 七行애 너므디 아니호ᄃᆡ 술란 져재 사고 果實란 빅와 밤과 大棘와 감만 ᄒ고 안쥬란 脯肉과 젓과 ᄂᆞ물국만 ᄒ고 그르ᄉ란 沙器와 漆ᄒᆞᆫ 거슬 ᄡᅳ더시니 當時옛 士大夫ㅣ 다 그러ᄒᆞᆯᄉᆡ 사ᄅ미 서르 외다 아니ᄒ야 모도미 ᄌᆞᄌᆞ되 禮를 브즈러니 ᄒ며 物이 薄호ᄃᆡ 情이 두텁더니

이젯 士大夫의 지븐 수리 앗 法이 아니며 果實이 먼 딋 貴ᄒᆞᆫ 거시 아니며 飮食이 가지 하디 아니ᄒ며 그르시 床의 ᄀᆞ득디 아니커든 손과 버들 모도디 아니ᄒᆞᆯᄉᆡ 샹녜 두어 나ᄅᆞᆯ 일워 모도온 後에ᅀᅡ 글워를 내ᄂ니 여믓 시혹 그리 아니ᄒ면 사ᄅ미 ᄃᆞ토와 외다 ᄒ야 더러우며 앗기ᄂ다 ᄒᆞᆯᄉᆡ 그런ᄃᆞ로 風俗을 조차 奢侈ᄒ며 華靡 아니ᄒ리 져그니 슬프다. 風俗의 믈어 ᄒ야듀미 이 ᄀᆞᆮᄒ니 位예 잇ᄂ니 비록 能히 禁티 몯ᄒ나 ᄎᆞ마 도ᄋᆞ리여.

5 검소함이 위선이란 비웃음에 대하여

張文節公이 宰相이 ᄃᆞ외야 스싀 奉養호미 河陽人 掌書記ㅅ 시졀ᄀᆞ티 ᄒᆞ더니 親히 ᄒᆞ논 밧 사ᄅᆞ미 規諫ᄒᆞ야 닐오ᄃᆡ 이제 公이 祿俸 토미 젹디 아니호ᄃᆡ 스싀 奉養호미 이 ᄀᆞᄐᆞ시니 비록 스싀 眞實로 淸白ᄒᆞ며 儉約ᄒᆞ야도 밧 사ᄅᆞ미 公孫이 뵈니블 둡던 譏弄이 ᄌᆞ모 잇ᄂᆞ니 公이 져기 衆을 조초미 맛당ᄒᆞ니이다.

공이 歎ᄒᆞ야 닐오ᄃᆡ 내 오ᄂᆞᆯ날 祿俸이 비록 지비 다 錦衣 玉食을 흔들 엇데 잘 몯홀갓 分別 ᄒᆞ리오마른 도라보건댄 사ᄅᆞ미 샹녜 ᄠᅳ디 儉朴을 브터 奢侈예 드로믄 쉽고 奢侈를 브터 儉朴애 드로믄 어려우니 내 오ᄂᆞᆯ날 祿俸이 엇데 能히 뎐뎐디 이시며 모미 엇데 能히 뎐뎐디 이시리오. ᄒᆞᄅᆞᆺ 아ᄎᆞ매 오ᄂᆞᆯ나래 다ᄅᆞ면 집 사ᄅᆞ미 奢侈 빈호미 ᄒᆞ마 오라 能히 믄득 儉朴디 몯ᄒᆞ야 반ᄃᆞ기 失所호매 니를리니 엇뎨 내의 位예 이시며 位예 업스며 모미 이시며 업소매 ᄒᆞᄅᆞᆺ날 ᄀᆞᆮ툼 ᄀᆞᄐᆞ리오.

6 모든 사람은 요순이 될 수 있다

包孝肅公이 京에 尹인 시졀에 民이 제 와 닐오ᄃᆡ 白金 一百 兩ᄋᆞ로뻐 내그에 맛딘 사ᄅᆞ미 죽거늘 그 아ᄃᆞᄅᆞᆯ 주니 받디 아니ᄒᆞᄂᆞ니 願ᄒᆞᆫ댄 그 아ᄃᆞᄅᆞᆯ 블러 주쇼셔. 尹이 그 아ᄃᆞᄅᆞᆯ 브르니 마라 닐오ᄃᆡ 주근 아비 잢간도 白金으로뻐 사ᄅᆞᄆᆞᆯ 맛디디 아니ᄒᆞ니이다 ᄒᆞ고 두 사ᄅᆞ미 서르 辭讓ᄒᆞ야 오라더니 呂滎公이 듯고 닐오ᄃᆡ 世人이 됴ᄒᆞᆫ 사ᄅᆞᆷ 업다 ᄒᆞᆫ 세 字를 즐겨 니ᄅᆞᄂᆞᆫ 사ᄅᆞᆷ 어루 져를 賊害ᄒᆞᄂᆞ다 닐올 디로다. 녯 사ᄅᆞ미 닐오ᄃᆡ 사ᄅᆞ미 다 어루 뻐 堯舜이 ᄃᆞ외리라 ᄒᆞ니 모매 보아 아도다.

7 재상 이문정공의 좁은 청사

李文靖公이 살 지블 封丘ㅅ 門 밧긔 지소ᄃᆡ 廳 알ᄑᆡ 아야ᄋᆞ로시 ᄆᆞᆯ 돌 만ᄒᆞ더니 或이 너무 좁다 니른대 公이 우서 닐오ᄃᆡ 사논 지븐 반ᄃᆞ기 子孫이게 傳호노니 이 宰輔의 廳이 두외린댄 眞實로 좁거니와 大祝奉禮의 廳이 두외린댄 호마 어위니라.

8 문중자의 검소한 옷차림

文中子ㅣ 오솔 儉朴호디 조케 호고 나문 거시 업더니 綺羅錦綉를 지븨 드리디 아니호야 닐오디 君子는 누른 빗과 힌 빗괘 아니어든 닙디 아니호노니 겨지븐 靑碧이 잇노니라.

9 초나라 광인 접여의 처

楚狂接輿ㅣ 받 가라 먹더니 【接輿는 楚國ㅅ 사루미 일후미니 짐줏 미친 양호고 그우실 아니홀시 그 시절 사루미 닐오디 楚狂이라 호더라】 妻 져제로셔 와 닐오디 先生이 【先生은 接輿를 니루니라】 져머셔 義를 호더니 엇뎨 늘거 브리리오. 門 밧긧 술윗 자최 엇뎨 기프니잇고. 接輿ㅣ 닐오디 님그미 내의 不肖를 아디 몯호샤 날로 淮南을 다스리게 호려 호샤 【淮南은 짯 일후미라】 사룸 보내샤 金과 물와 가져와 무르시노다. 그 妻 닐오디 아니 許호시니잇가. 接輿ㅣ 닐오디 富貴는 사루미 코져 호는 거시니 그듸 엇뎨 내의 許호물 아쳗노뇨.

妻 닐오디 어딘 사루믄 禮 아니어든 뮈디 아니홀시 가난을 爲호야 節介를 改易디 아니호며 賤호물 爲호야 힝뎍을 고티디 아니호노니 내 先生을 셤겨 親히 가라 飮食호며 親히 질삼호야 옷 호야 밥이 빈브르며 오시 더우며 義를 브더 무유미 그 즐거우미 또 足호니 호다가 사루미 重호 祿을 바드며 사루미 구든 술위와 됴호 무를 트며 사루미 슬지며 됴호 고기를 먹고 쟝츠 엇뎨 기드리리오. 接輿ㅣ 닐오디 내 許티 아니호리라. 妻 닐오디 님금 브려시든 좃디 아니호미 忠이 아니오 좃고 또 마로미 義 아니나 나감 곧디 몯호니라 호야놀 남진은 가마와 실을 지고 겨지븐 질삼홀 그르슬 이어 姓과 일후믈 고텨 올무니 간 고둘 아디 몯호니라.

『내훈』에 인용된 고전

『**가범**』(家範) 북송 때 사마광이 자제들을 교육하기 위해 편찬한 가훈서(家訓書)이다. 전체 10권 22장으로 구성되어 있으며, 유가 경전을 비롯한 옛 문헌들에서 문장을 발췌하고 편찬자의 견해를 덧붙인 것이다. 첫 번째 장에서 집안을 다스리는 근본을 말하고, 이어서 할아버지, 아버지, 어머니, 아들, 딸, 손자, 큰아버지와 작은아버지, 조카, 형, 아우, 고모와 누이, 남편, 아내, 외삼촌과 생질, 시아버지와 시어머니, 며느리, 첩, 유모와 보모 등 가족관계에 따른 역할과 의무에 대해 기술하였다. 주희가 『소학』을 편찬할 때 『가범』의 많은 부분을 발췌 인용하였다.

『**고금열녀전**』(古今列女傳) 『열녀전』의 확장판으로, 1403년에 명나라 성조의 후비 인효문황후의 요청으로 해진(解縉) 등이 편찬하였다. 유향의 『열녀전』 중에 70편만을 다시 싣고, 한대 이후 원·명대에 이르기까지 각 사서에 있는 여성 열전을 추가하였다. 부정적인 여성상을 실은 「얼폐전」은 모두 삭제되었다. 『열녀전』이 「모의전」 「현명전」 등 여성인물의 유형별로 각 권을 구성한 반면, 『고금열녀전』은 여성 인물의 신분에 따라 권1은 역대 후비들, 권2는 제후·대부의 처, 권3은 사·서인의 처로 구분하고 시대와 나라별로 인물을 배열하였다. 또한 『열녀전』에는 각 인물마다 글 말미에 군자의 논평과 송을 붙였는데,『고금열녀전』에는 송이 모두 생략되어 있고 군자의 논평도 생략된 경우가 있다.『열녀전』에 있는 각 항목의 제목과 그림도『고금열녀전』에는 생략되어 있다.

『**구당서**』(**舊唐書**) 당나라의 정사(正史)로서, 618년 고조의 건국에서부터 907년 애제의 망국까지 290년 동안의 역사를 기록하였다. 940년에 편찬을 시작하여 945년에 완성하였다. 오대 후진(後晉)의 유구가 일을 총괄하고 장소원·가위·조희 등이 편찬하였으며, 조영이 감수하였다.「본기」(本紀) 20권,「지」(志) 30권,「열전」(列傳) 150권으로 전체 200권이다. 전대의 여러 사료에서 발췌하여 일관성이 부족하나 당대 원 사료의 문장이 남아 있어 사료적 가치가 있다. 처음에는『당서』라 했으나, 송나라 때 이것을 고쳐 다시 편찬하면서『구당서』라고 부르게 되었다.

『**근사록**』(**近思錄**) 남송 때 주희와 여조겸이 편찬한 학문과 일상생활의 지침서이다. 1175년에 주희가 친구인 여조겸과 함께, 신유학의 기초를 다진 선배들이라고 할 수 있는 주돈이·정호·정이·장재의 글에서 학문과 일상생활에 중요한 부분들을 뽑아 편찬한 것이다. 전체 14편 622조목으로 이루어져 있다. 각 권의 편명은 후대 학자들이 붙인 것으로,「도체」(道體)·「위학」(爲學)·「치지」(致知)·「존양」(存養)·「극기」(克己)·「가도」(家道)·「출처」(出處)·「치체」(治體)·「치법」(治法)·「정사」(政事)·「교학」(教學)·「경계」(警戒)·「변이단」(辨異端)·「관성현」(觀聖賢)이 그것이다. 제목의 '근사'(近思)는 "절실하게 묻고 가까이 생각한다"[切問而近思]는『논어』의 구절에서 따온 것이다. 조선에서도 주자학의 요체를 담은 유학자들의 필독서로 간주되어 널리 읽혔다.

『**남사**』(**南史**) 당나라 때 이연수(李延壽)가 편찬한 역사서로 25사 가운데 하나이다. 송(宋), 남제(南齊), 양(梁), 진(陳) 등 남북조시대의 남조 네 왕조의 역사를 기전체로 기술하였다.「본기」10권,「열전」70권 등 모두 80권으로, 420년부터 589년까지 170년의 역사가 기록되어 있다. 79권의「이맥전」(夷貊傳)에는 조선, 마한, 진한, 고구려, 백제, 신라 등에 관한 기록이 있어 한반도 역사 연구에도 중요한 사료로 쓰인다.

『논어』(論語) 춘추시대 사상가 공자(孔子)의 언행을 기록한 책이다. 공자의 이름은 구(丘)이고 자는 중니(仲尼)이며 노나라 사람이다. 『논어』는 정확한 편찬 연대를 알 수 없지만, 일반적으로 전국시대 중기에 공자의 제자들과 제자의 제자들에 의해 이루어진 것으로 간주된다. 본래 『제논어』(齊論語), 『노논어』(魯論語), 공자 고택의 벽에서 나온 『고논어』(古論語)의 세 가지 형태로 전해졌는데, 전한 말엽에 장우(張禹)가 『노논어』를 중심으로 만든 최초의 교정본이 현재 전하는 『논어』 텍스트의 저본이 되었다. 애초에는 춘추전국 시대의 많은 제자서(諸子書) 가운데 하나에 불과했지만, 남송 때 주희가 『논어』『맹자』『대학』『중용』을 사서(四書)로 묶어 주석을 달고 이 주석서가 원대 이후 과거시험의 교재로 채택되면서 중세 유교 문명을 대변하는 대표적인 고전이 되었다. 「학이」(學而)와 「의정」(爲政)을 비롯하여 모두 20편으로 구성되어 있다.

『대대례기』(大戴禮記) 전한 때 대덕(戴德)이 공자 72제자의 예설을 모아 엮은 책이다. 『예기』 214편을 85편으로 정리한 것으로, 현재 39편만이 전해진다. 이후 대성(戴聖)이 다시 49편으로 줄인 『소대례기』가 있다.

『동몽훈』(童蒙訓) 북송 말기에 여본중이 자제의 교육을 위해 지은 책이다. 상·중·하권으로 되어 있다. 여본중의 집안은 북송의 오래된 가문으로, 『근사록』을 편찬한 여조겸이 그의 조카이기도 하다. 『동몽훈』 '제요'(提要)에 따르면, 여본중은 원우(元祐) 연간 즉 사마광이 재상을 하던 시대에 활동한 스승들에게 배운 것이 많았고, 이를 토대로 입신(立身)과 정치의 도에 관한 절실한 가르침들을 모아 이 책을 엮었다. 본래 이 책은 내편과 외편으로 나뉘어 학문에 관한 토론이 한 질, 문장에 대한 품평이 한 질이었다고 하는데, 후대에 책이 전승되는 과정에서 문장에 관한 부분이 빠지고 행실에 관한 부분만 전해지게 되었다고 한다.

『명심보감』(明心寶鑑) 1393년에 명나라 사람 범립본(范立本)이 중국의 유명한 고전들에서 문장을 발췌하여 편찬한 책이다. 고려 충렬왕 때 문신 추적(秋適)이 지은 것으로 잘못 알려져 있다. 1454년에 간행된 청주판 『명심보감』이 가장 오래된 판본으로 원본에 가깝다. 본래 유교뿐 아니라 불교와 도교사상까지 포괄한 내용이고, 상하 2권에 각 10편씩 모두 20편이며, 매 편에 수록된 글이 도합 798조목이다. 조선 중기 이후에 간행된 초략본(抄略本)은 분량이 1/3로 축소되었을 뿐 아니라 불교와 도교사상을 배제하면서 유교 중심의 윤리서로 한정되는 경향을 보인다. 『내훈』의 서문과 발문에서 언급한 '명감'이 『명심보감』을 가리키는 것인지는 확실하지 않다. 『명심보감』을 '명감'이라 약칭한 사례가 조선시대 전적에서는 발견되지 않는다.

『모시』(毛詩) 『시경』의 별칭이다. 전한 때 모형(毛亨)이 『시경』에 주석을 단 『시고훈전』(詩詁訓傳)을 그의 제자인 모장(毛萇)이 세상에 널리 전파하면서 붙여진 이름이다. 이것이 『시경』의 가장 오래된 텍스트라고 할 수 있다. 후한 때 정현(鄭玄)이 주석을 달고 당대 공영달이 소를 달았다. 남송 때 주희는 『시집전』(詩集傳)과 『시서변설』(詩序辨說)을 지어 『모시』의 오류를 비판하면서 시의 본문에 의거하여 본뜻을 탐구해야 한다고 주장하였고, 국풍 대부분을 민속가요의 시로 평가하였다.

『맹자』(孟子) 전국시대 사상가 맹자(孟子)의 저술이다. 맹자는 이름이 가(軻)이고 추나라 사람이며, 성인(聖人) 공자의 사상을 독실하게 계승하여 유가의 아성(亞聖)으로 추앙받았다. 『맹자』는 「양혜왕」(梁惠王) 「공손추」(公孫丑) 등 모두 7편 14장으로 구성되어 있다. 『한서』 「예문지」(藝文志)에는 11편으로 기록되어 있는데, 후한 말기에 조기(趙岐)가 『맹자』 7편과 『맹자외서』(孟子外書) 4편으로 나누고 『맹자외서』는 후세의 위작이라 보았고, 이후 그 견해가 받아들여졌다. 남송 때 주희에 의해 사서(四書)로 묶이면서 유가의 핵심 경전으로 자리매김되었다. 인의(仁義)를 중심으로 한 왕도정치론, 민의(民意)에 의거한 혁명론, 인간의 본성에 대한 믿음 성선설(性善說) 등 유가의 핵심적인 주장을 담고 있다.

『방씨여교』(方氏女教) 현전하지 않는 문헌이다. 송나라 때 방징손(方澄孫)이 『여교십편』(女教十篇)을 지었다는 기록이 보이는데, 이 문헌을 '방씨여교'라고 칭한 것인지는 확실하지 않다. 조선에서 적어도 16세기 중반까지는 '방씨여교'란 제목의 독립된 문헌이 궁궐 안팎에 존재했다. 『선조실록』에 보면, 유희춘이 『내훈』의 잘못된 글자를 바로잡기 위해 『방씨여교』와 대조했다는 기록이 있으며, 유희춘과 동시대를 살았던 유몽인도 『방씨여교』를 언급한 바 있다.

『**범태사집**』(范太史集) 북송 때 역사가인 범조우의 문집이다. 범조우는 신종·철종 시기에 활동한 인물로 33세부터 수년간 사마광의 『자치통감』 찬수를 도왔을 뿐 아니라, 『당감』(唐鑑) 12권을 편찬하여 당 태종과 무측천 시기에 대한 독자적인 사론을 펴기도 하였다. 신·구법당의 분열 속에서 중용을 추구하였으나 말년에는 신법당에 이용되어 불행한 죽음을 맞았다. 『범태사집』은 전 55권으로, 관리로 있던 13년 동안에 올린 일백 수십 편의 소(疏), 장(狀), 표(表), 책(策), 차자(箚子), 한림사초(翰林詞草) 등 다양한 시문이 수록되어 있다.

『**북사**』(北史) 당나라 때 이연수가 편찬한 역사서로 25사 가운데 하나이다. 북위(北魏), 서위(西魏), 동위(東魏), 북주(北周), 북제(北齊), 수(隋) 등 남북조시대의 북조 여섯 왕조의 역사를 기전체로 기술하였다. 「본기」 12권, 「열전」 88권으로 이루어져 있다. 이연수는 아버지의 유지를 받들어 643년부터 659년까지 17년 동안 남조와 북조의 역사서와 기록들을 정리하여 『남사』와 『북사』를 편찬하였다.

『**사전삼편**』(史傳三編) 청나라 때 주식(朱軾)이 편찬한 인물전 형식의 역사서이다. 「명유전」(名儒傳) 8권, 「명신전」(名臣傳) 35권 및 속편 5권, 「순리전」(循吏傳) 8권으로 전체 56권이다. 이 책을 편찬할 당시에는 아직 『명사』(明史)가 완성되지 않았던 까닭에, 『사전삼편』에는 원나라 때 인물까지만 수록되었다고 한다. 1726년에 쓴 채세원(蔡世遠)의 서문과 1729년에 쓴 주식의 서문이 '원서'(原序)로 묶여 있다. 채세원과 주식은 모두 강희(康熙) 연간의 진사로서, 벼슬이 각각 예부시랑과 대학사에 이르렀다. 주식은 자가 약첨(若瞻)이고 시호는 문단(文端)이며 『주역전의합정』(周易傳義合訂)을 편찬하기도 하였다.

『**삼국지**』(三國志) 중국의 삼국시대에 진수가 편찬한 역사서이다. 『사기』, 『한서』, 『후한서』에 이은 네 번째의 정사이다. 후한 말에서 위(魏)·촉(蜀)·오(吳)의 삼국시대를 거쳐 진(晉)이 통일을 이룩한 시대까지를 기록하였다. 전체 65권으로 『위서』 30권, 『촉서』 15권, 『오서』 20권의 3부로 구성되어 있다. 진수는 촉나라와 진나라의 사관이었다. 남조 말기에 배송지(裵松之)가 주석을 달아 지나치게 간결한 이 책의 결함을 보충하였다. 『삼국지연의』는 정사인 『삼국지』를 토대로 이루어진 것이다.

『상서』(尙書)　13경의 하나로 『서』(書) 또는 『서경』(書經)이라고도 부른다. 요·순부터 춘추시대 진 목공까지 군주와 집정자들의 말과 행적을 모은 책이다. 공자와 그 제자들이 지었다고 알려져 있다. 공자의 유택에서 발견된 『고문상서』(古文尙書)와 한대 이후 학자들의 구술에 의해 완성된 『금문상서』(今文尙書)가 있는데, 현재 이 두 문헌을 합하여 59편으로 된 형태가 통용된다.

『서의』(書儀)　『사마씨서의』(司馬氏書儀)라고도 한다. 북송 때 사마광이 편찬한 가례서(家禮書)이다. 전 10권이다. 가례란 사가(私家)의 예를 의미하는 말로서, 국가의 제도와 법률 및 의례를 뜻하는 방례(邦禮)와 구분된다. 사가에서 필요한 관혼상제의 통과의례에 관한 의식을 매뉴얼식으로 기록하는 것이 후한대에 출현하고, 육조시대에 오면 '서의'라는 제목으로 일종의 도덕 규범서 내지 의례서로 정착된다. 또한 당 말부터 송대에 이르러 대농장을 기반으로 한 귀족사회가 해체되고, 성리학을 사상적 기반으로 한 중소지주 출신의 사대부 계층이 중국 사회의 중심을 형성하는 사회적 변화가 있었다. 그들이 왕조례와 구분되는 고유의 예속을 강구함에 따라 사례서(士禮書)가 등장하게 되는데, 『사마씨서의』가 그 대표적인 예이다. 이 책은 『주자가례』 형성에도 깊은 영향을 주었다.

『설원』(說苑)　전한 때 유향이 편찬한 설화집이다. 고대부터 한나라 때까지 제후와 선현들의 행적과 일화 등 846개 조목이 수록되어 있다. 「군도」(君道), 「신술」(臣術), 「건본」(建本), 「입절」(立節) 등 총 20권으로 구성되어 있으며, 800여 조목은 짧은 격언과 속담에서부터 수백 자에 이르는 이야기까지 다양하다. 노모의 회초리가 아프지 않아 눈물을 흘렸다는 효자 백유의 일화나 한식(寒食)의 유래가 된 개자추의 이야기를 비롯하여 유명한 고사성어가 이 책에서 유래하였다.

『소학』(小學) 남송 때 주희가 편찬한 초학동몽 교과서이자 실천적 윤리서이다. 주희는 삼대의 이상적인 교육을 실현하기 위하여 제자 유청지와 함께 적어도 5년 동안, 사서오경 및 각종 역사서와 가훈서 등에서 입교(立敎)·명륜(明倫)·경신(敬身) 3강령에 적합한 구절들을 뽑아 내·외 양편 6권으로 구성하였다. 내편의 「입교」(立敎)·「명륜」(明倫)·「경신」(敬身)·「계고」(稽古)는 옛 성현들의 사적을 기록한 것이고, 외편의 「가언」(嘉言)·「선행」(善行)은 한·당·송 현인들의 아름다운 말과 행실을 선집한 것이다.

한반도에는 14세기 여말선초에 주자학의 전래와 함께 『소학』이 유입되었고, 한동안은 관학 중심의 『소학』 교육이 이루어졌다. 조선에서 간행된 최초의 주해서는 1429년(세종 11) 하사신(何士信)의 『소학집성』(小學集成)이고, 조선 전기에 유행했던 주해서는 1491년(성종 22) 김일손(金馹孫)이 명에 사행 갔다가 들여온 『소학집설』(小學集說)이다. 주자성리학에 대한 이해가 심화되고 『소학』 연구가 진전된 결과, 조선 최초의 독자적인 주해서라고 할 수 있는 이이(李珥)의 『소학집주』(小學集註)가 1579년(선조 12)에 편찬되었고, 임란 이후 이항복(李恒福)에 의해 출간되면서 소학서의 정본으로 자리 잡았다. 언해서로는 중종 때 『번역소학』(飜譯小學)과 선조 때 『소학언해』(小學諺解)가 있다.

『송명신언행록』(宋名臣言行錄) 송대 정치가와 학자들의 언행을 집록한 책이다. 일반적으로 주희와 이유무(李幼武)가 각각 저술한 5종의 『송명신언행록』을 하나로 합본한 책을 가리킨다. 본래 남송 초에 주희가 전집 『오조명신언행록』(五朝名臣言行錄)과 후집 『삼조명신언행록』(三朝名臣言行錄)을 지었는데, 남송 말기에 주희의 외손 이유무가 그 형식을 따라 속집·별집·외집을 편찬하였다. 전집과 후집은 총 24권에 102명의 인물이 수록되었고, 속집·별집·외집 총 51권에 138명의 인물이 수록되었다.

『수서』(隋書) 수나라의 역사를 기록한 정사이다. 당 고조, 태종, 고종에 이르는 3대에 걸쳐 왕소, 안사고, 공영달 등이 참여하여 완성하였다. 「제기」(帝紀) 5권, 「열전」 50권, 「지」 30권으로 총 85권이다. 「지」는 수나라와 남조의 양(梁)·진(陳), 북조의 북제(北齊)·북주(北周) 등 5대의 사실을 기록한 별개의 서책을 후에 편입시켜 놓은 것이다. 열전 46권에 동이(東夷)를 다루고 있다.

『시경』(詩經) 유가의 5경 중 하나로서 중국 최초의 시가집이다. 서주(西周) 초기부터 춘추시대 중엽까지 약 500년 동안 각 제후국의 시가를 모아 정리한 것으로, 현재는 305편이 전한다. 본래 3천 여 수에 달하는 것을 공자가 교화의 목적에 부합하도록 정리했다는 설이 있다. 15국의 민간가요인 「국풍」(國風), 지배층 문인의 창작시라 할 수 있는 「소아」(小雅)와 「대아」(大雅), 궁중연회·의식, 종묘제사 때 부른 노래 「송」(頌)으로 이루어져 있다. 『시경』은 부(賦)·비(比)·흥(興)의 수사법을 비롯하여 동아시아 시가문학의 원조가 되었고, 유자들의 학업에 있어서 필수과목이었다. 한나라 때 모형의 『모시』가 『시경』의 가장 오래된 텍스트이다.

『신당서』(新唐書) 『구당서』의 내용이 충실하지 못하다 하여 송나라 인종이 구양수, 송기 등에게 명하여 다시 편찬한 당나라 정사이다. 1044년부터 1060년까지 17년이 걸려 완성하였다. 「본기」 10권, 「지」 50권, 「표」 15권, 「열전」 150권으로 전체 225권이다. 『구당서』에서 중복된 것은 없애고 부족한 것을 보충하여 체계를 정비하였다.

『안씨가훈』(顔氏家訓) 현전하는 가장 오래된 중국의 가훈서로서, 『구당서』에 수록된 이래 가훈서의 대표작으로 거론된다. 남북조 시대 6세기 무렵에 안지추(顔之推)가 지었다. 안지추는 남조 양나라에서 태어나 다섯 왕조를 전전하며 전란기를 보냈다. 이 책은 남북조 혼란기를 살았던 지식인의 험난한 인생역정을 담고 있어 사료적 가치가 높다고 평가되며 경학, 사학, 문학, 문자학, 천문학 등 다방면에 걸친 저자의 해박한 지식이 망라되어 있어 학술서로서도 평가된다. 총 20편으로 구성되어 있다.

『여계』(女誡) 후한 때 반소가 지은 규훈서이다. 모두 7장으로 「비약」(卑弱)·「부부」(夫婦)·「경순」(敬順)·「부행」(婦行)·「전심」(專心)·「곡종」(曲從)·「화숙매」(和叔妹)로 나누어져 있다. 중국 최초로 여성이 지은 규훈서로서, 『예기』와 같은 유교 경전을 토대로 하여 유교적 여성관을 일목요연하게 정리하였다. 『후한서』에 전문이 실릴 정도로 권위를 인정받았고, 청나라 때 왕상(王相)이 편찬한 『여사서』(女四書)에도 포함되었다. 조선에도 일찍부터 전해져서 1470년(성종 1) 『여계』의 구결을 정하도록 명한 바 있고, 중종 때 언해를 반포하였으며, 1736년 영조의 명에 의하여 『여사서언해』가 간행되었다.

『여교』(女敎)   '여교'란 제목의 독립된 문헌은 현전하지 않는다. '여교'가 규훈서의 일반적인 제목인 까닭에 『내훈』에서 언급한 '여교'가 어느 문헌을 가리키는지 알기 어렵다. 『내훈』의 서문과 발문에 언급된 '여교'는 『소학』, 『열녀전』과 같은 『내훈』의 참고문헌을 가리키는 것이고, 본문에 언급된 '여교'는 『이씨여계』나 『방씨여교』와 같은 원출전에 해당하는 문헌이므로, 이 두 문헌은 구분할 필요가 있다. 본문에 언급된 '여교'가 반소의 『여계』를 가리킨다고 보는 견해가 있으나, 『내훈』에서 출전을 '여교'라고 밝힌 조목이 모두 『여계』와 일치하는 것은 아니다.

사고전서 기록에 따르면, 송나라 때 방징손(方澄孫)의 『여교십편』(女敎十篇), 원나라 때 허희재(許熙載)의 『여교서』(女敎書), 명나라 때 왕직(王直)의 『여교속편』(女敎續編)이 편찬되었다. 『여교속편』의 서문과 발문에 따르면, 부녀자에 관한 일이 경전과 역사서 속에 흩어져 있어서 다 보기가 어렵기 때문에 보다 쉽게 알 수 있도록 허희재가 『여교서』를 지었는데, 그 가운데 빠진 것이 있어 왕직이 속편을 편찬하면서 "이제 부녀자를 가르치는 책은 갖추지 않은 것이 없다"고 평가했다. 이들 문헌은 『소학』의 편찬방식과 유사하게 고전의 여러 문헌들 가운데 여성교육에 관한 내용을 선편하는 방식을 취한 일종의 규훈서 선집인 것이다. 『내훈』의 서문과 발문에 언급된 '여교' 또한 『이씨여계』『방씨여교』 등 여러 권의 규훈서를 묶은 선집으로 추정된다. 따라서 『내훈』의 서문과 발문에서 참고문헌으로 언급된 '여교명감'은 '여교'와 '명감'이라는 별개의 문헌이 아니라, 규훈서 선집이란 뜻의 '여교명감'이라는 단독 문헌일 가능성도 배제할 수 없다.

『여헌』(女憲)   반소의 『여계』보다 앞서 나온 규훈서인데 현재 문헌이 전하지는 않는다. 『여계』에 『여헌』을 인용한 구절이 두 군데 있고, 1403년 명나라 인효문황후는 『내훈』 서문에서 "『여헌』이나 『여칙』(女則)이란 책이 있다고 하나 모두 그 이름만 있을 뿐이다"라고 했다. 『국조보감』에 명종이 "조대가의 『여계』와 『여칙』과 『여헌』을 내전에 진헌하라"고 명하였다는 기록이 있는 것을 보면, 16세기 조선에는 이 문헌이 남아 있었다고 추정할 수 있다.

『**열녀전**』(列女傳)　기원전 1세기에 전한의 대표적인 경학자 유향이 역대의 모범적인 혹은 경계해야 할 여성 인물의 행적을 기록한 책이다. 북송 때 유향의 열녀전에 누군가 '속열녀전'(續列女傳)을 첨가하면서 『고열녀전』(古列女傳)이라고도 불렀다. 「모의전」(母儀傳)·「현명전」(賢明傳)·「인지전」(仁智傳)·「정순전」(貞順傳)·「절의전」(節義傳)·「변통전」(辯通傳)·「얼폐전」(孼嬖傳)의 7장으로 나누고 각 장마다 대표적인 사례를 실었다. 유향이 『열녀전』을 짓게 된 동기는 태후 왕씨와 외척들의 세력을 견제하고 성제가 총애했던 조비연 자매의 전횡을 비판하기 위한 것이라고 한다. 이 책은 유교적 여성상을 본격적으로 다룬 최초의 규훈서로서, 유학의 확산과 함께 한대 이후 청말에 이르기까지 전통 시대 유교적 여성관의 연원이 되었다.

『**예기**』(禮記)　유가의 5경 중 하나로서, 공자와 그 제자들이 예에 관하여 논한 내용을 수록한 책이다. 『주례』(周禮) 『의례』(儀禮)와 더불어 삼례(三禮)로 불린다. 서한 때 대성이 편집하고 동한 때 마융(馬融)이 보집하였다. 총 49편으로 「곡례」(曲禮)·「단궁」(檀弓)·「혼의」(昏義)·「내칙」(內則)·「악기」(樂記) 등의 편이 유명하다. 주희가 편찬한 사서(四書) 중에 편입된 「대학」과 「중용」은 본래 『예기』의 편명이었다. 『예기』는 양강음유, 남녀유별, 삼종지도, 내외법 등 유교적 여성관의 근간이 되는 이론을 집대성하여 유교적 여성관의 기초를 확립한 문헌이기도 하다. 특히 가정을 다스리는 예법으로서 효와 남녀유별의 원리를 제시한 「내칙」편은 『소학』에 상당부분이 전재되어 영향력이 매우 컸으며 후대에 별도의 규훈서로 유통되었다.

『**의례**』(儀禮)　관혼상제를 비롯하여 중국 고대 사회의 사회적 의식을 상세히 기록한 책이다. 군례(軍禮)를 제외한 오례(五禮)를 망라하였다. 원래 57편이 있는데 현재 17편만 전한다. 춘추시대부터 전국시대에 걸쳐 성립된 것으로 보인다. 주희는 『의례』를 경(經)으로 삼고 『예기』를 비롯한 여러 경사잡서

(經史雜書)에 나오는 예문(禮文)과 주(注)·소(疏) 및 여러 유자의 설을 모아 『의례경전통해』(儀禮經傳通解)를 편찬하였다.

『**이낙연원록**』(伊洛淵源錄) 남송 때 주희가 북송의 대표적인 유학자 주돈이와 정호·정이 제자들의 언행을 기록한 책이다. 전체 14권이다. 일반적으로 송대는 중국사학사에서 획기적인 발전이 이루어진 시기라고 평가된다. 주희가 편찬한『자치통감강목』은 강목체라는 새로운 역사서의 체제를 만들었고,『이낙연원록』은 학술사상사를 기술한 학안(學案) 저작의 모델이 되었다. 양계초는 주희의『이낙연원록』을 최초의 중국학안사 서술이라고 평가한 바 있다.

『**이씨여계**』(李氏女戒) 온전한 형태의 문헌이 전하지는 않고, 송대 유청지의『계자통록』(戒子通錄) 권8에 이씨의「계녀서」(戒女書)라는 제목으로 그 일부가 전한다. 이것은 유청지의 어머니 장탄(長坦) 조부인이 예전에 보았던 계녀서의 일부를 기록한 것이다. 조부인이 부모님께 받은「이씨계녀서」를 밤낮으로 읽어 손에서 놓지 않았는데, 1129년에 강을 건너다가 잃어버렸다고 한다. 그래서 기억을 더듬어 다시 적은 것이『계자통록』에 수록된 이씨의「계녀서」이다. 조부인의 이름은 조림(趙琳), 자는 언장(彦章)이다. 이씨가 누구인지는 유청지도 알지 못한다고 했다.

『**전가집**』(傳家集) 북송 때 사마광의 글을 모은 책이다.『전가집』'제요'(提要)에 "왕안석이 사마광의 문체가 서한(西漢)에 가깝다고 한 것은 무고가 아니다"라고 했듯이, 사마광은 사륙변려문보다 고문을 선호하였다. 전체 80권이다.『내훈』에 인용된「훈검시강」이 실려 있는 잡문(襍文) 57권 외에, 「부」(賦) 1권, 「시」(詩) 14권, 「제발」(題跋)과「의맹」(疑孟)과「사섬」(史剡)이 1권, 「오서」(迃書) 1권, 「격」(格)과「책문」(策文)과「악사」(樂詞)가 1권, 「지」(誌) 3권, 묘도문(墓道文) 2권으로 구성되어 있다. 이 가운데「사섬」은 예를 들어 고수와 상이 순을 죽이려 했다는 것과 같은 역사의 기록에 대해 그것이 믿을 만하지 않다는 점을 논한 것이다.

『**주역**』(周易) 유가의 5경 중 하나이다.『역경』(易經)만을 가리키기도 하고,『역경』과『역전』(易傳)을 합하여 말하기도 한다. 복희씨가 창안한 팔괘로부터 나온 64괘와 384효를 바탕으로 우주만물의 이치와 변화를 추측하는 점성철학서이다. 『역경』이 특히 점서의 책이라면, 『역전』은 철학서로서 『역경』에 대한 후대 유학자들의 주석과 해석을 모은 것이다. 『역전』은 「단」(彖)・「상」(象)・「계사」(繫辭) 상・하편과 「문언」(文言)・「서괘」(序卦)・「설괘」(說卦)・「잡괘」(雜卦) 등의 10익(翼)으로 구성되어 있다. 『역경』은 은말 주초, 『역전』은 춘추전국에서 한초에 걸쳐 형성되었다. 『역경』을 주 문왕이, 『역전』을 공자가 지었다고도 한다. 주역사상의 근간이 되는 '음양'(陰陽)은 애초에 단순한 자연현상과 방향을 가리키는 글자였는데, 춘추시대를 거치면서 그 의미가 남녀의 특성과 결부되기 시작했다. 음양이 자연과 인간을 연결하는 확고한 철학의 범주로서 중국철학과 문화의 기본 범주로 정착된 것은 『역전』에서부터이다.

『**주자가례**』(朱子家禮) '가례', '문공가례', '주문공가례'(朱文公家禮) 등으로도 불리는 가례서이다. 편찬자와 편찬시기에 관해서는 이설이 있다. 남송 때 주희가 모친상 중에 지은 것이라는 기록이 있긴 하지만, 『주자가례』의 내용이 주희 만년의 저술이나 그가 신봉했던 『의례』와 맞지 않는 부분이 적지 않다는 등의 이유로 주자설을 부정하는 청대의 고증학자들도 있다. 체제와 내용은 사마광의 『서의』를 많이 따랐다. 통례(通禮)와 관・혼・상・제의 사례(四禮) 체제로 이루어져 있고, 「거가잡의」(居家雜儀)와 「거상잡의」(居喪雜儀)도 『서의』를 이어받았으며, 세주에서도 사마광의 견해를 많이 인용하였다. 우리나라에는 고려 말에 성리학의 수용과 함께 유입되었고, 조선 건국 이후 사대부들에게 권장되었으나 충분히 시행되지는 못했다. 17세기에 이르면 예학의 발달과 함께 김장생(金長生)의 『가례집람』(家禮輯覽)이나 이재(李縡)의 『사례편람』(四禮便覽)과 같은 주석서와 연구서가 나오는 등 가례에 대한 연구가 더욱 심화되었다.

『**중설**』(中說) 일명 '문중자'(文中子)라고도 한다. 수나라 때 사상가인 문중자 왕통이 편찬하였다. 전체 10권으로 『논어』의 구성을 모방하여 왕통과 문인들의 대화 형식을 취하였다. 중도(中道)에 의한 왕도의 실현과 유・불・도 삼교의 합일을 논술한 책이다.

『중용』(中庸) 사마천에 따르면, 『중용』은 기원전 5세기에 공자의 손자 자사(子思)가 지은 것이다. 그러나 청대의 고증학자들은 기원전 4~3세기 전국시대 또는 진시황의 통일기에 이 책이 성립되었다고 본다. 본래 오경(五經)의 하나인 『예기』에 포함되어 있었는데, 남송 때 주희가 '중용편'과 '대학편'을 독립시켜 「논어」 「맹자」와 함께 사서(四書)르 묶었다. 단절과 비약이 많은 잠언집으로, 사서 가운데 가장 난해하다고 평가된다.

『진서』(晉書) 당나라 태종의 지시로 방현령(房玄齡) 등 20여 명의 학자가 644년에 편찬한 진왕조의 정사이다. 5호16국 시대를 배경으로 265년부터 418년까지 서진과 동진의 역사가 수록되어 있다. 「제기」 10권, 「열전」 70권, 「지」 20권, 「재기」(載記) 30권으로 총 130권이다. 재기라는 형식을 정사에 처음 도입하였다.

『초사』(楚辭) 본래 초나라의 노래라는 뜻인데, 서한 대 유향이 초나라 민요풍의 노래 16편을 묶어 책으로 엮었다. 굴원(屈原)과 송옥(宋玉)을 비롯하여 경차(景差), 회남소산(淮南小山), 동방삭(東方朔), 엄기(嚴忌), 왕포(王褒), 유향의 작품이 포함되어 있다. 중국에서는 굴원의 초사에 이르러 섬세한 개인의 감수성을 시로 노래하기 시작했다고 평가된다. 현실의 정치적 불우함 속에서 느낀 울분과 비탄을 초현실적인 환상으로 표현한 굴원의 「이소」(離騷)는 초사를 대표하는 작품이다.

『춘추』(春秋) 유가의 5경 중 하나로서, 춘추시대 노나라의 역사서이다. 기원전 722년 은공 시대부터 기원전 481년 애공 시대까지 242의 역사를 편년체로 기록하였다. 공자가 편집한 것이라고 전한다. 전체 11권이다. 대표적인 주석서로 『춘추좌씨전』(春秋左氏傳), 『춘추공양전』(春秋公羊傳), 『춘추곡량전』(春秋穀梁傳)을 춘추삼전(春秋三傳)이라 한다. 주왕실이 낙양으로 동천하면서 여러 제후국들이 군웅할거하던 시대를 '춘추시대'라고 하는데, 이 명칭이 『춘추』라는 서명에서 나온 것이다.

『통서』(通書) 북송 때 주돈이가 편찬한 윤리철학서이다. 1권 40편이다. 『역통』(易通)이라고도 칭한다. 주돈이는 신유학의 형이상학과 윤리학의 토대를 마련한 사람으로서, 『태극도설』에서 우주론을 설명하고 『통서』에서 윤리설을 폈다. 주희는 『통서』에 주해를 붙여 『통서해』(通書解)를 지었다.

『**호씨전**』(**胡氏傳**) 북송 때 호안국이 엮은 『춘추』의 주석서이다. '호씨춘추전' 또는 '춘추호씨전'이라고도 한다. 전체 30권이다. 『호씨전』은 존왕양이(尊王攘夷) 사상에 입각하여 당시 금나라의 침입을 비분강개하는 시국론을 폈던 춘추주석서로 유명하다. 현재 규장각에 소장되어 있는 『춘추집전대전』(春秋集傳大全)은 편집방식의 차이에 따라 두 가지 판본이 있는데, 『호씨전』을 중심으로 하면서 기타 3전을 모두 세주로 처리한 것, 3전과 『호씨전』을 같은 비중으로 순서대로 편집한 것이 그것이다.

『**효경**』(**孝經**) 유가의 13경 중 하나로, 공자와 증자가 효에 관하여 문답한 내용을 기록한 책이다. 위작이라는 견해도 있었으나, 기원전 3세기경의 『여씨춘추』(呂氏春秋)에도 『효경』이 인용되어 있음을 확인할 수 있다. 텍스트는 크게 금문과 고문으로 나뉜다. 18장으로 되어 있는 『금문효경』(今文孝經)은 진시황의 분서를 피하여 안지(顏芝)가 감추어둔 것을 전한 문제 때 안지의 아들 안정(顏貞)이 정리한 것이다. 22장으로 되어 있는 『고문효경』(古文孝經)은 전한 무제 때 노나라 공왕(恭王)이 공자의 구택에서 발견한 것이다.

『효경』은 13경 가운데 가장 주석서가 많은 경전이다. 고문에 대한 공안국(孔安國)의 전(傳)과 금문에 대한 정현의 주(注)가 유명하며, 사마광의 『고문효경지해』(古文孝經指解)와 이를 바탕으로 한 주희의 『효경간오』(孝經刊誤)가 전한다. 『효경간오』의 체제를 따른 『효경대의』(孝經大義)는 송·원 교체기의 학자 동정(董鼎)이 주석한 것이고, 『효경대의』를 텍스트로 삼아 선조 때 편찬된 『효경언해』는 동정의 주석을 제외하고 경과 전만을 언해한 것이다.

『**후비명감**』(**后妃明鑑**) 현전하지 않는 문헌이다. 1472년 조선 성종 때 선악의 모범과 경계가 될 만한 역대 제왕과 후비에 관한 기록을 모아서 『제왕명감』(帝王明鑑)과 『후비명감』을 편찬했다는 기록이 실록에 전한다. 『후비명감』 편찬을 맡았던 김종직(金宗直)의 서문에 의하면, "위로는 당우(唐虞) 시대로부터 아래로는 고려에 이르기까지 선을 본받을 만한 후비와 악이 경계가 될 만한 후비를 뽑아서" 『후비명감』을 엮었다고 했으니, 일종의 '후비열전'이라 할 수 있다. 『내훈』의 서문과 발문에서 언급한 '명감'이 『후비명감』을 가리키는 것인지는 확실하지 않다.

『후한서』(後漢書) 남북조 시대에 송나라의 범엽(范曄)이 편찬한 기전체 역사서이다. 25년 광무제부터 220년 헌제까지 후한의 13더 196년의 역사를 기록하였다. 「본기」 10권, 「열전」 80권, 「지」 30권으로 전체 120권이다. 『사기』의 체제를 따랐으나 「표」가 없고 「본기」에 「황후기」(皇后紀)를 따로 수록하였다. 본래 「지」 부분은 442년에 범엽이 팽성왕의 모반에 참여했다가 처형되어 양나라의 유소(劉昭)가 완성한 것이다. 「동이열전」(東夷列傳)에 고구려, 부여와 함께 일본이 동이로 분류되어 있다.

참고문헌

1) 원전

『(影印)內訓』(金智勇 解說), 연세대학교 인문과학연구소, 1969.
『星湖先生小學疾書』, 서울대학교 규장각한국학연구원 소장.
『小學諸家集註增解』, 서울대학교 규장각한국학연구원 소장.
『小學枝言』(『與猶堂全書』第二集 經集 第二卷), 『韓國文集叢刊』282.
『女範・戒女書・內訓・女四書』(한국고전간행회 편), 디제각, 1986.
『列女傳彙編』(鄭曉霞・林佳鬱 編) 9, 北京: 北京圖書館出版社, 2007.
『諸儒標題註疏小學集成』, 서울대학교 규장각한국학연구원 소장.
『淸州版明心寶鑑』(李佑成 編), 아세아문화사, 1990.
『文淵閣四庫全書內聯網版』DB, 迪志文化出版有限公司, 2004.
『朝鮮王朝實錄』DB, 국사편찬위원회, 2005.
『韓國文集叢刊』DB, 한국고전번역원, 2009.

2) 역주서 및 사전

구인환 엮음, 『내훈』, 신원문화사, 2004.
김용옥, 『효경한글역주』, 통나무, 2009.

김원중 옮김, 『사기열전』 1·2, 민음사, 2007.
김종권 역주, 『내훈·계녀서』, 명문당, 1987.
김종완 옮김, 『안씨가훈』, 푸른역사, 2007.
민족문화추진회 편, 「사소절」, 『국역청장관전서』 6, 솔, 1997.
성백효 역주, 『논어집주』, 전통문화연구회, 1991.
성백효 역주, 『소학집주』, 전통문화연구회, 1993.
성백효 역주, 『시경집전』 상·하, 전통문화연구회, 1993.
성백효 역주, 『맹자집주』, 전통문화연구회, 1995.
송철의·이현희·장윤희·황문환, 『역주 오륜행실도』, 서울대학교출판부, 2006.
육완정 역주, 『내훈』, 열화당, 1985.
이민수 교주, 『신역 내훈』, 홍신문화사, 1994.
이범학 역주, 『근사록』, 서울대학교출판부, 2004.
이상옥 역저, 『예기』 상·중·하, 명문당, 2003.
이숙인 역주, 『여사서』, 여이연, 2003.
이숙인 역주, 『열녀전』, 예문서원, 1996.
이영구 해역, 『가범』, 자유문고, 2004.
임동석 옮김, 『설원』 상·하, 동문선, 1996.
임민혁 옮김, 『주자가례』, 예문서원, 2000.
『(국역)조선왕조실록』 DB, 한국고전번역원.
『한국역대인물 종합정보시스템』 DB, 한국학중앙연구원.

3) 논저

강명관, 『열녀의 탄생』, 돌베개, 2009.
강현경, 「中韓女誡文學之硏究」, 국립대만사범대학 박사학위논문, 1990.
강현경, 「반소 『여계』의 여계문학에 끼친 영향과 가치」, 『어문연구』 34, 충남대학교 문리과대학 어문연구회, 2000.
고은강, 「『내훈』 연구–유학의 여성윤리」, 『태동고전연구』 18, 한림대학교 태동고전연구소, 2002.

국사편찬위원회 편, 『고문서에게 물은 조선시대 사람들의 삶』, 두산동아, 2009.
김동환, 「『명심보감』의 저자 문제」, 『서지학연구』 21, 서지학회, 2001.
김왕규, 「16세기 사림파의 독서에 대한 담론에 나타난 몇 가지 특징적 국면」, 『독서연구』 10, 한국독서학회, 2003.
김언순, 「조선시대 여훈서에 나타난 여성의 정체성 연구」, 한국학중앙연구원 박사학위논문, 2005.
김은아, 「조선전기 이혼제도의 특징」, 『원광법학』 23-3, 원광대학교 법학연구소, 2007.
김진명, 「가부장 담론과 여성 억압-내훈서 및 의례서 분석을 중심으로」, 『아세아여성연구』 33, 숙명여자대학교 아세아여성연구소, 1994.
김진우, 「중국 고대 '효' 사상의 전개와 국가권력」, 고려대학교 박사학위논문, 2010.
김항수, 「조선전기의 『소학』 보급과 동몽교육」, 『한국의 청소년문화』 창간호, 한국청소년문화학회, 2001.
노관범, 「19세기 후반 청도지역 남인학자의 학문과 『소학』의 대중화-진계 박재형의 『해동속소학』을 중심으로」, 『한국학보』 104, 일지사, 2001.
문옥표 외, 『조선시대 관혼상제』 1-5, 한국정신문화연구원, 1999.
박무영, 「호연재 『자경편』의 서술방식과 여성문학적 성격」, 『한국문학연구』 2, 고려대학교 민족문화연구원 한국문학연구소, 2001.
성해준, 「한국 『명심보감』의 전파와 수용 양상에 관하여」, 『퇴계학과 한국문화』 39, 경북대학교 퇴계연구소, 2006.
우쾌제, 「열녀전(列女傳)의 전래와 수용양상 고찰」, 『동방문학비교연구총서』 2, 한국동방문학비교연구회, 1992.
이경하, 「'여성/문학/사'에 관한 이론적 고찰」, 『한국고전여성문학연구』 5, 한국고전여성문학회, 2002.
_____, 「15~16세기 왕후의 국문 글쓰기에 관한 문헌적 고찰」, 『한국고전여성문학연구』 7, 한국고전여성문학회, 2003.

_____, 「여성문학사 서술의 문제점과 해결방향」, 서울대학교 박사학위논문, 2004.
_____, 「소혜왕후의 불교옹호발언과 젠더권력관계」, 『한국여성학』 20-1, 한국여성학회, 2004.
_____, 「15세기 최고의 여성지식인, 인수대비」, 『한국고전여성문학연구』 12, 한국고전여성문학회, 2006.
_____, 「『내훈』과 '소학·열녀·여교·명감'의 관계 재고」, 『한국고전여성문학연구』 17, 한국고전여성문학회, 2008.
_____, 「15세기 상층 여성의 문식성(literacy)과 읽기교재『내훈』」, 『정신문화연구』 118, 한국학중앙연구원, 2010.
_____, 「소혜왕후『내훈』의『소학』수용 양상과 의미」, 『대동문화연구』 70, 성균관대학교 대동문화연구원, 2010.
_____, 「중세의 여성지성과 문자의 관계」, 『여성문학연구』 24, 한국여성문학회, 2010.
이근명, 「『송명신언행록』의 편찬과 후세 유전」, 『기록학연구』 11, 한국기록학회, 2005.
이배용 외, 『우리나라 여성들은 어떻게 살았을까』 1-2, 청년사, 1999.
이숙인, 『동아시아 고대의 여성사상』, 여이연, 2005.
이순구, 「조선중기 총부권과 입후(立後)의 강화」, 『고문서연구』 9·10, 한국고문서학회, 1996.
이종묵, 「조선시대 여성과 아동의 한시 향유와 이중언어체계(Diaglosia)」, 『진단학보』 104, 진단학회, 2007.
이춘호, 「조선조전기의『소학』교육에 관한 연구」, 『한자한문교육』 4, 한국한자한문교육학회, 1998.
이혜순, 『조선조후기 여성지성사』, 이화여자대학교출판부, 2007.
이혜순 외, 『조선중기 예학사상과 일상문화』, 이화여자대학교출판부, 2008.
이화중국여성문학연구회 편, 『동아시아 여성의 기원-『열녀전』에 대한 여성학적 탐구』, 이화여자대학교출판부, 2002.

장병인, 『조선전기 혼인제와 성차별』, 일지사, 1997.
정정기, 「『소학집주』·『소학집주증해』·『소학질서』 및 『소학지언』을 통해서 분석한 성리학의 부부관」, 서울대학교 석사학위논문, 2000.
조경원, 「조선시대 여성교육의 분석」, 『여성학논집』 12, 이화여자대학교 한국여성연구원, 1995.
조경원, 「유교 여훈서의 교육원리에 관한 철학적 분석」, 『여성학논집』 13, 이화여자대학교 한국여성연구원, 1996.
최혜진, 『규훈문학 연구』, 역락, 2004.
한국여성연구소 여성사연구실, 『우리 여성의 역사』, 청년사, 1999.
한국정신문화연구원 편, 『유교의 예와 현대적 해석』, 청계, 2004.
한희숙, 「조선초기 소혜왕후의 생애와 『내훈』」, 『한국사상과 문화』 27, 한국사상문화학회, 2005.
최연미, 「소혜왕후 한씨 『내훈』 판본고」, 『서지학연구』 22, 서지학회, 2001.
P.B. 이브리 저, 배숙희 역, 『송대 중국 여성의 결혼과 생활』, 한국학술정보, 2009.

조선 여성을 위한 유교 고전의 허브
■ 옮긴이의 말

『내훈』을 처음 읽은 것은 내가 석사학위논문을 준비할 때였다. 그때 내 눈에 비친 『내훈』은 유교가 표방하는 가부장적 지식의 총체일 뿐이었다. 그 테두리를 벗어나는 것이 포착되어도 의도적으로 무시하고 이른바 보고 싶은 것만 보았던 것 같다. 10여 년이 지나 『내훈』을 다시 읽고 주해하면서, 과거에 도외시했던 것들의 비중이 생각보다 훨씬 크다는 사실에 놀라지 않을 수 없었다. 그 놀라움은 『내훈』류의 텍스트에 대한 선입견과 편견이 내 안에 강고하게 자리하고 있음에 대한 자각이기도 했다.

단 한 번도 텍스트를 꼼꼼히 읽은 적 없고 그 의미에 대해 깊이 사색한 적 없으면서, 많은 사람들이 『내훈』을 다 안다고 여긴다. 삼종지도, 칠거지악, 여필종부 등의 몇 마디 언명으로 그것을 충분히 이해했다고 여긴다. 『내훈』이 기반하고 있는 유교의 가부장성에 비판적인 사람도, 그렇지 않은 사람도, 스스로 확인하지 않은 채 그 '소문'을 사실로 믿고 의심하지 않는다. 그것은 무지한 편견에 기대어 페미니즘을 지극히 단순화하면서 스스로 다 안다고 착각하는 것과 같다.

『내훈』이 중세 유교 문명권의 가부장적 질서를 지탱하는 성별지식의 총체임은 분명한 사실이다. 하지만 그것만으로 이 텍스트의 의미가 모두 해명된 것은 아니다. 15세기 조선은 유교를 중심으로 새로운 사회질서를 의욕적으로 기획하고 실험하던 시대였다. 그 격동의 시대에 최상층 신분의 여성이 능동적인 고전 읽기를 통해 문명권 중심부의 지식을 적극적으로 수용하고 재생산한 결과물이 바로 『내훈』이다.

이 주해서의 특징은 기존의 번역서가 누락했던 언해문의 세주까지 완역한 것, 완전하지는 않지만 116조목의 출전을 밝힌 것, 그리고 각 조목에 해설을 덧붙인 점이다. 출전 찾기 작업을 하는 동안, 『내훈』은 배움의 기회가 적은 조선 여성을 위한 유교 고전의 허브와 같다는 생각을 했었다. 여러 텍스트가 장구한 시간에 걸쳐 서로 얽히고설켜 있음을 확인하는 작업은 매우 흥미로운 일이었다. 식견이 짧은 나 역시 『내훈』을 통해 중세의 고전들을 새롭게 만나면서 때로 기뻤고 때로 절망했다. 각 조목의 내용에 대한 해설은 턱없이 미흡하다. 앞으로 훨씬 더 공부가 쌓이고 조금 더 나의 발언에 과감해진다면 보다 풍부한 해설을 담을 수 있으리라. 그래서 다시 10년쯤 후에는 나의 『내훈』 읽기가 또 다른 차원으로 나아가기를 희망한다.

작년 봄 이 무렵, 어린이집에 막 적응하기 시작한 아들이 고사리 손을 내 뺨에 대고 물었다. "엄마는 왜 학교에 가?" "공부하러 가지." "엄마는 왜 공부를 해야 돼?" 순간 말이 막혔다. 겨우 네 살짜리 아이에게 학문의 가치를 운운할 수 없다는 핑계 말고, 내 자신에게도 답이 궁함을 느꼈기 때문이다. 책을 읽고 쓰는 행위가 어느덧 습관적인 일상 혹은 생계의 수

단으로만 전락한 것은 아닐까. 그날은 종일 가슴이 답답했다.

날마다 달마다 쏟아지는 책과 논문 속에서, 매너리즘에 빠지고 자기성찰을 결여한 채 업적 쌓기에만 급급해 갈겨쓴 글들을 무수히 본다. 독자의 귀중한 시간을 빼앗는 무가치한 글, 있어도 그만 없어도 그만인 그런 글들이 넘치는 세상이다. 글에도 사람처럼 수명이 있고 시공을 초월해 살아 있는 글이 고전이라면, 현 세태 속에서 새로운 고전의 탄생이 가능할까? 오늘 세상에 내놓는 이 책의 수명은 얼마나 될까? 자라나는 아들에게 엄마가 공부하는 이유를 자신 있게 말할 수 있으려면 더 바짝 정신을 차려야 하겠다.

서울대 HK문명연구사업단과의 인연이 없었다면 『내훈』 주해는 애당초 시작도 못했을 것이다. 이곳에서 자유롭게 그리고 진득하게 연구에만 매진할 수 있는 기회를 얻은 것은 커다란 행운이다. 후배의 귀찮은 부탁을 마다하지 않고 기꺼이 교열을 맡아주신 김남기 선생님, 출판심사를 맡아 세심한 조언을 아끼지 않으신 익명의 두 분 선생님, 이분들 덕분에 초고의 많은 오류를 바로잡을 수 있었다. 여러 면에서 부족한 사람이 하고 싶은 공부를 이만큼이라도 할 수 있는 것은 음으로 양으로 도움을 주시는 많은 분들의 덕이다. 그 고마운 사연을 일일이 다 적을 수 없다. 그래도 끝으로 한 마디. 마흔 넘은 딸내미 공부 좀 더 하라고, 일흔의 노모가 어린 외손 돌보기에 허리가 휘신다. 사랑하는 어머니, 고맙습니다.

2011년 이른 봄날 관악에서
이경하

찾아보기

|ㄱ|

가귀인(賈貴人) 182
『가례』(家禮) 248
『가범』(家範) 13, 48, 133, 240, 246, 248, 256, 261, 266, 282, 284, 285, 301, 393
걸(桀) 199, 235
『경국대전』(經國大典) 146
경제(景帝) 184, 189, 191, 221
『계녀서』(戒女書) 17, 168
계례(筓禮) 244
계모(繼母) 260, 262~264, 271, 272, 274, 290
『계자통록』(戒子通錄) 44, 63, 78, 84, 403
고공단보(古公亶父) 253, 254
『고금열녀전』(古今列女傳) 12, 57, 175, 180, 196, 208, 232, 238, 240, 252, 254, 261, 264, 266, 274, 290, 307, 393
『고문효경』(古文孝經) 102, 406
『고열녀전』(古列女傳) 12, 175, 180, 196, 208, 238, 240, 252, 254, 256, 261, 264, 266, 274, 290, 307, 402
고제(高帝) → 유방
고황제(高皇帝) → 주원장
공감(孔戡) 90
공손홍(公孫弘) 300, 301
공자(孔子) 40, 56, 57, 69, 70, 71, 89, 98, 101, 134, 151, 154, 170, 228, 279, 291, 292, 303, 404, 405
곽광(霍光) 125
곽자흥(郭子興) 209, 210, 214, 232
광렬음황후(光烈陰皇后) 182, 197, 200
광렬황후(光烈皇后) → 광렬음황후
광무제(光武帝) 91, 92, 182, 189, 194, 197, 200, 213, 295
『구당서』(舊唐書) 86, 268, 282, 394, 400
구양공(歐陽公) → 구양수
구양수(歐陽修) 148, 257, 286, 400
구천(句踐) 176, 180
『근사록』(近思錄) 13, 78, 83, 394, 395
『금문효경』(今文孝經) 102, 406
급암(汲黯) 300

찾아보기 419

김호연재(金浩然齋) 277

|ㄴ|

남녀유별(男女有別) 18, 48, 138, 139, 402
『남사』(南史) 133, 394, 397
납길(納吉) 135, 136
납징(納徵) 136
납채(納采) 135~137, 151
납폐(納幣) 137, 151
내외법(內外法) 19, 402
「내칙」(內則) 13, 48, 101, 107~109, 114, 115, 117, 118, 121, 122, 243~246, 248, 331, 333, 402
『내훈』(內訓, 인효문황후) 17, 23, 57, 162, 167, 401
노자(老子) 191, 221
『노자』(老子) 221
『논어』(論語) 40, 56, 58, 64, 70, 71, 143, 198, 246, 247, 274, 292, 394, 395, 404
『능엄경』(楞嚴經) 7, 311

|ㄷ|

단주(丹朱) 41
달기(妲己) 9, 16, 38, 39, 169
『대대례기』(大戴禮記) 154, 278, 395
대덕(戴德) 395
『대명률』(大明律) 139, 141, 152, 209
대성(戴聖) 395, 402

『동몽훈』(童蒙訓) 302, 395
동성불혼(同姓不婚) 141
동중서(董仲舒) 184
두계량(杜季良) 92, 93
두영(竇嬰) 189, 190
두태후(竇太后) → 효문황후
두황후(竇皇后) → 효문황후
등우(鄧禹) 197, 199, 225
등즐(鄧騭) 205
등태후(鄧太后) → 화희등황후
등해(鄧垓) 199
등황후(鄧皇后) → 화희등황후
등훈(鄧訓) 197~199

|ㅁ|

마광(馬光) 194
마묵(馬黙) 209
마방(馬廖) 188, 194
마요(馬廖) 190, 194, 195
마원(馬援) 91, 93, 181, 182, 197
마은(馬殷) 127
마황후(馬皇后) 182, 197
마희성(馬希聲) 127
맹가(孟軻) 255
맹모(孟母) 49, 255, 256, 267, 271
맹자(孟子) 40, 49, 73, 99, 100, 255, 293
『맹자』(孟子) 41, 73, 80, 100, 396
맹자 어머니 → 맹모
명감(明鑑) 12, 13, 41, 310, 396, 401, 407

명덕마황후(明德馬皇后) 92, 181, 196
명도(明道) → 정호
『명사』(明史) 232, 397
『명심보감』(明心寶鑑) 13, 55, 61, 65, 78, 80, 87, 102, 119, 147, 149, 395
명제(明帝) 182~185, 187, 197
『모시』(毛詩) 158, 206, 236, 251, 396, 400
목종(穆宗) → 화제
무목왕(武穆王) → 마은
무왕(武王) 95, 97, 98, 169, 202, 253, 254
문덕황후 장손씨(文德皇后 長孫氏) 213, 214
문명(問名) 135, 136
문왕(文王) 37, 95~98, 110, 158, 202, 225, 250~254, 404
『문자』(文子) 191
문제(文帝) → 사마소
문중자(文中子) → 왕통
문충공(文忠公) → 구양수
문헌황후(文獻皇后) 127
민왕(閔王) 233, 234, 236, 238

|ㅂ|

박세채(朴世采) 152
반소(班昭) 57, 65, 209, 400
반첩여(班婕妤) 40
『방씨여교』(方氏女敎) 165, 167, 248, 250, 396, 401
방징손(方澄孫) 12, 396, 401
백강(伯强) → 초천지

백유(伯兪) 112
번희(樊姬) 37, 45, 172~175, 180
범내한(范內翰) → 범충
범노공(范魯公) → 범질
범문정공(范文正公) → 범중엄
범순인(范純仁) 88, 89
범조우(范祖禹) 52, 281, 397
범중엄(范仲淹) 88, 148, 286, 287
범질(范質) 62
범충(范沖) 171
범충선공(范忠宣公) → 범순인
『범태사집』(范太史集) 281, 397
부덕(婦德) 24, 63~65, 83, 140, 152, 154, 167, 215, 233, 247, 271
부부유별(夫婦有別) 20, 74, 138, 139
부부지별(夫婦之別) → 부부유별
부열(傅說) 218
부차(夫差) 176, 180
『북사』(北史) 397
불경이부(不更二夫) 19, 153, 164
비연(飛燕) 16, 38, 39, 402

|ㅅ|

사덕(四德) 53, 65
사례(四禮) 136, 151, 404
사마광(司馬光) 48, 66, 67, 81, 110, 111, 122, 123, 131, 146, 147, 246~248, 256, 280, 281, 284, 296, 297, 299, 301, 304, 393, 395, 397, 398, 403, 404, 406

사마소(司馬昭) 125, 189, 191, 221
『사마씨서의』(司馬氏書儀) →『서의』
사마염(司馬炎) 125, 283
사마온공(司馬溫公) →사마광
『사소절』(士小節) 144, 305
『사전삼편』(史傳三編) 80, 397
『삼국지』(三國志) 87, 123, 397
삼불거(三不去) 152, 154
삼종지도(三從之道) 19, 154, 402
상균(商均) 41
『상서』(尙書) 184, 398
상의 조씨(尙儀 曹氏) →조두대
상제(殤帝) 205, 206, 208
『서경』(書經) →『상서』
『서의』(書儀) 111, 123, 130, 147, 246, 248, 398, 404
선왕(宣王) 260, 266
선원(仙源) 171, 172
설(契) 73
『설원』(說苑) 113, 398
성제(成帝) 38, 39, 112, 188, 402
성조(成祖) 232
세조(世祖) 222
소강절(邵康節) →소옹
『소대례기』(小戴禮記) 395
소열(昭烈) →유비
소옹(邵雍) 76, 78, 88
소왕(昭王) 176, 177, 179~181
소제(昭帝) 125

『소학』(小學) 9, 11~14, 19~22, 27, 44, 47, 48, 50~52, 54~56, 58~61, 63, 67, 68, 70~73, 75, 78, 80, 81, 83, 86-90, 93, 96~98, 100~102, 104, 108~110, 113~115, 117~119, 121, 123, 130, 132, 133, 136, 138, 141, 143~145, 147, 148, 150, 154, 169, 171, 172, 221, 240, 245~248, 252, 256, 259, 261, 266, 268, 270, 278, 280~282, 284, 285, 287, 292, 294, 296, 297, 299, 301, 302, 304, 305, 307, 393, 399, 401, 402
『소학도서』(小學圖書) 111
『소학집설』(小學集說) 399
『소학집성』(小學集成) 12, 48, 83, 111, 136, 138, 246, 270, 399
『소학집주』(小學集註) 111, 121, 399
소혜왕후(昭惠王后) 5~11, 14, 15, 17, 19, 23~25, 27, 57, 115, 167, 175, 309, 310
손숙오(孫叔敖) 174, 175
『송명신언행록』(宋名臣言行錄) 67, 89, 149, 281, 287, 304, 399
『송문감』(宋文鑑) 78
『송사』(宋史) 63
『송시기사』(宋詩紀事) 63
송시열(宋時烈) 17, 153, 168
『수서』(隋書) 285, 399
숙류(宿瘤) 45, 233~236, 238
숙종(肅宗) →장제

순(舜) 41, 225, 235
순종(順從) 106, 152, 155~157, 162, 164, 165, 170, 181
『시경』(詩經) 40, 45, 159, 198, 247, 396, 400
『시집전』(詩集傳) 396
신국부인(申國夫人) 171, 257, 259
『신당서』(新唐書) 86, 400

|ㅇ|

안리왕(安釐王) 263
『안씨가훈』(顔氏家訓) 13, 19, 168, 169, 400
안정(顔丁) 131, 132
안정(安定) → 호원
안제(安帝) 208
안지추(顔之推) 400
안회(顔回) 291, 292
양강음유(陽剛陰柔) 18, 139, 402
양제(煬帝) 127
양진(楊震) 295, 296
『여계』(女誡) 17, 19, 57, 65, 106, 157, 159, 162, 164, 165, 209, 246, 276, 401
여공저(呂公著) 66, 81, 171, 257, 259
여교(女敎) 12, 13, 41, 310, 401
『여교』(女敎) 19, 44, 63, 65, 83, 84, 104, 106, 136, 138, 157, 159, 162, 164, 165, 167, 170, 245, 248, 250, 270, 275, 276, 401

『여교서』(女敎書) 12, 401
『여교속편』(女敎續編) 12, 401
『여교십편』(女敎十篇) 12, 396, 401
여릉왕(廬陵王) → 의진
여본중(呂本中) 302, 395
여사(女史) 215, 221, 225, 229, 231
『여사서』(女四書) 57, 247, 401
『여씨가전』(呂氏家傳) 81, 172, 259
여정헌공(呂正獻公) → 여공저
여조겸(呂祖謙) 78, 83, 302, 394, 395
『여칙』(女則) 401
여태후(呂太后) 202
『여헌』(女憲) 162, 164, 165, 401
여형공(呂滎公) → 여희철
여후(呂后) → 여태후
여희(驪姬) 16, 38, 39, 45, 239
여희철(呂希哲) 81, 171, 172, 257~259
연길(涓吉) 137, 151
『열녀전』(列女傳) 9, 11, 17, 20, 38, 45, 175, 239, 393, 402
염계(濂溪) → 주돈이
『예기』(禮記) 8, 13, 19, 21, 27, 47, 48, 50~52, 54, 55, 58~61, 72, 96, 97, 101, 108~110, 114, 115, 117, 118, 120, 121, 132, 136, 139, 141, 158, 159, 245, 248, 395, 400, 402
『오대시화』(五代詩話) 63
『오륜행실도』(五倫行實圖) 89, 284
오불취(五不娶) 152, 154

찾아보기 423

온공(溫公) →사마광
완적(阮籍) 125~127
왕계(王季) 95, 96, 250, 254
왕길(王吉) 142, 143, 145
왕밀(王密) 295, 296
왕직(王直) 12, 401
왕통(王通) 143, 145, 304, 305, 404
왕황후(王皇后) →효경황후
요(堯) 41, 73, 199, 225, 235
용백고(龍伯高) 92, 93
우(禹) 73, 225
우구자(虞丘子) 173, 175
우귀(于歸) 137, 151
우홍(牛弘) 284, 285
월희(越姬) 176~178, 180, 202
유개(柳開) 279, 280
유곤(庾袞) 283, 284
유관(劉寬) 22, 68
유담(劉湛) 126
유방(劉邦) 112, 191, 202
유비(劉備) 87, 293
유빈(柳玭) 84, 86
유선(劉禪) 87, 293
『유씨가훈』(柳氏家訓) 84, 86
유안세(劉安世) 66, 67
유영(劉瑛) 186
유왕(幽王) 38, 39
유청지(劉淸之) 12, 44, 78, 84, 399, 403
유충정공(劉忠定公) →유안세

유향(劉向) 12, 45, 112, 113, 398, 402, 405
육례(六禮) 151
은태자(隱太子) →이건성
음황후(陰皇后)① →광렬음황후
음황후(陰皇后)② 200~202, 204
『의례』(儀禮) 117, 150, 402, 404
의진(義眞) 126
의혼(議昏) 136, 137, 151
이건성(李建成) 213, 214
『이낙연원록』(伊洛淵源錄) 172, 259, 403
이덕무(李德懋) 144, 305
이문정공(李文靖公) →이항
이사주당(李師朱堂) 252
이세민(李世民) 213, 214
『이씨여계』(李氏女戒) 43, 44, 83, 84, 401, 403
이연수(李延壽) 394, 397
이유무(李幼武) 399
이익(李瀷) 62, 138, 139
이재(李縡) 139
이적(李勣) 281, 282
『이정유서』(二程遺書) 119
이천(伊川) →정이
『이천문집』(伊川文集) 82, 170, 270
이항(李沆) 303, 304
이희조(李喜朝) 152
인수왕대비(仁粹王大妃) →소혜왕후
인효문황후(仁孝文皇后) 12, 17, 23, 57,

232, 393, 401
임윤지당(任允摯堂) 254

| ㅈ |

『자경편』(自警篇) 277
자로(子路) → 중유
자장(子張) 70
장강(莊姜) 206
장문절공(張文節公) → 장지백
장사숙(張思叔) → 장역
장손황후(長孫皇后) → 문덕황후
장역(張繹) 79, 80
장왕(莊王) 37, 38, 172, 174, 175, 177, 180
장재(張載) 394
장제(章帝) 182, 183, 187, 188, 197, 198
장지백(張知白) 299, 301
재가(再嫁) → 불경이부
『전가집』(傳家集) 297, 299, 304, 403
전분(田蚡) 189
전직자(田稷子) 265, 266, 268
『전한서』(前漢書) 142
접여(接輿) 23, 305~307
정약용(丁若鏞) 138
정온(鄭蘊) 91
정이(程頤) 16, 20, 23, 79, 80, 82, 83, 119, 170, 268~270, 292, 394, 402
정자(程子) 75, 292
정태중(程太中) 170

정헌공(正獻公) → 여공저
정현(鄭玄) 396, 406
정호(程顥) 16, 30, 83, 170, 270, 394, 402
제갈공명(諸葛孔明) → 제갈량
제갈량(諸葛亮) 87, 122, 293, 295
『제왕명감』(帝王明鑑) 13, 406
젠더(gender) 17
조두대(曹豆大) 9, 310
조상궁(曹尙宮) → 조두대
주(紂) 38, 39, 169, 235
주공(周公) 98, 202, 253, 254
주돈이(周敦頤) 74, 80, 394, 403, 405
『주례』(周禮) 58, 65, 402
주식(朱軾) 30, 397
주아부(周亞夫) 191
『주역』(周易) 184, 271, 403
주원장(朱元璋) 209, 210, 213, 232, 233
주자(朱子) → 주희
『주자가례』(朱子家禮) 141, 146, 151, 398, 404
주희(朱熹) 12, 44, 70, 75, 80, 83, 119, 248, 393, 394, 396, 399, 403, 406
『중설』(中說) 144, 145, 305, 404
『중용』(中庸) 98, 405
중유(仲由) 75
증석(曾皙) 99
증원(曾元) 99, 100
증자(曾子) 89, 99, 100, 114, 256, 277, 278

찾아보기 425

『진서』(晉書) 126, 284, 405
진수(陳壽) 122, 124, 397

|ㅊ|
창읍왕(昌邑王) 125
채희(蔡姬) 176~178, 181
청기(請期) 136
초례(醮禮) 137, 150, 151
『초사』(楚辭) 184, 405
초천지(焦千之) 257, 259
총부(冢婦) 117, 118
최현위(崔玄暐) 266~268
『춘추』(春秋) 184, 294, 405, 406
친영(親迎) 137, 140~142, 150, 151
칠거(七去) 19, 45, 152, 154, 167
칠거지악(七去之惡) → 칠거

|ㅌ|
탕왕(湯王) 199
태강(太姜) 253, 254
태교(胎敎) 252, 254
『태교신기』(胎敎新記) 252
태사(太姒) 37, 95, 97, 98, 158, 175, 202, 253, 254
태임(太任) 95, 250, 252~254
태조(太祖) → 주원장
태종(太宗) → 이세민
『통서』(通書) 74, 405
투기(妬忌) 11, 146, 153, 166~168, 201, 203, 204, 208

|ㅍ|
포사(褎姒) 9, 16, 38, 39, 239
포선(鮑宣) 143, 239, 240
포증(包拯) 301, 303
포효숙공(包孝肅公) → 포증
풍이(馮異) 213

|ㅎ|
『하동집』(河東集) 279, 280
하비왕(下邳王) 185
하사신(何士信) 12, 111, 399
하자평(何子平) 132, 133
하증(何曾) 125
『한씨부훈』(韓氏婦訓) 65, 106, 168, 271, 280
한원진(韓元震) 65, 168, 271
한유(韓愈) 90
합덕(合德) 39
허희재(許熙載) 12, 401
헌공(獻公) 38, 39, 45
현종(顯宗) 188
형양공(滎陽公) → 여희철
혜왕(惠王) 179
호문정공(胡文定公) → 호안국
『호씨전』(胡氏傳) 294, 406
호안국(胡安國) 292, 294, 295, 406
호원(胡瑗) 148

화제(和帝) 198, 200, 205~208
화희등황후(和熹鄧皇后) 197, 200, 201, 203~206, 208
환소군(桓小君) 239, 240
황제(黃帝) 221
『효경』(孝經) 102, 104, 246, 406
효경황후(孝景皇后) 189, 191
효문황후(孝文皇后) 189~191, 221
효상황제(孝殤皇帝) → 상제

효자고황후 마씨(孝慈高皇后 馬氏) 209, 232, 233
효자황후(孝慈皇后) → 효자고황후 마씨
효장황제(孝章皇帝) → 장제
효화황제(孝和皇帝) → 화제
후부인(侯夫人) 23, 82, 83, 170, 268, 270
『후비명감』(后妃明鑑) 13, 406
『후한서』(後漢書) 68, 93, 182, 196, 208, 240, 296, 400, 407

소혜왕후 昭惠王后, 1437~1504

본관은 청주이고, 서원부원군 한확의 여섯째 딸로 태어났다. 수양대군의 맏아들과 혼인하여 1455년 세조의 즉위와 함께 세자빈에 책봉되었으나, 의경세자의 요절로 인하여 중전의 지위에 오르지는 못했다. 21세에 청상이 되면서 세자빈의 자리에서 물러나야 했지만, 세조의 뒤를 이은 예종이 역시 요절하고 그녀의 둘째 아들이 왕위에 오르면서 또 한 번 인생의 전환점이 마련된다.

인수대비라는 칭호로 더 많이 알려져 있는 그녀는 당대 최고의 권세가인 청주 한씨 집안의 딸로서, 조선의 제7대 왕 세조의 신뢰 받는 맏며느리로서, 제9대 왕 성종의 엄한 어머니로서, 실질적으로 왕실 안팎에서 강한 권력을 행사했던 여성이다. 연산군의 생모인 윤씨를 폐하고 사사하는 데 가장 큰 영향력을 행사한 것으로 알려져 있고, 세조의 불경언해 사업에 실질적으로 참여했을 뿐 아니라 간경도감 폐지 이후에도 지속적으로 불경간행을 주도했고, 56세 때는 도첩제 폐지 결정에 반대해 유신들과 크게 대립하기도 했다.

『내훈』 편찬은 1475년 인수대비의 나이 39세 때 일이다. 그녀는 중국의 고전들에서 여자도 알아야 한다고 판단되는 내용을 가려 뽑아 쉬운 한글로 번역하고, 어려운 한자어나 내용은 주석을 첨가하여 명실상부한 여성교육용 도서를 엮었다. 여기에 발췌 인용된 『소학』이나 『열녀전』 등은 중세 유교문명권의 대표적인 고전들이다.

소혜왕후는 15세기 조선의 여성이 도달할 수 있었던 최고의 지성을 대변하는 인물이었고, 『내훈』 편찬은 그녀의 적극적인 고전 읽기의 결과로서 배움의 기회가 적은 여성들을 고전의 세계로 인도하는 지식의 재생산 과정이었다.

이경하 李景河

서울대학교 국어국문학과를 졸업하고 같은 학교 대학원에서 여성문학사 서술방법을 주제로 박사학위를 받았다. 현재 서울대 인문학연구원 HK연구교수로 재직하고 있으며, 중세 유교문명권의 고전 텍스트를 대상으로 젠더의 형성과 변천과정을 연구하고 있다.

옮긴 책으로 『17세기 여성생활사 자료집 3·4』와 『18세기 여성생활사 자료집 2』가 있으며, 「'여성/문학/사'에 관한 이론적 고찰」 「17세기 사족여성의 한문생활, 그 보편과 특수」 「소혜왕후 『내훈』의 『소학』 수용양상과 의미」 「『제국신문』 여성독자투고에 나타난 근대 계몽담론」 등 다수의 논문이 있다.

'문명텍스트' 발간에 부쳐

　서울대학교 인문학연구원 HK문명연구사업단은 2007년 11월 한국연구재단의 인문학 장기 지원 프로젝트에 선정되어 출범했다. 한국, 아시아, 나아가 세계를 위해 제 역할을 하는 한국 인문학을 정립하겠다는 야심찬 기획을 가지고, 문학·사학·철학 전공자들은 물론이고 사회과학·자연과학·공학 전공자들까지 한 지붕 아래 모였다.
　한국 인문학의 한 단계 도약을 위한 핵심 과제로 우리 사업단이 주목한 것은 문명에 대한 새로운 이해이다. 문명이란 장구한 세월 동안 인류가 일구어낸 정신적·물질적 성과들의 종합이며, 다른 문명들과 서로 영향을 주고받으며 진화해온 복합적인 실체이다. 오늘날 우리가 맞닥뜨리는 수많은 문제의 이면에는 과거 여러 문명들의 갈등과 융합이라는 거대한 흐름이 놓여 있다. 세계화 시대에 그 흐름은 더욱 분명하게 모습을 드러내고 있다. 이에 대한 심층적인 이해가 선행되지 않는다면, 미래에 대한 유효적절한 준비와 대응은 불가능하다. 문명을 핵심 화두로 삼은 이유가 여기에 있다.
　문명에 대한 새로운 인식을 위해, 우리는 고전을 비롯한 문명의 주요 텍스트를 주해하는 작업이 선행되어야 한다고 판단했다. 인문학의 고전적 방식이라 할 수 있는 텍스트 주해를 문명 연구의 방편으로 택한 데는 이유가 있다. 첫째, 고전이란 당대의 문화와 문명을 형성하는 데 뿌리가 된 핵심적인 텍스트로서, 역사를 통해 계속적으로 사유의 단서를 던지며 생명력을 발휘해왔다고 믿기 때문이다. 고전은 단지 과거 문명을 이해하는 데 필요한 사료에 그치지 않고, 현대 문명을 비추어보고 미래를 전망하는 데에도 힘을 갖는다. 둘째, 인문학이란 인류가 남긴 다양한 텍스트를 통해 인간과 사회에 대한 이해를 넓히고 그 확장된 인식을 새로운 텍스트에 담아내는 학문이라는 믿음 때문이다. 주해는 고전적 텍스트에 대한 현대적 재해석이다. 대상과 방법에 따라 학문이 다양해지고 전문화된 오늘날, 인문학이 자기 길을 제대로 가야만 학문 전체와 인류에 공헌할 수 있다고 믿는다.

'문명텍스트' 시리즈는 우리 사업단의 다양한 인문학 연구자들이 각자 자신의 영역에서, 과거와 현대 문명의 정수와 그에 대한 인식을 담은 중요한 텍스트를 선정하여 번역하고 주해한 결과물이다. 인류 문명의 핵심을 파악할 수 있는 고전적 텍스트들을 학술적으로 엄정하게 풀이하면서도 현대 우리말로 쉽게 옮기는 것이 우리의 목표이다. 이는 짧지 않은 시간의 노동을 요하면서도 성취가 바로 눈에 보이지 않는 우직한 작업이지만, 인류의 유산을 한국화하는 이러한 작업이 주체적으로 세계 문명을 사유하고 새로운 문명을 개척하는 데 발판이 되리라 믿는다. 동서고금의 주요 텍스트들에 대한 독창적이고 의미 있는 주해서가 수백 권 누적되어, 우리 학계는 물론 시민사회 일반에 중요한 정신적 자산이 되기를 기대한다.

2011년 5월
서울대학교 인문학연구원 HK문명연구사업단장